New!

ATAJO
Electronic Writing Assistant

ATAJO Writing Assistant is a software program that facilitates the process of writing in Spanish. Students have access to a wide variety of on-line tools, including:

— a bilingual dictionary of some 8,000 entries complete with examples of usage
— a verb conjugator with over 500,000 conjugated verb forms
— an on-line reference grammar
— an index to functional phrases
— sets of thematically related vocabulary items

Atajo is correlated to writing activities in the ¡**Ya verás!** texts and workbooks and is available for MAC and IBM (DOS and Windows)

Atajo is available for an institutional 30 day loan and at a reduced price for individual teacher or student purchase!

Teacher Resource Materials from Heinle & Heinle

— **Teacher's Handbook: Contextualized Language Instruction (40614)**
    -A practical reference must for foreign language teachers
— **Teaching Language in Context, Second Edition (40673)**
    -1994 edition of the classic by Alice Omaggio Hadley. Now available with a workbook **(40681)** for inservicing and teacher-training.
— **ETS Oral Proficiency/Familiarization Kits**
    -Practical Test/Cassette package for orientation to the ACTFL/ETS Oral Proficiency Interview principals and techniques. Available in Spanish, French, German and ESL.
— **Language Learning Strategies (28622)**
    -Practical recommendations for developing students learning strategies
— **How to be a More Successful Language Learner, Second edition (47341)**
    -Handbook for students and teachers on language learning strategies
— **Action Plans (2712x)**
    -80 dynamic student-centered language activities
— **Caring and Sharing in the Foreign Language Classroom (27715)**
    -Sourcebook on Humanistic techniques for the foreign language classroom
— **Ideabank (28517)**
    -Sourcebook and entertaining communicative activities

Call 1-800-278-2574 for more information.

D1401953

John R. Gutiérrez
The Pennsylvania State University

Harry L. Rosser
Boston College

¡Ya verás!

TEACHER'S EXTENDED EDITION
Segundo nivel

Heinle & Heinle Publishers
A Division of Wadsworth, Inc.
Boston, Massachusetts 02116

HH

TEXT PERMISSIONS

We wish to thank the authors, publishers, and holders of copyright for their permission to reprint the following:

p. 4 and 15 RENFE brochure; **26** map from the Michelin Green Guide México, 1a edición, Pneu Michelin, Services de Tourisme; **31, 40 and 50** (center only) El Corte Inglés maps and brochures; **135, 136, 138, 144 and 146** hotel listings from Michelin Red Guide España/Portugal, 1990, Pneu Michelin, Services de Tourisme; **153** RENFE brochure; **177** "Programación" from Diario 16, Información y prensa, S.A., © 1990 INPRESA; **193** RENFE brochure; **248** brochure from El Parque Nacional Volcán Poás, Costa Rica; **255-256** map, article adapted from "Alpamayo: En la cima" by Diana Zileri, CARETAS, 1987; **263** RENFE brochure; **305** "Más recomendado" from Más Magazine, Univision Publications, 1989; **317** illustration, article adapted from "Acerca de los dolores musculares" by Robert P. Sheldon, El Regional, 1990; **325** "Algunos tipos de cáncer" from American Cancer Society; **341** map and illustration, and **343-344** article (adapted) from the Michelin Green Guide México, 1a edición, Pneu Michelin, Services de Tourisme; **366-367** "El Zorro más sabio" from "La oveja negra y demás fábulas" by Augusto Monterroso, 3rd edition, Editorial Era, 1973.

PHOTO CREDITS

Stuart Cohen: p. 3, 13 *top,* 20, 21 *top,* 30, 43 *top,* 44, 52, 111 *bottom right,* 131, 132, 134, 141, 144, 151, 156, 162, 165, 174, 179, 202, 206, 215, 227, 229, 250, 264, 266, 272, 288, 294, 302.

Beryl Goldberg: p. 2, 3 *bottom,* 13 *bottom,* 18, 21 *bottom,* 30 *bottom,* 42, 43 *bottom,* 53, 66, 82, 99, 100 *top left and right,* 106, 111 *top right, top and bottom left,* 118, 129, 182, 199, 273, 291, 326, 328, 335, 338, 340, 343, 383.

p. 64 **Consulate of Chile in Boston**; p. 88 **Comstock, Inc./Stuart Cohen**; p. 100 *bottom* **Consulate of Chile in Boston**; p. 196 **Comstock, Inc./Georg Gerster**; p. 198 **The Image Works, Inc./ Mario Algaze**; p. 222 **Comstock, Inc./Stuart Cohen**; p. 240 **The Image Works, Inc./ Mario Algaze**; p. 241 **Colombia Information Service**; p. 242 **The Image Works, Inc./Mark Antman**; p. 274 **The Image works, Inc./Mark Antman**; p. 309 **W. D. Morgan**; p. 315 **Margot K. Jones**; p. 333 **Comstock, Inc./Stuart Cohen**; p. 336 **Scott D. Inglis**; p. 342 **R. Grimm**; p. 352 **Margot K. Jones**; p. 354 **The Image Works, Inc./Bob Daemmrich**; p. 357 **W. D. Morgan**; p. 360 *left* **Harry Rosser**; p. 360 *right* **The Image Works, Inc./ J. Y. Rabeuf**; p. 363 **W. D. Morgan**; p. 370 **Comstock, Inc./Georg Gerster**; p. 373 and 377 **Comstock, Inc./Stuart Cohen**; p. 378 **consulate of Chile in Boston**; p. 380 **Comstock, Inc./Stuart Cohen**; p. 381 *top* **Comstock, Inc./George D. Lepp**; p. 381 *bottom* **Comstock, Inc./Stuart Cohen**; p. 388 **Colombia Information Service**; p. 390 **Comstock, Inc./Stuart Cohen**; p. 393 and 400 **W. D. Morgan**.

Maps on pp. xiv–xvi, 329, 353, and 371 by **Deborah Perugi**.

Publisher: Stanley J. Galek
Editorial Director: Janet L. Dracksdorf
Project Manager: Judy Keith
Art Editor / Copyeditor: Kris Swanson
Associate Editor: Sharon Buzzell
Production Supervisor: Patricia Jalbert
Manufacturing Coordinator: Lisa McLaughlin
Composition: NovoMac Enterprises
Text Design: Sue Gerould/Perspectives
Cover Design: Jean Duvoisin/Duvoisin Design Associates
Illustrator: Jane O'Conor
Illustration Coordinator: Len Shalansky

To the Student

As you continue your study of Spanish, you will not only discover how much you can already do with the language, but you will also learn to build on what you know. By now, you know how to talk about yourself, your family, and your friends; you can get around towns, use the subway in Madrid, and give directions; you are able to make purchases in a variety of stores; you can talk about the diversity of the Spanish-speaking world, including parts of the United States; and you have learned to use appropriate language in a variety of social interactions.

As you move forward, your cultural knowledge will expand as you take a closer look at parts of the Spanish-speaking world, with its varied customs, traditions, landscapes, and points of interest. You will learn to describe people and things, know how to talk about your residence and be able to get lodging (in a hotel or hostel), interact with others about your leisure-time and vacation activities, and talk about health concerns. *Remember that the most important task ahead of you is NOT to accumulate a large quantity of knowledge about Spanish grammar and vocabulary, but rather to USE what you do know as effectively and creatively as you can.*

Communication in a foreign language means understanding what others say and transmitting your own messages in ways that avoid misunderstandings. As you learn to do this, you will make the kinds of errors that are necessary to language learning. DO NOT BE AFRAID TO MAKE MISTAKES! Instead, try to see errors as positive steps toward effective communication. They don't hold you back; they advance you in your efforts.

¡Ya verás! has been written with your needs in mind. It places you in situations that you (as a young person) might really encounter in a Spanish-speaking environment. Whether you are working with vocabulary or grammar, it leads you from controlled exercises (that show you just how a word or structure is used) to bridging exercises (that allow you to introduce your own personal context into what you are saying or writing) to open-ended exercises (in which you are asked to handle a situation much as you might in actual experience). These situations are intended to give you the freedom to be creative and express yourself without fear or anxiety. They are the real test of what you can DO with the Spanish you have learned.

Learning a language is hard work, but it can also be lots of fun. We hope that you find your experience with **¡Ya verás!** both rewarding and enjoyable.

Contents

1 Descripciones

3 Nuestro día

4 La salud

5 Un viaje a América Latina 326

Acknowledgments

Creating a secondary language program is a long, complicated, and difficult process. First of all, we must express our deepest and most heartfelt thanks to our Editorial Director, Janet Dracksdorf, who strongly yet with great sensitivity and support, guided the project from its inception through its realization. Our Associate Editor, Sharon Buzzell, has been very helpful to us during the developmental and production stages. Our Project Editor, Judy Keith, has managed the many facets of the production process with skill and good humor. Kris Swanson copyedited the manuscript and we thank her for her poignant comments and excellent suggestions at every phase of the process. We would like to thank many other people who played a role in the production of the program: Pat Jalbert, Production Supervisor; Sue Gerould, Designer; Jean Duvoisin, Cover Designer; Jane O'Conor, Illustrator; Stuart Cohen, Photographer; Vivian Novo-MacDonald, Compositor; Sara Geoffrion, native Spanish-speaking reviewer; and Nancy Siddens and Camilla Ayers for their editorial assistance.

Our thanks also go to others at Heinle & Heinle who helped make this project possible: Charles Heinle, Stan Galek, José Wehnes, Erek Smith, and, of course, to Jeannette Bragger and Donald Rice, the authors of *On y va!*. We also wish to express our appreciation to the people responsible for the fine set of ancillary materials available with the *¡Ya verás!* program: Stephen J. Collins, Workbook; José M. Díaz, Testing Program; Douglas Morgenstern, Laboratory Tape Program; Bernard Petit and Frank Rossi, Video Program; Roby Ariew, Software Program; and Jim Noblitt for creating the excellent *Nuevas dimensiones* multi-media program based on our materials.

For this new Teacher's Extended Edition, we would like to thank the following people: Anne Rude (Hylton H.S., VA) and Lynne Gass (Berwick Academy, ME) for writing the new teacher's annotations and supplying answers to the activities; Mary Kimball for providing Cooperative Learning activities; and Pamela Warren, Kristin Swanson and Vivian Novo-MacDonald for managing the complex design and production process.

Finally, a very special word of acknowledgment goes to the authors' children:

—to Mía and Stevan Gutiérrez, who are always on their daddy's mind and who he hopes will learn Spanish with *¡Ya verás!* in high school
—to Susan, Elizabeth, and Rebecca Rosser, whose enthusiasm and increasing interest in Spanish inspired their father to take part in this endeavor.

The publisher and authors wish to thank the following teachers who pilot-tested parts or all of the *¡Ya verás!* program. They used the materials with their classes and made invaluable suggestions as our work progressed. Their feedback benefits all who use this final product. We are grateful to each one of them for their dedication and commitment to teaching with the program in a prepublication format.

Nola Baysore
Muncy JHS
Muncy, PA

Barbara Connell
Cape Elizabeth Middle School
Cape Elizabeth, ME

Frank Droney
Susan Digiandomenico
Wellesley Middle School
Wellesley, MA

Michael Dock
Shikellamy HS
Sunbury, PA

Jane Flood Clare
Somers HS
Lincolndale, NY

Nancy McMahon
Somers Middle School
Lincolndale, NY

Rebecca Gurnish
Ellet HS
Akron, OH

Peter Haggerty
Wellesley HS
Wellesley, MA

José M. Díaz
Hunter College HS
New York, NY

Claude Hawkins
Flora Mazzucco
Jerie Milici
Elena Fienga
Bohdan Kodiak
Greenwich HS
Greenwich, CT

Wally Lishkoff
Tomás Travieso
Carver Middle School
Miami, FL

Manuel M. Manderine
Canton McKinley HS
Canton, OH

Grace Angel Marion
South JHS
Lawrence, KS

Jean Barrett
St. Ignatius HS
Cleveland, OH

Gary Osman
McFarland HS
McFarland, WI

Deborah Decker
Honeoye Falls-Lima HS
Honeoye Falls, NY

Carrie Piepho
Arden JHS
Sacramento, CA

Rhonda Barley
Marshall JHS
Marshall, VA

Germana Shirmer
W. Springfield HS
Springfield, VA

John Boehner
Gibson City HS
Gibson City, IL

Margaret J. Hutchison
John H. Linton JHS
Penn Hills, PA

Edward G. Stafford
St. Andrew's-Sewanee School
St. Andrew's, TN

Irene Prendergast
Wayzata East JHS
Plymouth, MN

Tony DeLuca
Cranston West HS
Cranston, RI

Joe Wild-Crea
Wayzata Senior High School
Plymouth, MN

Katy Armagost
Manhattan HS
Manhattan, KS

William Lanza
Osbourn Park HS
Manassas, VA

Linda Kelley
Hopkinton HS
Contoocook, NH

John LeCuyer
Belleville HS West
Belleville, IL

Sue Bell
South Boston HS
Boston, MA

Wayne Murri
Mountain Crest HS
Hyrum, UT

Barbara Flynn
Summerfield Waldorf School
Santa Rosa, CA

The publisher and authors would also like to thank the following people who reviewed the *¡Ya verás!* program at various stages of development. Their comments on the presentation of the content were much appreciated.

Lee Benedetti (Springfield Central HS, Springfield, MA); Patty Bohannon (Dewey HS, Dewey, OK); Maria Luisa Castillo (San Francisco University HS, San Francisco, CA); Diana Chase (Howell HS, Farmingdale, NJ); C. Ben Christensen (San Diego State University, San Diego, CA); Marty Clark (Peters Township HS, Canonsburg, PA); Stephen Collins (Boston College HS, Dorchester, MA), Wendy Condrat (Judge Memorial HS, Salt Lake City, UT); José M. Díaz (Hunter College HS, New York, NY); Johnny Eng (Alamo Heights HS, San Antonio, TX); Helen Ens (Hillsboro HS, Hillsboro, KS); Joe Harris (Poudre School District, Fort Collins, CO); Martha Hatcher (Wayzata West JHS, Wayzata, MN); Brooke Heidenreich (Issequah HS, Issequah, WA); Marty Hogan (Brandon Valley HS, Brandon, SD); Helen V. Jones (Supervisor of Foreign Languages, ESL and Bilingual Education, Department of Education, Richmond, VA); Nancy Landmesser (Tom's River HS South, Tom's River, NJ); Sue Lashinsky (George Washington HS, Lakewood, CO); Lois C. Leppert (Heritage HS, Littleton, CO); Manuel M. Manderine (Canton McKinley HS, Canton, OH); Leslie Martineau (Middletown HS, Middletown, MD); Douglas Morgenstern (Massachusetts Institute of Technology, Cambridge, MA); Edith Moritz (Westminster School, Atlanta, GA); Isolina Núñez (Western Albemarle HS, Croyet, VA); Elizabeth Pitt (Charlottesville HS, Charlottesville, VA); Mary Jo Renzi (Santa Rosa HS, Santa Rosa, CA); Connie Rossi (Annie Wright School, Tacoma, WA); Richard Seibert (San Mateo HS, San Mateo, CA); Maria Soares (Columbia Grammar and Preparatory School, New York, NY); Phil Stone (Lake Forest HS, Lake Forest, IL); Margaret Sullivan (Duggin JHS, Springfield, MA)

To the Teacher

> ❝*What I like most about the program (¡YA VERÁS!) is the feeling of satisfaction I got at the end of the year, when students came up to me telling me that they were excited about continuing their study of Spanish. For a foreign language teacher, what more can you ask for?* ❞
>
> — Jose M. Diaz, Hunter College H.S., N.Y.

> ❝*The ¡YA VERÁS! program is so well structured and so appealing to students , it really works! I have never enjoyed teaching Spanish as much as I do now using !YA VERÁS!* ❞
>
> — Norah Jones, Campbell County, VA

> ❝*I'm really pleased we decided to adopt ¡YA VERÁS!. The program teaches us to think in such a realistic and useful way. Students are able to use the language much sooner and with a higher degree of accuracy than ever before!* ❞
>
> — Susan Eden, Kalamazoo Christian H.S., MI

The ¡YA VERÁS! program

Why was ¡YA VERÁS! written?

As the preceding testimonials indicate, the *YA VERÁS!* program has had a major, positive impact on teachers and students. In large measure, our success is due to the fact that we have created a user-friendly program based on concerns expressed by you, the teachers. Before writing the first edition, we asked you to identify the most common problems you experience in the classroom and with the materials you had been using over the years. We then addressed each problem very specifically and provided solutions that have gone a long way in facilitating and enhancing your classroom experience.

1. Problem: Besides teaching my classes, I have many other assigned responsibilities. I don't have a great deal of time for preparation and I certainly don't have the time to reorganize the book, rewrite sections of it, or create a lot of new exercises. I also don't have time to create my own tests.

Our solution: We have organized our books in such a way that no time needs to be spent on reorganization or rewriting. Preparation time is reduced to a minimum because new and recycled materials have been carefully integrated, the four skills and culture complement each other, and there is a step-by-step progression from practice to meaningful communication.

2. Problem: My classes are very large and heterogeneous. Some students take a long time to learn something, others progress very quickly.

Our solution: We provide many opportunities for students to interact in small groups. This reduces anxiety in the more reticent students and allows slower students to learn from those who learn more quickly. Regular recycling provides numerous "passes" of the same material so that even slower students have the time to assimilate it.

---

3. Problem: I should be able to express my own personality and teaching style. I should not be constrained by the textbook or by a particular method.

Our solution: We did not espouse one particular method in *¡YA VERÁS!* In an integrative approach such as ours, you are given a variety of options for working with the material. This allows you and your students to express your own preferences and teaching/learning styles.

---

4. Problem: Sometimes I feel that my teaching effectiveness is reduced by stress and fatigue. By the end of the day I feel completely drained because all of my students are totally dependent on me for all of their learning.

Our solution: In *¡YA VERÁS!*, we use small-group work to place more responsibility on students. Small groups give you regular "breathers" in each class period. Our student-centered approach does not, of course, remove you from the learning process. But it does teach students that they also need to look to each other and to the materials as resources for their learning.

---

5. Problem: No matter how hard I try, I have never been able to finish my textbook in one year. This is frustrating for me and for my students and it causes real problems when we order textbooks because we have to order extra copies of one level to carry over to the next year. Not only is it an extra expense, but students become demoralized when they are using the same textbook two years in a row.

Our solution: The systematic recycling and review built into all levels of the *¡YA VERÁS!* program allows teachers to keep moving through the books because even if students have not yet "mastered" a particular vocabulary set or grammar point, they will get several more chances to practice. Additionally, each book was planned following a typical school calendar with time factored in for missed classes due to assemblies, snow days, sick days, etc. The *Capítulos preliminares* of Books 2 and 3 give an in-depth review of material from the previous level with a special emphasis on content from the last third of the previous book. If you do not complete a level in one year, you can rely on these review chapters without having to go back to the previous text. Many teachers

using the first edition of *¡YA VERÁS!* have told us that with familiarity, they are now finishing a book in one year!

---

6. Problem: I'm held responsible for students' learning. I'm judged on how well my students communicate in Spanish and how well they perform on standardized tests. I'd also like to have the satisfaction of knowing that I've helped my students use the language effectively.

Our solution: In our integrative, communicative approach, students become very comfortable communicating in Spanish. The scope and sequence of grammar, vocabulary, and communicative functions over the three-year program provide students with ample time and opportunity to assimilate the material. Students are successful not only in the classroom, but on standardized tests as well. As the statements from students indicate, learning Spanish with *¡YA VERÁS!* is an enjoyable experience for them. Enjoyment is the greatest motivating factor that leads to the positive results you are looking for.

We believe that effective teaching and learning take place when textbooks accurately reflect teacher and student concerns. In our efforts to make *¡YA VERÁS!* very user friendly, we have succeeded, we believe, in creating a program that belongs to you and your students and that personalizes the Spanish language to the individual needs and interests of each learner.

Principles of the ¡Ya verás! program

The *¡YA VERÁS!* program is an integrated learning system based on a number of principles and assumptions:

- It is possible for students to use the language creatively from the outset and, therefore, free expression can and should be encouraged.
- Student-student and student-teacher interaction should be based on tasks that simulate real-world situations.
- Trial and error are a necessary part of the language-acquisition process.
- Contexts should be selected according to the frequency with which they occur in real life so that students can readily relate to them.
- Everyday spoken Spanish does not include every vocabulary item and every grammar structure available in the Spanish language. Materials should therefore include the elements most frequently used by native speakers in daily life.
- Grammar should not be presented for its own sake but as a means of transmitting a spoken or written message as accurately as possible. Grammar is the means for effective communication.

- In a proficiency-oriented, integrative approach, the four skills and culture reinforce one another in an ever-widening spiral.
- Assimilation requires sufficient time and practice.
- Teaching techniques should be student centered.
- The goal of teaching is to make students independent users of Spanish.
- The principles of the ACTFL Proficiency Guidelines can serve as the underpinnings of a proficiency-oriented curriculum in which students learn to function as accurately as possible in situations they are most likely to encounter either in a Spanish-speaking country or with Spanish speakers in the United States.

Components at a glance

Student Materials

Student Textbook
Student Workbook
Atajo Writing Assistant for Spanish

Teacher Materials

Teacher's Extended Edition
Testing Program
Tapescript

Classroom Materials

Audio Cassette Program
Pronunciation Tape (for Levels 1 and 2)
Teacher Tape
¡YA VERÁS! Video Programs
  (VHS cassettes or Videodiscs)
Video Guide (for Levels 1 and 2)
Color Transparencies
¡YA VERÁS! Software Program (for Levels 1 and 2)
Nuevas dimensiones Interactive multimedia program

Features of each component

Student Textbook

- Colorful, high-interest content
- Drawings, realia, and photos to enhance activities and infuse cultural content
- Content relating to a wide variety of subjects
- Easy-to-follow format
- Abundant practice of grammar, vocabulary, and functions in a variety of situations
- Systematic progression from mechanical practice to communicative, open-ended activities
- Full integration of the four skills and culture

- Material presented in small, manageable segments

Student Workbook
(Reading and writing activities)

- Wide variety of exercises relating to each presentation in the Student Text
- Complete chapter *Vocabulario* reprinted at beginning of workbook chapter so that students do not need textbook to do homework
- Recycling and reinforcement of vocabulary and structures
- Emphasis on reading and writing
- Systematic progression from mechanical practice to communicative, open-ended activities
- Systematic writing program (Level 3)
- Authentic texts and documents for reading comprehension development
- Cumulative *Aquí llegamos* at the end of each unit

Listening Activity Masters

- Emphasis on listening comprehension
- Support activities for the Audio Cassette Program

Teacher's Extended Edition

- "To the Teacher" section that includes a program description, text organization, classroom techniques, and pedagogical principles
- Enlarged margins for annotations (suggestions for each page). This new, expanded version of the margin notes is designed to lend increased flexibility in the selection of classroom activities, to focus teacher attention on cooperative learning activities, and to provide suggestions for the development of critical thinking skills. The annotations include:

— Teaching suggestions for each segment of each chapter
— Language and cultural notes for useful background information
— Classroom management hints and strategies
— Suggestions for grammar presentations
— Expansion activities
— An additional cumulative activity for each chapter
— Homework assignments
— Video and teacher tape indicators
— Videodisc barcoding
— Answers to selected exercises
— Cues for use of transparencies
— Cues for use of *Atajo*

Note: The pacing schedule for *¡YA VERÁS!* was based on the core of material in the textbook. If you choose to try out some of the variations and additional activities suggested in the enlarged margins, you will want to keep pacing in mind. There are many inviting options from which to choose. Attempting to do everything, however, could keep you from completing the book in one year.

Testing Program

- Quizzes and tests covering all four skills
- Quizzes for each *etapa*
- Tests for all chapters and units
- Cumulative exams for mid-year and end-of-year
- Tests for the *Capítulos preliminares* for Levels 2 and 3 that can also be used as diagnostic tests
- Testing Manual with ideas for correction and grading
- Oral expression tests/activities accompanied by correction and grading strategies

Tapescript

- Scripts for Audio Cassette Program and Teacher Tape

Etapas preliminares

- 7 *etapas preliminares* to be used at teacher's discretion as course openers, substitute teacher activities, etc.

Audio Cassette Program

- Set of 12 cassettes for use in classroom or language lab
- Controlled exercises to reinforce the grammar, vocabulary, and functions presented in the textbook
- Extensive practice in listening comprehension through dictations, simulated conversations, interviews, and a variety of exchanges in many different contexts
- Pronunciation exercises correlated to the pronunciation sections in the *¡YA VERÁS!* Level 1 and Level 2 texts

Pronunciation Tape (for Levels 1 and 2)

- Pronunciation exercises from the Audio Cassette Program reproduced in one easy-to-use location

Teacher Tape

- Supplementary single cassette for extra listening practice
- Monologues and dialogues from the textbook
- Nonscripted situational conversations to begin and end each unit

Video Programs
(Videotapes and Videodiscs for Levels 1 and 2)

- Book-specific videos that contain segments for each unit
- Authentic, real-life situations and conversations
- Two-part presentation of each segment: *Paso a paso* and *En total. Paso a paso* is an instructional segment giving students the tools they need to comprehend authentic language. In *En total,* students view the entire segment uninterrupted.
- Video script

Transparencies

- Full-color transparencies for each unit of each book
- Maps of Spain and Latin America

Software Program (for Levels 1 and 2)

- Apple IIe
- Segments that correspond to the chapters in the textbook
- Reinforcement of grammatical structures and vocabulary
- Independent student practice

Atajo Writing Assistant for Spanish is a software program that facilitates the process of writing in Spanish. Students have access to a wide variety of on-line tools, including:

- a bilingual dictionary of some 8,000 entries complete with examples of usage
- a verb conjugator that can call up over 500,000 conjugated verb forms
- an on-line reference grammar
- an index to functional phrases
- sets of thematically related vocabulary items

Aquí llegamos writing activities at the end of each unit of *¡YA VERÁS!* are correlated to *Atajo. Atajo* is available for IBM (DOS and Windows) and Mac.

Nuevas dimensiones is an interactive multimedia program that combines software and video in order to develop listening and writing skills and bring Spanish culture to life. Students interact with the program as they listen, practice, test their comprehension, and complete writing exercises. Hardware requirements: IBM PS2 compatible; color VGA monitor; M-Motion Board; Mouse; Windows 3.1 with multimedia support for Toolbook; headphone or speaker. The program is also availailable for Mac.

Text organization at a glance

1. The *¡YA VERÁS!* program has three levels, each with a similar, basic organization.

Each level includes some variations.

Level 1: 6 units
Level 2: 3 preliminary review chapters + 5 units
Level 3: 1 preliminary review chapter + 4 units

The following observations are helpful in understanding the organization of the program:

- The number of units per book is reduced progressively as the material becomes more complex.

- The preliminary review chapters in Levels 2 and 3 highlight the major grammatical structures and vocabulary presented in Levels 1 and 2 respectively.
- The *Etapas preliminares* contains seven preliminary chapters, one or more of which may be used as an introduction to Level 1.
- All three books integrate the four skills and culture.
- Each book also highlights one or more skills while continuing the development of the remaining skills:

  Level 1: Speaking and listening
  Level 2: Reading
  Level 3: Writing

2. Unit organization

Unit
Chapter
etapa
etapa
etapa
Chapter
etapa
etapa
Chapter
etapa
etapa
Aquí leemos
Reading
Review
Aquí llegamos

3. Features of the unit organization

- Each unit consists of three chapters.
- The unit opens with a photograph that illustrates the unit theme.
- This is followed by a unit title page that includes:
  a) the title
  b) the unit objectives
  c) chapter and *etapa* titles
  d) a photograph of a young person from Spain or a Spanish-speaking country (Level 1)
- This is followed by three chapters, each divided into etapas.
- The end of the unit includes:
  a) the *Aquí leemos* (reading section and review of the unit)
  b) the *Aquí llegamos* (cumulative unit activities)
  c) a photo of the young person featured in the unit opener (Level 1)

4. Features of the chapter organization

- Each chapter presents a subtheme of the unit theme
- Each chapter opens with a photo page.
- Each chapter is divided into *etapas*.
- Each chapter ends with the *Vocabulario*, which includes the expressions and vocabulary presented in the chapter.

5. Features of the *etapa* organization

- Each *etapa* presents one aspect of the chapter theme which, in turn, supports the unit theme.
- The *etapa* serves as the basic lesson plan for two or more class periods.
- Each *etapa* is self-contained, with an opening and a closing.
- Each *etapa* includes the presentation of new material, a review of the previous *etapa,* and a final review of the etapa being studied.

How to use ¡YA VERÁS!, Segundo nivel

Level 2 of *¡YA VERÁS!* consists of five units preceded by three short *Capítulos preliminares,* designed to provide review of previously studied material in order to provide a smooth transition into the second level of Spanish. The units are organized in the same way as those of Level 1— three chapters, each divided into two or three *etapas.* Since the basic organization by *etapas* remains the same, you as the teacher may choose, as in the first level, to proceed through the units in a linear fashion without having to reorganize material or worry about questions such as recycling, variety, or pacing of the material. However, you again have the flexibility to reserve parts of an *etapa* for a later date, and you, of course, may arrange the review of activities according to your own preferences and time constraints.

Organization of the Capítulos preliminares

The three *Capítulos preliminares* (A, B, C) recycle the vocabulary, structures, functions, and cultural material from Level 1 in new combinations. Each chapter has two short *etapas.* The *etapas* all follow the same basic pattern.

- Vocabulary review— short paragraphs that can be read or listened to on the Teacher Tape, followed by comprehension exercises.
- Grammar Review— summary of major grammatical structures plus short reminders (*¿Recuerdan?*) of other points, followed by *Aquí te toca a ti* exercises.

- Function Review— four short *Situationes* (usually in dialogue form) that can be read or listened to on the Teacher Tape, followed by comprehension and interactive communication exercises.
- *Actividades*— short interactive situations similar to the *¡Adelante!* section of Level 1.

Each *etapa* ends with vocabulary lists *(Tarjetas de vocabulario)* that allow students to find the words they need without having to go back to the Level 1 text.

The *Capítulos preliminares* allow students to practice and, if necessary, relearn the materials from Level 1 without duplicating exactly any exercises and activities they have already done. We would urge you to remember that, even though this is a review section, students will continue to make some errors. The objective still remains to communicate in Spanish. While you can expect a higher degree of accuracy than when the material was presented for the first time, you probably should not overwork this material. Many of the structures, functions, and vocabulary sets will continue to be recycled in the course of Level 2.

Organization of a Unit

Unit objectives

Three chapters (divided into *etapas*)
Vocabulario (key chapter vocabulary items)
Aquí leemos (reading section)
Aquí repasamos (Unit review)
Aquí llegamos (cumulative end-of-unit activities)

How to begin a unit

The goal of the unit opener is to provide students with the cultural context and the main theme of the unit. You may use any of three methods to introduce the unit:

1. Teacher Tape

- Play the segment that corresponds to the unit.
- Have students do a basic comprehension activity (in Spanish or English, depending on the time of year).
- Have a short discussion about the context by comparing it to a similar situation in the United States.

2. Video

- Have students view the entire video segment that corresponds to the unit.
- Do some comprehension activities from the Video Activity Masters.

3. Unit Opener Pages

- Have students analyze the photograph on the first page and engage in a discussion about it. (See suggestions in the Teacher's Extended Edition.)
- Have students look at the second page while you review the unit objectives.
- Have students note the name of the person on the second page. Have them pronounce the person's name and where he or she is from.

Once you've established the unit context, you can then proceed to the "Planning Strategy" found at the beginning of each unit in the Student Workbook. The purpose of the "Planning Strategy" is to have students match English words and expressions to the context to which they have just been introduced. As they then proceed through the unit, students will learn the equivalents of many of these expressions in Spanish.

If done on the first day of class, students brainstorm answers without prior preparation. If done on a subsequent day, this section should be assigned for homework for sharing in class.

How to begin a chapter

Each chapter opener page contains a photograph that features the main character of the chapter interacting with someone in the specific chapter context. A short conversational exchange is included.

- Have students engage in a short discussion analyzing the cultural content of the photograph. (See annotations in Teacher's Extended Edition for suggestions.)

How to do an etapa

The most important aspect of *¡YA VERÁS!* is the self-contained *etapas*, which serve as the basic lesson plans for class. Each *etapa* has a clear beginning and end and includes the presentation of new material, a review of the previous *etapa,* and a final review of the *etapa* being studied.

Each *etapa* contains the vocabulary, functions, and grammar necessary for the subtheme of the *etapa*. These, in turn, contribute to the functions and contexts of the chapter, which, in turn, illustrate the larger context of the unit.

Articulation within units and between units has thus been assured through the interplay and integration of functions, contexts, and accuracy features. (See pp. T22 – T24 for Function/Context/Accuracy charts for each level.) As the teacher, you may therefore choose to proceed through the units in a linear fashion, without having to reorganize the material or worry about such questions as variety, the recycling of material, or pacing. You also have the flexibility, however, to reserve some parts of the *etapa* for a later date, and you may, of course, move the review activities according to your own preferences and time constraints.

Each *etapa* in Level 1 follows this pattern:

Vocabulary Introduction

¡Aquí te toca a ti!

COMENTARIOS CULTURALES
(placement may vary)

Pronunciación (in one *etapa* per chapter)

Práctica

Repaso (in all *etapas* except the first one in each unit)

ESTRUCTURA

Aquí practicamos

NOTA GRAMATICAL (when needed)

¡Adelante!

The following sections define each segment of the *etapa* and suggest generic classroom techniques that may be used. Additional suggestions can be found in the annotations of the Teacher's Extended Edition.

Vocabulary Introduction

Definition: This first section of the *etapa* introduces the vocabulary that is central to the theme of the *etapa*. The vocabulary is presented in a variety of ways: drawings with captions, narrations, dialogues.

Classroom Techniques:

1. Drawings with captions

- Point to real objects in class or to the drawings on the transparency (first without the captions).
- Pronounce the words and have students repeat them.
- Point randomly at the drawings on the transparency and have students provide the words.
- Use the caption overlay and have students repeat the words again while they look at the spelling.
- If the objects make it possible, intersperse some personalized questions during the presentation or add a series of questions at

the end: *bicicleta—¿Tienes bicicleta? ¿Montas en bicicleta con frecuencia?* Tailor the questions according to the grammar that students have already studied. You may also use the objects to say something about yourself: A *mí me gusta montar en bicicleta. ¿Y a ti?*

2. Short narration

- Students have books closed.
- Read through the narration, one segment at a time.
- Illustrate each segment with gestures, visuals, or real objects from class.
- Read the narration again at a normal rate of speech.
- Ask some general comprehension questions.
- Have students open the book and follow the text as you read it again.
- Have students read through the narration silently.

3. Dialogue

- Students have books closed.
- Present main ideas in dialogue form while illustrating the new vocabulary through gestures, visuals, or objects from class.
- Act out the dialogue taking all the parts or having one of the better students act it out with you. Alternative: Play the dialogue from the Teacher Tape.
- Ask students some general comprehension questions.
- Have students open their books and repeat the dialogue after you, one sentence or sentence segment at a time.
- Ask students to role-play the dialogue.

¡Aquí te toca a ti!

Definition: This set of exercises allows students to practice the vocabulary learned in the Vocabulary Introduction. In most cases, the exercises progress from controlled, and mechanical to open-ended.

Classroom Techniques:

1. Controlled, mechanical exercises done with the whole class

- Books are closed.
- Have students repeat the model after you. In cases where there is no model, use the first item.
- Continue the exercise, calling on students randomly.

2. Controlled, mechanical exercises done in pairs

- Books are open.
- Have students repeat the model after you.
- Do the first item with the whole class.
- Then have students complete the exercise in pairs.

- When everyone is done, you may wish to spot-check items with the whole class.

3. Open-ended exercises

- Books are open.
- Begin by modeling the activity with a student.
- If necessary, remind students of key vocabulary and grammatical structures.
- Divide students into pairs or small groups as indicated by the activity.
- At the end of the activity, have several groups perform in front of the class.

COMENTARIOS CULTURALES

Definition: The *comentarios culturales* contain cultural information that expands the theme of the *etapa*. In Level 1, they are written in English to facilitate short discussions about culture.

Classroom Techniques:

- Have students read the cultural note at home or in class.
- Ask them basic questions about the content.
- Have them draw similarities and differences between the Spanish-speaking world and the United States.

Pronunciación

Prática

Definition: In these sections (one per chapter), students learn the most common Spanish graphemes (letters or letter combinations) along with their phonemes (the sounds that the letters represent). The presentations always move from symbol to sound so that students are given the tools to pronounce the sounds in new words as they proceed through the program.

Classroom Techniques:

- Systematic correction should occur throughout the presentation and practice.
- Write several words on the board from the list provided.
- Underline the grapheme in question.
- Have students pronounce the words after you.
- Have students read the examples from the book (books open).
- Then have students do the *Prática* exercise with books open.
- Finally, have them close the books and repeat the *Prática* items after you.

Repaso

Definition: Found in all *etapas* except in the first of the initial chapter of a unit, these exercises provide consistent review of the structures, vocabulary, and functions of the previous *etapa*. They may be done as warm-ups at the start of a class period or as breaks in the middle of sessions.

Classroom Techniques:

1. Semi-controlled exercises done with the whole class

- Books may be open or closed depending on the level of difficulty.
- Make the directions clear to students (preferably in Spanish).
- Have students repeat the model.
- Proceed through the exercise, calling on students randomly.
- If students encounter difficulties with a particular item, the item may be used for a rapid transformation drill. For example, students are having trouble with *Ana quiere bailar.* Use this as the base sentence to make substitutions. You say comer. Students say *Ana quiere comer.* You say *estudiar.* Students say *Ana quiere estudiar.* After this brief break, resume the exercise items.

2. Semi-controlled exercises done in pairs

- Books are open.
- Make the directions clear.
- Have students repeat the model.
- Do the first item with the whole class.
- Have students divide into pairs and complete the exercise.
- After they are done, verify by spot-checking several items.

3. Open-ended activities

- Books are open.
- Make the directions clear.
- With a student, model the activity.
- Divide students into pairs or small groups according to the indications in the activity.
- When students are done, have several groups perform for the class.

ESTRUCTURA

Definition: Each *etapa* contains the presentation of a new grammatical structure. In *¡YA VERÁS!*, grammar is treated communicatively— that is, grammar is tied logically to the context of the *etapa*, chapter, and unit and to the tasks that students are expected to carry out linguistically. An *Estructura* section offers one of three types of presentations:

1. The introduction of a new verb

2. The introduction of a more complex grammatical structure

3. The introduction of a set of lexical items that has grammatical implications (e.g., days of the week, seasons, time)

Classroom Techniques:

In general, all structures can be presented either inductively or deductively, although it is recommended that, whenever possible, an inductive approach be used. In either case, students should have their books closed so that they pay close attention to your examples and explanations. It is generally preferable that you make grammatical presentations in simplified, telegraphic-style Spanish, punctuated by examples. The following demonstrates the presentation of the preterite.

1. The inductive approach (from example to rule)

- Put some drawings on the board or use a transparency that show a person going through a series of actions (e.g., some of the things a person does on a typical day).
- Have students say what the person does typically, using the present tense.
- Then put the previous day's date on the board to signal *ayer*.
- Redo each action, using the preterite.
- Go through the actions again and have students repeat each item.
- Use yourself and the first person singular to transform each item.
- Then have students individually use the first person to go through the actions again.
- Finally, end your presentation (in Spanish, if possible) with a short, concise explanation about the formation.
- Return to the drawings and have students redo the sequence of actions using different pronouns.

2. The deductive approach (from rule to example)

- This approach is most appropriate for grammar points that do not merit prolonged class time, are particularly simple, have an exact equivalent in English, or do not lend themselves readily to an inductive presentation. Examples of this type of grammatical structure are demonstrative adjectives (*este, esta, ese, esa*), the interrogative adjective *cuánto* and its various forms, and so forth. Rather than devoting valuable class time to lengthy presentations, such grammatical topics are best dealt with as efficiently as possible to leave more time for practice. Whenever possible, presentations should be made in Spanish. Use a quick translation of the key element, if necessary.
- Put several examples on the board or on a transparency.
- Explain the rule in simple terms using the examples.

- Provide an additional series of examples by eliciting the grammatical structure through personalized questions and answers.

Aquí practicamos

Definition: A series of exercises follows each *Estructura* section. The exercises usually move from controlled or mechanical drills to bridging exercises to open-ended, communicative activities. The grammatical *estructuras* are practiced in a variety of contexts.

1. Controlled or mechanical drills

- provide *estructura* and meaning
- usually require some type of transformation or substitution

2. Bridging or meaningful exercises

- provide *estructura* and students provide meaning
- are generally contextualized

3. Open-ended or communicative exercises

- require students to provide *estructuras* and meaning
- are highly contextualized and usually personalized

Classroom Techniques:

1. Controlled or mechanical drills

- Correction should be systematic.
- You may do with the whole class or in pairs.
- Make the directions clear.
- Use the first item as a model.
- Continue with the whole class or have students complete in pairs.
- If done in pairs, follow-up with a spot check.

2. Bridging or meaningful exercises

- Do preferably in pairs or in small groups.
- Make the directions clear.
- Have students repeat the model.
- Divide the students into groups and have them complete the exercise.
- Spot-check some items with the whole class.

3. Open-ended or communicative exercises

- Do in pairs or small groups.
- Make the directions clear.
- Model the situation with a student.
- Divide the class into groups.
- When the activity is completed, have several groups role-play the situation for the class or report back the group results.

Important Note: Since small groups tend to progress through exercises at different rates, you can assign all three exercises or the last two as a chain. Make sure that students understand directions and instruct them to proceed to the next exercise when they are done with one. It is not necessary to wait until every pair has finished the entire chain. When the majority of pairs has reached the end of the chain, verify by doing some items with the whole class. This technique gives students the flexibility to progress at their own pace.

NOTA GRAMATICAL

Definition: These follow-up sections to the *Estructura* present additional refinements to the main grammar point in the chapter. If needed, the *Nota gramatical* often comes directly after the mechanical exercise of the *Estructura* section and is followed by the meaningful and communicative exercises.

Classroom Techniques:

Use either an inductive or a deductive approach (see *Estructura* explanation), followed directly by the *Aquí practicamos* exercises.

Aquí escuchamos

An additional section, *Aquí escuchamos*, models in dialogue form the vocabulary introduced receptively at the beginning of each *etapa*. This dialogue is recorded on the Teacher Tape and can be presented first as a listening comprehension exercise. Questions about the dialogue are included in the Teacher's Extended Edition.

¡Adelante!

Definition: These end-of-*etapa* exercises are designed to review the vocabulary, functions, and structures of the *etapa*. In some *etapas*, this section consists of two exercises: an *Intercambio*, in which two students ask each other short personalized questions, and a mini-situation in which students are given a task to accomplish. Some *etapas* contain only the latter exercise. The *¡Adelante!* review may be done at the end of a class period or as a warm-up at the beginning of a class.

Classroom Techniques:

1. *Intercambio*

- Books are open.
- Make the directions clear. It is particularly important to tell students that once one of them has asked the questions, the roles

should be reversed. Each student must have the chance to both ask and answer the questions.
- Divide students into pairs.
- As a follow-up, you may wish to ask some students to say what they found out from their partners.

2. Open-ended activity (role-play)

- Books are open.
- Make the directions clear.
- Model the role play with a student.
- Divide the class into pairs or groups.
- Follow up by having several groups perform the role play for the class.

How to end a unit

At the end of each unit is a cumulative review of the entire unit that consists of four components.

1. Aquí leemos

Definition: This is a section-opening reading usually taken from authentic documents (newspapers, magazines, brochures, advertisements) including literature. It is preceded by a reading strategy that helps students focus their reading. The *Aquí leemos* is always an expansion or illustration of the unit theme and is followed by the *Comprensión* section, which serves as a verification of students' understanding of the text. In most instances, the comprehension check is in English because, at Level 1, students' ability to speak is less developed than their ability to read. They are therefore more likely to have a more sophisticated discussion in English about the text. You should feel free, however, to ask some of the questions in Spanish.

Classroom Techniques:

- Have students read the text silently either for homework or in class.
- Impress upon them that they should not be reading word for word but should rather concentrate on the main ideas.
- Move directly to the comprehension exercises.

2. Repaso

Definition: This is the review section of the last *etapa* of the third chapter in a unit.

Classroom Techniques:

- Follow the procedures outlined above.

3. Aquí repasamos

Definition: This is a systematic review of the unit's vocabulary and grammatical structures. Each concise review is followed by a sequence of exercises.

Classroom Techniques:

- Have students briefly look at the review of the structure.
- If you wish, highlight the main points.
- Then do the exercises with books open or closed depending on the exercise.

Alternative: Move directly to the exercises and have students look at the review section only if they encounter problems doing the exercises.

4. Aquí llegamos *(Actividades orales y escritas)*

Definition: These cumulative, communicative activities are the culminating point of the unit. They combine the vocabulary, functions, structures, and cultural information presented in the unit. Everything in the unit leads up to this performance point, in which students can demonstrate their independence in using the Spanish language. The activities are done in pairs or in small groups. Instructions are given in English to avoid giving away the key structures and vocabulary, and to encourage students to use a variety of ways to express themselves. Using English in the direction lines also approximates the "real" situations in which students might find themselves. For example, if they were to enter a Spanish store, their reason for being there would exist in their minds in English.

The most important thing to remember is that the *Aquí llegamos* activities demonstrate what language learning is all about. They show the tasks that students can accomplish with the language they know and in which contexts and with what degree of accuracy they can function. To sacrifice these activities to time constraints or to treat them as optional would be to subvert both the goals of the *¡YA VERÁS!* program and the goals of proficiency-oriented language instruction and learning. It is therefore imperative that the process be carried out fully and that students have the opportunity to demonstrate their accomplishments.

Classroom Techniques:

- Select the activities you wish your students to do and reserve the rest for another time or simply skip them.
- Make the directions clear.
- Model with one or more students, if necessary.
- If needed, have students brainstorm key vocabulary ahead of time.
- Divide the students into groups.
- When the activity is ended, have a few groups role-play the situation for the class.
- If you wish, you may give these groups a grade. The rest of the students can get grades at other times when they perform in front of the class.

Once you've completed the end-of-the-unit section, you can complete the unit in one of two ways (or both):

1. Video

You can (re)play the video segment that corresponds to the unit. At this point, students should understand much of what is being said and should grasp more cultural information than they did during the first viewing. This is generally a source of real satisfaction for them and demonstrates to them how much they have learned during the unit.

2. Teacher Tape

You can (re)play the conversations that correspond to the unit. Again, students' understanding should be considerably enhanced because of the work done in the unit. It should be remembered, however, that audio taped material is always more difficult to understand than video because it does not provide additional visual support.

The Role of Culture in ¡YA VERAS!, Primer nivel / Segundo nivel

It is important to note the various ways in which culture is integrated throughout the Level 1 and 2 texts. The role of culture in Level 3 will be discussed separately.

A variety of techniques is used to immerse students in the Hispanic cultures as they learn Spanish. Rather than isolating cultural phenomena from the language that students are learning, the culture is tightly integrated into every aspect of the textbooks.

1. Culture is ever-present in that it is inseparable from language. As students learn to express themselves in various situations, the language they use and the behaviors that accompany this language are culturally authentic. This means that language in *¡YA VERÁS!* has not been doctored or modified for the sake of grammatical rules. For example, sentence fragments are acceptable because they are natural in speech. Communicative functions are taught from the outset.

2. The vocabulary in *¡YA VERÁS!* reflects the interests of young people in the Spanish-speaking world, as well as the interests of your students.

3. *¿Qué crees?* These short multiple-choice items placed in the margins at regular intervals throughout the units of Level 1 focus on interesting facts that are related to the etapa topics.

4. *Comentarios culturales* further student understanding of a particular topic.

5. The visual components of the program— the photos, art, realia, and video— contain a wealth of cultural material, both factual and behavioral. Their use should be fully integrated into classroom time to the greatest extent possible. Depending on facilities, the video may also be made available to students in a library or laboratory setting.

6. Reading units focus on important cultural topics and provide students with factual information about modern life and historical events.

7. Readings in the *Aquí leemos* section and throughout the Workbook expose students to a variety of texts for a multitude of purposes. Readings include ads, poems, magazine and newspaper articles, brochures, various types of guidebooks, recipes, classified ads, and literary sketches.

Organization of a Reading Unit

Segundo nivel, Unidad 5: Un viaje a América Latina

In each level of the *¡YA VERÁS!* program, certain units focus on reading and culture. In Level 2, Unit 5 focuses on readings selected to acquaint students with many facets of the Hispanic world. This unit differs from the others in Level 2 in two ways. First, there are more reading passages in each *etapa*. Second, the unit focuses on reading and culture in a more systematic way. In other respects, the unit format remains much the same as Units 1–4 and gives the students ample opportunity to converse using newly learned structures and functions.

Classroom Techniques:

In order to avoid predictability in presenting the readings in Unit 5, you can alternate among various techniques:

1. **Reading as homework.** You can ask students to read the selections before class, telling them to write down two or three principal ideas in English for discussion. Alternatively, you can ask them to write a series of questions based on the reading that they will then ask their classmates.

2. **Personal experience.** If you have visited one or more of the areas discussed in the reading, tell about your experiences (what you saw, what you did, etc.), bringing up points covered in the readings. This would be an excellent time to bring in your personal slides, photographs, realia, etc. to enhance the readings in the book.

3. **Videotape.** Begin the presentation with the segment of the videotape for this unit. Ask some basic comprehension questions. Return to the video at the end of the chapter or as a summary at the end of the unit.

4. **Research as homework.** Before you begin a new *etapa,* have students use an encyclopedia to look up some of the people, places, and monuments mentioned in the previous *etapa*. Different students can work on different aspects of the reading. They should jot down some general pieces of information to share with the class.

Whatever your approach, it's important that students not translate the texts and that they read first for the gist and then for supporting detail.

Pedagogical considerations

A proficiency-oriented, integrative approach to teaching raises certain pedagogical issues that need to be addressed. In particular, these are questions dealing with the development of skills (listening, speaking, reading, writing, critical thinking) and culture as well as questions about classroom management (large, heterogeneous classes, cooperative learning, Total Physical Response, correction strategies, teacher behaviors).

Developing language and critical thinking skills

Developing the listening skill

Through the Teacher Tape, the Videotape, the Laboratory Tapes, and appropriate teacher speech, *¡YA VERÁS!* seeks to develop the listening skill in a systematic way. The focus is on listening comprehension as it would occur in real life, using speech samples that are unscripted and free of artificial grammatical and lexical manipulation. As you use these materials, several considerations should be kept in mind:

1. Students will not understand every word that they hear and this is not necessary. They should be encouraged to listen for gist. In real life, we do not necessarily hear every word that is said to us (noise interference, etc.) and students should become accustomed to this.

2. Students need to be able to demonstrate that they have understood something. At the beginning of the program this means that they will probably use English to indicate their comprehension. As they progress, an increased number of activities can be done in Spanish, although this will always depend on the complexity of the comprehension check.

3. Listening comprehension develops more quickly than speaking. It is therefore important to integrate listening activities fully into the learning process since it can serve as a confidence builder.

4. Since listening in real life is done for a variety of purposes, some comprehension activities are limited to understanding the main point while others require the comprehension of specific details.

5. General comprehension should usually be ascertained first, before an analysis of details is undertaken. The activities in the text and Listening Activity Masters follow this general to specific pattern.

6. Listening comprehension activities vary from simple multiple-choice and true/false items to more extensive summary-type exercises.

7. You, the teacher, are one of the best sources for listening materials. Even your inductive presentations of grammatical structures contribute to the development of listening comprehension, providing, of course, that you speak at your normal rate of speech whenever possible.

Developing the speaking skill

If speaking is to become truly functional (i.e., students can accomplish real tasks with the language), a number of conditions must be met in the classroom. The *¡YA VERÁS!* program provides the range of practice from mechanical to meaningful to communicative required for the development of the speaking skill. The following pedagogical principles should be kept in mind:

1. Students should be corrected systematically when they're engaged in highly controlled exercises.

2. Correction should be delayed until after communicative, interactive activities have been completed. Real communication should not be interrupted with grammatical corrections.

3. The sequence of exercises in *¡YA VERÁS!* should be carried through completely whenever possible.

4. Students should be asked to speak in complete sentences when mechanical exercises require it, but sentence fragments are acceptable in communicative situations.

5. Small-group activities must be a regular part of classroom strategies. Students should work in pairs or small groups at least once and, if possible, more frequently during each class period.

6. Recognition must be given in grading for the message (content) as well as for grammatical accuracy. Students should feel that they get credit not just for how they say something but also for what they say.

Developing the reading skill

Of all the language skills, reading is perhaps the most durable and should be developed systematically. The *¡YA VERÁS!* program provides many opportunities for students to demonstrate their reading comprehension skills. As in listening, a number of factors have been taken into consideration in the development of the program.

1. Reading should be done in class as well as for homework.

2. Reading should be tested along with all the other skills.

3. In real life we read a variety of texts for a variety of purposes. In *¡YA VERÁS!* students are guided in their reading through specific

reading strategies. Furthermore, reading sections include diverse texts, from menus to ads to magazine/newspaper articles to literary selections.

4. Since reading comprehension skills develop more quickly than speaking and writing skills, early comprehension checks should be done in English rather than Spanish. As students progress, these checks can be done in Spanish depending on the level of difficulty of the text and the exercise.

The reading selections are intended to further the development of students' reading skills. To this end, students work with cognates, words of the same family, and key words essential to the understanding of the texts.

In order to develop reading skills, students should be reading first for comprehension, second for detail, and finally for grammatical and/or vocabulary analysis (if you find such an analysis desirable). Vocabulary and unknown structures should be treated receptively without the expectation that students will be able to reproduce them in speaking. It is likely, of course, that they will retain some of the vocabulary for production, but this is not the aim of these lessons. As students work through the reading selections, they will become more and more comfortable with the idea of reading for meaning and for information. Since students will be timed as they read, they should also get used to reading without understanding every single word, thus increasing their reading rate. It might be helpful to point out to them that they should not be trying to decipher every word, but should look at the meaning of a whole sentence or paragraph.

Use of English

Because comprehension of information is the primary aim of the reading selections and because students' reading ability develops more quickly than their speaking ability, English is necessary at this stage if any meaningful discussion is to take place. This limited and clearly defined use of English will relieve students of the frustration they often feel when their ideas are at a higher level than their ability to verbalize them.

Reading Strategies

In *Developing Reading Skills* (Cambridge: Cambridge University Press, 1981, p. 4), François Grellet points out that in real life our purposes for reading constantly vary. There are also specific types of reading: (1) skimming, or quickly running one's eyes over a text to get the gist of it; (2) scanning, or quickly going through a text to find a particular bit of information; (3) extensive reading, or reading longer texts, usually for pleasure; and (4) intensive reading, or reading shorter texts, usually to extract specific information. These different types of reading are not mutually exclusive. One often skims through a passage to see what it is about before deciding whether it is worth scanning a particular paragraph for the information one is seeking. Several of the exercises that accompany the readings in this book, together with those in the special reading unit, Unit 5, have been created with this in mind.

Cognate recognition

We consider cognate recognition a fundamental skill to be developed if students are to learn to read a second language.

Developing the writing skill

Real-life writing involves many different tasks that are carried out for a variety of purposes. In *¡YA VERÁS!*, the writing skill is developed along similar lines as speaking. That is, students are required to move through a sequence of exercises, from mechanical to meaningful to communicative, at every stage of their language development.

In accordance with a proficiency orientation, the final stage of this sequence (communicative activities) is the goal of all writing tasks. Students are asked to make lists, write sentence-level notes, postcards, messages and finally, produce writing at the paragraph level. Since none of this writing will be error-free, it is important for you to recognize and give credit to the successful communication of the message before addressing the question of accuracy. This usually means that you assign a number of points for content and message, or you may decide simply to give two grades for each major writing assignment.

In Level 3 of *¡YA VERÁS!*, we have introduced a systematic writing program (along the lines of a freshman English composition course), that moves students through the basic levels of writing: from word to sentence to multiple sentences to paragraphs to multiple paragraphs. The writing done in Level 3 therefore serves as a capstone before students move to the types of writing required of them in Levels 4 and 5.

Encouraging risk-taking is an essential factor in developing the writing skill. Traditionally, students who wrote error-free compositions that showed very little innovation and imagination have been rewarded more than students who tried to express meaningful and personalized messages. The result has usually been that students used only grammatical structures and vocabulary of which they were absolutely certain, resulting in rather boring and artificial compositions. The traditional students had few red marks on the paper. The innovative students were faced with red-pen punishment. We suggest that this trend be reversed by assigning points both for message and accuracy so that both types of students are rewarded for the efforts they have made. We would also suggest that correction techniques be modified to become less punitive. For example, comment first on what students do well before making suggestions and corrections. We further encourage you to consider underlining what is correct and to throw away the red pen! Furthermore, students can be given the opportunity to edit what they have written so that they receive two grades for their work— one grade for the first effort, another grade for their final writing sample.

Developing cultural awareness

The *¡YA VERÁS!* program integrates culture at all stages of language learning. Culture is not just dealt with in terms of facts, but includes cultural analysis and appropriate behavior in terms of language use. Authenticity of expression is an essential aspect of the program so that students develop a sense of social/contextual appropriateness. In the process, it is hoped that they become more accepting and non-judgmental of other cultures, that they become less ethnocentric about their own culture, and that they realize that the Spanish language represents peoples of various cultures.

Several factors come into play in the development of cultural awareness:

1. You should avoid judgmental or stereotypical statements.

2. You should challenge judgmental or stereotypical statements.

3. Students must understand that facts are important but that they are not the only definition of culture. Culture is embedded in the language. The language is a reflection of cultural attitudes.

4. Understanding another culture depends largely on one's ability to observe and analyze. As students look at the photographs in the textbooks or view the videotapes, they should be taught to become keen observers of behavior patterns.

5. Cultural awareness should not be developed solely through the observation of differences but also through the noting of similarities between one's own culture and the target culture. For example, students should note that Spanish-speaking youth tend to dress much the same way as North American youth. Similarities and differences are pointed out in the cultural observation notes in the Teacher's Extended Edition.

6. Students should be made aware that the words they use in commenting about other cultures may tend to be judgmental and should be avoided. Words such as "weird," "bizarre," "stupid," "nerdy," (or whatever words happen to be in vogue at a particular time) indicate that the speaker assumes that his or her own culture is somehow superior to the target culture. Perhaps this lesson will carry over into students' dealings with their peers and with adults!

Developing the critical thinking skills

The foreign language class is an ideal place for developing critical thinking skills. As students are exposed to a new language and a variety of cultures, their ability to observe, analyze, synthesize, and integrate new information can be developed in a variety of ways. In the *¡YA VERÁS!* program, critical thinking skills are developed through cultural observations and language enrichment notes provided in the Teacher's Extended Edition.

A number of general principles apply to the development of critical thinking skills.

1. Critical thinking involves a number of conditions and subskills:

- flexibility of mind (the ability to change one's mind)
- open-mindedness (sensitivity to multiple points of view)
- the ability to evaluate various points of view without bias
- the ability to observe and listen
- the ability to analyze (to break down issues into their component parts)
- the ability to synthesize (to bring the component parts back together)
- the ability to integrate new information into what is known
- the ability to apply knowledge to a new issue
- the ability to make associations

2. Critical thinking skills can be developed in a variety of ways, many of which are pointed out in the Teacher's Extended Edition of ¡YA VERÁS!

- **Language analysis**
  Examples:
  a. Spanish tends to use a great deal of nouns, whereas English focuses more on verbs. What does this imply? Spanish is a more abstract language and Spanish speakers tend to think more readily in abstractions than do North Americans. American English, in particular, is more concrete.
  b. What cultural difference is inherent in the two expressions that refer to a child?: *Es mal educado. He is badly behaved.* Spanish speakers place more responsibility on the parents. In the United States, the child is seen as an independent agent earlier in life and therefore becomes more quickly responsible for his or her actions. This then leads to interesting discussions about the role of the child in society.

- **Analysis of symbols**
  Examples:
  a. the role of a national flag

b. famous personalities— In the Spanish-speaking world, for example, writers are national figures. How does this phenomenon manifest itself (street signs, monuments, etc.)? Who are the famous personalities in the United States? Why do writers not tend to figure among them? What does this imply?

- **Analysis of images (photos, videotapes)**
  Examples:
  a. How far away do people stand from each other?
  b. How do they dress?
  c. What do the buildings look like?
  d. What are the streets like?
  e. What kinds of monuments do they have?

- **Analysis of facts**
  Examples:
  a. El Cid is a Spanish national hero. What will happen to his image as European countries refocus their history according to a European perspective? Will he remain a hero?
  b. Given its geographical location in Europe, what role is Spain likely to play in the European Economic Community?

c. Why do Spanish people eat their salad at the end of the meal rather than at the beginning as North Americans do? (They use only vinaigrette dressing which has as its purpose the cleansing of the palate before eating the cheese and dessert.)

- **Analysis of behavior**
  Examples:
  a. What is the difference between the way Spanish speakers greet each other and the way North Americans greet each other? What does this imply?
  b. If you want to invite a colleague for dinner in the Spanish-speaking world, do you invite him or her to your house as is often the custom in the United States? (No. It's more likely that colleagues are invited to dinner at a restaurant.) This raises the issue of the role of the home in society.

3. Critical thinking skills can be taught and should be inherent in foreign language teaching and learning. Teaching students to think critically is an on-going process that requires the same skill from the teacher.

Cooperative learning and classroom management

Large and heterogeneous classes

Two of the major problems in today's classrooms are the high number of students and, by definition, the varying levels of abilities represented. The *¡YA VERÁS!* program addresses these issues in a variety of ways:

1. Regular paired and small-group work maximizes student participation time and has the effect of turning a large class into many small classes.

2. In some parts of the program (e.g., *Aquí llegamos*), activities can be individualized in that different groups can be asked to work on different activities. If several weaker students are grouped together, for example, they can be given a less complex task to accomplish.

3. The *¡YA VERÁS!* program is highly motivating and thus gives even the slower student a sense of accomplishment. Although some students will always learn more quickly than others, the program has a kind of leveling effect in that all students can be successful at different times.

4. Regular recycling and review of material helps weaker students "catch up" and gives stronger students the opportunity to reinforce what they know.

5. In the *¡YA VERÁS!* program, we do not expect students to learn all of the vocabulary about each topic. We assume that, for example, in lists of foods, students will focus on expressing their own likes and dislikes. In this instance, what one student likes is not necessarily the preference of another student. The same is true about vocabulary for family. Since every family has a slightly different configuration, students should first learn to speak about what applies to them, leaving the rest to be dealt with receptively. All of our materials, including the testing program, give students the flexibility to express their own situations and preferences.

Cooperative learning

The major principles of Cooperative Learning Techniques are inherent to the *¡YA VERÁS!* program. These principles help to define the roles of teachers and students in class, and to incorporate student learning styles. They are based on the idea that students can learn as much from each other as they can from the teacher as long as they do so in a cooperative spirit. The foreign language classroom is an excellent setting for putting cooperative learning strategies into practice. The following principles are central to cooperative learning:

- Teaching must be student centered.
- Paired and small-group work is essential to engage students in frequent communication that is meaningful, based on real-world experiences, relatively free of anxiety, and challenging to various learner styles and abilities.
- Cooperative learning encourages multiple ways of expression.
- It promotes multiple points of view through the use of heterogeneous teams.
- It reduces dependence on the teacher and fosters linguistic independence and individual accountability.
- It promotes positive interdependence and creates a positive social atmosphere in which students learn to accept the contributions that others can make to their learning.
- It fosters the willingness to be helpful to others through shared responsibility.
- It promotes individual expression of likes, dislikes, and preferences rather than "cloned" behavior.
- It gives students a chance to raise language issues that are of interest to them and that might not surface in a teacher-centered classroom.
- It allows students to manipulate language in ways that are most suitable to them.
- It gives teachers the opportunity to relax and be the observers of student behavior, thus enhancing sensitivity to student needs and interests.

Cooperative learning structures in the annotations

In addition to the inherent principles of Cooperative Learning that pervade the text, this new Teacher's Extended Edition also contains annotations suggesting particular Cooperative Learning "structures" that can be used at logical places in each chapter. These "structures" are the basic building blocks of each Cooperative Learning activity and are based on structures developed by researchers such as Johnson and Johnson, Slavin, and Kagan. Each structure has a particular name, such as Jigsaw, Pairs Check, Corners. Throughout this text, where Cooperative Learning activities are suggested, a structure name is always given. Once you have learned to use these structures successfully, you can use them at other times in the course that seem appropriate to you.

Some structures are more useful for certain learning objectives than for others. For instance, Corners is particularly useful for warm-up activities because it gets students moving and communicating while setting the context for the chapter. Student Teachers (also known as Telephone) is good for pronunciation work because it forces students to listen carefully. Team Decision (also called Numbered Heads Together) and Pairs Check are useful when your goal is mastery. Jigsaw works extremely well for reading comprehension, and Roundrobin and Roundtable are useful for vocabulary practice.

Notice that in many Cooperative Learning activities, you are asked to have students number off. This ensures that you call on students randomly to perform certain tasks or to give an individual response to a question already practiced with the group. In this way each student's individual accountability is guaranteed. Notice also that we often suggest doing warm-up activities in English. These activities appear at the beginning of the chapter in which the necessary contexts and skills to do the activity in Spanish will be taught. Students ought to be able to do a similar exercise in Spanish at the end of the chapter.

We suggest that before attempting a new and unfamiliar structure, you should (1) read through all of the directions, (2) be sure you can provide the materials, and (3) practice carrying out the activity (including saying the directions). When you become more familiar with the structures, you will discover that they are not hard to use and that the results are very rewarding.

How to determine group size

- In *¡YA VERÁS!*, group size is usually determined by the nature of the communicative activity. A symbol in the Teacher's Extended Edition indicates the number of students per group.
- In cases where group size may be variable, it is important to make sure that every student has the opportunity to make a valuable contribution to the activity and that no one be allowed to sit on the sidelines while others do the work. Unless each student has a clearly defined role to play, it is not advisable to have groups larger than four students. Three or four students per group is probably the optimal size unless an activity specifies paired work.
- The advantage of groups of three or four (particularly at higher levels in discussion activities) is that more than two points of view tend to eliminate the trap of "right" and "wrong." This is crucial when dealing with cultural topics.

How to determine the composition of the group

- Throughout the school year it is important to vary group composition so that students can regularly interact with different classmates.
- Various group combinations can be made: 1) stronger with weaker students; 2) groups of stronger students only, weaker students only; 3) random selection of students without concern for weaknesses and strengths. All of these combinations have merit and have their advantages and disadvantages.

How to put students into groups

- If students are selected according to strengths and weaknesses, it is best to do this ahead of time during your lesson planning. Group selection wastes valuable class time which should be spent doing the activities themselves.
- Forming groups randomly can be accomplished in a variety of ways:

1. As students enter the classroom, have them take a number out of a bowl or box. All students with the same number form a group. This can also be done with colors. Note that this may become chaotic as students try to find each other in order to do the assigned activity.

2. Give students group assignments. Have them stay in the same groups for a couple of weeks. At the end of that period, change group assignments.

3. Have students count off in Spanish before the activity begins. Either groups are formed from like numbers or in numerical order (e.g., 1-3, 1-4).

4. Have students choose their own groups. Caution: This can lead to the exclusion of some students and the formation of cliques if used too often.

5. Ask students to form groups with the people sitting closest to them.

6. If students are given the option to work on different activities, they can group themselves according to the activity that interests them the most.

Guidelines to small-group interaction

As has already been noted, small-group interaction is essential for maximizing practice time and giving students a sense of linguistic independence and accomplishment. To avoid confusion in the classroom and make the best use of time, some basic guidelines should be followed.

Students should become used to pair and small-group work from the outset. They also need to learn the rules for this type of work very quickly. You, as the teacher, need to realize that you are not relinquishing control over the class: you make the rules, you give the direction lines, you expect accountability for the work done. For students, however, you are providing the illusion of freedom. This illusion very quickly becomes a reality because students find they can use language to communicate without the constant presence of a teacher.

The following are some guidelines for small-group classroom management:

1. The task that students are to accomplish has to be clearly defined and be relatively short. Students should not have to wonder what they are supposed to do once they have divided into groups.

2. A time limit should be placed on the activity and students should not be allowed to prolong it. Time to stop occurs when the groups finish the activity.

3. It should be made clear that students have to speak Spanish in their groups. They should be taught how to ask for information from other students: *¿Cómo se dice star en español?* Only if communication breaks down completely should students raise their hand to get your attention. With proper preparation, this should occur very seldom.

4. The ideal group sizes are two, three, or four students. With larger groups, some students tend to dominate while others will not participate at all or only minimally.

5. Unless the activity task is obvious, it should be modeled in front of the entire class before students work on their own. This model clarifies the task and provides linguistic suggestions.

6. It is usually advisable to have a couple of groups report back to the whole class, playing out the situation or giving the information they have gathered. Since students don't know which groups will be called upon to perform, this should be an added incentive to stay on task. You may wish to use the reporting back as a way to assign grades for different students on different days. **Alternative:** Create a couple of new groups to perform the activity in front of the class.

Correction Strategies

Students should learn very quickly that the goal of correction is not to punish them but to help them communicate more accurately. It should be a confidence builder. This suggests that we should point out the things that were done well before we make comments on what needs to be corrected.

Error correction can occur at two different times during the class.

1. When students are engaged in a controlled, mechanical or semi-mechanical exercise, correction should be systematic. Students need the immediate feedback so that they can work on their linguistic accuracy.

2. When students are in a communicative situation, i.e., in small groups or in meaningful interaction with you, error correction should be delayed until the communication can be completed. For example, students should not be interrupted for errors when they are working in pairs or small groups or when they are performing an activity for the class. Only when they have finished the task at hand should some of the errors be pointed out, with perhaps additional controlled practice by the whole class to correct the error. At this point, it is not necessary to identify the student who made the original error.

After the reporting-back stage, discuss with students some of the alternate language structures or vocabulary they could have used in the given situation. This short discussion raises cultural questions, grammar considerations, and communicative strategies that integrate and expand what students have done in their groups.

Teacher Behaviors

Because a proficiency orientation has as its essential premise real-life linguistic behaviors, our interaction with students should mirror the interaction we have with strangers and friends in real life. In order to simulate such behaviors in a learning environment, we will probably have to modify some of our ways of dealing with students. These behaviors can be divided into four basic categories:

1. Speech and general behavior

a. Our rate of speech should be our own. We should not slow down into artificial speech rates because we underestimate our students' ability to understand. Speech should be slowed down only when we have ascertained that there is, in fact, a comprehension problem, not because we anticipate such a problem.

b. We should limit or eliminate "teacher talk." Teacher talk *(muy bien, de acuerdo, bien)* is typically evaluative of grammatical accuracy. It rarely responds to the message. In communicative situations, i.e., when students say something personalized, the most positive feedback we can give them is to respond to the message naturally as we would in real life. This shows them that they were understood. *(¿Es verdad? ¡No me digas! ¿En serio? ¡Qué interesante!)* Then ask follow-up questions to keep the conversational ball rolling for a few seconds. The added advantage of natural speech is that students gradually learn the many expressions you use and will eventually incorporate them into their own language.

c. We should not automatically repeat everything we say *(¿Qué hiciste ayer? ¿Qué hiciste ayer?)*. Repetition underestimates students' ability to understand the first time. More importantly, it hinders the development of listening comprehension skills as students learn not to listen the first time we say something. Repetition should be used if students have truly not understood the first time, in which case the statement should probably be rephrased. If they did not hear what was said, students should be taught to say *Perdón, no comprendí.*

d. We should not finish students' sentences when they hesitate or grope for words. It is preferable to teach them to use some hesitation markers, such as *este...* so that they can give themselves time to think. We should help out only if it becomes clear that communication has stalled completely.

e. We should not systematically repeat everything students say (Student: *El fin de semana pasado fui a una fiesta.* Teacher: *El fin de semana pasado fui a una fiesta.*) Because such repetition is often used as a correction strategy, it can become a behavior pattern even when no correction is needed. Again, repetition should be used as it would be in real life (*Ah, que bien. ¿Fuiste a una fiesta? ¿Y qué tal la fiesta?*).

f. We should not interrupt real communication with grammatical correction. It is important for students to be able to complete their thoughts and to feel that the message is valued. Correction can occur after conversational exchange has ended.

g. The blackboard should be used sparingly. In order to foster the development of listening comprehension skills, students should not always see everything in writing. The blackboard is a teaching tool, not a substitute for communication.

2. Body Language

a. When addressing individual students, we should move as close to them as possible. Although this may be strategically more difficult in large classes, aisles can be created to reduce the space between the teacher and individual students.

b. We should keep eye contact with the student with whom we are interacting. As teachers, we are sometimes preoccupied with the next question we are going to ask the next student. Almost imperceptibly this can lead us to abandon eye contact with a student before the communication has been completed.

c. We should move around the entire classroom, not just stay at the front. Besides moving closer to students, this movement helps to maintain the energy level of the class.

d. We should avoid looking down on students physically. Since they are seated and we are standing, there is a tendency to hover over them. If we place some empty seats in different parts of the room, we can sit down for a couple of seconds and address students in that part of the room. We can also assume a half-stance by bending our knees and adjusting to students' eye level. Research has shown that eye-level interaction is less threatening and has a positive impact on student performance.

3. Silence

a. It takes the mind approximately three seconds to process information (e.g., a question). Given this fact, we should give students enough time to think of a response, allowing for enough silence so that the response can be formulated. Interfering too quickly by repeating, for example, the question in different ways in rapid-fire succession inhibits thinking and is likely to be very frustrating for students.

b. We need to be sensitive to silences that are constructive and those that become uncomfortable. Only when the discomfort stage sets in should we help the student out by reformulating the question.

4. General Attitude

a. We should always have a positive attitude toward students. This does not mean that we should underestimate them or teach them to rely on us in an unrealistic way. It does mean, however, that we have to have a fundamental belief that all students are able to learn Spanish, although some will learn more quickly and better than others.

b. Rather than being actors and actresses in class, we should be ourselves. We should be willing to share information about ourselves and not ask students questions we are not willing to answer ourselves. For instance, when dealing with leisure time, students are regularly put into the position of talking about their activities in detail. We should be prepared to do the same. This has the added effect of serving as a good linguistic model for students to imitate.

c. We must, at all times, be willing to give students the responsibility for their own language learning. We are essentially the facilitators for this process: in the final analysis, what matters is how well students learned what we taught. An example of this is the student who has been taught the passé composé in class but does not use it when he or she is examined in an oral test. Achievement in class in tests and classroom performance will only translate into proficiency if students have regularly been given the responsibility and the opportunity to accomplish linguistic tasks on their own.

Yearly syllabus for ¡YA VERÁS!, Level 2

The following is a suggested yearly syllabus based on 180 class days. The goal of our program is for you to be able to complete the material in Level 2 in one year. We have not, however, included specific time requirements for the completion of each *etapa* because we believe that you need to retain as much flexibility as possible in designing your own yearly plan. Some *etapas* will take longer than others, depending on the general ability of the students and the complexity of the material. For example, *Estructura* sections that are essentially vocabulary based require less time than those that involve primarily grammatical structures.

Text content: three *Capítulos preliminares,* 5 units
Total number of class days: 180

- 20–25 days reserved for administrative details, review, testing, and class cancellations due to extracurricular activities
- 12–15 days for the *Capítulos preliminares*
- 25–30 days for each of the 5 units

The number of days for each category can be modified according to your particular school calendar and your own preferences. For example, you may prefer to allow fewer or more days for the *Capítulos preliminares*, testing, and other activities.

If you use the suggested maximum number of class days for the units, you will need to adjust the number of class days for the other components accordingly.

THE ¡Ya verás! PROGRAM

	Functions	Contexts	Accuracy
UNIDAD 1	Meeting and greeting people Ordering something to eat or drink Discussing likes and dislikes Finding out about other people	**Café**, **bar de tapas**, restaurant Meeting and conversing with new people	**Gustar** + infinitive Indefinite articles **un**, **una** Present tense **-ar** verbs; subject pronouns Conjugated verb + infinitive Present tense **ser**
UNIDAD 2	Identifying personal possessions Discussing preferences Talking about your family Finding out about other 　　people Describing people and places	School, home, various other settings 　　(museum, park, cinema, shopping)	Definite articles **Hay** + noun; **gustar** + noun Possessive adjectives (1st, 2nd person) **Ser + de** for possession; **ser** + adjective Present tense **-er**, **-ir** verbs Present tense **tener; Tener que** + inf.
UNIDAD 3	Identifying and locating places / buildings 　　in a city / town Expressing desires and preferences Talking about your age Giving and asking for directions Giving orders Suggesting activities Asking for and giving the time Discussing feelings	Downtown, festival	Present tense (continued) Contractions **al**, **del** Expressions of frequency (**rara vez**, etc.) Commands with **Ud.**, **Uds.** Irregular commands Telling time **Estar** + adjective Possessive adjectives (3rd person) Prepositions, adverbs of place
UNIDAD 4	Talking about the future Identifying what to do in town Giving directions for using the subway Buying tickets Taking a taxi Making plans for a trip	Downtown, subway station, travel agency	**Ir + a** for immediate future **Tener ganas de** Present tense **hacer**, **poder**, **esperar** Adverbs **hoy**, **mañana**, etc. Future with **pensar** Numbers 100–1,000,000
UNIDAD 5	Discussing various cultural aspects of the 　　Hispanic world Talking about events / activities in the 　　past, present, future	Mexico, Central and South America, U.S., Spain	Preterite **-ar**, **-er**, **-ir** verbs Preterite **hacer**, **ir**, **andar**, **estar**, **tener** Adverbs, prepositions, etc. to indicate the 　　past (**ayer**, etc.) **Hace, hace que** Preterite **-gar**, **-car** verbs Present progressive
UNIDAD 6	Expressing likes and dislikes Making purchases Indicating quantities Asking for prices Making comparisons Pointing out places, objects, people Giving orders	Shopping mall, various stores (music, 　　cards, sports, clothing, shoes) Grocery store, open-air market	**Gustar** (3rd person) Familiar commands Negative familiar commands Demonstrative adjectives **Cuál, cuáles** Demonstrative pronouns **Tan... como** to express equality

PRIMER NIVEL

Functions	Contexts	Accuracy
Capítulos preliminares A, **B**, and **C** are a review of all major functions, structures, and vocabulary covered in *¡Ya verás! Primer nivel*.		

UNIDAD 1

Functions	Contexts	Accuracy
Describing the weather Understanding weather reports Describing objects Describing people	Using the weather to talk about a vacation site Meteorological maps Watching / reading / listening to weather reports	Months / seasons of the year / date Present tense of stem-changing verbs Present tense of **saber**, **conocer** Agreement and position of adjectives Plural forms of adjectives **Saber** vs. **conocer** Personal **a** **Ser para** + pronouns Shortened adjectives (**buen, mal, gran**)

UNIDAD 2

Functions	Contexts	Accuracy
Renting and paying for a hotel room Understanding classified ads / lodging brochures Describing a house or apartment Telling time using the 24-hour clock	**La Guía Michelín** (tourist guide) Hotels, apartments, houses Flight schedules, newspaper ads	Ordinal numbers Preterite **dormir** Present and preterite **salir**, **llegar**, **decir**, **poner** Time expressions / Parts of an hour The 24-hour clock Expressions with **decir**

UNIDAD 3

Functions	Contexts	Accuracy
Talking about one's daily routine Organizing weekend activities Discussing vacation plans	School, home Magazines with entertainment listings Various other settings (vacation sites)	Present tense of reflexive verbs **Ud.**, **Uds.**, **tú** commands of reflexive verbs Direct object pronouns Position of direct object pronouns Immediate future of reflexive verbs Reflexive vs. nonreflexive verbs Use of pronouns with the imperative

UNIDAD 4

Functions	Contexts	Accuracy
Talking about health / physical condition Referring to habitual actions in the past Using reflexive verbs in the past Indicating what you can and cannot do	Pharmacy, school Sports, pastimes	The imperfect and its uses Imperfect **ser**, **ver**, **ir** Preterite of reflexive verbs Present and preterite **dar**, **pedir** Present tense **doler** Indirect object pronouns Definite articles with parts of the body Expressions **desde cuándo**, **desde (que)**, **cuánto tiempo hace**, **hace (que)**

UNIDAD 5

Functions	Contexts	Accuracy
Understanding short descriptions of various places in Mexico and other Latin American countries Describing places and events in the past Talking about the recent past	Maps, travel, various parts of Mexico and other Latin American countries	Geographical names Preterite of some irregular verbs Uses of **ponerse** Imperfect and preterite: past actions, descriptions, interrupted actions, changes of meaning and translation

SEGUNDO NIVEL

	Functions	Contexts	Accuracy
	The **Capítulo preliminar** is a comprehensive review of the materials presented in *¡Ya verás! Segundo nivel*.		
UNIDAD 1	Purchasing clothing / shoes Asking for information Commenting on clothing / food Making restaurant plans Understanding a menu / recipe Ordering / paying for food	Department store, clothing store, shoe store Restaurant, grocery store / supermarket, open-air market	Posición de los pronombres de complemento indirecto y directo **Gustar** y otros verbos Usos de **se** **Estar** + adjetivos para estados y condiciones **Ser** y **estar** + adjetivo
UNIDAD 2	Organizing a trip Using the telephone Talking about means of transportation Making travel arrangements Understanding a road map	Airport, train station, bus terminal, on the road	El tiempo futuro y sus usos Usos especiales del tiempo futuro Preposiciones para localizar Otras preposiciones útiles: **antes de, después de** Pronombres preposicionales Los tiempos perfectos: presente y pasado
UNIDAD 3	Offering opinions Some abstract topics Dealing with symbolism Expressing emotions Expressing wishes, preferences	Travel in various Spanish-speaking countries	El subjuntivo para expresar la imposición indirecta de la voluntad El subjuntivo para expresar la emoción Expresiones impersonales para expresar la emoción
UNIDAD 4	Understanding a variety of texts about the Spanish-speaking world Expressing doubt, uncertainty, improbability Talking about conditions contrary to fact Supporting an opinion	Cultural issues of the Hispanic world in the press, media, literature	El subjuntivo para expresar la duda, la incertidumbre, la irrealidad El subjuntivo con antecedentes indefinidos El subjuntivo con **creer** El condicional y sus usos Claúsulas con **si** + subjuntivo Claúsulas con **si** + indicativo

TERCER NIVEL

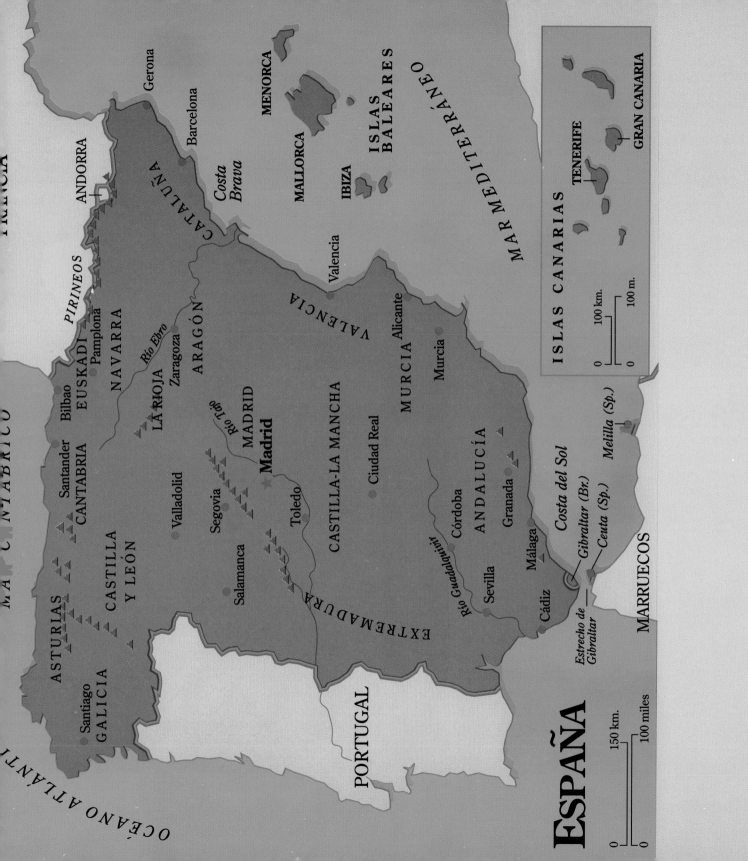

GUATEMALA — HONDURAS
MAR CARIBE
EL SALVADOR
NICARAGUA
Barranquilla
Cartagena
COSTA RICA
Caracas
PANAMÁ
Lago de Maracaibo
Río Orinoco
VENEZUELA
Manizales
Cali
Bogotá
COLOMBIA
GUYANA
SURINAM
GUAYANA FRANCESA
OCÉANO ATLÁNTICO
ECUADOR
Quito ECUADOR
Iquitos
Río Amazonas
PERÚ
BRASIL
ANDES
Lima
Machu Picchu
Cuzco
Ayacucho
Lago Titicaca
BOLIVIA
La Paz
Sucre
Potosí
Río Paraná
PARAGUAY
CHILE
Salta
Asunción
OCÉANO PACÍFICO
Iguazú
Río Uruguay
URUGUAY
Santiago
ARGENTINA
Buenos Aires
Montevideo
OCÉANO ATLÁNTICO

NIGERIA
ÁFRICA
CAMERÚN
Malabo
GUINEA ECUATORIAL
ECUADOR
GABÓN

AMÉRICA DEL SUR

ISLAS MALVINAS (Br.)

0 ————— 1000 km

0 ————— 600 miles

Estrecho de Magallanes

TIERRA DEL FUEGO

ÁFRICA

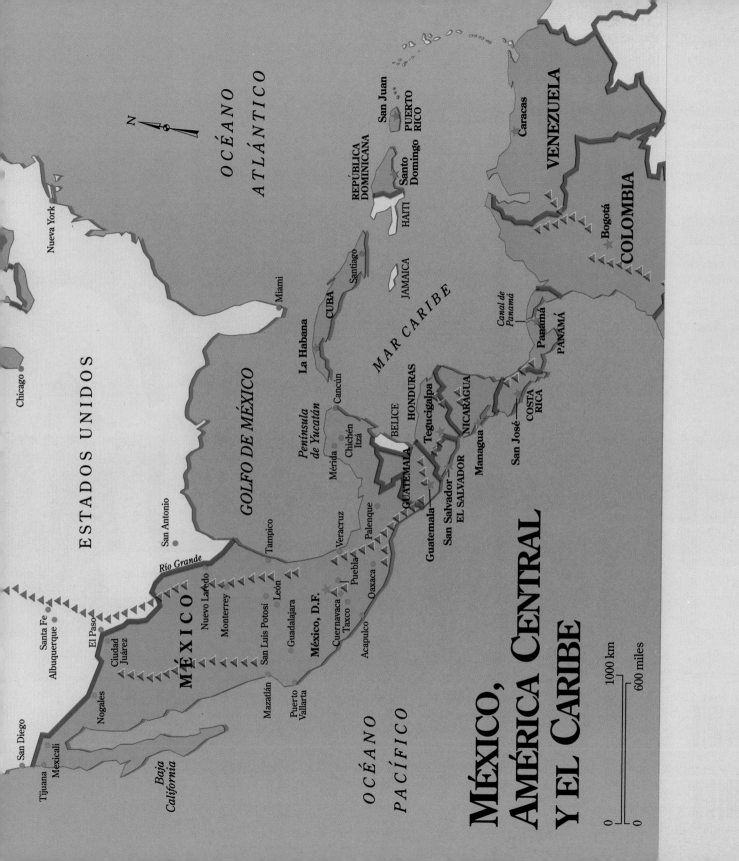

MÉXICO, AMÉRICA CENTRAL Y EL CARIBE

ESTADOS UNIDOS

San Diego
Tijuana
Mexicali
Nogales
Santa Fe
Albuquerque
El Paso
Ciudad Juárez
Chicago
Nueva York

Baja California

OCÉANO PACÍFICO

MÉXICO

Nuevo Laredo
Monterrey
San Luis Potosí
León
Guadalajara
Mazatlán
Puerto Vallarta
Acapulco
Oaxaca
Cuernavaca
Taxco
México, D.F.
Puebla
Veracruz
Palenque
Tampico
San Antonio
Río Grande

GOLFO DE MÉXICO

Península de Yucatán
Mérida
Chichén Itzá
Cancún
La Habana
Miami

CUBA
Santiago

OCÉANO ATLÁNTICO

N

JAMAICA

HAITÍ
REPÚBLICA DOMINICANA
Santiago
Santo Domingo
San Juan
PUERTO RICO

MAR CARIBE

BELICE
GUATEMALA
Guatemala
HONDURAS
Tegucigalpa
EL SALVADOR
San Salvador
NICARAGUA
Managua
COSTA RICA
San José
PANAMÁ
Panamá
Canal de Panamá
PANAMÁ

VENEZUELA
Caracas

Bogotá
COLOMBIA

1000 km
600 miles
0
0

Planning Strategy

Have students become familiar with the layout of the text and its division into **Capítulos preliminares** and **Unidades** (subdivided into **Capítulos** and further subdivided into **Etapas**). Explain how these are grouped according to topics and functional goals.

CHAPTER OBJECTIVES

The **Capítulos preliminares** (A, B, C) recycle the cultural situations, conversational functions, and grammatical structures of Level One.

FUNCTIONS: Meeting and greeting people; introducing oneself and others; expressing likes and dislikes

CONTEXT: Describing yourself and your family

ACCURACY: Review of regular **-ar, -er, -ir** verbs; review of **gustar**, definite articles, **ser, tener**, possessives, interrogatives

Cultural Observation

Look at the photo and discuss who the people may be and what their relationship may be to one another. Study their body language, and compare and contrast the appropriateness of the **besito** in Hispanic culture with the somewhat more reserved manner of greeting in American culture.

Video/Laserdisc

Etapa 1: Video—Tape 1, Preliminary Program, Parts 1 and 2
Video Guide—p. 5
Laserdisc—Disc1 Side1 Prel. Prog. Part 1

Search 01616, Play To 9279
Disc1 Side1 Prel. Prog. Part 2

Search 09279, Play To 15450

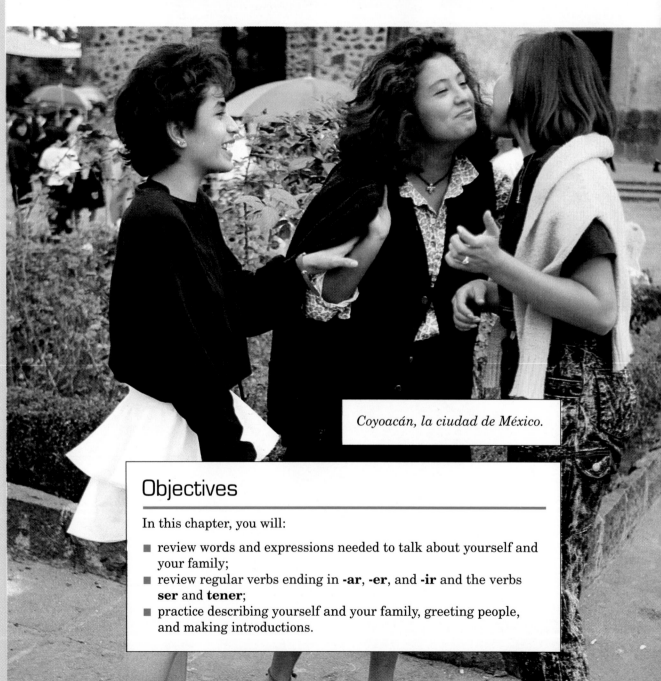

¿Quién soy yo?

Coyoacán, la ciudad de México.

Objectives

In this chapter, you will:

■ review words and expressions needed to talk about yourself and your family;

■ review regular verbs ending in **-ar**, **-er**, and **-ir** and the verbs **ser** and **tener**;

■ practice describing yourself and your family, greeting people, and making introductions.

Primera etapa

Yo me llamo...

Yo me llamo María Catarina Gutiérrez. Tengo dieciséis años. Soy española. Vivo en un apartamento en Madrid con mi padre y hermano. Me gustan los deportes de invierno — especialmente el esquí. También me gusta escuchar la radio. Me gusta mucho la música popular norteamericana.

Yo me llamo Esteban Méndez. Tengo quince años. Soy mexicano. Mi familia y yo vivimos en Guadalajara, la capital del estado de Jalisco. Tenemos una casa grande en las afueras de la ciudad. Me gusta mucho la música: toco el piano y la trompeta. También me gusta ir al cine con mis amigos.

Etapa Support Materials

WORKBOOK: pp. 1–8
TEACHER TAPE
QUIZ: Testing Program, p. 1
VIDEO: Tape 1, Preliminary Program, Parts 1 and 2
VIDEO GUIDE: p. 5

Support material, Yo me llamo:
🎧 Teacher Tape

Prereading
Have students look at the pictures of María and Esteban and guess their ages. Then have them scan the paragraphs to see if their guess was accurate. Have them scan the reading a second time to see what other topics each of them discusses. List these on the board (e.g., age, family, home, likes, dislikes).

At this point, have students close their books and listen to the tape. Call on individuals to see if they can recall any specifics of the information about either Esteban or María or both in regard to the topics on the board.

Postreading
Now have the students read the passage silently and answer the following comprehension questions. To truly test students' comprehension, follow-up questions should be done in English. This way, students cannot manipulate vocabulary and information given to them in the questions without real comprehension. However, many teachers have requested questions in Spanish, so we have provided you with English and Spanish options throughout the book.

Possible questions: 1. Are María and Esteban from the same country? 2. Who is older? 3. Who has the bigger family? How do you know? 4. What is an interest that they have in common? 1. **¿Son del mismo país María y Esteban?** 2. **¿Quién es mayor?** 3. **Quién tiene la familia más grande? ¿Cómo lo sabes?** 4. **¿Qué es un interés que tienen en común?**

Preparation, Ex. A: Before doing this exercise, briefly review the interrogatives, soliciting them from students and listing them on the board. Also review the expressions often used in introductions (**Tarjetas de vocabulario**).

Suggestion, Ex. A: Divide the class into two groups. Allow five minutes and have one group prepare (individually and in writing) an appropriate introduction of María, while the other group prepares an introduction of Esteban. Then, soliciting contributions from members of each group, write out both introductions for all to see. Read each finished product aloud and together judge both introductions for completeness, accuracy, and smoothness.

Ex. B: 🏔 *pair work* 📝 *writing*

Cooperative Learning
Ex. B: Roundrobin

- Put students into heterogeneous teams of three (mixed by ethnicity, age, gender, ability) and direct them to sit facing each other.
- Explain to them that they are going to do Ex. B together, taking turns from left to right.
- The first student will say: **Ella trabaja mucho.** The student to his or her left will say: **Nosotros trabajamos mucho.** The third student will say: **Él trabaja mucho,** and so on.
- Remind the students that they need to take turns in order, so that every student gets an equal amount of practice. They should also give hints and encouragement when team members hesitate.
- When they have finished, call on students at random to give verb forms.

Answers, *Ex. B*
1. Nosotros trabajamos / yo trabajo / él trabaja / tú trabajas / ellos trabajan / vosotros trabajáis
2. Hablas tú / hablan Uds. / habla ella / hablan ellos / habláis vosotros   3. Ella viaja / nosotros viajamos / yo viajo / él viaja / ellas viajan / vosotras viajáis

Comprensión

A. **María y Esteban en los Estados Unidos** Imagine that María and Esteban are delegates to an international meeting of young people being held in your region of the United States. You have met them both and would like to introduce them to your teacher. Prepare your introductions of both María and Esteban by answering the following questions. *¿Cómo se llama? ¿Cuál es su nacionalidad? ¿Cuántos años tiene él (ella)? ¿Dónde vive? ¿Con quién? ¿Vive en una casa o en un apartamento? ¿Qué hace en su tiempo libre?* Begin by saying, **"Señora (Señor), quiero presentarle a... Él (Ella) es..."**

Regular verbs ending in *-ar, -er,* and *-ir*

To conjugate regular **-ar** verbs in the present tense, drop the **-ar** from the infinitive and add the appropriate ending: **-o, -as, -a, -amos, -áis,** or **-an**.

yo	habl**o**	nosotros	habl**amos**
tú	habl**as**	vosotros	habl**áis**
él ella } habl**a** Ud.		ellos ellas } habl**an** Uds.	

B. Replace the words in italics with those in parentheses and make the necessary changes.

1. *Ella* trabaja mucho. (nosotros / yo / él / tú / ellos / vosotros)
2. ¿Habla *él* francés también? (tú / Uds. / ella / ellos / vosotros)
3. *Ellos* viajan todos los años. (ella / nosotras / yo / él / ellas / vosotras)

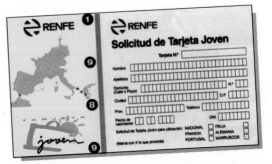

To conjugate regular **-er** verbs in the present tense, drop the **-er** from the infinitive and add the appropriate ending: **-o**, **-es**, **-e**, **-emos**, **-éis**, or **-en**.

yo	corr**o**	nosotros	corr**emos**
tú	corr**es**	vosotros	corr**éis**
él		ellos	
ella	} corr**e**	ellas	} corr**en**
Ud.		Uds.	

C. Replace the words in italics with those in parentheses and make the necessary changes.

1. *Yo* corro dos millas todos los días. (tú / ella / José y Roberta / nosotros / Uds. / vosotras)
2. *Ella* no bebe leche. (yo / él / Ud. / nosotras / tú / vosotros)
3. ¿Lee *él* el periódico *(newspaper)* todas las mañanas? (tú / Ud. / Uds. / ellos / tu papá / vosotros)

To conjugate regular **-ir** verbs in the present tense, drop the **-ir** from the infinitive and add the appropriate ending: **-o**, **-es**, **-e**, **-imos**, **-ís**, or **-en**.

yo	escrib**o**	nosotros	escrib**imos**
tú	escrib**es**	vosotros	escrib**ís**
él		ellos	
ella	} escrib**e**	ellas	} escrib**en**
Ud.		Uds.	

Presentation: -er *and* -ir *verbs*

Compare and contrast the present tense of **-er** and **-ir** verbs, focusing on the differences in the **nosotros** and, if you like, the **vosotros** forms. You may want to remind students of the common usage of **vosotros** as the familiar plural *you* in Spain and the widespread use of **Uds.** in other parts of the Spanish-speaking world.

Ex. C: *pair work* *writing*

Suggestion, Ex. C: Since the basic drills in the **Capítulos preliminares** are mechanical exercises designed to reactivate particular structures in the students' mind, move through them at a steady pace. One possibility is to ask one individual to complete *all* the given substitutions for a particular item.

Answers, *Ex. C*

1. Tu corres / ella corre / José y Roberta corren / nosotros corremos / Uds. corren / vosotras corréis
2. Yo no bebo / él no bebe / Ud. no bebe / nosotras no bebemos / tú no bebes / vosotros no bebéis
3. Lees tú / lee Ud. / leen Uds. / leen ellos / lee tu papá / leéis vosotros

Ex. D: *pair work*　　✎ *writing*

Answers, *Ex. D*

1. Yo vivo / Ella vive / Tú vives / Nosotras vivimos / Ud. vive / vosotros vivís　2. Nosotros no asistimos / Ellos no asisten / Uds. no asisten / Ud. no asiste / Tú no asistes / Vosotras no asistís　3. Escribes tú / Escribe ella / Escribe Ud. / Escriben Uds. / Escribís vosotras

Presentation: ¿Recuerdan?

After reviewing the rules, refer to the Workbook, p. 5, for a reiteration and clear listing of examples of these rules.

D. Replace the words in italics with those in parentheses and make the necessary changes.

1. *Ellos* viven en un apartamento en el centro. (yo / ella / tú / nosotras / Ud. / vosotros)
2. *Él* no asiste a la escuela los sábados. (nosotros / ellos / Uds. / Ud. / tú / vosotras)
3. ¿Escriben *ellas* la composición ahora? (tú / ella / Ud. / Uds. / vosotros)

¿Recuerdan?

1. In order to express in Spanish what activities we like and do not like, the following structure is used:

gustar + *infinitive*

Me gusta estudiar, pero no **me gusta** trabajar.
¿Te gusta cantar o **te gusta** escuchar música?
A Juan le gusta estudiar, pero **a Elena le gusta** hablar por teléfono.
A nosotros nos gusta nadar, pero **a Uds. les gusta** correr.

2. This structure may also be used with singular and plural nouns:

Me gusta la biología, pero no **me gusta** la física.
Te gustan las ciencias, pero no **te gustan** las lenguas.
A Marisol le gusta la música, pero **a Julia le gustan** los deportes.
Nos gustan las clases, pero **a ellos les gustan** los profesores.

3. Remember that **gusta** is used with singular nouns and infinitives and **gustan** is used with plural nouns.

4. The definite articles in Spanish are: **el**, **la**, **los**, and **las**. They are often used after the verb **gustar** to indicate a general like or dislike of something:

Sí, me gustan **los** deportes.
¿Te gusta **la** historia?
No me gustan **las** ciencias.
¿Te gusta **el** fútbol?

E. Find out about your classmates by asking the following questions about them and their families and friends.

1. Ask your classmate: **¿Te gusta escuchar la radio? ¿Qué tipo de música te gusta — el jazz, la música clásica, el rock? ¿Tocas un instrumento? ¿Te gusta cantar? ¿Cantas bien o cantas mal?**

2. Ask about your classmate's father and mother: **¿Trabajan tus padres? ¿Dónde trabajan ellos? ¿Viajan mucho?**

3. Ask about your classmate's cousin: **¿Dónde vive tu primo(a)? ¿Vive en una casa o en un apartamento? ¿Habla una lengua extranjera?**

4. Ask about your classmate and his or her friends: **¿Estudian tú y tus amigos mucho (poco, bastante)? ¿Comen en un restaurante de vez en cuando? ¿Comen mucho?**

The verb *ser*

ser			
yo	**soy**	nosotros	**somos**
tú	**eres**	vosotros	**sois**
él		ellos	
ella	**es**	ellas	**son**
Ud.		Uds.	

1. When **ser** is followed by an adjective (such as a description of nationality), the adjective must agree in gender (masculine or feminine) and number (singular or plural) with the subject of **ser**:

   Él es **mexicano; ellos** son **mexicanos**.
   Ella es **argentina; ellas** son **argentinas**.

2. Remember that **ser + de** can be used to express origin.

   Él **es de** México, pero ellas **son de** España.
   Nosotros **somos de** los Estados Unidos, pero tú **eres de** Francia.

Ex. E:  *pair work* *writing*

Preparation, Ex. E: You may want to have the students review the **Tarjetas de vocabulario—Para hablar de tus actividades,** p. 11.

Suggestion, Ex. E: This activity may be done in pairs, with students comparing information. Allow 1–2 minutes for each question, then spot-check pairs to report back to the class. (Remind them of the usefulness of **también** and **tampoco** in this situation.)

Exs. F and G: 👥 *pair work*   ✍ *writing*

Answers, *Ex. F*

1. Ella es / Nosotros somos / Yo soy / Tú eres / Vosotros sois   2. Es él / Son Uds. / Eres tú / Son ellos / Sois vosotros   3. Ella no es / Yo no soy / Ud. no es / Tú no eres / Ellas no son / Vosotros no sois 4. Uds. son / Él es / Tú eres / Ellas son / Ellos son / Vosotros sois

Preparation, Ex. G: Have students review the **Tarjetas de vocabulario—Para hablar de tu origen y tu nacionalidad**, p. 10.

Suggestion, Ex. G: To facilitate the review of **nacionalidades**, have students first scan the exercise to identify the countries mentioned. Then, as a group, make two lists: **País** and **Nacionalidad/origen**. Using the information in Ex. G, write out and match corresponding countries with nationalities (using the masculine singular form).

Answers, *Ex. G*

1. ...Ella es alemana. Es de...   2. ...Él es italiano. Es de...   3. ...Ellos son ingleses. Son de... 4. Ellas son estadounidenses. Son de...   5. ...Ella es mexicana. Es de...   6. ...Ella es japonesa. Es de...   7. ...Ellos son suizos. Son de...   8. ...Él es ruso. Es de...

Vocabulary Expansion

Challenge students to identify which **nacionalidad** is the same as the **lengua** of the country. Contrast those with the ones that are not.
Modelo: ES IGUAL—español/español; francés/francés
        NO ES IGUAL—argentino/español; americano/inglés

Support material, Situaciones:
🎧 Teacher Tape

Suggestion, Situaciones: Dialogues should be done as listening comprehension. Before beginning, have students review the **Tarjetas de vocabulario—Para saludar** and **Para hacer una presentación**, p. 12.

F. Replace the words in italics with those in parentheses and make the necessary changes.

  1. *Él* es de Argentina. (ella / nosotros / yo / ellos / tú / vosotros)
  2. ¿Es *ella* rusa? (él / Uds. / tú / ellos / vosotros)
  3. *Ellos* no son de aquí. (ella / yo / Ud. / tú / ellas / vosotros)
  4. *Ellas* son españolas, ¿verdad? (Uds. / él / tú / ellas / ellos / vosotros)

G. **Los delegados** At a reception being held as part of the international student congress, you point out some of the delegates, indicate their nationalities, and tell what cities they are from.

MODELO: Justo Alarcón / Guadalajara, México
             Allí está Justo. Él es mexicano. Es de Guadalajara.
             Linda Martín y Claudia González / Buenos Aires, Argentina
             Allí están Linda y Claudia. Ellas son argentinas. Son de Buenos Aires.

  1. Inge Schnepf / Munich, Alemania
  2. Joel Rini / Roma, Italia
  3. Julian Weiss y Ralph Withers / Manchester, Inglaterra
  4. Janet Maguire y Lisa Mullins / Boston, los Estados Unidos
  5. Rosa Domínguez / México, México
  6. Tashi Yokoshura (f.) / Tokio, Japón
  7. Anne-Marie Pelliser y Jean Firmin / Ginebra, Suiza
  8. Ivan Medchenko / Moscú / la Unión Soviética

Situaciones

Saludos y presentaciones

a) **En la calle**
   —Buenos días, señora.
   —Buenos días, señor. ¿Cómo está?
   —Muy bien, gracias. ¿Y Ud.?
   —Bastante bien, gracias. ¿Va Ud. al centro?
   —No, yo voy a casa.
   —Bien. Hasta luego, señor.
   —Hasta luego, señora.

b) **En el centro**
   —¡Hola, María!
   —¡Hola, Linda! ¿Qué tal?
   —Muy bien. ¿Y tú?
   —Así, así. Estoy muy cansada. Mira, quiero presentarte a mi amiga, Isabel.

—Mucho gusto, Isabel.
—Encantada, Linda.
—¿Uds. van al centro?
—Sí. ¿Tú también? ¿Vamos juntas?
—De acuerdo. Vamos.

c) **En casa de Juan Pablo**
—Mamá, papá, quisiera presentarles al Sr. Lima. Es el padre de Francisco.
—Ah, sí. Buenos días, señor. Mucho gusto en conocerle.
—Igualmente. Francisco me habló mucho de Ud. y de su esposa. Encantado, señora.
—Mucho gusto, señor.

d) **En la calle**
—¡Martín! ¡Martín!
—¡Hola, Patricio! ¿Qué tal?
—Muy, muy bien. ¿Y tú?
—Muy bien. ¿Vas a la escuela?
—Ahora no. Tengo que hacer un mandado.
—¡Cuídate! Hasta luego.
—De acuerdo. Chao.

¡Aquí te toca a ti!

H. Match the preceding four conversations with the following drawings

Ex. H: *pair work*

Answers, *Ex. H*
1. b   2. c   3. a   4. d

1.

2.

3.

4.

Ex. I: 🖳 *pair work* 📝 *writing*

Suggestion, Ex. I: This exercise may be used as a warm-up activity. Have individual students perform the function required for each situation.

Ex. J: 📝 *writing*

Ex. K: 👥 *groups of four or more*

Suggestion, Ex. K: Have students practice this in pairs first. After they are comfortable, have them switch partners and introduce their new friend to you.

I. **Presentaciones y saludos** What would you say to accomplish each of the following everyday tasks?

1. Greet your teacher, whom you have just met while downtown.
2. Introduce a new classmate to your teacher. Imagine that it is the first time they have met.
3. Greet a classmate in the street.
4. Introduce a friend to your parents.
5. Introduce a friend's mother or father to your parents.

Actividades

J. Introduce yourself to the class. Tell where you are from, where you live and with whom, and what you like and do not like to do.

K. Introduce yourself to one of your classmates, giving some of the information suggested in Exercise J. Your classmate will give you similar information. Then the two of you will introduce each other to two additional classmates.

◆ **Tarjetas de vocabulario** ◆

Para identificarte ――――――――――――――――――――

Yo me llamo...
Mi nombre (apellido) es...

Para hablar de tu origen y tu nacionalidad ――――――――

Yo soy de... (ciudad o país).
Yo soy alemán (alemana).
          americano(a).
          chino(a).
          español(a).
          francés (francesa).
          inglés (inglesa).
          italiano(a).
          japonés (japonesa).
          mexicano(a).
          ruso(a).
Yo soy de origen alemán (español, americano, mexicano, argentino, etc.).

Para indicar dónde vives _____

Yo vivo en… (ciudad o país).
Yo vivo en un apartamento.
         una casa.

Para hablar de tus actividades _____

Me gusta (mucho) bailar.
             cantar.
             ir de compras.
             mirar la televisión.
             nadar.
             pasar tiempo con mis amigos.
             tocar el piano.
                  la trompeta.
                  la guitarra.
                  la flauta.
                  el violín.
             comprar discos.
             dar un paseo.
             trabajar.
No me gusta descansar.
          viajar.
          esquiar.
          aprender español.
          estudiar.
          correr.
          leer.
          asistir a la escuela.
               a un concierto.

También me gusta el arte.
               la naturaleza.
               la política.
               la escultura.
               la historia.
               la literatura.
               la música clásica.
               el jazz.
               la pintura.
               el rock.
               el teatro.

No me gustan las películas.
                los animales.
                las ciencias.
                las matemáticas.
                las lenguas.
                los deportes.

Para saludar

Buenos días, señor (señora, señorita).
¡Hola!
¿Cómo está? (¿Cómo estás?)
¿Qué tal?
Muy bien, gracias. ¿Y Ud.? (¿Y tú?)

Para hacer una presentación

Quiero presentarte a… (Quiero presentarle a…).
Quisiera presentarte a… (Quisiera presentarle a…).
Te presento a… (Le presento a…).
Mucho gusto.
Encantado(a).
Igualmente.

Para despedirte

Cuídate. (Cuídese.) Hasta luego.
Adiós.
Chao.

Segunda etapa

Mi familia

Mi mamá murió hace cinco años. Mi padre, mi hermano y yo vivimos en un apartamento en Madrid. Mi padre tiene cuarenta y cuatro años y trabaja en un banco. Mi hermano tiene ocho años y asiste a la escuela primaria. Yo soy estudiante de la escuela secundaria. Mi padre tiene un coche — es un Seat. Yo tengo una bicicleta. Nosotros tenemos un televisor y un estéreo. También tenemos un perro; se llama Chomsky.

Mi padre es abogado. Él trabaja en Guadalajara. Mi mamá no trabaja fuera de casa. Ella cuida a mi hermana que tiene tres años. Mis otras dos hermanas y yo somos estudiantes del Colegio Juárez. Mi hermano tiene veinticinco años y está casado. Él vive en la ciudad de México.

Mis padres tienen dos coches. Yo tengo una motocicleta. En casa nosotros tenemos una computadora y un vídeo. Mis hermanas y yo miramos la televisión todas las noches. También tenemos dos gatos.

Esteban

Etapa Support Materials

WORKBOOK: pp. 9–16
TRANSPARENCY: #1
LISTENING ACTIVITY MASTERS: p. 1
TAPESCRIPT: p. 1
TEACHER TAPE
QUIZ: Testing Program, p. 4
CHAPTER TEST: Testing Program, p. 8

Support material, Mi familia:
🎧 Teacher Tape

Presentation: Mi familia
After students listen with their books closed, have them open their books and read the selection quietly. Then assign them the task of drawing a simple family tree for María and for Esteban, including under each family member basic information such as age or occupation. Have them also include information about María and Esteban on the tree, referring to page 3 of the text.

(A variation of this would be to have the students sketch the members of each family, giving brief but accurate information under each picture.)

Ex. A: 👥 *pair work* 📝 *writing*

Suggestion, Ex. A: Have students work in pairs to complete Ex. A. Go over the answers with the entire class.

Answers, *Ex. A*

1. Es el perro de María Catarina. (Es Chomsky, el perro de María Catarina.)   2. Es María Catarina.   3. Es Esteban con sus hermanos.   4. Son los gatos de Esteban.   5. Es el hermano de María Catarina.   6. Es Esteban.

Preparation, Exs. B and C: Remind students that in a negative sentence the indefinite article is not needed with **tener**, e.g., **"Tengo un perro"** but **"No tengo perro."** Unless the meaning of **"un"** or **"una"** means the number one, e.g., **No tengo *un* perro, tengo *dos* perros.**

Comprensión

A. **¿Quiénes son?** Based on the comments made by María and Esteban, identify the following people or animals.

MODELO: *Es la hermana de Esteban.*

1.   2.   3.

4.   5.   6.

*The verb **tener** (present tense)*

tener			
yo	**tengo**	nosotros	**tenemos**
tú	**tienes**	vosotros	**tenéis**
él		ellos	
ella }	**tiene**	ellas }	**tienen**
Ud.		Uds.	

B. Replace the words in italics with those in parentheses and make the necessary changes.

1. *Ella* tiene un perro y dos gatos. (ellos / nosotros / Uds. / yo / él / vosotros)
2. ¿Tienen *ellos* un coche? (tú / Ud. / Uds. / ellas / ella / vosotras)
3. *Él* no tiene un hermano. (ella / yo / Ud. / nosotras / ellos / tú / vosotros)

C. **¿Qué tienen? ¿Qué no tienen?** Indicate what each person has or does not have.

MODELO: tu hermana
Mi hermana tiene una bicicleta, una computadora, unos libros y un radio despertador. Ella no tiene calculadora y no tiene estéreo.

1. tú
2. tu mamá
3. tus abuelos
4. tú y tus hermanos (y tus hermanas y tus amigos)
5. tu vecino(a) *(neighbor, person sitting next to you)*

Possessive adjectives

Possessive adjectives in Spanish agree with the object possessed (not with the person who is the possessor). Here are the forms of the possessive adjectives:

Subject	Possessive adjective	English equivalent
yo	**mi, mis**	*my*
tú	**tu, tus**	*your*
él, ella, Ud.	**su, sus**	*his, her, your*
nosotros	**nuestro, nuestra, nuestros, nuestras**	*our*
ellos, ellas, Uds.	**su, sus**	*their, your*

Ex. B: pair work writing

Cooperative Learning
Ex. B: Inside-Outside Circle

- Have the students number off, and tell them to form two concentric circles facing each other. The odd numbers form the inside circle, the even numbers the outside circle.
- Start the exercise by stating the sentence and the verb form to be used. For example: **Ella tiene un perro y dos gatos. Ellos.**
- The students in the outside circle will say to the students facing them in the inside circle: **Ellos tienen un perro y dos gatos.**
- Then you call out **Nosotros**, and the students in the inside circle say: **Nosotros tenemos un perro y dos gatos.**
- Then have students rotate to their left to a new partner.
- Keep students on task by not allowing too much time for each verb form.
- When they have finished the exercise, provide different sentences for verb transformations with **tener**, and call on students at random.

Answers, *Ex. B*
1. Ellos tienen / nosotros tenemos / Uds. tienen / yo tengo / él tiene / vosotros tenéis   2. Tienes tú / tiene Ud. / tienen Uds. / tienen ellas / tiene ella / tenéis vosotras   3. Ella no tiene / yo no tengo / Ud. no tiene / nosotras no tenemos / ellos no tienen / tú no tienes / vosotros no tenéis

Ex. C: pair work writing

Preparation, Ex. C: Have students review the **Tarjetas de vocabulario—Para hablar de tus posesiones,** p. 19.

Suggestion, Ex. C: Remind students that the subject mentioned is *not* the subject in the response. They should follow the **modelo** carefully. Point out, for example, that in item 4, **tú y tus hermanos** will solicit a **nosotros** response.

Ex. D: 🏔 *pair work* 📝 *writing*

Answers, *Ex. D*

1. Es mi lápiz. Son mis cintas. Es mi bolígrafo. Son mis llaves. 2. ¿Es tu calculadora? ¿Son tus amigas? ¿Son tus cuadernos? ¿Es tu máquina de escribir? 3. Son nuestras llaves. Son nuestros libros. Es nuestra casa. Es nuestro apartamento. 4. No son sus libros. No son sus mochilas. No es su cámara. No es su apartamento.

Preparation, Ex. D: Briefly review **es** vs. **son** to correspond to singular and plural nouns. You may also want to review the gender of the nouns **lápiz** and **llave**.

Ex. E: 🏔 *pair work* 📝 *writing*

Suggestion, Ex. E: Carefully do the **modelo** with the class in preparation for this exercise. Have students cover the italicized answers and think about who is expressed or implied in the statement before deciding on an appropriate question. Have them compare their question with that in the **modelo.** If necessary, have students redo the exercise in pairs.

Answers, *Ex. E*

1. ¿Cómo... a. ...se llama tu hermana? b. ...se llama su esposo? c. ...se llama su hijo? 2. ¿Dónde... a. ...trabaja tu tío? b. ...trabajan sus hijos? c. ...trabajan sus esposas? 3. ¿Cuántos años ... a. ...tiene su hermano? b. ...tienen sus hijos? c. ... tiene su niñera? 4. ¿Cuántos años ... a. ...tienen sus amigos? b. ...tiene su prima? c. ...tiene su abuelo?

D. Replace the words in italics with those in parentheses and make the necessary changes.

1. Es mi *libro.* (lápiz / cintas / bolígrafo / llaves)
2. ¿Son tus *discos*? (calculadora / amigas / cuadernos / máquina de escribir)
3. Es nuestro *amigo.* (llaves / libros / casa / apartamento)
4. No es su *casa.* (libros / mochilas / cámara / apartamento)

¿Recuerdan?

Question words may be used to ask for specific information. Among the question words you know are:

dónde	**¿Dónde** vive tu amigo?
cuántos	**¿Cuántos** libros hay en la mesa?
cuántas	**¿Cuántas** muchachas hay en la clase?
quién	**¿Quién** vive en la casa blanca?
qué	**¿Qué** estudias?
por qué	**¿Por qué** comes pizza?

E. **La curiosidad** As your friends talk about themselves and their families, you are very curious and ask for additional information. Follow the model, making sure to use the appropriate possessive adjective in each case.

MODELO: ¿Cuántos años...?
    a. Tengo un hermano.
      ¿Cuántos años tiene tu hermano?
    b. Él está casado.
      ¿Cuántos años tiene su esposa?
    c. Ellos tienen un hijo.
      ¿Cuántos años tiene su hijo?

1. ¿Cómo se llama...?
   a. Tengo una hermana.
   b. Ella está casada.
   c. Ellos tienen un hijo.

2. ¿Dónde trabaja...?
   a. Tengo un tío.
   b. Él tiene dos hijos.
   c. Los dos hijos están casados.

3. ¿Cuántos años tiene...?
   a. Tenemos un hermano.
   b. Él tiene tres hijos.
   c. Ellos tienen una niñera *(babysitter).*

4. ¿Cuántos años tiene...?
   a. Tenemos tres amigos.
   b. Ellos tienen una prima.
   c. Ella tiene un abuelo.

Presentaciones ▼

La familia

a) Yo me llamo Cristina Sáenz. Tengo una familia tradicional. Vivo con mis padres y mi hermano Raúl.

b) Me llamo Enrique Cuervo. Mi familia no es tradicional. Hace cinco años que mis padres se divorciaron. Mi madre se casó otra vez y vivo con mi madre, mi padrastro y su hijo.

c) Mi nombre es Pablo González. Soy de una familia grande. Vivo con mis padres. Tengo dos hermanos y cuatro hermanas. Mis abuelos, los padres de mi madre, también viven con nosotros.

d) Mi nombre es Catarina Landa. Soy hija única, es decir, yo no tengo hermanos. Vivo con mis padres.

¡Aquí te toca a ti!

F. **¿La familia de quién?** Match the preceding four descriptions with the following family portraits.

1.

2.

3.

4.

Support material, Presentaciones:
🎧 Teacher Tape

Suggestion, Presentaciones: After doing the **Presentaciones** as a listening activity, review the **Tarjetas de vocabulario—Para hablar de tu familia,** p. 19. Then assign Ex. F.

Support material, Ex. F: Transparency #1

Ex. F: 👥 *pair work*

Answers, *Ex. F*
1. d   2. c   3. b   4. a

Ex. G:  *pair work*

Preparation, Ex. G: Review the **Tarjetas de vocabulario—Para hablar de tu familia**, p. 19.

Suggestion, Ex. G: Have students work in pairs, taking notes on the family members of their partner. Then they share three pertinent pieces of information with the class.

Preparation, Ex. H: Review the **Tarjetas de vocabulario—Para hablar de tus posesiones**, p. 19.

Variation, Ex. H: Have students bring in photographs of friends or family members, identifying and giving as much information as possible.

Ex. I: *pair work*

Variation, Ex. I: Have students work in pairs, with one partner listening carefully to the information given by the other, and then trying to sketch the partner's family tree. When they have finished, have them check their results for accuracy.

G. **¿Y tu familia?** Ask a classmate the following questions about his or her family.

1. ¿Tienes una familia tradicional? ¿Tienes una familia grande? ¿Eres hijo(a) único(a)?
2. ¿Cuántos hermanos tienes? ¿Cómo se llaman? ¿Cuántos años tienen?
3. ¿Tienes abuelos? ¿Son los padres de tu madre o de tu padre?
4. ¿Tiene tu madre una familia grande? ¿Cuántos tíos tienes del lado *(side)* de tu madre? ¿Del lado de tu padre? ¿Tienes muchos primos también?

Actividades

H. **Mi amigo(a)** Tell your classmates about one of your friends. Describe his or her family, where he or she lives, what he or she likes to do, and what things he or she owns and does not own.

I. **Mi familia** Tell a classmate about your family. Describe both your immediate family (those you live with) and some of your other relatives (grandparents, aunts, uncles, and cousins). Your classmate will try to find out additional information about each family member, such as how old he or she is, where he or she lives, where he or she works, and what he or she likes to do.

Tarjetas de vocabulario

Para hablar de tu edad _____

¿Cuántos años tienes?
Yo tengo… años.

Para hablar de tu familia _____

Yo soy de una familia pequeña.   Yo tengo padre.
                grande.   madre.
                tradicional.   un padrastro *(stepfather)*.
Yo no soy de una familia tradicional.   una madrastra
Yo soy hijo(a) único(a).   *(stepmother)*.
                  un hermano.
                  una hermana.

Del lado de mi padre (mi madre), yo tengo un abuelo.   Mi padre (mi madre) se llama…
                   una abuela.   Mi hermano(a) está casado(a).
                   un tío.   divorciado(a).
                   una tía.   Mi abuelo(a) está muerto(a).
                   un primo.   Mi tío y mi tía tienen una hija.
                   una prima.   un hijo.
                                   no tienen hijos.

Para hablar de tus posesiones _____

Cuando voy a la escuela, llevo un bolígrafo.   un libro.
                      un borrador.   una llave.
                      una cartera.   una mochila.
                      un cuaderno.   un portafolio.
                      una calculadora.   un sacapuntas.
                      un lápiz.

En mi cuarto, yo tengo una alfombra.   un disco.   una planta.
                una cama.   un escritorio.   un póster.
                una cinta.   un estéreo.   un radio despertador.
                una cómoda.   una grabadora.   una silla.
                una computadora. una máquina de   un televisor.
                           escribir.   un vídeo.

Voy al centro en coche.
         en bicicleta.
         en motocicleta.

CHAPTER OBJECTIVES

FUNCTIONS: Describing and locating various places in a town or city

CONTEXT: Giving and receiving information about places in a city or town; giving and understanding directions

ACCURACY: Formal and informal commands; the verbs **ir, estar, pensar, querer,** and **preferir**

Cultural Context

Madrid, the capital of Spain (whose residents are called **madrileños**), has many places of historical and cultural interest. One of these is the **Puerta de Alcalá**, located in the **Plaza de Independencia**. The **Puerta de Alcalá** is a famous gate, which at one time marked a boundary of the city. The street leading to the **Puerta de Alcalá** runs from the **Puerta del Sol** and continues toward the city **Alcalá de Henares**.

CAPÍTULO PRELIMINAR B

¿Adónde vamos?

Puerta de Alcalá, Madrid

Objectives

In this chapter, you will:

■ review words and expressions needed to talk about your town or city;

■ review formal and informal commands;

■ review the verbs **ir, estar, pensar, querer,** and **preferir**;

■ practice describing where places are located.

Primera etapa

Mi ciudad

Yo soy de Madrid, la capital de España. Madrid tiene aproximadamente tres millones de habitantes. Está situada en el centro del país. La parte central de la ciudad es la parte antigua. Allí está la Plaza Mayor, la Iglesia de San Pedro y el Palacio Real. Esta parte antigua está rodeada de barrios residenciales con edificios modernos y avenidas anchas. La avenida más animada es la Gran Vía. Allí hay muchos bancos, tiendas, restaurantes, hoteles, discotecas y cines.

María

Yo soy de Guadalajara, una ciudad donde viven más de 1.800.000 habitantes. Es la segunda ciudad más grande de México. En el centro de esta linda ciudad hay cuatro plazas que forman una cruz. Éstas son: la Plaza de los Laureles, la Plaza de Armas, la Plaza de los Hijos Ilustres y la Plaza de la Liberación. En el centro de estas plazas está nuestra hermosa catedral. Cerca de aquí también están el Museo Regional de Guadalajara y el Palacio de Gobierno donde hay unos murales que pintó el artista mexicano José Clemente Orozco. Generalmente voy al centro para ir de compras o para visitar a amigos.

Esteban

Etapa Support Materials

WORKBOOK: pp. 17–24
TRANSPARENCY: #2
TEACHER TAPE
QUIZ: Testing Program, p. 13

Support material, Mi ciudad:
 Teacher Tape

Presentation: **Mi ciudad**
Present using the Teacher Tape. Ex. A may serve as a comprehension check.

Cultural Observation

Working as a class, students should list the places mentioned in the reading under two categories, **similar** and **diferente**, comparing them to a chosen U.S. city or town. Focus especially on the cultural difference between the American and Hispanic connotations of a **plaza**.

Exs. A and B: *pair work*   *writing*

Presentation: *The verb* ir *(present tense)*
Begin by giving students personal information and follow-up questions using the verb **ir** together with the adverbs listed in the chart and some of the places mentioned above in Ex. B. For example: **De vez en cuando voy a un restaurante de servicio rápido. Y tú, ¿vas frecuentemente a un restaurante de servicio rápido también? ¿Siempre van tus amigos contigo?** Then quickly review the present tense of the verb **ir**.

Comprensión

A. Name three major sights in Madrid and three major sights in Guadalajara.

B. Answer the following questions about the city or town where you live.

1. ¿Es tu ciudad (pueblo) grande (bastante grande, pequeña, muy pequeña)?
2. ¿Cuántos habitantes tiene?
3. ¿Está en el norte (el sur, el este, el oeste, el centro) de los Estados Unidos?
4. ¿Está cerca de una ciudad grande? ¿A cuántas millas está de esta ciudad?
5. ¿En tu ciudad, hay un hotel? ¿Cuántos hoteles hay? ¿Hay restaurantes de servicio rápido? ¿un café? ¿una iglesia? ¿un estadio? ¿una piscina? ¿una escuela? ¿un museo? ¿un teatro? ¿una biblioteca? ¿una tienda de discos? ¿una panadería? ¿un supermercado? ¿una estación de trenes? ¿un aeropuerto?

The verb **ir** *(present tense)*

ir			
yo	**voy**	nosotros	**vamos**
tú	**vas**	vosotros	**vais**
él		ellos	
ella	**va**	ellas	**van**
Ud.		Uds.	

The verb **ir** is often used with adverbs such as **siempre, frecuentemente, de vez en cuando, a veces, raramente,** and **nunca**.

¿Recuerdan?

The preposition **a** combines with the article **el** to form **al**. There is no contraction between **a** and the articles **la**, **las**, and **los**.

> Yo voy **al** banco y después voy **a la** tienda de discos.
> Nosotros vamos **a la** escuela y después vamos **al** centro.

C. **¿Adónde vas?** You have been conducting a survey to find out where your classmates go after class, in the evening, and on weekends. Based on the following cues, report the results of your survey.

MODELO: frecuentemente
Julián / al centro
Julián va al centro frecuentemente.

1. frecuentemente
   a. María Isabel y Luisa / a la biblioteca
   b. nosotros / al cine
   c. Uds. / al supermercado

MODELO: de vez en cuando
Jorge y sus padres / a un restaurante
De vez en cuando, Jorge y sus padres van a un restaurante.

2. de vez en cuando
   a. tú / al banco
   b. Susana / al museo
   c. yo / a la biblioteca

MODELO: rara vez
Antonio / al correo
Antonio rara vez va al correo.

3. rara vez
   a. yo / al estadio
   b. Marcos y su hermana / al teatro
   c. nosotros / a la estación de trenes

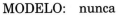

MODELO: nunca
Elena y Juliana / a la piscina
Elena y Juliana nunca van a la piscina.

4. nunca
   a. Uds. / al hospital
   b. Roberto / a la biblioteca
   c. tú / al aeropuerto

Ex. C: *pair work* *writing*

Preparation, Ex. C: Have students go over the **Tarjetas de vocabulario—Para indicar adónde vas**, p. 29.

 Critical Thinking ◆

After completing this exercise orally, have the students look again at each **modelo** to focus on the position of the adverb in the sentence. Challenge them to come up with a rule governing the placement of the adverb. Lead them to conclude that the adverbs (with the exception of **nunca**, which as a negative must precede the verb) may be placed virtually anywhere; that is, it is the most flexible part of speech of the language. Then do Ex. D on p. 24.

Answers, *Ex. C*
1. a. van frecuentemente b. vamos frecuentemente c. van frecuentemente   2. a. vas b. va c. voy   3. a. rara vez voy b. rara vez van c. rara vez vamos   4. a. nunca van b. nunca va c. nunca vas

Exs. D and E: 👥 *pair work* 📝 *writing*

Implementation, Ex. E: Do this as an oral exercise with the class, first using the **ir** + **a** + *infinitive* construction as suggested by the instructions, then redoing the exercise using the alternate construction (i.e., **esperar** + *infinitive*).

Answers, *Ex. E*

1. No él va a jugar al tenis.   2. No, ella va a cenar en un restaurante.   3. No, él va a jugar al fútbol.   4. No, él va a tocar el piano.   5. Sí, voy a trabajar en la computadora.   6. Sí, van a asistir al concierto.

D. **¿Y tú?** Indicate with what frequency you go to the following places.

MODELO: a la biblioteca
Voy a la biblioteca frecuentemente.   o:
De vez en cuando voy a la biblioteca.   o:
Rara vez voy a la biblioteca.   o:
Nunca voy a la biblioteca.

1. al cine	5. al aeropuerto	9. al supermercado
2. al centro	6. al estadio	10. a la panadería
3. al museo	7. al teatro	
4. a la piscina	8. a la iglesia	

¿Recuerdan?

▼

The phrase **ir** + **a** + *infinitive* is used to indicate the immediate future — that is, what *is going to happen soon*:

Esta noche yo **voy a hablar** con Linda.
Mis padres **no van a comer** en un restaurante mañana.
El domingo Marirrosa **va a cenar** con nosotros.

Esperar + *infinitive* may also be used to talk about the immediate future:

Yo **espero ir** al centro esta tarde.
Mi amigo y yo **esperamos caminar** al centro mañana.

E. **Este fin de semana** Miguel is talking to his sister Verónica about what she and her friends are planning to do this weekend. Based on the drawings, give Verónica's answers to her brother's questions.

MODELO: ¿Va a estudiar Miguel?
No, él va a mirar la TV.

1. ¿Va a jugar al fútbol Jorge?   *2. ¿Va a cenar en casa Isabel?*

3. ¿Va a jugar al básquetbol Federico?

4. ¿Va a tocar la trompeta Juan?

5. Verónica, ¿vas a trabajar en la computadora?

6. ¿Van a asistir al concierto Micaela y Teresa?

REPASO

The verb **estar**

estar			
yo	**estoy**	nosotros	**estamos**
tú	**estás**	vosotros	**estáis**
él		ellos	
ella }	**está**	ellas }	**están**
Ud.		Uds.	

The verb **estar** is used in Spanish to express the location of something or someone.

¿Dónde **está** Boston?   ¿Dónde **están** Marcos y Elena?
Boston **está** en Massachusetts.   **Están** en la biblioteca.

¿Dónde **está** el restaurante?
Está detrás de la biblioteca.

Answers, *Ex. E*
1. No, él va a jugar al tenis.   2. No, ella va a cenar en un restaurante.   3. No, él va a jugar al fútbol.   4. No, él va a tocar el piano.   5. Sí, voy a trabajar en la computadora.   6. Sí, van a asistir al concierto.

Support material, Ex. F: Transparency #2

Ex. F: pair work | writing

Suggestion, Ex. F: If you use the transparency of the map of Guadalajara, this exercise may be done with books closed. Before doing the exercise, have students review the **Tarjetas de vocabulario—Para localizar**, p. 29.

Implementation, Ex. F: If you use the transparency, point to the references given by individual students so the whole class can focus on what is being said. Solicit a variety of responses for the same place. For example: **El Mercado Libertad está frente al Instituto Cultural Cabañas. El Mercado Libertad está cerca de la iglesia San Juan de Dios. El Mercado Libertad está en la esquina de la Avenida Javier Mina y la Calle Cabañas.**

Cooperative Learning

Ex. F: Map-reading Pairs

- Pair students with individuals with whom they have not worked. Explain to them that together they are going to describe the location of places in Guadalajara.
- Direct students to use the map to take turns helping each other find their way around Guadalajara, starting at the **Plaza de la Liberación**. For example, one student will guide the other to the **Mercado Libertad**; then the other will guide the first student to the **Plaza Tapatía**. Remind them to take turns giving directions.
- Possible destinations include **Parque Morelos**, the **Palacio de Gobierno**, the **Instituto Cultural Cabañas**, the **Plazuela de los Mariachis**, etc.
- When they have finished, have students do Ex. F together.
- Check their comprehension and participation by calling on students at random to describe how to get to various places in Guadalajara.

¿Recuerdan?

The preposition **de** combines with the article **el** to form **del**. There is no contraction between **de** and the articles **la**, **las**, and **los.**

> El hotel está al lado **del** banco.
> El restaurante está cerca **de la** iglesia.

F. Esteban is trying to help you find your way around Guadalajara. Using the map, play the role of Esteban and precisely describe the location of the following places.

1. Mercado Libertad
2. Plaza Tapatía
3. Antigua Universidad
4. Parque Morelos

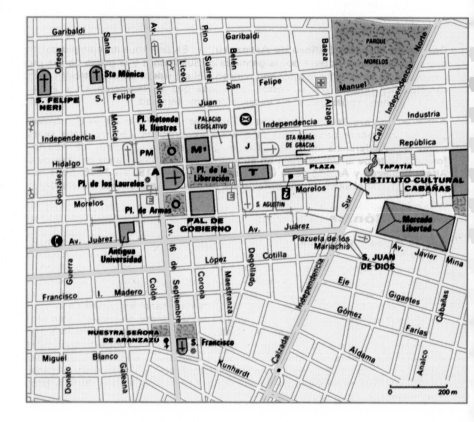

Situaciones

¿Dónde está...?

a) **En el centro**
  —Perdón, señora. ¿Hay un banco cerca de aquí?
  —Sí, señor, en la esquina de la Calle Galdós y la Avenida Meléndez.
  —Muchas gracias, señora.
  —De nada, señor.

b) **En la calle**
  —¿Vas a la fiesta en casa de María esta noche?
  —Sí, pero no sé dónde vive. ¿Sabes tú? Su casa está cerca del
    hospital en la Calle Chapultepec, ¿no?
  —Sí, está en la Calle Chapultepec, pero no está cerca del hospital.
    Tienes que caminar por la Calle Chapultepec hasta el parque. Su
    casa está allí, cerca de la panadería.

c) **En la esquina**
  —Perdón, señor. ¿Está el Hotel Juárez cerca de aquí?
  —No, señora. Está al otro lado de la ciudad. Ud. tiene que tomar el
    autobús número 28 y bajar en la Plaza Juárez. Allí, al otro lado de
    la plaza, está el Hotel Juárez. Hay una estatua del Presidente
    Juárez delante del hotel.

d) **Delante del banco**
  —¿Necesita otra cosa?
  —Sí. Quisiera comprar un periódico.
  —Bueno. Hay un quiosco en la Calle Colón, justo al lado del banco.
  —Muy bien. Gracias.

¡Aquí te toca a ti!

G. Match the preceding conversations with the following drawings.

1.

2.

Support material, Situaciones:
  Teacher Tape

Presentation: Situaciones
Present using the Teacher Tape. Ex. G may serve as a comprehension check.

Ex. G: *pair work*

Follow-up, Ex. G: As a reinforcing listening activity, have students listen to the dialogue again with their books closed and quickly identify (1) what the person is looking for and (2) where it is.

Answers, *Ex. G*

1. d   2. a   3. b   4. c

Ex. H: pair work   roleplay

Implementation, Ex. H: You may want to brainstorm a list of five or six places your students commonly frequent and put these on the board as a guide for the paired conversation. When students finish, have various pairs present their question/answer dialogue before the whole class. Solicit variations on each dialogue.

Ex. I: pair work

Follow–up, Ex. I: After Student A describes to Student B where he/she lives, B then tells Student C about A's neighborhood. Student C, in turn, verifies the details he/she has just learned by talking with Student A.

Ex. J: writing

3.   4.

H. **Un peruano en...** Play the role of a Peruvian foreign exchange student who has just arrived in your city or town. Ask one of your classmates where you can find certain items in your town (for example, **¿Dónde podemos comprar pizza en Richmond?**) and where certain places are located (for instance, **¿Dónde hay un banco?**). Your classmate will answer your questions.

Actividades

Tu pueblo o ciudad

I. Describe to a classmate, in as much detail as possible, the section of town where you live. Give the names of the main streets, point out the major landmarks, and locate your house.

Otro pueblo o ciudad

J. Choose a town or city other than your own (for example, a place where you used to live or the town where your grandparents live). Briefly describe this town or city in the same way that María Catarina describes Madrid and Esteban describes Guadalajara.

Valencia alza el vuelo
hacia su futuro.
Un futuro
libre de cinturones de hierro,
libre de aglomeraciones
de vehículos,
libre de ruido.
Un futuro
lleno de jardines,
de fiestas y de cultura.
Está naciendo una ciudad
nueva y respetuosa,
verde y azul.
Está creciendo una ciudad
más humana,
para vivir bien, muy bien,
la mar de bien.

VALÈNCIA, LA MAR DE BÉ

AJUNTAMENT DE VALENCIA

Capítulo preliminar B   *29*

◆ **Tarjetas de vocabulario** ◆

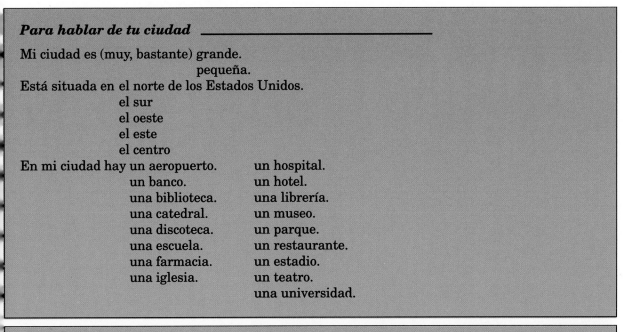

Para hablar de tu ciudad _____

Mi ciudad es (muy, bastante) grande.
                                pequeña.
Está situada en el norte de los Estados Unidos.
             el sur
             el oeste
             el este
             el centro
En mi ciudad hay un aeropuerto.   un hospital.
                 un banco.   un hotel.
                 una biblioteca.   una librería.
                 una catedral.   un museo.
                 una discoteca.   un parque.
                 una escuela.   un restaurante.
                 una farmacia.   un estadio.
                 una iglesia.   un teatro.
                                  una universidad.

Para localizar _____

Está al final de...
      al lado de...
      cerca de...
      delante de...
      detrás de...
      en...
      en frente de...
      en la esquina de... y...
      entre... y...
      lejos de...

Para indicar adónde vas _____

Yo voy a (al, a la)... frecuentemente.
                        rara vez.
                        de vez en cuando.
A veces voy a (al, a la)...
Nunca

Etapa Support Materials

WORKBOOK: pp. 25–33
TRANSPARENCIES: #3, #4, #5, #6
LISTENING ACTIVITY MASTERS: p. 10
TAPESCRIPT: p. 13
TEACHER TAPE
QUIZ: Testing Program, p. 15
CHAPTER TEST: Testing Program, p. 18

Support material, Vamos al centro:
🎧 Teacher Tape

Presentation: **Vamos al centro**
Present using the Teacher Tape. Ask some comprehension questions before proceeding to Ex. A.

Possible questions: 1. How does Esteban get to school usually—by bus, by car, or on foot? 2. Does it cost much to take the **metro** in Madrid? For María, how much does each trip cost? 3. María and Esteban mention one activity that they both like. What is it? 4. In your opinion, who can get to their destination more quickly, María or Esteban? Why? **1. ¿Cómo llega Esteban a la escuela normalmente—en autobús, en coche o a pie? 2. ¿Cuesta mucho dinero tomar el metro en Madrid? Para María, ¿cuánto cuesta cada viaje? 3. María y Esteban mencionan una actividad que a los dos les gusta hacer. ¿Cuál es esta actividad? 4. En tu opinión, ¿quién puede llegar mas rápidamente a su destino—María o Esteban? ¿Por qué?**

Segunda etapa

Vamos al centro

Yo vivo cerca de la universidad de Madrid. Cuando quiero ir al centro, generalmente tomo el metro. Es muy fácil. Camino a la estación Moncloa que no está lejos de nuestro apartamento. Normalmente compro un billete de 10 viajes que cuesta 450 pesetas. Entonces tomo la dirección Legazpi y en 15 minutos estoy en Sol. Aquí es donde bajo si voy al Corte Inglés para ir de compras. O si quiero dar un paseo por el Parque del Retiro, cambio de trenes en Sol, dirección Ventas, y bajo en la estación Retiro.

Nuestra casa está cerca del Estadio Jalisco en la ciudad de Guadalajara. La escuela donde soy estudiante está en el centro. Para ir allí, tomo un autobús. Tarda media hora para llegar a la escuela. A veces, cuando tiene tiempo, mi papá nos lleva a la escuela en su coche. En esos días, tarda solamente cinco minutos para llegar de nuestra casa a la escuela. Durante el fin de semana, nos gusta dar paseos a pie por la ciudad.

Comprensión

A. **¡Vamos en el metro!** You have been staying in Madrid for some time and know the subway system very well. A friend of yours arrives from the U.S. and needs to go to the places listed below. Explain to her how to get to these places on the **metro.** Your friend is staying near the Plaza Castilla Station.

MODELO: Museo del Prado (Atocha)
Para ir al Museo del Prado, tomas la dirección Portazgo.
Y bajas en la estación Atocha.

1. Parque del Retiro   2. Plaza de España   3. Moncloa

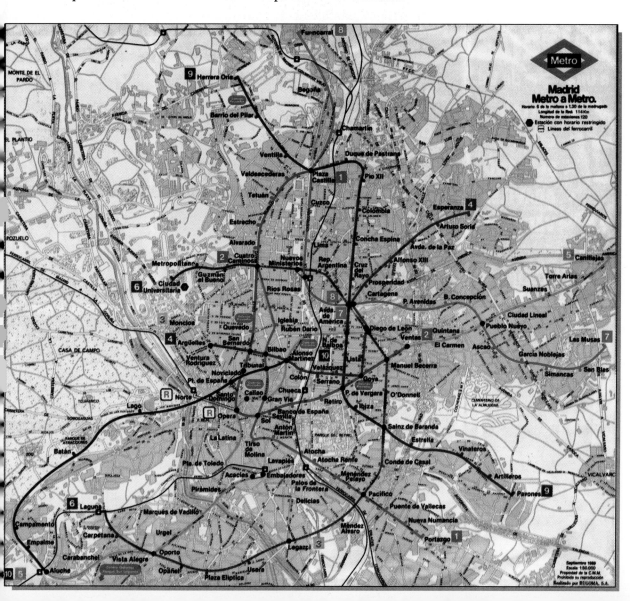

Support material, Ex. A: Transparency #3

Ex. A: pair work

Suggestion, Ex. A: You may want to use the transparency of the Madrid Metro map when presenting this activity. Review with students how the direction is determined by the final station on the line.

Follow–up, Ex. A: Have students do the same activity, using a local map and points of interest familiar to them, for example, the school, the mall or shopping center, the movie theater, fast-food restaurants.

Answers, *Ex. A*

1. Para ir al Parque del Retiro, tomas la dirección Pavones. Cambias de tren en P. de Vergara, dirección Cuatro Caminos y bajas en la estación Retiro.   2. Para ir a la Plaza de España, tomas la dirección Portazgo. Cambias de tren en Tribunal, dirección Aluche y bajas en la estación Plaza de España.   3. Para ir a Moncloa, tomas la dirección Portazgo. Cambias de tren en Sol, dirección Moncloa y bajas en la estación Moncloa.   4. Para ir a la Puerta del Sol, Uds. toman la dirección Fuencarral. Cambian de tren en Plaza Castilla, dirección Portazgo y bajan en la estación Sol.   5. Para ir a la Ciudad Universitaria, toman la dirección Avenida de América. Cambian de tren en Nuevos Ministerios, dirección Ciudad Universitaria y bajan allí.

There may be other routes to these destinations. If students use other routes, follow them on the map transparency to determine accuracy.

Ex. B:  *pair work*   *writing*

Preparation, Ex. B: Have students review the **Tarjetas de vocabulario—Para indicar cómo vamos,** p. 41.

Presentation: *Placing events in time*

Remind students that to express "on" with the days of the week, they use the definite article and never the preposition **en: El viernes voy a Chicago. Los sábados voy al centro.**

Now a family from Mexico is visiting Madrid. They are interested in seeing some of the sights. Explain to this family how to get to the following places. Remember to use **Uds.** when talking to the whole family. They are staying near the Plaza del Cuzco.

4. Puerta del Sol   5. Ciudad Universitaria

B. **¿Y tú?** Answer these questions about yourself and your family.

1. ¿Cómo vas a la escuela? ¿Vas a pie? ¿en el coche de tus padres? ¿Vas en tu bicicleta? ¿en el autobús?
2. ¿Tienen tus padres un coche? ¿Qué tipo de coche? ¿Van al trabajo en el coche? Si no van al trabajo en el coche, ¿cómo van?
3. ¿Tienes una bicicleta? ¿Adónde vas en tu bicicleta? ¿A la escuela? ¿Al centro?
4. Cuando vas a casa de tus abuelos, ¿cómo vas? ¿A pie? ¿En coche? ¿Vas en tren? ¿en avión?

REPASO

Placing events in time

Days of the week

lunes martes miércoles jueves viernes sábado domingo

Remember that the definite article is often used with the days of the week:

el lunes = Monday, the upcoming Monday
los lunes = on Mondays, indicates a customary action on a specific day of the week
El viernes voy a una fiesta en casa de Jaime.
Los lunes voy a la escuela.

Time of day

Son las dos.   *Son las dos y diez.*   *Son las dos y cuarto.*

Son las dos y media.   *Son las tres menos veinte.*   *Son las tres menos cuarto.*

Twelve o'clock noon is **mediodía**; twelve o'clock midnight is **media-noche**. To indicate A.M. and P.M. with other times, add **de la mañana**, **de la tarde**, or **de la noche**.

C. **¿Dónde está Patricio?** Study the daily schedule of Patricio Fernández below; then answer the questions.

	lunes	**martes**	**miércoles**	**jueves**	**viernes**	**sábado**
9:30–10:25	historia	historia		historia	historia	historia
10:40–11:35	francés	francés	no	el estadio	francés	
11:40–12:35	matemáticas	arte	hay	el estadio	matemáticas	matemáticas
2:00–2:55	inglés	inglés	clases	inglés	inglés	inglés
3:00–3:55	biología	biología		biología	arte	
4:10–5:05	español	español		español	español	

1. ¿Qué días tiene Patricio su clase de francés?
2. ¿Qué días tiene su clase de matemáticas?
3. ¿Qué clases tiene Patricio por la tarde?
4. ¿A qué hora es su clase de biología?
5. ¿A qué hora es su clase de francés?
6. ¿Dónde está Patricio a las 11:00 de la mañana el jueves?
7. ¿A qué hora llega a la escuela si de costumbre él llega 15 minutos antes de su primera clase?
8. De costumbre, ¿a qué hora almuerza Patricio?

Support material, Ex. C: Transparency #4

Ex. C: *pair work*   *writing*

Cooperative Learning

Ex. C: Cooperative Pairs

- Put students into heterogeneous teams of four. Tell each group to divide into pairs.
- Explain to the teams that each pair of partners will take turns asking each other the questions listed. One student will answer, while the partner coaches or encourages as needed. Then they switch roles.
- Have each pair do two questions, one apiece. Then tell them to check with the other pair in their team to make sure their answers agree. If the answers do not agree, the group needs to figure out what the correct answer is before continuing. Students may check with another team if needed.
- Have students continue in the same manner until they have finished all the questions.
- To check for individual accountability, call on students at random to answer questions about Patricio's schedule.

Answers, *Ex. C*
1. el lunes, el martes, el viernes   2. el lunes, el viernes, el sábado   3. inglés, biología, español, arte   4. a las tres   5. a las once menos veinte   6. en el estadio   7. a las nueve y cuarto (quince)   8. entre la una menos veinticinco y las dos de la tarde

Ex. D: 🏔 *pair work*

Follow-up, Ex. D: After students work in pairs, have one person from each pair report to the class one similar activity they do during the school day. The other partner will mention one difference in their day.

Presentation: *The verbs* querer, pensar, *and* preferir

You may want to review the construction verb + infinitive with these verbs: **quiero + hablar, pienso + comer, prefiero + ir**.

Ex. E: 🏔 *pair work* 📝 *writing*

Answers, *Ex. E*

1. Juan no quiere ir / tú no quieres ir / Elena y Marta no quieren ir / Marrirosa y yo no queremos ir / Uds. no quieren ir / vosotros no queréis ir
2. prefieres hacer tú / prefiere hacer Julián / prefieren hacer Ester y Roberto / prefieren hacer ellas / prefiere hacer Ud. / preferís hacer vosotros
3. Nosotros no pensamos ir / tú no piensas ir / Marisol no piensa ir / Mari y Esteban no piensan ir / Uds. no piensan ir / vosotras no pensáis ir

D. **¿Cómo pasas el tiempo?** Explain to a classmate what a typical school day is like for you. Talk about when you arrive at school, your morning classes, when you eat lunch, your afternoon classes, what time you leave school, and what time you get home. Begin: **De costumbre, yo llego a la escuela a...**

REPASO

The verbs **querer**, **pensar**, *and* **preferir**

yo	**quiero**	nosotros	**queremos**
	pienso		**pensamos**
	prefiero		**preferimos**
tú	**quieres**	vosotros	**queréis**
	piensas		**pensáis**
	prefieres		**preferís**
él	**quiere**	ellos	**quieren**
ella }	**piensa**	ellas }	**piensan**
Ud.	**prefiere**	Uds.	**prefieren**

Remember that the **e** of the stem of these verbs changes to **ie** in all verb forms except the **nosotros** and **vosotros** forms.

E. Replace the words in italics with those in parentheses and make the necessary changes.

1. *Yo* no quiero ir al centro ahora. (Juan / tú / Elena y Marta / Marirrosa y yo / Uds. / vosotros)
2. ¿Qué prefieren hacer *Uds.* esta noche? (tú / Julián / Ester y Roberto / ellas / Ud. / vosotros)
3. *Ella* no piensa ir a España el año próximo. (nosotros / tú / Marisol / Mari y Esteban / Uds. / vosotras)

Formal commands

1. Formal commands in Spanish are created by dropping the **-o** of the **yo** form of the verb and adding an **-e** or an **-en** for **-ar** verbs and an **-a** or an **-an** for **-er** and **-ir** verbs.

cantar	comer	escribir
canto	como	escribo
cante	coma	escriba
canten	coman	escriban

2. Verbs ending in **-car** change the **c** to **qu**. Those ending in **-gar** change the **g** to **gu**. Those ending in **-zar** change the **z** to **c**.

buscar	llegar	cruzar
busco	llego	cruzo
busque	llegue	cruce
busquen	lleguen	crucen

3. Some other common verbs with irregular formal commands are:

ir	vaya	vayan
ser	sea	sean

F. Give both the singular and plural formal command forms for the following verbs.

1. estudiar
2. bailar
3. aprender español
4. correr 20 minutos
5. doblar a la izquierda
6. tener paciencia
7. no comer mucho
8. leer todos los días
9. cruzar la calle
10. buscar las llaves

Presentation: *Formal commands*

Write the verbs **comprar, correr, escribir** in three separate columns on the board. Under each have the students generate the **yo** form. Show them how the **o** of the yo form is dropped and the commands derived from them by adding **e** or **en** to **-ar** verbs and **a** or **an** to **-er** and **-ir** verbs. Have them practice on some common verbs like: **trabajar, estudiar, vender, leer, escribir,** etc. before trying the irregular verbs that are included in the **Repaso.** You may want to remind students of the difference between **tú** and **Ud.** These formal commands are used with **Ud.** when expressing courtesy or formality.

Ex. F: 👥 *pair work*   📝 *writing*

Answers, *Ex. F*

1. estudie / estudien   2. baile / bailen
3. aprenda / aprendan español   4. corra / corran 20 minutos   5. doble / doblen a la izquierda
6. tenga / tengan paciencia   7. no coma / no coman mucho   8. lea / lean todos los días
9. cruce / crucen la calle   10. busque / busquen las llaves

Language Enrichment

If students notice the spelling change and ask about it, point out that most spelling changes occur only to maintain the original consonant sound of the infinitive. Therefore, the verb **buscar**, for example, will undergo a change only in the formal **busque** to maintain the original [k] sound; it is unnecessary in the informal command (**busca**), which naturally maintains the sound.

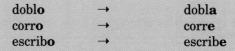

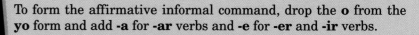

Informal commands

1. The informal command is used to address anyone whom you know well, such as friends and family members, and to address children. Unlike formal commands, the informal command has one form for the affirmative and a different form for the negative.

   To form the affirmative informal command, drop the **o** from the **yo** form and add **-a** for **-ar** verbs and **-e** for **-er** and **-ir** verbs.

dobl**o**	→	dobl**a**
corr**o**	→	corr**e**
escrib**o**	→	escrib**e**

2. To form the negative informal command, drop the **o** from the **yo** form and add **-es** for **-ar** verbs and **-as** for **-er** and **-ir** verbs.

dobl**o**	→	no dobl**es**
corr**o**	→	no corr**as**
escrib**o**	→	no escrib**as**

3. In the negative command, verbs that end in **-car** change the **c** to **qu**. Those that end in **-gar** change the **g** to **gu**. Those that end in **-zar** change the **z** to **c**:

bus**car**	bus**co**	no bus**ques**
lle**gar**	lle**go**	no lle**gues**
cru**zar**	cru**zo**	no cru**ces**

   However, none of these verbs change their spellings in the affirmative command:

bus**car**	bus**ca**
lle**gar**	lle**ga**
cru**zar**	cru**za**

4. Other common verbs you know that have irregular informal commands are:

decir	**di**	no **digas**
hacer	**haz**	no **hagas**
ir	**ve**	no **vayas**
poner	**pon**	no **pongas**
salir	**sal**	no **salgas**
ser	**sé**	no **seas**
tener	**ten**	no **tengas**
venir	**ven**	no **vengas**

G. Give familiar affirmative command forms for the following verbs.

1. hacer las maletas
2. tener paciencia
3. no doblar a la derecha
4. escribir tu lección
5. no vender tu bicicleta
6. no ir al centro
7. buscar tus libros
8. seguir derecho
9. beber leche
10. no hablar por teléfono

Hazte socio de la Cruz Roja.
No te cruces de brazos.

Para contactar con nosotros llama al teléfono (91) 419 73 50. Madrid. ✚ Cruz Roja Española

Ex. G: 🏔 *pair work* 📝 *writing*

Follow-up, Ex. G: For more practice have students do the same exercise, changing the affirmative commands to negative, and vice versa.

Answers, *Ex. G*
1. Haz las maletas. 2. Ten paciencia. 3. No dobles a la derecha. 4. Escribe tu lección. 5. No vendas tu bicicleta. 6. No vayas al centro. 7. Busca tus libros. 8. Sigue derecho. 9. Bebe leche. 10. No hables por teléfono.

Support material, Situaciones:
Teacher Tape

Presentation: Situaciones

Have students review the **Tarjetas de vocabulario—Para dar direcciones,** p. 41. Present using the Teacher Tape. Ex. H may serve as a comprehension check.

For additional practice, have students listen with their books closed in order to (1) determine whether the conversation is formal or informal and (2) identify some specific directions in each dialogue.

Situaciones

Direcciones

a) **A pie al banco**

—Perdón, señora, ¿dónde está el banco?

—¿El banco? Está cerca de aquí, señor. Camine Ud. por la Calle Bolívar hasta la Avenida de la Paz. Doble a la derecha y camine tres cuadras y allí está la Plaza de la Revolución. Cruce la plaza y allí en la Calle Colón está el banco.

—Muchísimas gracias, señora.

—De nada, señor.

b) **En coche en Valencia**

—¿Hay un sitio para estacionar el coche en el centro?

—Sí, sí. Es muy fácil. Escucha. Toma la Calle San Vicente Mártir y dobla a la derecha en la Calle Xátiva. Sigue derecho dos cuadras y dobla a la izquierda en la Avenida Marqués de Sotelo. Pasa por delante de la Plaza del País Valenciano y sigue derecho tres cuadras más. Allí a la derecha hay un sitio para estacionar el coche. ¿De acuerdo?

—De acuerdo.

c) **En coche al Alcázar de Segovia**

—Perdón, señor, ¿dónde está la Calle Velarde? Queremos ir al Alcázar.

—Bien, siguen derecho por esta calle — la Calle Agustín. Pasen por delante de la Iglesia de San Esteban y después de una cuadra doblen a la izquierda. Allí está la Calle Velarde. Siguen la Calle Velarde derecho por más o menos diez cuadras. Allí van a ver Uds. el Alcázar.

—Muchas gracias, señor.

—De nada.

d) **A pie a la farmacia**

—¡Hola, Marirrosa! ¿Qué haces por aquí?

—Leira, yo estoy buscando una farmacia. ¿Hay una cerca de aquí?

—Sí, claro que sí. Hay una farmacia en la Calle Miramonte.

—¿La Calle Miramonte? ¿Dónde está? No conozco muy bien este barrio.

—Es muy fácil. Sigue esta calle — Calle Juárez — una cuadra hasta la esquina y dobla a la derecha.

—¿No está a la izquierda?

—No, no. A la izquierda está la Calle Cholula. Tú quieres la Calle Rivera. Sigue derecho y a la derecha vas a ver una plaza grande.

Es la Plaza de Armas. Cruza la plaza y allí está la Calle Mira-
monte. ¿Comprendes?
—Sí, sí. Comprendo. Muchísimas gracias. Hasta luego.
—Hasta luego, Marirrosa.

¡Aquí te toca a ti!

H. Match the preceding conversations with the following drawings.

1.

2.

3.

4.

Support material, Ex. H: Transparency #5

Ex. H: *pair work*

Answers, *Ex. H*
1. a 2. b 3. d 4. c

Support material, Ex. I: Transparency #6

Ex. I: 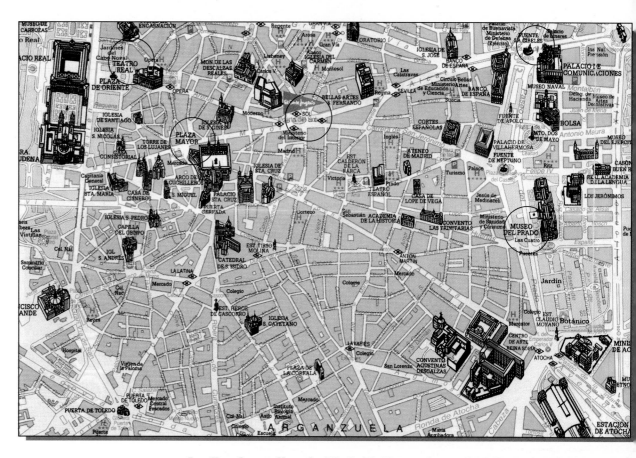 *pair work*

Answers, *Ex. I*

1. Tome la Calle Alcalá y siga derecho hasta la Puerta del Sol. 2. Toma la Carrera de San Jerónimo hasta la Plaza Casovas del Castillo. Cruza la plaza y dobla a la derecha en el Paseo del Prado. Sigue la calle, y allí está el Museo del Prado en la izquierda.   3. Toma la Calle Mayor hasta la Calle Bailén; dobla a la derecha y sigue la calle hasta la Plaza de Oriente. Cruza la plaza, y allí está el Teatro Real.   4. Tome la Calle Arenal hasta la Puerta del Sol. Cruce la Puerta del Sol y tome la Carrera de San Jerónimo. Siga la Carrera San Jerónimo hasta la Plaza Casovas del Castillo. Cruce la plaza y doble a la derecha en el Paseo del Prado. Allí está el museo en la izquierda.

Students may choose other **metro** stops and changes. If so, follow along on the map transparency to determine correctness.

Ex. J: *pair work* *roleplay*

CHAPTER CULMINATING ACTIVITY

An interesting activity for students would be some type of treasure hunt, where students are given a map of the inside of the school along with a set of directions as to where the imaginary treasure is hidden. They read the directions you give them and follow the route on the map. They then guess where the treasure is by placing an X on the map indicating the location. Students with the correct solution would receive some type of reward.

I. **Por las calles de Madrid** Using the map of Madrid, give directions for each of the following situations. Pay attention to where you are, where the other person wishes to go, and whether this person is someone with whom you would use **tú** or **Ud.**

You are at the	You are speaking to	He or she wishes to go to
1. Fuente la Cibeles	older man	Puerta del Sol
2. Puerta del Sol	person your age	Museo del Prado
3. Plaza Mayor	person your age	Teatro Real
4. Teatro Real	older woman	Museo del Prado

Actividad

J. **En tu ciudad** Tell a Hispanic exchange student in your school how to get to various places in your town or city. For example, explain how to go from school to your house, from your house to downtown, from your house to the movie theater or to a fast food restaurant, and so forth.

◆ Tarjetas de vocabulario ◆

Para dar direcciones _____

Doble (Dobla) a la derecha.
            a la izquierda.
Siga (Sigue) derecho hasta…
Tome (Toma) la calle (la avenida)…
Cruce (Cruza) la calle (la avenida, la plaza).

Para indicar cómo vamos _____

Yo tomo el autobús.   Yo voy a pie.   en coche.
      el metro.   en bicicleta.   en metro.
      el tren.   en autobús.   en tren.

Para hablar del tiempo que tarda en llegar _____

Tarda… minutos para ir a pie (en coche, etc.).
       horas
       días

Para indicar qué día es _____

¿Qué día es hoy?
Hoy es lunes.
       martes.   viernes.
       miércoles.   sábado.
       jueves.   domingo.

Para indicar la hora _____

¿Qué hora es?
Es la una.
      una y cuarto.
      una y media.
Son las dos menos cuarto.
¿A qué hora vienes?
Vengo a las diez y veinte de la mañana (10:20 a.m.).
                   de la noche (10:20 p.m.).

CHAPTER OBJECTIVES

FUNCTIONS: Shopping; ordering food and drink
CONTEXT: Speaking about activities that are done downtown; comparing, indicating quantities; making purchases
ACCURACY: Comparisons; the verbs **hacer** and **ir**

Cultural Context

The **Mercado Libertad** in Guadalajara is representative of a typical large market in Latin America. Although supermarkets are very practical and popular, many people still shop at the stands offering great varieties of fresh food, handmade artifacts (like the baskets shown here), and other essentials at a very reasonable price.

CAPÍTULO PRELIMINAR C

¿Qué hacemos?

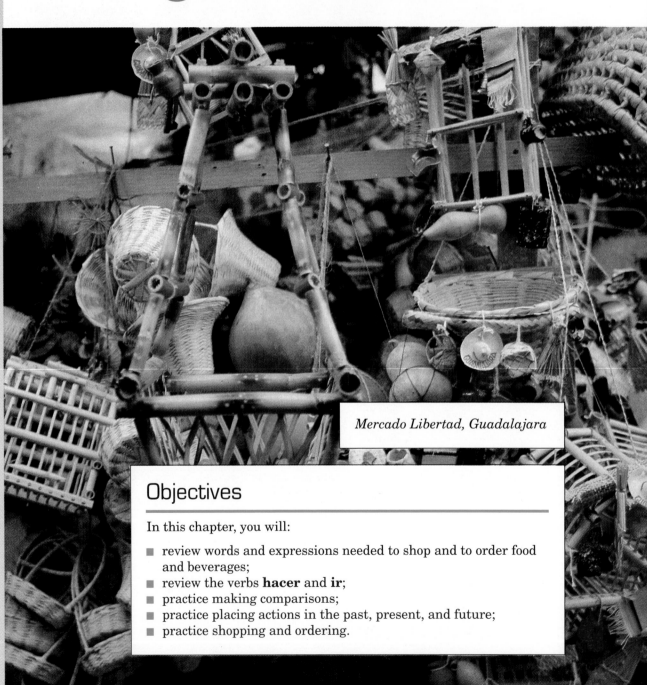

Mercado Libertad, Guadalajara

Objectives

In this chapter, you will:

■ review words and expressions needed to shop and to order food and beverages;
■ review the verbs **hacer** and **ir**;
■ practice making comparisons;
■ practice placing actions in the past, present, and future;
■ practice shopping and ordering.

Primera etapa

Vamos de compras

En Madrid, como en cualquier ciudad grande, hay muchos sitios para ir de compras. Hay tiendas pequeñas que se especializan en un sólo producto: zapaterías, joyerías, librerías, etc. También hay grandes almacenes donde hay de todo. Mi favorito es un almacén grande que se llama El Corte Inglés. Es una tienda donde puedes comprar cualquier cosa. Por ejemplo, en un piso venden comida, en otro venden ropa y aún en otro venden libros. También hay una joyería donde me gusta ir a ver los diamantes y las perlas. En otra sección de la tienda venden discos y cintas. Allí es donde vamos mis amigas y yo cuando queremos comprar el disco más reciente de Gloria Estefan o Phil Collins porque tienen una selección buena.

María

En Guadalajara hay muchas tiendas y supermercados modernos, pero para ir de compras a veces vamos al Mercado Libertad. Éste es el mercado más grande del Hemisferio Occidental y allí puedes comprar cualquier producto imaginable. En una sección puedes comprar fruta fresca como sandías, melones, mangos, naranjas, limones y manzanas o vegetales como zanahorias, pepinos, chiles, aguacates, cebollas y tomates. En otra parte venden todo tipo de carne — res, puerco y pollo — y varios tipos de queso. En otra sección compramos tortillas de maíz o pan dulce. Después de hacer las compras, puedes pasar a otra parte del mercado donde hay muchos restaurantes pequeños. Allí puedes comer muchos de los platos típicos de esta región de México como el pozole, la birria, el cabrito asado o pollo en mole.

Esteban

Etapa Support Materials

WORKBOOK: pp. 34–40
TEACHER TAPE
QUIZ: Testing Program, p. 22

Support material, Vamos de compras:
 Teacher Tape

Presentation: Vamos de compras
Present using the Teacher Tape. In either case, Ex. A may serve as a comprehension check.

Language Enrichment
Have students quickly mention as many specialty shops as they can think of (e.g., bookstore, furniture store, office supply store, hardware store). List some of these on the board. Then have students reread María's account of the types of specialty shops found in Madrid. Have them identify the common ending (**–ería**) that indicates this type of shop. Rewrite the student-generated list on the board in Spanish.

◆ *Critical Thinking* ◆

Have students compare and contrast the **almacén** that María describes with the large **mercado** in Esteban's account. How are they alike? How are they different? Name two items you could purchase at the **Mercado Libertad** that you could not find at the **Corte Inglés**, and vice versa.

Ex. A: pair work   writing

Answers, *Ex. A*

1. falso   2. not enough information   3. falso
4. falso   5. not enough information   6. falso
7. cierto   8. cierto

Ex. B: pair work

Comprensión

A. **¿Cierto o falso?** Based on the preceding comments, indicate whether the following statements are true, false, or if there is not enough information to answer.

1. El Corte Inglés is a large open-air market.
2. María likes to shop at the specialty shops scattered throughout Madrid.
3. She and her friends buy albums and tapes at a store near El Corte Inglés.
4. You can buy clothes at El Corte Inglés, but not jewelry.
5. Guadalajara has several open-air markets.
6. El Mercado Libertad is a huge department store.
7. You can get a good meal at El Mercado Libertad.
8. Along with fruits and vegetables, you can also buy meat at El Mercado Libertad.

B. **¿Tienes algo que hacer?** Ask a classmate the following questions about his or her shopping habits and those of his or her family.

1. ¿Hay un centro comercial cerca de tu casa? ¿Vas allí de vez en cuando?
2. ¿Prefieres comprar algo o solamente vas a mirar?
3. ¿Qué compras en el centro comercial? ¿En qué tienda?
4. ¿Quién hace las compras en tu casa?
5. ¿Cuándo hace él (ella) las compras? ¿Todos los días? ¿Dos o tres veces por semana? ¿Una vez por semana?
6. ¿Adónde va él (ella) a comprar las frutas y vegetales? ¿a comprar carne?
7. ¿Vas tú con un(a) amigo(a) a hacer las compras de vez en cuando?

The verb *hacer*

hacer			
yo	**hago**	nosotros	**hacemos**
tú	**haces**	vosotros	**hacéis**
él		ellos	
ella }	**hace**	ellas }	**hacen**
Ud.		Uds.	

1. When the verb **hacer** is used in a question, the answer often requires a verb other than **hacer**, usually a form of a verb that expresses what you do.

   —¿Qué **haces** tú los sábados por la mañana?
   —Yo **juego** al fútbol con mis amigos.
   —¿Qué **van a hacer** ellos el sábado por la noche?
   —Ellos **van a ver** una película.

2. Expressions with **hacer**:

hacer las compras	*to do the shopping*
hacer un mandado	*to run an errand*
hacer las maletas	*to pack*
hacer la cama	*to make the bed*
hacer un viaje	*to take a trip*

C. Replace the words in italics with those in parentheses and make the necessary changes.

   1. ¿Qué hace *Juan* los viernes por la noche? (ella / tú / Ud. / Uds. / vosotros)
   2. *Yo* no hago nada los domingos por la tarde. (tú / Uds. / ellos / ella / nosotros / vosotras)

Presentation: *The verb* **hacer**
Remind students that when asked a question that contains **hacer**, they will answer with a verb other than **hacer**, unless it is one of the expressions listed in number 2.

Ex. C: *pair work* 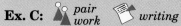 *writing*

Cooperative Learning
Ex. C: Roundtable

- Roundtable is a written version of Round-robin. The students will practice the verb forms by taking turns answering the questions in writing.
- Divide the class into heterogeneous teams of three, and tell them to sit facing each other with a desk or table they can all reach.
- Distribute one pen and one piece of paper to each team. Explain to the students that they will be writing the verb forms in turn, from left to right. For example, one student will write: **¿Qué hace Juan los viernes por la noche?** The student to his or her left will write: **hace ella** in place of **hace Juan**. The student to that student's left will write **haces tú** in place of **hace ella**, and so on.
- Tell the students to begin. Stress the need to pass the one pen to each student, which creates positive interdependence, and the need for each student to write in turn, creating individual accountability.
- When they have finished, call on students at random to use **hacer** in questions and in sentences.

Answers, *Ex. C*
1. hace ella / haces tú / hace Ud. / hacen Uds./ hacéis vosotros   2. Tú no haces / Uds. no hacen / ellos no hacen / ella no hace / nosotros no hacemos / vosotras no hacéis

Exs. D and E: 🧍🧍 *pair work*   📝 *writing*

Answers, *Ex. D*

1. Ella va al colegio.   2. Ellos van al trabajo.
3. Él va al cine.   4. Ellos miran la televisión.
5. Él va a la tienda de discos con su amigo.
6. Ella visita a una amiga.

D. **La familia Lamas** Tell your parents about a Hispanic family's weekly routine. Based on the drawings, answer your parents' questions.

MODELO: ¿Qué hace Miguel los lunes por la mañana?
         Él va a la escuela.

1.   2.   3.

4.   5.   6.

1. ¿Qué hace Marirrosa los martes por la tarde?
2. ¿Qué hacen la Sra. y el Sr. Lamas los lunes por la mañana?
3. ¿Qué hace Miguel los viernes por la noche?
4. ¿Qué hacen la Sra. y el Sr. Lamas los sábados por la noche?
5. ¿Qué hace Miguel los domingos por la tarde?
6. ¿Qué hace Marirrosa los viernes por la tarde?

E. **¿Y tú?** Answer the following questions about you and your family.

1. ¿Qué haces los viernes por la noche?
2. ¿Qué hacen tus padres?
3. ¿Qué hacen Uds. los sábados por la tarde?

4. Y tu hermano(a), ¿qué hace?
5. ¿Qué van a hacer Uds. esta noche?
6. ¿Qué van a hacer Uds. mañana?
7. ¿Qué van a hacer Uds. el viernes por la noche?
8. ¿Qué van a hacer Uds. el sábado por la tarde?

Expressing quantity and making comparisons

Some expressions of quantity in Spanish are:

Quantities	Comparisons	Equality
un kilo de	**más...que**	**tan** + adjective + **como**
medio kilo de	**menos...que**	**tanto(a)** + noun +
una libra de		**como**
50 gramos de	**bien → mejor(es)**	**tantos(as)** + nouns +
un litro de	**mal → peor(es)**	**como**
un atado de	**joven → menor(es)**	
una botella de	**viejo → mayor(es)**	
una docena de		
una lata de		
un paquete de		
un pedazo de		

F. **¿Qué necesita?** Based on the drawings, indicate how much of each item the following people need to buy.

1. Luisa

2. Roberto

3. mi mamá

4. Alicia

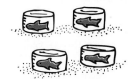

5. Marisol

Ex. F: 🧍 *pair work* 📝 *writing*

Preparation, Ex. F: Have students review the **Tarjetas de vocabulario—Para indicar la cantidad**, p. 51. Also suggest the use of the verb **necesitar**.

Answers, *Ex. F*

1. Luisa necesita dos litros de leche. 2. Roberto necesita dos docenas de huevos. 3. Mi mamá necesita dos kilos de bananas. 4. Alicia necesita quinientos gramos de arroz. 5. Marisol necesita cuatro latas de atún.

Cultural Expansion

Point out that many countries use the metric system of weights and measures. Here are some examples of the most commonly used weight equivalents: 1 **kilo** = 2,2 **libras**; 50 **gramos** = 2 **onzas**; 1 **litro** = 0,26 **galón** = **un poco más de un cuarto**.

Presentation: ¿Recuerdan?

Remind students that, except for the accent mark, the demonstrative pronoun is identical to the demonstrative adjective, e.g., **este libro**, but **éste**; **ese libro** but **ése**; **aquel libro** but **aquél**, etc.

You may want to physically demonstrate while reviewing the demonstratives by placing three objects at various distances from you and referring to them as you speak: **Éste es mi libro de español, pero ese libro es el libro del Sr. Casillas, y aquel libro, allá en mi escritorio, es el libro de la Sra. Myers.**

Ex. G: *pair work*

Answers, *Ex. G*

1. —Quiero estas fresas. —Pero ésas (aquéllas) son mejores.   2. —Quiero este maíz. —Pero ése (aquél) es mejor.   3. —Quiero estos limones. —Pero ésos (aquéllos) son mejores.   4. —Quiero estas peras. —Pero ésas (aquéllas) son mejores. 5. —Quiero esta lechuga. —Pero ésa (aquélla) es mejor. 6. —Quiero estas cebollas. —Pero ésas (aquéllas) son mejores.   7. —Quiero estas naranjas. —Pero ésas (aquéllas) son mejores. 8. —Quiero estas zanahorias. —Pero ésas (aquéllas) son mejores.

Support material, Situaciones:
Teacher Tape

¿Recuerdan?

The demonstrative adjective is used to point out specific things. Its forms in Spanish are:

close to speaker	close to listener	far from both
este	**ese**	**aquel**
esta	**esa**	**aquella**
estos	**esos**	**aquellos**
estas	**esas**	**aquellas**

G. **Las frutas y los vegetales** You are in an open-air market. As you choose some fruit or vegetables that you like, your friend always points out others that are better.

MODELO: —*Quiero estas manzanas.*
—*Pero ésas son mejores.*   o:
—*Aquéllas son mejores.*

1. fresas
2. maíz
3. limones
4. peras
5. lechuga
6. cebollas
7. naranjas
8. zanahorias

Situaciones

Las compras

a) —Buenos días, señor.
   —Buenos días. Mi hijo va a comenzar la escuela mañana y necesita varias cosas. ¿Dónde están los lápices y bolígrafos?
   —Están por aquí. ¿Cuántos quiere?
   —Quiero seis lápices y dos bolígrafos.
   —¿Necesita algo más?
   —Sí, necesito papel, también.
   —El papel está allí.
   —Bien, voy a llevar tres cuadernos.
   —¿Algo más?
   —Sí, busco una mochila buena.

—Las mochilas están por aquí.
—Muy bien, quiero esa mochila azul.
—¿Es todo?
—Sí, es todo. ¿Cuánto es?
—Dos mil seiscientas setenta y ocho pesetas.
—Aquí tiene, señor.
—Muchísimas gracias. Hasta luego.

b) —¿En qué puedo servirle, señora?
—Busco un regalo para mi hijo. ¿Me puede sugerir algo?
—¿Qué deportes le gustan?
—¡Le gustan todos los deportes!
—Aquí están las raquetas de tenis.
—No, ya tiene una raqueta.
—Allí están las pelotas de fútbol.
—No, también tiene una pelota de fútbol y de básquetbol
  y de fútbol americano.
—¿Por qué no compra unos zapatos de tenis? ¡Éstos aquí están
  muy de moda!
—¡Estupenda idea! ¿Tiene ésos de allí, de color rojo, azul y blanco
  de tamaño 42?
—Voy a ver. Creo que sí. Sí, aquí están. ¿Va a pagar en efectivo
  o con tarjeta de crédito?
—En efectivo. ¿Cuánto es?
—Dos mil quinientas pesetas.
—Aquí tiene.
—Muchísimas gracias.
—¡Gracias a Ud. por la magnífica sugerencia!

c) —Señores, señoras. Compren vegetales... fruta... tomates, guisantes,
  naranjas, manzanas, bananas... ¿Señora, qué va a llevar?
—Quiero un kilo de tomates, por favor.
—¿Estos tomates?
—No, quiero esos tomates grandes de allí.
—Muy bien. ¿Qué más?
—Tres kilos de bananas. Es todo.
—Bien, vamos a ver... un kilo de tomates a treinta pesetas el kilo y tres
  kilos de plátanos a quince pesetas el kilo... sesenta pesetas por favor.
—¿Tiene cambio de quinientas pesetas?
—Sí, claro. Aquí tiene el cambio.
—Señores, señoras. Compren vegetales... fruta...

d) —¿Vas a comprar alguna cosa?
—Creo que sí. Si tengo suficiente dinero, voy a comprar un disco.
—¿Qué disco?
—Quisiera comprar el nuevo disco compacto de Madonna.

Presentation: Situaciones
Present using the Teacher Tape. Ex. H on p. 50 may serve as a general comprehension check. You may also ask more specific questions.

Possible questions: 1. What does the person in each situation want to buy?   2. What does each person decide to buy?   3. Who pays more? Is it a lot? (100 pesetas = $1.00)   1. **¿Qué quiere comprar la persona en cada situación?** 2. **¿Qué decide comprar cada persona?** 3. **¿Quién paga más? ¿Es mucho? (100 pesetas = $1.00)**

Ex. H:  pair work — writing

Answers, *Ex. H*
a. una papelería   b. una tienda de deportes
c. un mercado   d. una tienda de discos

Exs. I and J: pair work — roleplay

Suggestion, Ex. I: Have students roleplay in pairs. Then have one or two groups present the scenario. For variety, have students work with different partners.

Preparation, Ex. J: Make activity cards by putting shopping tasks on 6 to 8 index cards. Copy three or four sets so each student has a card. Suggestions: You are going on a picnic; making lunch for two; shopping for dinner for four; shopping for breakfast; buying a birthday present, school supplies, new clothes, shoes, or sports equipment. You may want to itemize a shopping list for each.

Librería Hydria

—Ah, sí, dicen que es excelente.
—Te gusta la música de Miami Sound Machine, ¿verdad?
—Sí, me gusta muchísimo. ¿Sabes que tienen un disco nuevo?
—Sí, pero no tengo suficiente dinero para comprar el disco.
—Puedes comprar la cinta.
—Tienes razón. Voy a preguntar si tienen la nueva cinta de Miami Sound Machine aquí.

¡Aquí te toca a ti!

H. **¿Dónde están?** Indicate where each of the preceding conversations took place. Possible locations: **la panadería**, **la papelería**, **la tienda de deportes**, **la tienda de discos**, **el mercado**, **la carnicería**, **la tienda de ropa**, **el supermercado**.

Actividades

I. **La ensalada** You are in charge of making a salad for a big family meal. Go to the market and buy the ingredients.

    1. Greet the salesperson at the market.
    2. Decide what vegetables you want to buy.
    3. Ask how much the different vegetables cost.
    4. Pick out the ones you want.
    5. Pay, thank the salesperson, and say good-bye.

J. When you receive an activity card, go to the appropriate store and buy what is necessary to complete your task. Remember that there are several ways to indicate what you would like to buy: **Yo quisiera...**, but also **yo necesito...**, **¿Tiene Ud...?**, and **Yo voy a llevar....** Each time you go to a store, try to vary the expressions.

◆ Tarjetas de vocabulario ◆

Para hablar de lo que hacemos en el centro _____

Yo voy al centro para ir al cine.
                     ir de compras.
                     hacer un mandado.
                     ver a mis amigos.

Para comprar alguna cosa _____

Yo quisiera...
¿Tiene Ud....?
Aquí tiene...
¿Tiene Ud. cambio *(change)*
  de 500 pesetas?

Es todo.
¿Cuánto cuesta?
Un(a)...por favor.

Para indicar la cantidad _____

un kilo de
medio kilo de
una libra de
50 gramos de
un litro de
un atado de
una botella de
una docena de
una lata de
un paquete de
un pedazo de

En el mercado yo compré bananas.   naranjas.   lechuga.
    el supermercado   fresas.   peras.   maíz.
                        limones.   uvas.   papas.
                        manzanas.   guisantes.   tomates.
                        melones.   cebollas.   zanahorias.

En la papelería yo compré una hoja de papel para escribir a máquina.
                                     papel de avión.
                un sobre.
                una tarjeta de cumpleaños.
                        del Día de las Madres.
                        del Día de los Padres.

Etapa Support Materials

WORKBOOK: pp. 41–49
TRANSPARENCY: #7
LISTENING ACTIVITY MASTERS: p. 18
TAPESCRIPT: p. 23
TEACHER TAPE
QUIZ: Testing Program, p. 26
CHAPTER TEST: Testing Program, p. 29

Support material, Vamos a comer algo:
🎧 Teacher Tape

Segunda etapa

Vamos a comer algo

Cuando mi padre tiene hambre, le gusta comer en un buen restaurante. En Madrid hay muchísimos restaurantes, y el domingo pasado mi padre y un amigo fueron a cenar en un restaurante que se llama El Rincón Gallego. Allí se especializan en platos típicos de Galicia. A mi papá le gusta la comida gallega y dice que es la más sabrosa de toda la comida española. Mi hermano y yo preferimos los restaurantes pequeños donde podemos comer bocadillos. Nos gustan los bocadillos de todo tipo. A veces comemos bocadillos de chorizo o bocadillos de jamón con queso y muchas veces comemos mi favorito: un bocadillo de calamares fritos.

María

ESPECIALIDADES:

- CARNE ASADA
- FILETE DELGADO
- FILETE GRUESO
- PUNTAS DE FILETE
- MILANESAS
- LOMO ADOBADO
- CHULETAS
- CARNITAS

- CONSOME DE POLLO
- POLLO A LA PARRILLA
- POLLO CON MOLE POBLANO
- PEPIAN VERDE ó ADOBO
- QUESO FUNDIDO-QUESADILLAS
- CHILES RELLENOS
- SALCHICHAS
- HAMBURGUESAS

TACOS SURTIDOS

ANTOJITOS

TAMALES CON ATOLE·SOPES SURTIDOS·ENCHILADAS·GUACAMOLE

DESAYUNOS

- CHILAQUILES·HUEVOS AL GUSTO
- FRIJOLES REFRITOS·SANDWICHS
- CAFE·NESCAFE·TE
- VASO DE LECHE·CHOCOLATE
- CHOCOMILK·MALTEADAS

- JUGOS NATURALES: NARANJA
- TORONJA·LIMA·ZANAHORIA·TOMATE
- PREPARADOS DE FRUTAS:
- ORDEN DE PAPAYA·FRESAS CON CREMA
- COCTEL DE FRUTAS

· VARIEDAD EN POSTRES ·

· REFRESCOS Y CERVEZAS ·

El sábado por la tarde, como no hay escuela, normalmente voy con mis amigos al centro. Allí conversamos con otros amigos, y, de costumbre, vamos a comer en nuestro restaurante favorito: El Farol. El Farol es una taquería donde puedes comer tacos de todo tipo: de carne o de pollo. También nos gustan las quesadillas. Tienen la mejor ensalada de guacamole de toda Guadalajara y también tienen varias salsas — unas picantes y otras que no son tan picantes. Para tomar hay limonada y varios tipos de licuados — de mango, melón y fresas. Después de comer allí, generalmente vamos al cine o damos un paseo por el parque.

Esteban

Ex. A: 👥 *pair work* 📝 *writing*

Answers, *Ex. A*

1. falso   2. cierto   3. falso   4. falso   5. cierto
6. falso   7. falso   8. cierto

Presentation: *The preterite of* **-ar, -er,** *and* **-ir** *verbs*

As you review the conjugation of regular verbs in the preterite, you may want to have the students go over expressions for talking about the past in the **Tarjetas de vocabulario—Para hablar del pasado, presente y futuro,** p. 62.

Ex. B: 👥 *pair work* 📝 *writing*

Answers, *Ex. B*

1. miré la TV / compré unos libros / escuché mi estéreo / tomé el autobús / caminé al centro / hablé por teléfono / bailé en una discoteca
2. vendió su bicicleta / escribió una carta / corrió dos millas / aprendió el vocabulario / salió de casa temprano / perdió su libro / volvió a casa tarde / compartió su bocadillo con un amigo

---

Comprensión

A. ¿Cierto o falso? Based on the preceding comments, indicate whether the following statements are true or false, or if there is not enough information to answer.

1. Maria's father likes to eat at home when he's hungry.
2. Maria's father likes food from Galicia.
3. Maria and her brother like elegant restaurants.
4. Maria's favorite sandwich is made with clams.
5. On Saturdays Esteban and his friends usually go to the movies.
6. El Farol is a large, elegant restaurant.
7. El Farol serves only "hot" salsa.
8. Esteban usually goes to El Farol on Saturdays.

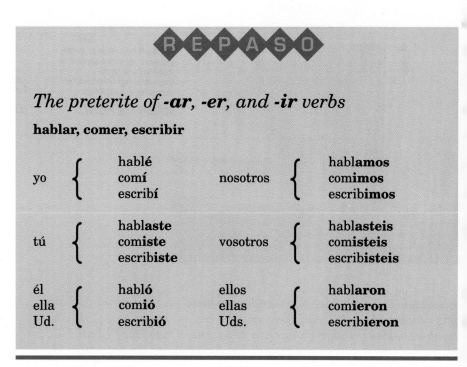

REPASO

The preterite of **-ar, -er,** and **-ir** verbs

hablar, comer, escribir

yo	hablé comí escribí	nosotros	hablamos comimos escribimos
tú	hablaste comiste escribiste	vosotros	hablasteis comisteis escribisteis
él ella Ud.	habló comió escribió	ellos ellas Uds.	hablaron comieron escribieron

B. Replace the words in italics with those in parentheses and make the necessary changes.

1. Yo *canté una canción* anoche. (mirar la TV / comprar unos libros / escuchar mi estéreo / tomar el autobús / caminar al centro / hablar por teléfono / bailar en una discoteca)

2. Ella *asistió a clase* ayer. (vender su bicicleta / escribir una carta / correr dos millas / aprender el vocabulario / salir de casa temprano / perder su libro / volver a casa tarde / compartir su bocadillo con un amigo)

¿Recuerdan?

The preterite of *ir*

yo	**fui**	nosotros	**fuimos**
tú	**fuiste**	vosotros	**fuisteis**
él ella Ud.	**fue**	ellos ellas Uds.	**fueron**

C. **El sábado de Marisol** Based on the verbs and drawings provided, tell what Marisol did last Saturday.

MODELO: *El sábado pasado Marisol habló por teléfono con Tomás.*

hablar por teléfono

1. salir de

2. caminar a un restaurante

3. comer con Tomás

4. ir al centro comercial

5. ir a la tienda de discos

6. comprar

Ex. C: *pair work* *writing*

Answers, *Ex. C*

El sábado pasado, Marisol…
1. salió de casa.   2. caminó a un restaurante.   3. comió (una pizza) con su amigo Tomás.   4. fue al centro comercial con su amigo.   5. fue a la tienda de discos con Tomás.   6. y Tomás compraron un disco.   7. y Tomás volvieron a casa de Marisol.   8. y Tomás escucharon discos.   9. y Tomás miraron la televisión.

Ex. D: 🔺 *pair work* 📝 *writing*

Suggestion, Ex. D: Do as an oral or a writing activity in paragraph form.

Ex. E: 🔺 *pair work*

Preparation, Ex. E: Review the preterite of the verb **hacer** before beginning this exercise.

Suggestion, Ex. E: Do the first few with the class as a whole. Have them vary the interrogatives used.

Answers and follow-up questions, *Ex. E*

1. —Ayer, el Sr. Martínez no tomó el autobús a las 8:00. —¿A qué hora tomó el autobús?
2. —Ayer, la Sra. Martínez no fue al mercado a las 10:00. —¿Adónde fue? 3. —Ayer, ella no hizo las compras allí. —¿Dónde hizo las compras? 4. —Ayer, ella no compró frutas y legumbres. —¿Qué compró ella? 5. —Ayer, Juanito no comió en la cafetería. ¿Dónde comió? 6. —Ayer, él no visitó a su amiga después de la escuela. —¿Cuándo visitó a su amiga? 7. —Ayer, Marisol no habló por teléfono con sus amigos por la tarde. —¿Cuándo habló con sus amigos? 8. —Ayer, ella no fue de compras al centro. —¿Adónde fue? 9. —Ayer, el Sr.Martínez no llegó a casa a las 6:00. —¿A qué hora llegó a casa? 10. —Ayer, Marisol no llegó a casa antes de las 6:00. —¿A qué hora llegó a casa?

7. *volver a casa de Marisol*   8. *escuchar discos*   9. *mirar la televisión*

D. **Mi sábado** Now imagine that you spent your Saturday much as Marisol did. Use the drawings in Exercise C, but substitute names and places from your own life when appropriate. (If you would not normally do something that Marisol did, use **no** + the verb to indicate what you did not do.)

> MODELO: *El sábado pasado, hablé por teléfono con mi amiga Janet.*

E. **Ayer: un día loquísimo** *(crazy)* Yesterday was a strange day because everybody changed his or her pattern of behavior. Begin by indicating that the following people did not do what they usually do. When a classmate asks what they did do, invent a logical answer. Suggestion: The classmate may use question words such as **dónde, a qué hora**, **cómo**, **cuándo**, **cuánto**, etc.

> MODELO: De costumbre, el Sr. López sale de casa a las 9:00.
> —*Ayer, el Sr. López no salió de casa a las 9:00.*
> —¿*A qué hora salió de casa?*
> —*A las 7:30.*

1. El Sr. Martínez siempre toma el autobús a las 8:00.
2. Todos los días la Sra. Martínez va al mercado a las 10:00.
3. Allí ella hace las compras.
4. Ella compra fruta y legumbres.
5. Muchas veces, Juanito come en la cafetería de la escuela.
6. Después de la escuela, él visita a una amiga.
7. De costumbre, Marisol habla por teléfono con sus amigos por la tarde.
8. Entonces ella va de compras al centro.
9. De costumbre, el Sr. Martínez llega a casa a las 6:00.
10. Marisol siempre llega a casa antes de las 6:00.

Talking about past, present, and future events

1. Use the preterite to express a past action:

   Ayer nosotros fuimos al centro. — Yesterday *we went* downtown.

   Salió de la casa hace una hora. — *He left* the house an hour ago.

2. Use the present tense of the verb to indicate a habitual action or a present condition.

   De costumbre yo ceno a las 6:00. — *I usually eat dinner* at 6:00.

   Yo tengo 17 años. — *I am* seventeen.

   Hoy es miércoles. — *Today is* Wednesday.

3. Use the present progressive (**estar + -ndo** participle) to emphasize that an action is going on at the moment of speaking.

   Ahora ellos **están mirando** la TV. — Right now they *are watching* TV.

   En este momento él **está leyendo** una revista. — At this moment he is *reading* a magazine.

4. Use the immediate future (**ir + a +** *infinitive*) to express a future action.

   Esta noche **vamos a ver** una película. — Tonight *we are going to see* a movie.

   Nosotros **vamos a trabajar** el lunes próximo. — We *are going to work* next Monday.

Este fin de semana va a ser Extraordinario.

Este fin de semana se celebra el primer sorteo extraordinario de la Lotería Primitiva. Selle sus boletos el jueves y el viernes y prepárese. Este fin de semana va a ser extraordinario.

Este sorteo coincide con el **primer sorteo europeo** de la Lotería Primitiva.

SORTEO EXTRAORDINARIO de lotería Primitiva

Con un BOTE de **336** millones.

Presentation: *Talking about past, present, and future events*

(1) As you discuss habitual actions, you may want to have students review expressions for talking about these actions in the **Tarjetas de vocabulario—Para hablar de una actividad habitual**, p. 62. (2) As you discuss the present progressive, you may want to have students review expressions (**ahora, ahora mismo, en este momento**) that are used to emphasize that the action is going on at the moment of speaking. (3) As you discuss the immediate future, you may want to have students review the expressions for talking about the future in the **Tarjetas de vocabulario—Para hablar del pasado, presente y futuro**, p. 62. Point out to students that of the high frequency verbs that they have learned, most have regular present participles. The two notable exceptions are:

leer — leyendo
dormir — durmiendo

Exs. F and G: *pair work* *writing*

¿Recuerdan?

To express how long ago something happened or how long ago you did something, you would use:

Hace + *length of time* + **que** + *subject* + *verb in the preterite*
Hace dos semanas **que** comí en un restaurante.

You may also use:

Subject + *verb in the preterite* + **hace** + *length of time*
Yo comí en un restaurante **hace** dos semanas.

Some expressions for expressing length of time are:

un minuto, dos minutos, tres minutos, etc.
una hora, dos horas, tres horas, etc.
un día, dos días, tres días, etc.
una semana, dos semanas, tres semanas, etc.
un mes, dos meses, tres meses, etc.
un año, dos años, tres años, etc.

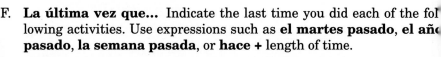

F. **La última vez que...** Indicate the last time you did each of the following activities. Use expressions such as **el martes pasado, el año pasado, la semana pasada**, or **hace** + length of time.

MODELO: ¿Cuándo fue la última vez que comiste pizza?
Comí pizza el viernes pasado. o:
Comí pizza hace dos semanas.

¿Cuándo fue la última vez que...

1. comiste en un restaurante?
2. fuiste al cine?
3. hiciste tu tarea?
4. visitaste a un(a) amigo(a)?
5. estudiaste para un examen?
6. fuiste a un partido de fútbol?
7. hiciste tu cama?
8. tomaste el autobús?
9. leíste un libro?
10. escribiste una carta?

G. **¿Cuándo vas a...?** Now indicate the next time you are going to do the following things. Use expressions such as **mañana, mañana por la tarde, la semana próxima, el mes próximo, el año próximo**.

MODELO: ¿Cuándo vas a comer pizza?
Voy a comer pizza el viernes próximo. o:
No voy a comer pizza.

¿Cuándo...

1. vas a hablar por teléfono con un(a) amigo(a)?
2. vas a viajar a Europa?
3. vas a hacer la tarea?

4. vas a nadar en la piscina?
5. vas a leer una revista?
6. vas a tomar un autobús?
7. vas a visitar a un(a) amigo(a)?
8. vas a comprar un disco
   o una cinta?
9. vas a jugar al tenis?
10. vas a mirar la televisión?
11. vas a escribir una carta?
12. vas a ir de compras?

H. **El mes de Juan Robles** This month has been, is, and will continue
to be a very busy time for Juan Robles. Based on the drawings and
the calendar, answer the questions about his current, past, and future
activities. Notice that today is the 24th of the month.

L	M	M	J	V	S	D
1	2	3	4	5	6	7
8	9	10	11	12	13	14
15	16	17	18	19	20	21
22	23	24	25	26	27	28
29	30	31				

1. ¿Qué día es hoy?
2. ¿Qué van a hacer los padres de Juan esta noche?
3. ¿Cuándo fue el Sr. Robles a Madrid?
4. ¿Qué va a hacer Juan mañana por la tarde?
5. ¿Cuándo celebraron el cumpleaños de Juan?
6. ¿Cuándo fue Juan al museo?
7. ¿Qué hizo Juan el 11?
8. ¿Qué va a hacer el 29?
9. ¿Qué hizo el 13?
10. ¿Qué hace Juan los domingos por la mañana?

Support material, Ex. H: Transparency #7

Ex. H: *pair work* *writing*

Cooperative Learning
Ex. H: Back-to-Back Pairs

■ Tell the students to form pairs and sit back-to-back in a way that it is possible for only one student in each pair to see the overhead transparency.

■ Explain that one student will ask a question about **el mes de Juan Robles** and the other student will answer it according to the information on the calendar shown in the transparency.

■ Tell them to begin. After five questions, have students reverse roles. They will need to change places to allow the student answering the questions to see the transparency.

■ When they have finished, ask new questions about the calendar of all students at random to make sure that they understand the information in the calendar.

Answers, *Ex. H*
1. Hoy es el 24. 2. Van a comer en un restaurante. 3. Fue a Madrid el primero. 4. Va a jugar al tenis. 5. Celebraron el cumpleaños de Juan el 16. 6. Fue al museo el 21 por la tarde. 7. El 11 corrió. 8. Va a nadar. 9. Fue al cine. 10. Va a la iglesia.

Support material, Situaciones:
◯ Teacher Tape

Presentation: Situaciones

Have students review the **Tarjetas de vocabulario—Para indicar adónde vamos a comer; Para pedir algo para comer o beber; Para indicar qué queremos beber o comer,** pp. 61–63.

Possible questions: 1. What do Ángela and Mauricio want to eat? What do they want to drink? 2. What do Antonio and Margarita order on their pizza? (What do you like on your pizza?) 3. What appetizers do Carolina and Filomena order? 1. **¿Qué quieren comer Ángela y Mauricio? ¿Qué quieren tomar? 2. ¿Qué piden Antonio y Margarita en su pizza? (¿Qué prefieres en tu pizza?) 3. ¿Cuáles son las tapas que piden Carolina y Filomena?**

Situaciones

Vamos a comer algo...

a) **Ángela y Mauricio**
—Por favor, camarero.
—Sí, señorita, ¿qué desea?
—Quisiera un sándwich de jamón.
—¿Y para tomar?
—Quisiera una limonada.
—Y Ud., señor, ¿qué va a pedir?
—Yo quisiera una hamburguesa con queso y un licuado de mango.
—¿Alguna cosita más?
—No, es todo. Gracias.

b) **Mario y Ernesto**
—Ay, Mario. ¡Qué hambre tengo!
—Yo también. Vamos a la Taquería Mixteca. Está muy cerca de aquí.
—De acuerdo.

(Media hora después)
—Por favor, señorita. Tráigame dos tacos al carbón, una salsa picante y un té helado. ¿Tú, qué quieres, Mario?
—Tres quesadillas y un agua mineral sin gas, por favor.
—¿Es todo?
—Sí, señorita, es todo.

c) **Antonio y Margarita**
—Antonio, ¿tienes hambre?
—Sí, por supuesto. Tengo mucha hambre.
—¿Quieres comer alguna cosa?
—¡Claro que sí! ¿Por qué no vamos a la pizzería nueva que está en la esquina de la Calle Ocho y la Avenida Bolívar?
—Vamos, pues.

(Media hora después)
—Buenas tardes, ¿qué van a pedir?
—Por favor, quisiéramos una pizza grande con mucho queso, aceitunas y cebollas.

d) **Carolina y Filomena**
—Mira. Hay muchísima gente.
—Como siempre.
—¿Tienes suficiente dinero?
—Sí. Tengo 500 pesetas.
—Yo también.
—¿Qué quisieras comer?

CARACAS
DESAYUNOS
TERRAR PARK

PERICOS   Bs.
Con Jamón 90 80
Andino 75
Normal ....

SANDWICHES
Jamón y Queso 40 45
Pollo 35
Jamón 35
Queso 45
Cochino 45
Salchichón 70
Jamón Serrano .... 8.
Club House ....
Pan Francés
Jamón y Queso ....
Jamón ....
Queso ....
Cochino ....
Jamón Serrano 45
Hamburguesa Normal 50
    " con Queso 65
Canasta 75
Especial

Ex. I: pair work ✎ writing

Exs. J and K: groups of four or more 🐶 roleplay

—¿Por qué no comemos unas tapas?
—Buena idea. Yo quisiera unas aceitunas y patatas bravas.
—Está bien. ¿Vamos a pedir unos calamares también?
—Sí, ¡cómo no!
—¿Qué vas a tomar?
—Agua mineral con limón. ¿Y tú?
—Agua mineral también, pero sin limón.

¡Aquí te toca a ti!

I. **¿Dónde comen?** Based on the preceding conversations, indicate where each group of people are eating or planning to eat.

J. **En el restaurante** You and two friends go to a restaurant for lunch. Discuss what each of you would like to eat and drink. Then call the waiter and place your order.

Actividades

K. **¿Adónde vamos a comer?** You and some friends are downtown. You are getting hungry and suggest that you all go somewhere to eat. Discuss where you should go (for example to a place for **tapas**, **tacos**, **pizza**, **sándwiches**, etc.). Once you have agreed, go to the place of your choice and order what you want to eat and drink.

◆ Tarjetas de vocabulario ◆

---

*Para indicar adónde vamos a comer*_____

Yo quiero ir a un restaurante.
Vamos a una taquería.
Quisiéramos ir a comer pizza.
¿Por qué no vamos a comer unas tapas?

Para aceptar _____

De acuerdo.
¿Por qué no?
¡Vamos!

Para hablar del pasado, presente y futuro _____

ayer	hoy	mañana
ayer por la mañana	esta mañana	mañana por la mañana
ayer por la tarde	esta tarde	mañana por la tarde
anoche	esta noche	mañana por la noche

el lunes pasado		el lunes próximo
la semana pasada	esta semana	la semana próxima
el mes pasado	este mes	el mes próximo
el año pasado	este año	el año próximo

Para indicar la última vez que hiciste alguna cosa _____

hace tres días
hace tres meses
hace tres años

Períodos de tiempo _____

un minuto, dos minutos, tres minutos, etc.
una hora, dos horas, tres horas, etc.
un día, dos días, tres días, etc.
una semana, dos semanas, tres semanas, etc.
un mes, dos meses, tres meses, etc.
un año, dos años, tres años, etc.

Para hablar de una actividad habitual _____

de costumbre	siempre
normalmente	todos los días
por lo general	

Para pedir algo para comer o beber _____

Perdón señor (señorita),	Nosotros quisiéramos…
Yo quisiera…	Por favor, tráigame…
Mi amigo(a) quisiera…	

Para indicar qué queremos beber o comer _____

En el restaurante, yo pido café (con leche).
                chocolate.
                un licuado de fresas.
                           de banana.
                           de mango.
                una limonada.
                un agua mineral con (sin) gas (con limón).
                té (con limón).
                té helado.

En el restaurante, yo como un sándwich de jamón con queso.
                  un bocadillo.
                  una pizza.
                  una hamburguesa (con queso).

En una taquería yo como tacos de carne.
                          de pollo.
                unas quesadillas.
                una ensalada de guacamole.
                una enchilada.
                frijoles.
                salsa picante (no muy picante).

En un bar de tapas yo como unas aceitunas.
                  unos calamares.
                  patatas bravas.
                  chorizo y pan.
                  queso.
                  tortilla de patatas.

Cultural Context

Point out that Portillo is a popular ski resort in Chile. Located in the Andes mountains, it has a breathtaking view and spectacular trails. Since winter occurs in the Southern Hemisphere when it is summer in the Northern Hemisphere, July is a perfect time for U. S. skiers to enjoy Portillo.

PRIMERA UNIDAD

Descripciones

Objectives

In this unit, you will learn:

- to talk about the weather;
- to understand weather reports;
- to describe objects;
- to describe people.

Capítulo uno:	**¿Qué tiempo hace?**
Primera etapa:	¡Hace frío hoy!
Segunda etapa:	¡Hoy va a nevar mucho!
Tercera etapa:	¿Qué tiempo va a hacer mañana?

Capítulo dos:	**¿Cómo es?**
Primera etapa:	Descríbeme…
Segunda etapa:	¿Qué piensas?

Capítulo tres:	**¿Cómo es tu amiga?**
Primera etapa:	Nuestros vecinos y nuestros amigos
Segunda etapa:	El carácter

Planning Strategy

If you do not assign the Planning Strategy (Workbook, p. 51) for homework or if students have difficulty coming up with English expressions, you might try asking several students to roleplay the situation: you can ask someone to play the student and another student to play the conversation partner; or, you can put students into groups to brainstorm as many answers as possible to one of the six conversational situations provided and then have each group share their responses with the entire class.

CHAPTER OBJECTIVES

FUNCTIONS: Describing the weather and understanding weather reports and meteorological maps

CONTEXT: Using the weather to talk about vacation sites; watching, reading, listening to weather reports

ACCURACY: Weather expressions with **hacer, estar, hay,** and specific verbs (**llover, lloviznar, nevar, tronar**); the months of the year, dates, seasons; the verb **saber**; stem-changing verbs

Cultural Context

Chapultepec Park lies at the end of the **Paseo de la Reforma** in Mexico City. This immense park contains a huge variety of attractions, including a botanical garden, a zoo, an amusement park with rollercoasters, bridle paths, polo grounds, and a number of museums, including the **Museo de Antropología**. One can also visit the remains of **El Sargento**, the famous **Árbol de Moctezuma**. This tree, which has a circumference of 14 meters and which was originally 60 meters high, has been cut off at a height of 10 meters.

Video/Laserdisc
Etapa 1: Video—Tape 1, Program 1, Part 1
    Video Guide—p. 8
    Laserdisc— Disc 1, Side 1, Prog. 1, Part 1

Search 15450, Play To 26006

CAPÍTULO UNO

¿Qué tiempo hace?

El Bosque de Chapultepec, en la ciudad de México, es un parque enorme y hermoso. Hay muchos árboles y lagos, un zoológico y varios museos importantes. Es un lugar popular para dar un paseo con la familia. Siempre hay vendedores de comida, refrescos, globos y juguetes.

Primera etapa

¡Hace frío hoy!

Hace sol.
Hace calor.
Está despejado.

Hace mal tiempo.
Truena. Hay tormenta.

Llueve.
Llovizna.

Hace buen tiempo.
No hace mucho frío,
no hace mucho calor.

Nieva.
Hace frío.

Está nublado.
Hay nubes.

Hace viento.
Hace fresco.

Hay niebla.
Hay neblina.

Hay hielo.
Está resbaloso.

¡Aquí te toca a ti!

A. **¿Qué tiempo hace?** State what the weather is like in each drawing.

MODELO: *Hace sol.*
Hace mucho calor.
Está despejado.

1.   2.   3.   4.   5.   6.

Unidad 1 **Capítulo 1** **67**

Etapa Support Materials

WORKBOOK: pp. 51–58
TRANSPARENCIES: #8, #8a
TEACHER TAPE
QUIZ: Testing Program, p. 35
VIDEO: Tape 1, Program 1, Part 1
VIDEO GUIDE: p. 8

Support material, ¡Hace frío hoy!:
Teacher Tape, transparencies #8, #8a

Presentation: ¡**Hace frío hoy!**
Show students the transparency with the captioned overlay. Say: **¿Qué tiempo hace?** Then point to the first symbol and say: **Hace sol. Hace calor. Está despejado.** You may need to use some gestures to reinforce meaning. Have students repeat each statements you make. After practicing with the captions, remove them and have students make the statements according to the symbol you point out. Throughout this procedure, keep asking the question **¿Qué tiempo hace?** Finally, have students ask and answer the question as you continue to point to the symbols in random order.

Vocabulary Activities
The ¡**Aquí te toca a ti!** activities in each **etapa** practice the **etapa's** new vocabulary.

Ex. A: *pair work* *writing*

Implementation, Ex. A: Instruct students to offer more than one comment about each picture.

Possible answers, *Ex. A*
1. Está nublado. Nieva. Hace frío.   2. Hay nubes. Está nublado.   3. Hace fresco. Hace viento.   4. Truena. Hace mal tiempo. Hay tormenta.
5. Hay hielo. Hace frío. Está resbaloso.   6. Hace mal tiempo. Llueve. Llovizna.

Ex. B: *pair work*

Implementation, Ex. B: Do the **modelo** and a few items with the whole class before having students work in pairs. Have pairs give answers to the class to check accuracy.

Answers, *Ex. B*

1. No, no hace calor hoy. Hace frío.   2. No, no llueve hoy. Nieva.   3. No, no está nublado. Hace sol.   4. No, no hay tormenta. Hace buen tiempo.   5. No, no hace fresco. Hace mucho frío.   6. No, no hace calor. Hace viento.   7. No, no hace sol. Hay nubes.   8. No, no hace frío. Hace bastante calor.   9. No, no está despejado. Está nublado.

◆ *Critical Thinking* ◆

After completing this exercise, have students categorize the weather expressions according to the verbs used to express them. Have them make four lists: **Expresiones del tiempo con *hace*, Expresiones del tiempo con *hay*, Expresiones del tiempo con *está*,** and ***verbos especializados* para expresar el tiempo.**

Presentation: Los meses del año
(1) Have students repeat the names of the months. (2) Ask: **¿Quién nació en enero? ¿en febrero?**, etc. (3) Ask: **¿En qué mes naciste?**

Ex. C: *pair work*   *writing*

Possible answers, *Ex. C*
(Answers will vary, depending on the region where you live.)   1. En enero, hace frío y nieva.   2. En julio, hace bastante calor y a veces está nublado.   3. En marzo, hace viento y hay tormentas. Hace mal tiempo.   4. En noviembre, hace fresco (frío). Nieva (Llueve).   5. En mayo, está despejado y hace buen tiempo.   6. En agosto, hace muchísimo calor. No llueve mucho.   7. En diciembre, hace mucho frío y nieva. No hace calor.   8. En junio, está despejado. Hace muy buen tiempo.

B. **¿Hace buen tiempo hoy?** You're traveling around the United States with your friend's family. Each time you call home, your parents want to know what the weather is like. Answer their questions negatively. Then give the indicated weather condition.

MODELO: ¿Hace buen tiempo hoy? (mal)
No, no hace buen tiempo hoy. Hace mal tiempo.

1. ¿Hace calor hoy? (frío)
2. ¿Llueve hoy? (nieva)
3. ¿Está nublado? (sol)
4. ¿Hay tormenta? (buen tiempo)
5. ¿Hace fresco? (mucho frío)

6. ¿Hace calor? (viento)
7. ¿Hace sol? (nubes)
8. ¿Hace frío? (bastante calor)
9. ¿Está despejado? (nublado)

Los meses del año

enero	abril	julio	octubre
febrero	mayo	agosto	noviembre
marzo	junio	septiembre	diciembre

All the months of the year are masculine and are used without articles. They are not capitalized. To express the idea of *in* a month, use **en** or **en el mes de**:

En enero, nieva mucho.   *In January*, it snows a lot.
Hace calor **en el mes de agosto**.   It's hot *in the month of August*.

FERIA DE OCTUBRE, EN VALENCIA DEL 14 AL 18 DE OCTUBRE

Aquí practicamos

C. **¿Qué tiempo hace donde vives tú?** For each month, describe what the weather is like.

MODELO: septiembre
En septiembre, hace fresco y hace viento.

1. enero
2. julio
3. marzo

4. noviembre
5. mayo
6. agosto

7. diciembre
8. junio

COMENTARIOS CULTURALES

El clima

There is more variety in the weather patterns within very short distances in Latin America than in any other region of the world. Most Latin American countries north of the equator, such as Mexico, Costa Rica, and Venezuela, have a warm rainy season of about six months during the summer (April–October) and a dry, colder season the rest of the year during the winter months. In July, for example, the temperatures reach over 80 F or 27 C in most of the Latin American countries in the Northern Hemisphere, while 60 F or 16 C is the average during January.

South of the equator, however, the seasons follow the reverse pattern. Temperatures in January, for instance, climb to over 80 F or 27 C in the Southern Hemisphere, while July brings snow to the southernmost countries like Argentina and Chile.

Exercise Progression

The activities in each **etapa's ¡Aquí te toca a ti!** and **Aquí practicamos** sections progress from mechanical practice through meaningful or bridging practice, ending with open-ended expression.

Suggestion Ex. D: This activity is useful as a quick check or warm-up at the beginning of class. You might want to model with your own personal information to start students off, then have each student comment. Encourage them to use different weather descriptions.

Presentation: La fecha

(1) Write today's date on the board. (2) Ask several students to give their birthdays.

Ex. E: 👥 *pair work* ✍️ *writing*

Suggestions, Ex. E: Point out that, when dates are given in Spanish, the day precedes the month. Spanish speakers represent dates with numbers in the same order the dates are stated. For example: **el primero de abril de 1990 (1/4/90), el doce de enero de 1940 (12/1/40).** You may want to guide students through the first items by writing out on the board a suitable response. For example: **La fecha en que los Europeos llegaron a América es el doce de octubre de mil cuatrocientos noventa y dos.** Since students initially might have difficulty with the year, you may list on the side the word equivalents of 100–900, as well as 1000.)

1992

OCTUBRE

L	1
M	2
M	3
J	4
V	5
S	6
D	7

D. **Yo nací** (*I was born*) **en el mes de...** Tell your classmates in what month you were born and what the weather is usually like then.

MODELO: *Yo nací en el mes de julio. Siempre hace mucho calor.*

NOTA GRAMATICAL

La fecha

¿Cuál es la fecha de hoy?	
¿Qué fecha es hoy?	*What is today's date?*
¿A cuántos estamos?	
Hoy es el 5 de octubre.	*Today is October 5.*
¿Cuál es la fecha de tu cumpleaños?	*What is the date* of your birthday?
Yo nací **el primero de febrero de mil novecientos setenta y cinco.**	I was born on *the first of February 1975.*
Mi hermana nació **el once de junio de mil novecientos setenta y seis.**	My sister was born *on June 11, 1976.*

To express the date in Spanish, use the definite article **el**, a cardinal number (**treinta, diez, cinco**), and the name of the month. The one exception is the first of the month, expressed by **el primero**. The day, the month, and the year of any date are connected by **de**.

Aquí practicamos

E. **¿En qué año?** Read the date of each of the following events.

1. October 12, 1492 — el descubrimiento de América
2. November 20, 1910 — la revolución mexicana
3. April 23, 1616 — la muerte (*death*) de Cervantes y Shakespeare
4. July 16, 1789 — la revolución francesa
5. September 16, 1821 — la independencia de México
6. November 22, 1963 — el asesinato del Presidente Kennedy
7. July 21, 1969 — el primer hombre en la luna (*moon*)
8. November 9, 1989 — la caída (*fall*) del muro (*wall*) de Berlín
9. tu cumpleaños

NOTA GRAMATICAL

Las estaciones del año

la primavera   *el verano*

el otoño   *el invierno*

All the nouns for the seasons are masculine except **la primavera.** To express the idea of *in* a particular season, use **en** and the appropriate definite article.

En el otoño jugamos al fútbol.
En el invierno hace frío.
Llueve mucho **en la primavera.**
Todos van a la playa **en el verano.**

In the fall we play soccer.
In the winter it is cold.
It rains a lot *in the spring*.
Everybody goes to the beach *in the summer*.

Presentation: Las estaciones del año
(1) Have students repeat the seasons as they look at the drawings. (2) Have them complete: **Los meses de otoño son...** etc. (3) Ask: **¿En qué estación naciste?**

Cultural Expansion

Mention that even though there are terms in Spanish for the four seasons, most people in Spanish-speaking countries generally refer only to **invierno** and **verano** as the seasonal division of the year because the weather cycle usually does not have more than two distinctive periods. A dry, colder season contrasts with a warm, rainy season. Because of this, weather reports in the media are usually brief compared to the more detailed meteorological reports in other regions of the world where four seasons determine varied weather patterns.

Cultural Expansion

Jai alai (or **cesta punta**) is a ball game that originated in the Basque region of northern Spain. It is a type of handball, in which opposing individuals or teams bounce a hard ball off a wall and catch it on a special wicker contraption called a **cesta**, which is strapped to the player's wrist. **Jai alai** matches are played on a court (**la cancha**) in a large, auditorium-like area called a **frontón**. The ball reaches speeds of 200 mph, so it is a very dangerous game, requiring great skill.

Exs. F and G: *pair work* *writing*

Possible answers, *Ex. G*

1. Juego al tenis en la primavera (el verano).
2. Juego al básquetbol en el invierno. 3. Juego al béisbol en la primavera (el verano). 4. Nado en el verano. 5. Juego al golf en la primavera (el verano). 6. Juego al jai alai en la primavera (el otoño). 7. Hago el alpinismo en el otoño (la primavera) (el verano). 8. Patino en el invierno. 9. Pesco en el verano (la primavera) (el otoño). 10. Monto en bicicleta en la primavera (el verano) (el otoño).

Ex. H: *pair work* *writing*

Suggestion, Ex. H: To check accuracy, call on individual students to give the answers.

Possible answers, *Ex. H*

1. Hay cuatro estaciones en un año. 2. Los meses del verano aquí son parte de junio, julio, agosto y parte de septiembre. 3. Es posible esquiar en el invierno. 4. Vamos a la playa en el verano. 5. Jugamos al fútbol en la primavera y al básquetbol en el invierno. 6. Celebramos el día de Acción de Gracias en el otoño. 7. Hoy es… 8. La fecha del primer día de las vacaciones del verano es el ____ de junio.

Aquí practicamos

F. **Donde tú vives** Explain what the weather is like during the various seasons in your region.

MODELO: ¿Qué tiempo hace en el invierno donde vives?
En el invierno nieva y hace mucho frío .

1. ¿Qué tiempo hace en el invierno donde vives?
2. ¿En el otoño?
3. ¿En el verano?
4. ¿En la primavera?

G. **¿Cuándo practicas los deportes?** Give the season during which you would be most likely to engage in each of the following sports.

MODELO: jugar al fútbol
Juego al fútbol en el otoño.

1. jugar al tenis
2. jugar al básquetbol
3. jugar al béisbol
4. nadar
5. jugar al golf
6. jugar al jai alai
7. hacer el alpinismo *(hiking, mountain climbing)*
8. patinar *(to ice-skate)*
9. pescar *(to go fishing)*
10. montar en *(to ride)* bicicleta

H. **¡Preguntas, preguntas, tantas preguntas!** You're working with small Hispanic children here in the U.S. who are always curious about something. Answer their questions.

1. ¿Cuántas estaciones hay en un año?
2. ¿Cuáles son los meses del verano aquí?
3. ¿En qué estación es posible esquiar?
4. ¿En qué estación vamos a la playa?
5. ¿En qué estaciones jugamos al fútbol? ¿al básquetbol?
6. ¿En qué estación celebramos el día de Acción de Gracias?
7. ¿Cuál es la fecha de hoy?
8. ¿Cuál es la fecha del primer día de las vacaciones del verano?

Aquí escuchamos

¿El mar o las montañas?

Es el mes de julio y la familia Valenzuela, una familia chilena, tiene ocho días de vacaciones. Pero hay un problema. La mamá y el papá quieren ir a esquiar y los hijos prefieren ir a una playa.

PAPÁ:	Vamos, hijos. **Hay que ser razonables.** Hace **demasiado** frío para ir a la playa.	You have to be reasonable. / too
SUSANA:	Pero, papá, ¿por qué no **volvemos** a México donde hace calor ahora?	we go back to
MAMÁ:	Yo prefiero esquiar. Fuimos a Acapulco el verano pasado.	
MARCELO:	Es verdad, pero hace mucho frío en las montañas.	
PAPÁ:	Pero, hijo, es invierno. El frío es normal.	
MAMÁ:	Si vamos a Portillo podemos esquiar. También podemos ver a las grandes **estrellas** del cine.	stars
SUSANA:	¿Y posiblemente a algunos cantantes famosos?	
PAPÁ:	Eso siempre es posible.	
MARCELO:	¡Qué bien! ¡Vamos a Portillo, entonces!	

¡Aquí te toca a ti!

I. **¿Qué tiempo hace en...?** Use the information given to imitate the conversation in the model.

MODELO: agosto / Portillo, Chile
—*Yo quiero ir a Portillo.*
—*¿Qué tiempo hace en Portillo en agosto?*
—*Hace frío. Nieva y hace viento.*

1. *agosto / Acapulco*   2. *febrero / Buenos Aires*

Support material, Aquí escuchamos:
🎧 Teacher Tape

Presentation: Aquí escuchamos

Begin by asking where students prefer to vacation in the winter. Then introduce the Valenzuela family's conversation. Remind students they will not understand every word, but should listen for the general idea. Then ask in English where the family will spend the vacation. Finally, have students take parts and read the dialogue.

Possible questions: 1. What season of the year is it where the family lives? What kind of weather is it?   2. Where do the parents want to go for vacation? Why?   3. Where do the children prefer to go?   4. Where is the family going to spend their vacation at last?   1. **¿Cuál es la estación del año donde vive la familia? ¿Qué tiempo hace?**   2. **¿Adónde quieren ir los padres para las vacaciones? ¿Por qué?**   3. **¿Adónde prefieren ir los hijos?**   4. **¿Adónde va a pasar las vacaciones de la familia, por fin?**

Ex. I: 👥 *pair work*

Possible answers, *Ex. I*

1. —Yo quiero ir a Acapulco. —¿Qué tiempo hace en Acapulco en agosto? —Hace buen tiempo. ¿Está despejado y hace calor.   2. —Yo quiero ir a Buenos Aires. —¿Que tiempo hace en Buenos Aires en febrero? —Hace mal tiempo. Llueve y hace fresco. 3. —Yo quiero ir a Aspen. —¿Qué tiempo hace en Aspen en octubre? —Hace buen tiempo. Hace fresco y sol.   4. —Yo quiero ir a Miami. —¿Qué tiempo hace en Miami en noviembre? —Hace calor. Está despejado y no hace mal tiempo.

Review of the Etapa

The activities in the **¡Adelante!** section serve as **etapa** culminating activities and often involve role-plays or other kinds of open expression.

Ex. J: *pair work*

Ex. K: *pair work*   *roleplay*

Follow-up, Ex. K: After students do this activity in pairs, have them present it to the class as a mini-dialogue.

3. octubre / Aspen   *4. noviembre / Miami*

¡Adelante!

J. **Intercambio** Ask one of your classmates each of the following questions. Your classmate will answer you.

1. ¿Qué estación prefieres? ¿Por qué?
2. ¿Te gusta el frío? ¿Qué te gusta hacer en el invierno?
3. ¿Te gusta el verano? ¿Qué haces cuando hace calor?
4. ¿Te gusta más la nieve o la lluvia? ¿Qué haces cuando nieva? ¿cuando llueve?
5. ¿Cuál es la fecha y el año de tu cumpleaños?
6. ¿Qué tiempo hace en general durante el mes de tu cumpleaños?

K. **Un(a) estudiante extranjero(a)** An exchange student has just arrived from southern Peru and is asking you questions about the weather in your part of the country. He or she asks you what seasons you prefer and what you do during the various seasons of the year. Answer his or her questions. Work with a partner.

HYATT RESORTS ⊕ PUERTO RICO

LLUVIA DE SOL
Disfruta del verano bajo una lluvia de sol en el Hyatt Dorado Beach.
3 DIAS/2 NOCHES
$199.00*
por persona/ocupación doble

Segunda etapa

¡Hoy va a nevar mucho!

¡Hoy va a nevar mucho!:
Today it's going to snow a
lot!

¡35°! ¡Calor increíble en la capital!

¡Los esquiadores están contentos!

Tormenta tropical localizada en el golfo

¡Seis semanas sin sol!

El aeropuerto está cerrado

Accidente de dos barcos en el Lago de Chapala

¡Aquí te toca a ti!

A. **¿Qué tiempo hace?** Match the appropriate headline(s) with the weather descriptions listed below.

1. Hace mucho viento.
2. Hay niebla.
3. Nieva.

4. Está muy nublado.
5. Llueve mucho.
6. Hace calor.

Etapa Support Materials

WORKBOOK: pp. 59–64
TEACHER TAPE
QUIZ: Testing Program, p. 38

Ex. A: *pair work*

Answers, *Ex. A*

1. Tormenta tropical localizada en el golfo 2. El aeropuerto está cerrado / Accidente de dos barcos en el Lago de Chapala   3. ¡Los esquiadores están contentos! / El aeropuerto está cerrado / ¡Seis semanas sin sol!   4. ¡Seis semanas sin sol! / Tormenta tropical localizada en el golfo   5. ¡Seis semanas sin sol! / Tormenta tropical localizada en el golfo   6. ¡35°! ¡Calor increíble en la capital!

76

Ex. B: 🧍 *pair work* ✍ *writing*

Suggestion, Ex. B: Ask students to bring a weather map from a local newspaper to class the next day. They can then repeat this exercise using the weather conditions of their home region. Students need not understand every word of the forecast. They will recognize some words that have been used previously. They can guess others because they are cognates or because of the context.

To facilitate this exercise, have students focus on Saturday's maximum temperature when determining the forecast, as well as the symbols (pc = partly cloudy, s = sunny, t = thunderstorm).

Ask students to come up with some additional weather headlines in Spanish, based on what they know about the characteristics of the weather in the geographic area where they live (e.g., **Vuelos cancelados por fuertes vientos en Chicago, Huracán en Miami destruye edificios,** etc.).

Possible answers, *Ex. B*

1. Va a hacer fresco. Va a estar un poco nublado. 2. Va a hacer calor. Va a estar un poco nublado. 3. Va a hacer fresco. Va a estar un poco nublado. 4. Va a hacer mucho calor. Va a estar un poco nublado.   5. Va a hacer fresco. Va a hacer sol. 6. Va a hacer muchísimo calor. Va a estar despejado.   7. Va a hacer fresco. Va a hacer sol.   8. Va a hacer fresco. Va a estar un poco nublado.   9. Va a hacer muchísimo calor. Va a estar un poco nublado.   10. Va a hacer calor. Va a hacer sol.   11. Va a hacer mucho calor. Va a estar un poco nublado. 12. Va a hacer fresco. Va a hacer sol.

B. **Hoy va a hacer muy buen tiempo.** Look at the weather forecast for the United States and answer the questions about the weather.

MODELO: ¿Qué tiempo va a hacer en Nueva York?
Va a hacer fresco. Va a estar un poco nublado.

U.S. TRAVELERS' FORECAST

	FRI	SAT		FRI	SAT
Atlanta	94/74s	92/70t	Minneapolis	79/58s	85/62pc
Atlantic City	86/66t	76/60pc	New Orleans	93/72pc	93/72pc
Boston	81/64t	66/58pc	New York	84/65t	77/57pc
Buffalo	72/53c	70/54s	Orlando	94/74t	95/74pc
Chicago	75/55pc	79/59s	Philadelphia	88/66t	78/60pc
Cincinnati	89/65t	82/59pc	Phoenix	103/80pc	108/78s
Dallas	100/78s	100/78pc	Pittsburgh	80/60t	76/54pc
Denver	90/58pc	90/57s	Portland, OR	80/57pc	75/55s
Detroit	78/55c	77/57s	San Francisco	75/56s	75/58pc
Houston	96/76s	94/76pc	Seattle	72/56pc	70/55pc
Los Angeles	90/70pc	90/70pc	St. Louis	90/67t	87/67pc
Miami	92/76pc	90/75pc	Washington	93/70t	79/65pc

¿Qué tiempo va a hacer...

1. en Boston?
2. en Houston?
3. en San Francisco?
4. en Orlando?
5. en Detroit?
6. en Phoenix?
7. en Buffalo?
8. en Pittsburgh?
9. en Dallas?
10. en Denver?
11. en New Orleans?
12. en Chicago?

▼ **COMENTARIOS CULTURALES** ▼

La siesta

The custom of taking an afternoon rest is often necessary in tropical countries where temperatures are hottest during the middle of the day. Seeking refuge indoors is practically a must, and the reference to the sixth hour of the day (**la sexta hora**, or high noon) as **la siesta** has become commonplace in Spanish-speaking cultures. In some countries, small businesses close for a few hours during the hottest part of the afternoon, extending store hours into the early evening. **Echar** or **dormir una siesta** means *to take a nap*.

Repaso

C. **Preguntas fáciles** *(easy)* Taking turns with a classmate, answer each other's questions about dates and seasons.

1. ¿Qué fecha es hoy?
2. ¿Cuál es la fecha de Navidad *(Christmas)*? ¿de la independencia norteamericana? ¿del año nuevo?
3. ¿Cuál es la fecha de tu cumpleaños?
4. ¿En qué mes vamos de vacaciones?
5. ¿En qué estación esquiamos?
6. ¿En qué estación vamos a la playa?

Stem-changing verbs in the present tense

—Yo siempre **juego** al fútbol por la tarde. ¿Y tú?	—I always *play* soccer in the afternoon. What about you?
—Yo también. ¿**Juegas** mañana?	—I do, too. *Are you playing tomorrow?*
—¿Mañana? Sí. Y Juan **piensa** jugar también.	—Tomorrow? Yes. And Juan *is thinking about* playing also.
—Bueno, **podemos** jugar juntos.	—Good, *we can* play together.

As you learned in Level 1 of **¡Ya verás!**, some verbs change their stems in the present and preterite tenses. Stem-changing verbs are verbs that have a change in the vowels of the stem (everything before the *-ar*, *-er*, or *-ir* ending of the infinitive). All the endings, however, remain regular. There are three types of stem-changing verbs in the present: the stem vowels change to **ie**, **ue**, or **i**.

pensar (**ie**)		dormir (**ue**)		pedir (**i**)	
pienso	pensamos	**due**rmo	dormimos	**pi**do	pedimos
piensas	pensáis	**due**rmes	dormís	**pi**des	pedís
piensa	**pie**nsan	**due**rme	**due**rmen	**pi**de	**pi**den

Recycling Activity
The **Repaso** activity in the second (and third) **etapas** of each chapter recycles material from the previous **etapa**.

Ex. C: *pair work*

Suggestion, Ex. C: Have student pairs do this activity quickly, then have some do it aloud as a final reinforcement.

Answers, *Ex. C*
(Some answers will vary.) 1. Hoy es el... 2. La Navidad es el veinticinco de diciembre. La independencia norteamericana es el cuatro de julio. El año nuevo es el primero de enero. 3. Mi cumpleaños es el... 4. Vamos de vacaciones en junio. 5. Esquiamos en el invierno. 6. Vamos a la playa en el verano.

Ex. D: *pair work*   *writing*

Implementation Ex. D: When doing this exercise, keep a steady, brisk pace.

Answers, *Ex. D*

1. Yo no pienso ir / ellas no piensan ir / tú no piensas ir / mis amigos no piensan ir / nosotros no pensamos ir / José no piensa ir / vosotros no pensáis ir   2. Uds. vuelven / él vuelve / yo vuelvo / mis padres vuelven / Ud. vuelve / ella vuelve / vosotros volvéis   3. Pueden ellos / pueden Uds. / puede ella / puede Raúl / podéis vosotras   4. Uds. duermen / tú duermes / tu hermano duerme / nosotras dormimos / ellas duermen / vosotros dormís

---

Ex. E: *groups of four or more*

Ex. F: *pair work*

Implementation Ex. F: This exercise may go more smoothly if, after reading the model, you brainstorm with the class a list of possible/logical activities that might occur on a typical day.

Other verbs of this type that you have seen include:

(ie) comenzar, despertar(se), empezar, querer
(ue) acostar(se), jugar, poder
(i)   servir

Stem-changing verbs are indicated in the glossary by the notation **(ie)**, **(ue)**, or **(i)** after the infinitive form.

Aquí practicamos

D. Replace the subjects in italics with those in parentheses and make all necessary changes.

1. *Ella* no piensa ir a la playa. (yo / ellas / tú / mis amigos / nosotros / José / vosotros)
2. *Tú* vuelves todos los fines de semana. (Uds. / él / yo / mis padres / Ud. / ella / vosotros)
3. ¿Puedes *tú* ir a la biblioteca hoy? (ellos / Uds. / ella / Raúl / vosotras)
4. *Yo* duermo mucho los sábados. (Uds. / tú / tu hermano / nosotras / ellas / vosotros)

E. **Preguntas** Use each of the cues (**tú, Uds., él** or **ella**, and **ellos** or **ellas**) to ask questions directed appropriately to other students in your group.

1. jugar al básquetbol
2. pedir ayuda con la tarea
3. querer viajar mucho
4. poder tocar la guitarra
5. pensar ir al cine mañana
6. dormir mucho

F. **¿Qué haces después de las clases?** You've just seen a new person who has moved into the neighborhood. After saying hello, tell each other what you do on a typical day. Use the verbs **jugar** and **volver** and other verbs you know.

MODELO: —*Buenos días. ¿Cómo estás?*
—*Muy bien. ¿Y tú?*
—*Bien, gracias. Oye, ¿qué piensas hacer después de las clases?*
—*No sé. Generalmente vuelvo a la casa a las 3:30 y empiezo a hacer la tarea. A veces juego al béisbol.*
—*Ah, ¿sí? Pues, hoy yo voy al café para tomar un refresco y después voy al centro. ¿Quieres ir conmigo?*

Aquí escuchamos ▼

¡Hace mucho frío!

La familia Valenzuela está de vacaciones en Portillo, pero hace mal tiempo y los hijos no están contentos.

MARCELO: ¡Qué aburrido estoy! Hace mucho frío aquí. Está nublado. ¡Y hay tormenta ahora!

SUSANA: ¡Sí! En Acapulco probablemente hace buen tiempo con mucho sol.

PAPÁ: ¿Por qué **están de mal humor? Por lo menos** ayer esquiamos un poco.

MAMÁ: Y todos comemos bien aquí, ¿no?

MARCELO: ¡Pero qué aburrido! No hay música, no hay estrellas del cine.

SUSANA: Es verdad. Pasamos todo el día en el cuarto del hotel.

PAPÁ: Pero por lo menos estamos de vacaciones en familia y eso es bueno.

are you in a bad mood / At least

¡Aquí te toca a ti!

G. **Las vacaciones** Tell your classmates about a vacation you took with your family or friends. Explain where you went and in which month. Then describe the weather and what you did.

MODELO: Dónde: *Fuimos de vacaciones a Disney World.*
       Mes: *Fuimos en el mes de junio.*
    Tiempo: *Hizo calor. Hizo sol. Hizo muy buen tiempo.*
Actividades: *Jugamos al tenis, bailamos por la noche y conocimos al Ratón Miguelito.*

¡Adelante! ▼

H. **Mis vacaciones** Find out from one of your classmates about his or her last vacation. Ask where he or she went, with whom, what he or she did, what the weather was like, etc.

Support material, Aquí escuchamos:
🎧 Teacher Tape

Presentation: Aquí escuchamos
Begin by summarizing the dialogue: **La familia Valenzuela está de vacaciones en Portillo. Hace mal tiempo y los hijos no están contentos. Pero por lo menos esquiaron un poco, todos comen bien y están de vacaciones en familia.**

Possible questions: 1. Why aren't the children happy? 2. What is the weather probably like in Acapulco? 3. What did the family do yesterday? 4. Is there music in the hotel? 5. What positive thing does the father say?   1. **¿Por qué no están contentos los hijos?** 2. **¿Qué tiempo hace en Acapulco, probablemente?** 3. **¿Qué hizo la familia ayer?** 4. **¿Hay música en el hotel?** 5. **¿Qué cosa positiva dice el padre?**

Suggestion, Ex. G: Remind students that they need not follow the **modelo** exactly. Be sure to present the **modelo** before you break the class into small groups. You might reinforce the **modelo** by giving an example of one of your own vacations.

Ex. H: 👥 *pair work*

Etapa Support Materials

WORKBOOK: pp. 65–69
TRANSPARENCY: #9
LISTENING ACTIVITY MASTERS: p. 25
TAPESCRIPT: p. 41
TEACHER TAPE
QUIZ: Testing Program, p. 41
CHAPTER TEST: Testing Program, p. 43

Tercera etapa

¿Qué tiempo va a hacer mañana?

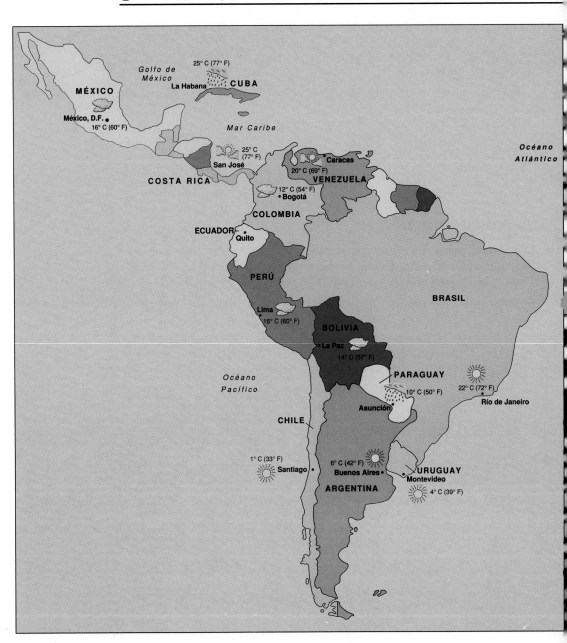

¡Aquí te toca a ti!

A. **La temperatura está en...** Tell your new Spanish-speaking friend what temperatures are in your hometown during different months of the year so that he or she may better understand climate in the U.S. Look at the *Comentarios culturales* below and use Celsius for the temperatures.

MODELO: *En octubre la temperatura en Boston está en cinco grados centígrados.*

B. **¿Qué tiempo va a hacer?** Look at the temperature indications for the various cities on p. 80. According to the temperature, say whether it will be warm (**calor**), cool (**fresco**), cold (**frío**), or very cold (**mucho frío**) on May 26.

MODELO: Lima
         Va a hacer fresco.

1. México, D.F.
2. Caracas
3. Santiago
4. San José
5. Buenos Aires
6. La Habana
7. Asunción
8. Bogotá
9. La Paz
10. Montevideo

▼ COMENTARIOS CULTURALES ▼

La temperatura
Temperatures in Spain and Latin American countries are given on the Celsius (centigrade) scale. Here is a comparison of Celsius temperatures and their Fahrenheit equivalents:

C:	30	25	20	15	10	5	0	-5
F:	86	77	68	59	50	41	32	23

To convert from Celsius to Fahrenheit, divide by 5, multiply by 9, and add 32. To convert from Fahrenheit to Celsius, subtract 32, multiply by 5, and divide by 9. Be sure to round up decimals of 5 and higher and to drop decimals below 5. To indicate temperature, a Spanish speaker would say **"La temperatura está en cinco grados."** When it drops below zero, the phrase used is **bajo cero**.

Support material, Ex. A: Transparency #9

Ex. A: *pair work*

Suggestion, Ex. A: Use the weather map of Latin America, pointing to different countries when talking about centigrade temperatures and weather expressions in a particular area. Remind students again about reverse patterns of weather in the Southern and Northern Hemispheres.

Ex. B: *pair work* *writing*

Cooperative Learning

Ex. B: Question-and-Answer Pairs

■ Put the students into pairs of differing abilities. Explain to them that they are going to figure out together **¿Qué tiempo va a hacer el 26 mayo?** for various cities.
■ Have them decide together how to figure out the weather from the information on page 80.
■ Then tell them to begin the exercise, taking turns telling about the weather for each city, and encouraging and helping each other.
■ Ask students at random to tell you where they would most like to be on **el 26 de mayo**, according to the weather map.

Answers, *Ex. B*

1. Va a hacer fresco.   2. Va a hacer fresco.   3. Va a hacer (mucho) frío.   4. Va a hacer calor.   5. Va a hacer frío.   6. Va a hacer calor.   7. Va a hacer frío.   8. Va a hacer fresco (frío).   9. Va a hacer fresco (frío).   10. Va a hacer (mucho) frío.

La Zona Rosa,
México, D.F.

Cultural Expansion

A wealthy residential area in the nineteenth century with buildings and walks made of **tezontle**, a pink lava stone, the **Zona Rosa** is famous for its upscale shops, boutiques, restaurants, art galleries, and nightclubs. It is frequented by people of all ages, who enjoy strolling in the area or sitting at an outdoor café.

Ex. C: pair work / writing

Answers, *Ex. C*

1. No, va a hacer sol.   2. No, va a hacer fresco.
3. No, va a hacer frío.   4. No, va a estar nublado.   5. No, va a nevar.

Ex. D: pair work

Preparation, Ex. D: Before beginning the paired work, you may want to remind students that the past of **hace** is **hizo**, the past of **está** is **estuvo**, and the past of **hay** is **hubo**.

Follow-up, Ex. D: When the pairs finish describing yesterday's and tomorrow's weather, have them redo the exercise, this time incorporating the present tense by describing (1) yesterday's vs. today's weather in numbers 1–4 and (2) today's vs. tomorrow's weather in numbers 5–8.

For example: **1. Ayer hizo mal tiempo y hoy hace mal tiempo también. 5. Hoy está nublado, pero mañana va a hacer sol.** etc.

Answers, *Ex. D*

1. —Hizo mal tiempo. —Va a hacer mal tiempo también.   2. —Hizo calor. —Va a hacer bastante frío.   3. —Llovió. —Va a llover también.   4. —Hizo viento. —Va a hacer mucho calor.   5. —Estuvo nublado. —Va a hacer sol.   6. —Hizo muy buen tiempo. —Va a nevar.   7. —Hubo tormenta. —Va a hacer buen tiempo.   8. —Hizo fresco. —Va a hacer bastante calor.

C. **¿Qué tiempo va a hacer mañana?** Use the cues in parentheses to say what you think the weather will be like here tomorrow.

MODELO: ¿Va a hacer buen tiempo mañana? (llover)
No, va a llover.

1. ¿Va a nevar mañana? (hacer sol)
2. ¿Va a hacer frío mañana? (hacer fresco)
3. ¿Va a hacer buen tiempo mañana? (hacer frío)
4. ¿Va a estar despejado mañana? (estar nublado)
5. ¿Va a llover mañana? (nevar)

D. **Ayer y mañana** Use the cues to ask and answer questions about yesterday's and tomorrow's weather. Work with a partner and follow the model.

MODELO: buen tiempo / también
—*¿Qué tiempo hizo ayer?*
—*Hizo buen tiempo.*
—*¿Qué tiempo va a hacer mañana?*
—*Va a hacer buen tiempo también.*

1. mal / también
2. calor / bastante frío
3. llover / también
4. viento / mucho calor
5. nublado / sol
6. muy buen tiempo / nevar
7. tormenta / buen tiempo
8. fresco / bastante calor

Ex. E: 🧍 *pair work*   📝 *writing*

Answers, *Ex. E*
1. Juega al básquetbol (baloncesto).   2. Vuelven de un viaje.   3. Juegan al tenis.   4. Vuelven a casa.

Repaso

E. **¿Qué hacen?**   You and a friend are looking at photographs of people you know. Use the verbs **jugar** and **volver**, along with other verbs you know, to say what each person is doing.

MODELO: *Juegan al fútbol.*

1.

2.

3.

4.

Ex. F: *pair work*   *writing*

Answers, *Ex. F*

1. Ellas saben / Tú sabes / Nosotros sabemos / Uds. saben / El señor Méndez sabe / Vosotros sabéis
2. Sabe él / Saben ellos / Sabe Marta / Sabes tú / Ssabéis vosotras
3. Ud. sabe / Nosotros sabemos / Tú sabes / Yo sé / Él sabe / Vosotros sabéis
4. Saben los niños / Sabe ella / Saben Uds. / Sabe él / Sabéis vosotras

The verb *saber*

—¿**Sabes** quién es ese actor de cine?

—Claro que **sé** quien es. ¡Es Rubén Blades! ¡Y además **sabe** cantar!

—*Do you know* who that movie actor is?

—Sure, *I know* who he is. It's Rubén Blades! And *he* also *knows how* to sing!

Here is the way to form the present tense of the verb **saber**:

saber			
yo	**sé**	nosotros	sab**emos**
tú	sab**es**	vosotros	sab**éis**
él		ellos	
ella	sab**e**	ellas	sab**en**
Ud.		Uds.	

Saber is used to talk about knowledge of facts or something that has been learned thoroughly, as well as to say that you know how to do something. In this last instance **saber** is used before an infinitive form of another verb.

Rita **sabe bailar** bien.

Tú **sabes hablar** tres idiomas, ¿verdad?

Rita *knows how to dance* well.

You *know how to speak* three languages, right?

Aquí practicamos

F. Replace the subjects in italics with those in parentheses and make all necessary changes.

1. *Yo* sé jugar al tenis. (ellas / tú / nosotras / Uds. / el señor Méndez / vosotros)
2. ¿Saben *Uds.* el nombre de la profesora? (él / ellos / Marta / tú / vosotras)
3. *Ella* sabe el número de teléfono del hotel. (Ud. / nosotros / tú / yo / él / vosotros)
4. ¿Sabes *tú* la fecha de hoy? (los niños / ella / Uds. / él / vosotras)

G. **Preguntas** Use each cue in parentheses (**tú, Uds., él** or **ella,** and **ellos** or **ellas**) to ask four questions appropriately of other students in your group, using the verb **saber.**

MODELO: *¿Sabes tú hablar español?*
¿Saben Uds. hablar español?

1. hablar español
2. los meses del año
3. cuándo va a hacer calor
4. si llueve mucho en marzo
5. quiénes son mis amigos
6. jugar al béisbol

H. **¿Quién sabe?** You've just met a new friend and you are telling your parents about him. Answer their questions, using the verb **saber** as many times as you can along with other verbs you know. Follow the model to begin. Possible topics include any talents your friend has as well as things you do and do not know about him, such as age, telephone number, birthday, etc.

MODELO: *—Hay un nuevo estudiante en mi clase de inglés ¿saben?*
—Ah, ¿sí? ¿Cómo es?

Aquí escuchamos

¿Va a llover mañana?

Mañana es sábado. Patricia y sus amigos hablan de sus planes para el fin de semana. Pero sus planes dependen del tiempo que va a hacer.

PATRICIA: ¿Quieren ir a la playa mañana?
MARGO: No sé. ¿Qué tiempo va a hacer?
ELENA: Escuché **el pronóstico** en la TV. ¡Mañana por la mañana va a **llover a cántaros**!
MARGO: Entonces yo prefiero ir al centro.
PATRICIA: ¿Y mañana por la tarde va a llover?
ELENA: No, va a hacer buen tiempo. Va a hacer mucho calor.
PATRICIA: ¡Qué bien! Podemos ir a la playa por la tarde entonces. Margo, ¿quieres ir con nosotras?
MARGO: Sí, si ustedes van al centro conmigo por la mañana.
ELENA: De acuerdo. Vamos al centro por la mañana y a la playa por la tarde.

the forecast

¿Qué tiempo va a hacer en el Valle Central de Costa Rica?

Ex. G: groups of four or more

Suggestion, Ex. G: Before dividing the class into groups, do the model and the first few items.

Ex. H: groups of three — roleplay

Support material, Aquí escuchamos:
🎧 Teacher Tape

Presentation: Aquí escuchamos

This dialogue is intended to review weather expressions and practice making plans. Introduce it by asking students their plans for the weekend. When a student responds, ask what the weather will be like: **¿Qué tiempo va a hacer el fin de semana? ¿Va a llover?** Include as many dialogue lines as possible. Finally, have students take parts and read the dialogue.

The expression **llueve a cántaros** has the literal translation of *it's raining pitchersfull.* Its equivalent in English is *it's raining cats and dogs.*

Possible questions: 1. What will the weather be like tomorrow morning? afternoon? 2. How do the friends know this? 3. Where does Pablo want to go? 4. What are the friends going to do in the morning? 5. Where are they going to go the afternoon? 1. **¿Qué tiempo va a hacer mañana por la mañana? ¿por la tarde?** 2. **¿Cómo saben esto los amigos?** 3. **¿Adónde quiere ir Pablo?** 4. **¿Qué van a hacer los amigos por la mañana?** 5. **¿Adónde van a ir por la tarde?**

Ex. I: 👥 *groups of three*

Suggestion, Ex. I: Before dividing the class into small groups, do the **modelo** and the first few items.

Possible answers, *Ex. I*

1. —Vamos a las montañas. —No, va a llover este fin de semana.   2. —Vamos a dar un paseo. —No, va a hacer frío mañana.   3. Vamos al centro. —No, va a hacer mucho viento mañana.   4. —Vamos a nadar en la piscina. —No, va a haber tormenta mañana.   5. —Vamos a jugar al básquetbol. —No, va a hacer muchísimo calor mañana.   6. —Vamos a ir al cine. —No, va a hacer buen tiempo este fin de semana. 7. —Vamos a correr. —No, va a llover mañana. 8. —Vamos a estudiar en casa. —No, va a hacer sol mañana.

Ex. J: 👥 *pair work* 😀 *roleplay*

Suggestion, Ex. J: Before breaking the class into pairs, role-play the conversation with one of the more proficient students.

CHAPTER CULMINATING ACTIVITY

You may want to film student pairs doing Ex. J. It will give you a visual record of their progress.

¡Aquí te toca a ti!

I. **Planes para el fin de semana** You and your friends are making plans for the weekend. Each time someone makes a suggestion, another person uses the weather as a reason for not doing the proposed activity.

MODELOS: ir a la playa
—*Vamos a la playa.*
—*No, va a hacer frío mañana.*

mirar televisión
—*Vamos a mirar televisión*
—*No, va a hacer buen tiempo mañana.*

1. ir a las montañas
2. dar un paseo
3. ir al centro
4. nadar en la piscina
5. jugar al básquetbol
6. ir al cine
7. correr
8. estudiar en casa

Tiempo en Venezuela

¡Adelante!

J. **¿De dónde eres?** An exchange student from Latin America has just arrived on your campus. Ask questions to find out more about him or her.

Ask...

1. when he or she arrived in the United States
2. if he or she likes the United States
3. where he or she lives in Latin America
4. what the weather is like in his or her town
5. if he or she lives near the beach
6. when he or she was born
7. what his or her parents do
8. if he or she has any brothers or sisters
9. if he or she knows how to ski

◆ Vocabulario ◆

Para charlar

Para hablar del tiempo

¿Qué tiempo hace?	Hay neblina.
Está despejado.	Hay niebla.
Está nublado.	Hay nubes.
Está resbaloso.	Hay tormenta.
Hace buen tiempo.	Llovizna.
Hace calor.	Llueve.
Hace fresco.	Nieva.
Hace frío.	Truena.
Hace mal tiempo.	La temperatura
Hace sol.	está en... grados
Hace viento.	(bajo cero).
Hay hielo.	

Para preguntar y dar la fecha

¿A cuántos estamos?
¿Cuál es la fecha de hoy
  (de tu cumpleaños, etc.)?
¿Qué fecha es hoy?
Hoy es el 5 de abril.
En (el mes de) enero
  (febrero, marzo, etc.)...
Él (Ella) nació...

Temas y contextos

Los meses del año

enero	julio
febrero	agosto
marzo	septiembre
abril	octubre
mayo	noviembre
junio	diciembre

Las estaciones del año

la primavera
el verano
el otoño
el invierno

Vocabulario general

Sustantivos	*Verbos*	*Otras palabras y expresiones*
el mar	jugar	demasiado
la montaña	saber	depender de
la neblina	volver	echar (dormir) una siesta
la niebla		estar de mal humor
la nieve		estrellas
el pronóstico		Hay que ser razonables.
la temperatura		llover a cántaros
la tormenta		por lo menos

Suggestion, Vocabulario: Take the time in class to have students read the list and write down any words or expressions they don't remember. Go over these with the entire class.

Cooperative Learning

Vocabulario: Paired Nerf Ball Toss

- Have the students form pairs and tell one student in each pair to sit behind the other. Together all the pairs form two concentric circles.
- Tell the pairs that they are going to review the **Vocabulario** together.
- Explain that you are going to start the exercise by making a statement. Say: **Hoy es el 5 de abril.** Direct the class to discuss in their pairs all they could say about **el 5 de abril**, making a particular effort to use the vocabulary they have recently learned. Do not neglect this step, as it demands that all students think of a response before you call on particular students.
- Then throw the Nerf ball to a student in the circle. The student who caught the Nerf ball and his or her partner share their response.
- Make another statement and have all students confer on how to respond to it. Direct the pair with the Nerf ball to throw it to another pair to have them respond.
- Continue the exercise in the same manner. Keep it moving.
- You may want to give an individual or team quiz as a follow-up.

CHAPTER OBJECTIVES

FUNCTIONS: Describing objects and people

CONTEXT: Using descriptive adjectives to comment on people, places, and things

ACCURACY: Agreement and position of adjectives; plural forms of adjectives; shortened adjectives

Cultural Context

The **Avenida 9 de Julio** runs north and south through the center of Buenos Aires. It consists of three separate throughways divided by wide grass borders. The **Teatro Colón**, one of the world's great opera houses, overlooks the avenue. The tall obelisk in the photo stands in the **Plaza de la República**, which lies in the intersection between the **Avenida 9 de Julio** and the **Avenida de Mayo**. This monument commemorates the 400th anniversary of the founding of Buenos Aires.

Video/Laserdisc

Etapa 1: Video—Tape 1, Program 1, Parts 2–5
         Video Guide—p. 11
         Laserdisc—Disc 1, Side 1, Prog. 1, Part 2

Search 26006, Play To 38008

Disc 1, Side 1, Prog. 1, Part 3

Search 38008, Play To 45833

Disc 1, Side 2, Prog. 1, Part 4

Search 00001, Play To 8625

Disc 1, Side 2, Prog. 1, Part 5

Search 08625, Play To 19130

CAPÍTULO DOS

¿Cómo es?

Buenos Aires es una ciudad de influencia europea sin rival en el hemisferio sur. La Avenida 9 de Julio es una de las calles más anchas del mundo.

Primera etapa

Descríbeme...

Este coche es pequeño.
Este coche es bonito.
Este coche es moderno.
Este coche es bueno.

Ese coche es grande.
Ese coche es feo.
*Ese coche es **viejo**.*   old
Ese coche es malo.

Este libro es interesante.
*Este libro es **fácil**.*
*Este libro es **ligero**.*

Ese libro es aburrido.
*Ese libro es **difícil**.*   easy / difficult
*Ese libro es **pesado**.*   light / heavy

¿De qué color es...?   What color is it?
Estos son los colores:

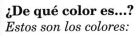
blanco

morado

anaranjado

negro

azul

rojo

gris

verde

rosado

pardo, café

amarillo

violeta

Etapa Support Materials

WORKBOOK: pp. 70–76
TRANSPARENCIES: #10, #10a, #11, #11a
TEACHER TAPE
QUIZ: Testing Program, p. 47
VIDEO PROGRAM: Tape 1, Program 1, Parts 2–5
VIDEO GUIDE: p. 11

Support material, Descríbeme: Transparencies #10, #10a.

Presentation: Descríbeme
Introduce the new adjectives using a question-answer format. **¿Este coche es grande o pequeño? Es pequeño. ¿Y ese coche? Es grande.** Reminder: **Este** is used to refer to an object close to the speaker. **Ese** refers to something farther away from the speaker.

Support material, ¿De qué color es...? Transparencies #11, #11a.

Presentation: De qué color es...?
Introduce colors using objects in the class. **Esta bolsa es azul. Ese lápiz es rojo.** Give the model: **Mi color preferido es azul.** Ask students: **¿Cuál es tu color preferido?** Ask what they own that is their favorite color. Ask students to give the school colors in Spanish.

Ex. A: *pair work*   *writing*

Answers, *Ex. A*

1. El examen es fácil (difícil).   2. El auto es grande.   3. La iglesia es vieja.   4. El libro es aburrido.   5. La playa es bonita.   6. La película es mala.   7. La maleta es pesada.   8. El pueblo es bonito.

¡Aquí te toca a ti!

A. ¿Cómo es? Which adjective best describes each drawing?

1. ¿Es fácil o difícil el examen?   2. ¿Es grande o pequeño el auto?

3. ¿Es vieja o moderna la iglesia?   4. ¿Es aburrido o interesante el libro?

5. ¿Es bonita o fea la playa?   6. ¿Es buena o mala la película?

7. ¿Es ligera o pesada la maleta?   8. ¿Es bonito o feo el pueblo?

B. ¿**De qué color es?** Choose the color that best describes the object in question under normal conditions.

1. ¿Es azul o verde el cielo *(sky)*?
2. ¿Son rojas o violetas las manzanas?
3. ¿Es negro o amarillo el sol?
4. ¿Es blanca o azul la nieve?
5. ¿Son grises o amarillos los plátanos?
6. ¿Son verdes o negros los guisantes?
7. ¿Son blancas o anaranjadas las papas?
8. ¿Son amarillas o grises las nubes?

C. **Reservaciones computarizadas** Read this description in the ad for the computerized reservation system. Then name all the adjectives that you can find. You should be able to find at least ten adjectives. Remember that adjectives give you information about the nouns they modify.

SU NUEVO SISTEMA DE RESERVACIONES COMPUTARIZADO

Ahora LACSA pone el mundo en sus manos con el nuevo sistema computarizado de reservaciones-SPEEDY. Este nuevo sistema nos permite ayudarle a organizar su viaje hasta el más mínimo detalle y con mayor rapidez.

SPEEDY le brinda acceso al mayor banco de información sobre disponibilidad de espacio en cualquier línea aérea, escoge y organiza los más convenientes vuelos y conexiones para su viaje y le indica las tarifas más económicas.

Con SPEEDY usted puede reservar hasta con 11 meses de anticipación y escoger el asiento que prefiera de antemano. Además, SPEEDY tiene capacidad para informar y reservar en

13,000 hoteles, 125 cadenas hoteleras y 26 compañías de alquiler de automóviles en todo el mundo. Y como si fuera poco, SPEEDY se encarga de informarle y reservarle espacio en cruceros, excursiones y eventos culturales, así como de darle información sobre su destino desde los lugares de interés turístico hasta ¡qué tipo de ropa llevar! Lo único que SPEEDY no puede hacer por usted es...empacar.

Recuerde, ahora cada vez que viaje con LACSA, usted cuenta con SPEEDY para ayudarle a organizar su viaje hasta el último detalle y con mayor rapidez.

Lacsa
nos encanta la gente

Ex. B: pair work / writing

Answers, *Ex. B*
1. El cielo es azul.   2. Las manzanas son rojas.
3. El sol es amarillo.   4. La nieve es blanca.
5. Los plátanos son amarillos.   6. Los guisantes son verdes.   7. Las papas son blancas.   8. Las nubes son grises.

Ex. C: writing

Implementation, Ex. C: Have students write out their lists of adjectives together with the noun that adjective modifies/describes, e.g., **sistema computarizado** / computerized system. Encourage them to focus on cognates.

Presentation: *Pronunciation*

Remind students that if there is an accent mark on the **i**, the vowels will form two separate syllables, e.g., **tía** and **día**.

Suggestion, Ex. D: Model each pronunciation for the class, having them repeat each word after you. Then call on individual students to pronounce the words a second time.

Ex. E: 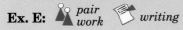 *pair work* *writing*

Suggestion, Ex. E: If necessary, have students refer to p. 81 (**Comentarios culturales**) for the Farenheit/Celsius conversion.

Possible answers, *Ex. E*

1. Hace frío. 2. Hace buen tiempo. Hace sol. 3. Va a hacer mal tiempo. 4. Va a hacer buen tiempo. 5. Va a hacer mal tiempo. 6. Está despejado. Hace buen tiempo. 7. Hace mucho frío.

Ex. F: *pair work*

Possible answers, *Ex. F*

1. En mayo, hace más calor aquí. 2. Hace mal tiempo en Seattle en los meses de noviembre, diciembre y enero. 3. No, no llueve mucho en Arizona. Hace mucho sol. 4. En diciembre, hace calor en Ecuador. 5. Hace mucho viento en Chicago en el otoño y en el invierno. 6. Nieva en Chile en el invierno. 7. La temperatura está en 68° F. 8. En general, hace buen tiempo en Acapulco.

Pronunciación: *The vowel combination* **ia**

The combination **ia** in Spanish is pronounced in one single syllable, similar to the *ya* in the English word *yacht*.

Aquí practicamos

D. Read each word aloud, carefully pronouncing the combination **ia**.

1. sucia
2. familia
3. estudia
4. gracias
5. gloria
6. patria
7. democracia
8. farmacia

Repaso

E. **Comentando sobre** *(about)* **el tiempo** The weather forecaster reports the following events. Give a comment for each using a weather expression.

MODELO: La temperatura está en 23 grados centígrados.
Hace buen tiempo.

1. Esta noche la temperatura va a bajar a 5 grados centígrados.
2. El cielo está despejado.
3. Por la tarde va a estar nublado con lluvias y tormentas eléctricas.
4. Mañana la temperatura va a estar en 29 grados centígrados al mediodía.
5. Hace sol, pero va a nevar *(to snow)* por la tarde.
6. Es un día perfecto para salir a jugar al tenis con los amigos.
7. La temperatura está en 15 grados centígrados bajo cero.

F. **¿Qué sabes del tiempo?** Work with a partner, taking turns asking and answering these questions about the weather.

MODELO: ¿Nieva mucho en la ciudad de Miami?
No, no nieva en Miami. Hace mucho calor.

1. ¿Dónde hace más calor en mayo, aquí o en Argentina?
2. ¿En qué meses hace mal tiempo en Seattle?
3. ¿Llueve mucho en Arizona?
4. ¿Qué tiempo hace en Ecuador en diciembre?
5. ¿Cuándo hace mucho viento en Chicago?
6. ¿Cuándo nieva en Chile?
7. Si la temperatura está en 20 grados centígrados, ¿cuánto es en Fahrenheit?
8. ¿Qué tiempo hace en Acapulco, en general?

ESTRUCTURA

Agreement of adjectives

1. As you have already learned, many adjectives end in **-o** if they are masculine and in **-a** if they are feminine. If the masculine form of an adjective ends in **-e**, the feminine form also ends in **-e**. To make these adjectives plural, you simply add **-s**.

El muchacho es **alto.**   La muchacha es **alta.**
El libro es **interesante.**   La pregunta es **interesante.**
Los hombres son **inteligentes.**   Las mujeres son **inteligentes.**

2. An adjective ending in **-sta** has the same ending for both the masculine and feminine forms. To make these adjectives plural, simply add an **-s**.

El abogado es **pesimista.**   Las abogadas son **pesimistas**.

3. If the masculine form of an adjective ends in **-l, -s,** or **-z**, the ending for the feminine form is also **-l, -s,** and **-z**. To make these plural, you add **-es**. Note that in the plural form, **z** changes to **c**.

El examen es **difícil**   Las preguntas son **difíciles.**
El libro es **gris.**   Las faldas son **grises**.
El niño es **feliz.**   Las niñas son **felices.**

Remember: The exception to this is that when an adjective of nationality ends in **-s** in the masculine form, the feminine form then ends in **-sa.**

El profesor es **francés.**   La profesora es **francesa.**

Presentation: *Agreement of adjectives*
(1) Remind students of the need for agreement by using **norteamericano**. Remind them that nouns have gender by recalling **el mes pasado** and **la semana pasada**. (2) Establish the general rules for agreement in number and gender. (3) Go through the in-text summary, pointing out examples that conform to the rules of agreement.

Vocabulary Expansion
(1) ending in a vowel in singular form: **moderno, enorme, imposible, económico, físico, práctico, pesimista, simple, complicado;** (2) ending in a consonant in singular form: **leal, particular, feroz, marrón, portugués, japonés**

Ex. G: 👥 *pair work*   📝 *writing*

Answers, *Ex. G*

1. aburrida 2. fácil 3. colombiana 4. alegre
5. deliciosa 6. feliz 7. normal 8. bonitas
9. activistas 10. blancas 11. inglesas 12. dominantes 13. formales 14. malas

Ex. H: 👥 *pair work*   📝 *writing*

Answers, *Ex. H*

1. interesante 2. famoso 3. bonito 4. amable
5. optimista 6. gordo 7. anaranjado 8. católico
9. largo 10. real 11. japoneses 12. breves
13. cafés 14. ingleses 15. tranquilos 16. musicales 17. bajos 18. grandes 19. realistas
20. difíciles

Ex. I: 👥 *pair work*

Suggestion, Ex. I: Do the model and a few items before dividing the class into pairs. See **Vocabulario—Para charlar** for suggested adjectives.

Aquí practicamos

G. Give the feminine form of each adjective in the first column and the feminine plural form for each adjective in the second column.

MODELO: caro *cara*
         negro *negras*

1. aburrido	8. bonito
2. fácil	9. activista
3. colombiano	10. blanco
4. alegre	11. inglés
5. delicioso	12. dominante
6. feliz	13. formal
7. normal	14. malo

H. Now give the masculine form of each adjective in items 1–10 and the masculine plural form for each adjective in items 11–20.

MODELO: delgada *delgado*
         blanca *blancos*

1. interesante	8. católica	15. tranquila
2. famosa	9. larga	16. musical
3. bonita	10. real	17. baja
4. amable	11. japonés	18. grande
5. optimista	12. breve	19. realista
6. gorda	13. café	20. difícil
7. anaranjada	14. inglesa	

I. **Mi casa es...** Use an adjective to make a statement about each object. Then ask another student a question. Follow the model.

MODELOS: mi casa
         —*Mi casa es grande. ¿Y tu casa?*
         —*Mi casa es grande también.*   o:
         —*Mi casa no es grande. Es pequeña.*

1. mi casa (mi apartamento)
2. mi cuarto
3. mis libros
4. mi amiga
5. mi coche
6. mis discos
7. mi computadora
8. mi ciudad
9. mis padres
10. mi clase de...

Aquí escuchamos ▼

¡Es feo este auto!

Felipe **ahorró** su dinero y por fin compró un coche. Sus amigos inspeccionan el coche, pero sus reacciones no son muy optimistas.   saved

CLAUDIA: ¡Es feo este coche!
  FELIPE: ¡Cómo que feo! Miren… no es caro, es muy práctico.
   PABLO: ¿Estás seguro que **funciona**, Felipe?   it runs
  FELIPE: ¡Claro que sí, **oigan**! Es pequeño, es económico y funciona   listen
   muy bien. ¡Por lo menos tengo un coche! ¿Quieren **dar una**   to go for a ride
   vuelta?
CLAUDIA: Bueno, yo sí. ¿Pero un coche violeta? Es un poco **extraño**,   strange
   ¿no?

¡Aquí te toca a ti!

J. **Acabo de comprar…** Describe to a classmate something you just
   bought. Tell him or her what it is, using the adjectives you've learned
   to describe its color, size, and other characteristics. Suggestions: **una**
   bicicleta, un vídeo, una mochila, un coche, un televisor, una
   cámara, una computadora, un libro.

   MODELO: *Acabo de comprar una bicicleta. Es francesa. Es azul y*
      gris. Es muy ligera. ¡Es muy rápida también!, etc.

¡Adelante! ▼

K. **Un(a) amigo(a)** A Spanish-speaking student from Lima, Peru has just arrived in your community and it's your task to describe your school to him or her. Use as many adjectives as you can to make your description as precise as possible. Suggested things to talk about: **la librería, la cafetería, la biblioteca, la piscina, el estadio, la clase de inglés (de matemáticas)**, etc. Your new friend will ask you questions to get more information.

Support material, Aquí escuchamos:
🎧 Teacher Tape

Presentation: Aquí escuchamos
Show students car ads and have them describe the cars using adjectives such as **grande, pequeño, elegante, feo, bello, económico, práctico**, and colors.

Possible questions: 1. Does the girl like the car? 2. What color is the car? 3. What does Felipe say about his car? 4. What does the girl want to do? 1. **Le gusta a la muchacha el coche?** 2. **¿De qué color es el coche?** 3. **¿Qué dice Felipe de su coche?** 4. **¿Qué quiere hacer la muchacha?**

Ex. J: 👥 *pair work*

Ex. K: 👥 *pair work* 🙂 *roleplay*

Etapa Support Materials

WORKBOOK: pp. 77–81
TRANSPARENCIES: #12, #13
LISTENING ACTIVITY MASTERS: p. 32
TAPESCRIPT: p. 43
TEACHER TAPE
QUIZ: Testing Program, p. 50
CHAPTER TEST: Testing Program, p. 52

Support material, ¿Qué piensas?:
Transparencies #12, #13

Presentation: ¿Qué piensas?

Show students the transparency as you read the questions. You may need to reinforce some of the adjectives with gestures to make their meanings clear. If necessary, give translations of difficult adjectives.

Segunda etapa

¿Qué piensas?

NACIO USTED EN ESTE DIA

Es inventivo, nervioso y un poco sensible. Usualmente es talentoso en las líneas creativas. Para lograr sus habilidades tiene que aprender a controlar su temperamento. Tendrá éxito en cualquier carrera que mida sus ideales. Necesita autodisciplina. Tiene buena intuición en la cual debería aprender a confiar. Deje a un lado el escepticismo y la tendencia a ser muy sensitivo.

¿Es un horóscopo muy romántico?
¿Es un horóscopo demasiado pesimista?

¿Es una película interesante?
¿Es una película sensacional?
¿Es una película aburrida?

¿Es un lugar serio y formal?
¿Es un lugar alegre y divertido?

¿Es un libro difícil?
¿Es un libro histórico?
¿Es un libro infantil?
¿Es un libro bonito?

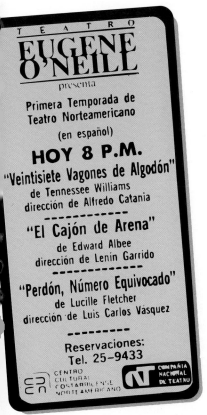

¿Es un programa **teatral variado**?   theatrical / diverse
¿Es un programa teatral completo?
¿Es un buen programa teatral?
¿Es un programa teatral norteamericano?

¿Es un buen restaurante?
¿Es un restaurante nuevo?
¿Es un restaurante chino?
¿Es un restaurante elegante?
¿Es un restaurante caro?

Ex. A:  *groups of three*   *writing*

Suggestion, Ex. A: Do the model and a few items before dividing the class into small groups. As a follow-up, have each group say which adjectives they used for each item.

Possible answers, *Ex. A*

1. Es una novela vieja (clásica, larga, aburrida, etc.).   2. Es un periódico español (viejo, interesante, etc.).   3. Es una obra teatral clásica (vieja, romántica, etc.).   4. Es un programa divertido (bueno, interesante, etc.).   5. Es un cuadro interesante (extraño, caro, moderno, etc.). 6. Es un vídeo formidable (largo, divertido, etc.).

¡Aquí te toca a ti!

A. **¿Qué piensas?** Use three adjectives to describe each object or to give your opinion.

MODELO: *Es una novela buena.*
Es una novela interesante.
Es una novela sensacional.

1. una novela   *2. un periódico*   *3. una obra teatral*

4. un programa   *5. un cuadro*   *6. un vídeo*

Pronunciación: *The vowel combination* ie

The combination **ie** in Spanish is pronounced in one single syllable, similar to the *ye* in the English word *yes*.

Práctica

B. Read each word aloud, carefully pronouncing the combination **ie**.

1. tiene	4. cien	7. también
2. viene	5. siete	8. cielo
3. diente	6. tiempo	

Repaso

▼

C. **Los monumentos** Use two adjectives to describe each of the following monuments located in or near different Latin American cities. Suggestions: **pequeño, grande, alto, moderno, viejo, interesante, feo, bonito,** etc.

MODELO: *Es alta y bella.*

*La Torre Latinoamericana
(México, D. F.)
This tower has 42 floors and is
the tallest building in Mexico.
Because much of downtown
Mexico City was originally a
lake bed, the filled-in ground is
relatively soft, making the construction of tall buildings very
difficult. Architects used large
blocks to build a foundation
which could support such a
building as well as adjust to
the unstable ground beneath it.*

Possible answers, *Ex. C*

1. (Las ruinas) son interesantes y viejas (antiguas).   2. Es bonita y grande.   3. (El palacio) es moderno y elegante.

Cultural Expansion

Chichén Itzá is one of the famous sites of Mayan ruins on the Yucatán Peninsula in Mexico. Early Mayan buildings date back to the fourth to ninth centuries. **El caracol** is an observatory from which astronomers kept careful track of the constellations and established a very accurate calendar system. About an hour's drive from Mérida, Chichén Itzá is a former Mayan religious center that tourists enjoy visiting.

La Catedral (**México, D. F.**) is located in the **Zócalo** (**Plaza Mayor**) of the capital city. It was built on the site of the Aztec's **Templo Mayor**, using some of the same stones from the original building.

La Moneda, el Palacio Presidencial (Santiago, Chile), serves as the official residence and office of the President of Chile.

Chichén Itzá (Yucatán, México)

La Catedral (México, D. F.)

La Moneda: El Palacio Presidencial (Santiago, Chile)

Position of adjectives

Acabo de comprar una motoneta **nueva.**	I just bought a *new* moped.
Es una motoneta **linda.**	It's a *beautiful* moped.

In Spanish, unlike English, an adjective is almost always placed *after* the noun it describes:

una película **japonesa**
una lección **fácil**
los libros **interesantes**

Adjectives indicating nationality always *follow* the noun.

Los automóviles **japoneses** son buenos.	*Japanese* cars are good.

Aquí practicamos

D. **¡Conociéndose más!** (*Getting to know each other better!*) Ask your partner these questions in order to get to know each other better. Make sure your partner gives you a complete response.

MODELO: ¿Es interesante tu libro?
Sí, es un libro interesante.

1. ¿Es japonés tu coche?
2. ¿Es grande tu casa?
3. ¿Es cómoda (*comfortable*) tu casa?
4. ¿Es nueva tu casa?
5. ¿Es bonito tu jardín (*garden*)?
6. ¿Es grande tu escuela?
7. ¿Son nuevos tus zapatos?
8. ¿Es bueno tu profesor de español?

Implementation, Ex. E: If the class is very large, you might want to choose 10–12 volunteers to do this exercise. Write out the sentences on the board as they are spoken. This will help keep students focused and minimize the need for repetition.

Ex. F: *groups of three*

Implementation, Ex. F: This activity may be done as a quick, teacher-student oral activity. For reinforcement, do it a second time with books closed.

Answers, *Ex. F*

1. Es un coche viejo.   2. pequeño   3. fácil
4. fea   5. aburridos   6. modernas   7. buenas
8. interesante   9. mal   10. malas computadoras

Presentation: *Position of two adjectives*

To emphasize this rule, compare and contrast the expression **a big, beautiful house** with **una casa grande y bonita**. Point out that in English, a comma is used to separate adjectives, while in Spanish, **y** fulfills that function.

Suggestion: You may wish to point out that **e** is used instead of **y** when the word that follows begins with the same sound as **y**. Examples: padres **e** hijos, Carmen **e** Hilda, matemáticas **e** ingeniería.

E. **Cadenas** (*Chains*) Form a spontaneous "chain" with your classmates. Start with a short sentence. The next person will use that sentence to form a new sentence by substituting a different word. Make any necessary changes as you go along. The process continues as quickly as possible, moving in turn from one association to the next.

MODELO: La fiesta es estupenda.
           La película *es estupenda.*
           Maricarmen *es estupenda.*
           Maricarmen es simpática.
           El profesor *es simpático.*
           El profesor es chileno.
           Las muchachas *son chilenas.*
           Etc.

F. **Nunca estamos de acuerdo** (*We never agree*). No matter what you and your friends talk about, you never seem to agree. Contradict each statement by using an adjective with the opposite meaning.

MODELO: Es un hotel pequeño.
           ¡Al contrario! (On the contrary!) *Es un hotel grande.*

1. Es un coche nuevo.
2. Es un museo grande.
3. Es un libro difícil.
4. Es una casa bonita.
5. Son unos libros interesantes.
6. Son unas iglesias viejas.
7. Son unas ideas malas.
8. Es un viaje aburrido.
9. Es un buen restaurante.
10. Son unas buenas computadoras.

N O T A   G R A M A T I C A L

Position of two adjectives

When two adjectives modify the same noun, they are placed after the noun and connected to each other with **y**.

     una escuela **buena y grande**
     unos muchachos **inteligentes y responsables**

G. **¿Qué tipo** *(kind)* **de... tienes?** Choose one or two adjectives from the list to answer each question.

alemán / azul / bonito / blanco / chino / difícil / español / fácil / feo / francés / grande / gris / inteligente / italiano / japonés / joven / largo / moderno / nuevo / pequeño / rojo / simpático / verde / viejo

MODELO: ¿Qué tipo de casa tienes?
Tenemos una casa pequeña y amarilla.

1. ¿Qué tipo de casa tienes?
2. ¿Qué tipo de coche tiene tu familia?
3. ¿Qué tipo de restaurante prefieres?
4. ¿Qué tipos de amigos tienes?
5. ¿Qué tipo de tarea *(homework)* tienes para la clase de español?
6. ¿Qué tipo de viaje haces cuando vas de vacaciones?
7. ¿Qué tipo de bicicleta tienes?
8. ¿Qué tipo de exámenes tienes en la clase de español?

Aquí escuchamos

Maricarmen y Ricardo van al Museo de Arte Moderno con sus compañeros de clase. Admiran los **bellos cuadros** y las grandes esculturas.

beautiful paintings

RICARDO: Mira este cuadro. ¿Te gusta?
MARICARMEN: Sí. Es del período impresionista. ¿Qué piensas tú?
RICARDO: Es un cuadro muy bello. Me gustan mucho los colores.
MARICARMEN: Sí, es formidable. A mí me gusta sobre todo el **estilo** del **pintor**.
RICARDO: Él era español, ¿no?
MARICARMEN: Sí, era de Madrid.

style
painter

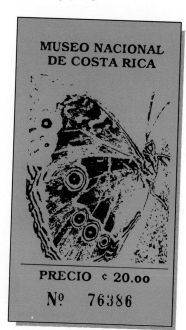

MUSEO NACIONAL
DE COSTA RICA

PRECIO ¢ 20.oo

Nº 76386

Ex. G: *pair work* *writing*

Support material, Aquí escuchamos:
Teacher Tape

Presentation: Aquí escuchamos
This dialogue practices describing such things as paintings, videos, films, TV programs, books, etc. Before presenting it, you may wish to bring some art books or prints to the class for models. Then present the conversation, using techniques described in other **Aquí escuchamos** sections.

Possible questions: 1. What is the picture that Ricardo and Maricarmen are admiring? 2. What does Maricarmen like the most about the picture? 3. What does Maricarmen say about the painter? 4. Where was the painter from? 1. **¿Cómo es el cuadro que admiran Ricardo y Maricarmen?** 2. **¿Qué le gusta más a Maricarmen del cuadro?** 3. **¿Qué dice Maricarmen del pintor?** 4. **¿De dónde era el pintor?**

Ex. H: *pair work*

Suggestion, Ex. H: You might also use this activity as a combination written/aural/oral exercise. Give students five minutes to write some sentences with their thoughts/opinions about a movie (referring to the **Vocabulario— Para evaluar cualquier cosa**). Then have selected students read their sentences to the class. The others are to listen carefully and be prepared to ask a relevant question based on what they heard.

Ex. I: *pair work*

¡Aquí te toca a ti!

H. **Vi** *(I saw)* **una película.** Pick a film you've seen recently and describe it to a classmate. Use as many adjectives as you can to describe the film and give your opinion about it. Your classmate will ask you questions. Suggested adjectives: **aburrido**, **bueno**, **malo**, **cómico**, **divertido**, **dramático**, **feo**, **interesante**, **sensacional**, **fantástico**, **largo**, **histórico**, **emocionante**, **romántico**, **triste**, **violento.**

MODELO: *Yo vi una película muy buena. Se llama Bolívar.*
          Es una película histórica. Es muy emocionante pero un
          poco triste. Es una película interesante.

¡Adelante!

I. **Intercambio** Ask a classmate the following questions. He or she will answer you.

1. ¿Vive en una casa o un apartamento tu familia? ¿De qué color es? ¿Es grande? ¿Es bonito(a)?
2. ¿Tienes un coche o una bicicleta? ¿De qué color es? ¿Es nuevo(a)? ¿Es americano(a)?
3. ¿De qué color es tu camisa favorita? ¿pantalones? ¿zapatos?
4. ¿Hay muchos restaurantes cerca de la escuela? ¿Cómo son? Describe tu favorito.
5. ¿Tienen algunos discos tus amigos? ¿Cómo son sus discos? ¿Buenos? ¿Malos? ¿Interesantes? ¿Viejos?

ENCUENTRE
SUS ANIMALES FAVORITOS
SIN TENER QUE IR AL ZOO.

En la sección
de Anuncios
por Palabras
de ABC

Vocabulario

Para charlar

Para hacer una descripción física

feo(a) / bonito(a)
largo(a)
ligero(a) / pesado(a)
moderno(a) / viejo(a)
pequeño(a) / grande

Para describir el color

amarillo(a)	gris	rojo(a)
anaranjado(a)	morado	rosado(a)
azul	negro(a)	verde
blanco(a)	pardo(a)	violeta
café		

Para evaluar cualquier cosa

aburrido(a) / interesante	formal
alegre / triste	formidable
bueno(a) / malo(a)	histórico(a)
caro(a)	infantil
clásico(a)	optimista / pesimista
completo(a)	práctico(a)
delicioso(a)	regular
divertido(a) / serio(a)	romántico(a)
económico(a)	sensacional
elegante	teatral
extraño(a)	variado(a)

Vocabulario general

Verbos	*Sustantivos*	*Otras palabras y expresiones*
ahorrar	un cuadro	dar una vuelta
funcionar	un estilo	¿De qué color es...?
	un horóscopo	Descríbeme...
	un período	pudo
	un(a) pintor(a)	
	una reacción	

Suggestion, Vocabulario: Take some time in class to have students read the lists, noting any words or expressions they don't remember. Go over these with the entire class.

Cooperative Learning

Vocabulario: *Progressive Identifications*

- Bring to class some identifiable items that lend themselves to the adjectives in the **Vocabulario**. Hide each item in a separate paper bag.
- Divide the class into teams of five. Give each group an object (in its bag), and tell the students to work together to describe the object.
- Have the students in each group take the object out of the bag and ask each other questions about it. Explain that the ability to ask questions is a very important skill.
- Now that the students have practiced among themselves, tell each team to put their object back in the bag and to join another group. Have each group ask the other group questions about their object, in an attempt to guess its identity. Each team may ask five questions and a different student must ask each question.
- When they have finished, have students return to their seats. Hold up a new object, and quiz the students by having them write questions and answers about it.

CHAPTER OBJECTIVES

FUNCTIONS: Describing people's physical characteristics and personality traits

CONTEXT: Using descriptive adjectives to comment on physical features and personality characteristics of individuals

ACCURACY: The verb **conocer**; the personal **a**; **ser para** + pronouns; shortened adjectives (**buen, mal, gran**)

Cultural Context

Point out that this building is where the **Ballet Folklórico de México** performs on a regular basis. In addition, due to the extreme weight of the building and the unstable nature of the ground beneath it (a lake bed at the time of the Aztecs), the **Palacio de Bellas Artes** sinks slightly each year. The effects can be seen by the way the paved area around the building noticeably angles down toward the building's base.

¿Cómo es tu amiga?

El maravilloso Palacio de Bellas Artes de la ciudad de México es un majestuoso edificio construido casi totalmente de mármol. Aquí se presentan espectáculos culturales y exposiciones de artistas conocidos.

Primera etapa

▼

Nuestros vecinos y nuestros amigos

Aquí está nuestro **vecino**, el señor Salazar.   neighbor
Es muy viejo; tiene 82 años.
Es pequeño y **un poco débil**.   a bit weak
Tiene los **ojos** azules.   eyes
Tiene el **pelo corto**.   hair / short
Tiene una **nariz** grande.   nose
Tiene **bigote** y **barba**.   moustache / beard

Aquí está su **nieta**, Susana.   granddaughter
Es joven; tiene dieciséis años.
Es alta y **fuerte**.   strong
Tiene los ojos **castaños**.   hazel
Tiene el pelo rubio.
Tiene el pelo largo.
Tiene una nariz pequeña.
Es muy bonita.

Etapa Support Materials

WORKBOOK: pp. 82–87
TRANSPARENCY: #14
TEACHER TAPE
QUIZ: Testing Program, p. 57

Support material, Nuestros vecinos y nuestros amigos: Transparency #14

Presentation: **Nuestros vecinos**
Show the transparency as you read the sentences. Begin with **el señor Salazar**. Then describe Susana. Ask students personalized questions using the new adjectives: **¿Tienes los ojos azules, castaños o verdes?** etc. Ask students about others in the class.

Ex. A: 🧍‍🧍 *pair work* 📝 *writing*

Answers, *Ex. A*

1. José no es viejo; es joven. Es grande y fuerte. Tiene los ojos negros. No tiene bigote. No tiene la nariz pequeña; tiene la nariz grande. 2. La señora Velázquez es vieja. No es grande; es pequeña y delgada. Tiene el pelo rubio. No tiene la nariz grande; tiene la nariz pequeña.

Implementation, Ex. B: An interesting variation to this exercise would be to have students write the descriptions on index cards and give them to you. You can then redistribute them at random and have each student, in turn, decide who the person described is and read aloud the description so the rest of the class can judge whether the student has guessed correctly.

Presentation: *Pronunciation*

Remind students that if there is an accent on the **i**, the vowels will form two separate syllables, e.g., **tío**.

¡Aquí te toca a ti!

A. **José Manuel y la señora Velázquez: retratos** *(portraits)* **físicos**
Answer the questions based on what you see in the drawings.

1. Aquí está José Manuel. Tiene dieciséis años. ¿Es viejo? ¿Es grande? ¿Es fuerte? ¿Tiene los ojos negros? ¿Tiene bigote? ¿Tiene la nariz pequeña?

2. Aquí está la señora Velázquez. Tiene sesenta y ocho años. Es vieja, ¿no? ¿Es grande? ¿Es delgada? ¿Tiene el pelo rubio? ¿Tiene la nariz grande?

B. **Retrato de un(a) compañero(a) de clase** Using the descriptions on page 107 as models, describe one of your classmates. Don't mention the person's name. The class will try to guess who it is.

Pronunciación: *The vowel combination* **io**

The combination **io** in Spanish is pronounced in one single syllable, similar to the Spanish word **yo**.

Práctica

C. Read each word aloud, carefully pronouncing the combination **io**.

1. rubio	5. radio
2. Mario	6. comió
3. adiós	7. bebió
4. acción	8. microscopio

Repaso

D. **¡Vamos a visitar** *(Let's visit)* **el castillo** *(castle)* **y el parque de Chapultepec!** You're acting as a guide and showing your friends the Chapultepec castle and park in Mexico City. Use the shorthand notes below to give your descriptions. You may add to the description or change it, as long as you keep to the main idea.

MODELO: parque / inmenso
Es un parque inmenso.   o:
Es un parque muy grande.   o:
Estamos aquí en un parque inmenso.

El parque de Chapultepec
1. parque / interesante
2. turistas / norteamericano
3. el lago *(lake)* / bonito / popular
4. las estatuas / enorme
5. el tren / pequeño / divertido
6. los senderos *(paths)*
   / romántico / bonito

El castillo de Chapultepec
7. museo / histórico / mexicano
8. cuadros / viejo
9. terraza / bello / alto
10. patios / elegante / tranquilo
11. vista / espectacular

The verb *conocer*

—¿Quieres **conocer** a ese muchacho guapo?
—¡Cómo no! ¿Tú lo **conoces**?
—¡Claro que lo **conozco**! Es mi hermano Raúl.

—Do you want *to meet* that good-looking boy?
—Of course! *Do you know* him?
—Sure *I know* him! He's my brother Raúl.

Here is the way to form the present tense of the verb **conocer**:

conocer			
yo	cono**zco**	nosotros	conoc**emos**
tú	conoc**es**	vosotros	conoc**éis**
él		ellos	
ella	conoc**e**	ellas	conoc**en**
Ud.		Uds.	

Ex. D: *writing*

Possible answers, *Ex. D*

1. Estamos en un parque interesante.   2. Aquí hay muchos turistas norteamericanos.   3. El lago en este parque es muy bonito y popular.   4. Las estatuas son enormes.   5. En el parque también hay un tren pequeño y divertido.   6. Los senderos en el parque son románticos y bonitos.   7. El castillo de Chapultepec es un museo histórico mexicano.   8. Hay muchos cuadros viejos en el castillo.   9. El castillo tiene una terraza bella y alta.   10. Los patios del castillo de Chapultepec son elegantes y tranquilos.   11. Es una vista espectacular.

Follow-up, Ex. D: Have students act as guides for some of the sites in their region.

Ex. E: *pair work* *writing*

Answers, *Ex. E*

1. Él conoce / Mi hermano y yo conocemos / Tú conoces / Ella conoce / Vosotros conocéis   2. Ud. conoce / Ellos conocen / Tu amigo conoce / Tú conoces / Vosotras conocéis   3. Ellos dicen que conocen / Carlos y tú dicen (decís) que conocen (conocéis) / Yo digo que conozco / Ud. dice que conoce / Vosotros decís que conocéis   4. Ellas conocen / Maricarmen conoce / Tú conoces / Nosotros conocemos / Uds. conocen / Yo conozco

Ex. F: *groups of four or more*

Ex. G: *pair work*

Implementation, Ex. G: You may want to skim the exercise with the class before pairing students. Together decide which verb would be appropriate in each situation and why.

Answers, *Ex. G*

1. —¿Sabes el nombre del profesor (de la profesora)? —Sí, (No, no) sé su nombre.   2. —¿Conoces los mejores libros de la biblioteca? —Sí, (No, no) conozco los mejores libros.   3. —¿Sabes cuántos habitantes tiene México? —Sí, (No, no) sé cuántos habitantes tiene.   4. —¿Conoces a las hermanas de tus amigos? —Sí, (No, no) conozco a sus hermanas.   5. —¿Sabes usar la computadora? —Sí, (No, no) sé usar la computadora. 6. —¿Sabes los meses del año? —Sí, (No, no) sé los meses del año.   7. —¿Sabes qué vamos a estudiar mañana? —Sí, (No, no) sé que vamos a estudiar.   8. —¿Conoces la Avenida Reforma en la ciudad de México? —Sí, (No, no) conozco la Avenida Reforma.   9. —¿Sabes el número de teléfono de Emilio Estévez? —Sí, (No, no) sé su número.   10. —¿Conocen dos restaurantes cerca de la escuela? —Sí, (No, no) conozco dos restaurantes.   11. —¿Sabes que soy muy simpático? —Sí, (No, no) sé que eres muy simpático. 12. —¿Sabes bailar el chachachá? —Sí, (No, no) sé bailar el chachachá.

This verb is used to indicate an acquaintance or familiarity with someone, something, or someplace. It can also be used to talk about the act of meeting someone or visiting a place for the first time.

Aquí practicamos

E. Replace the subjects in italics with those in parentheses and make all necessary changes.

1. *Yo* conozco esta ciudad muy bien. (él / mi hermano y yo / tú / ella / vosotros)
2. *¿Uds.* conocen a Catalina Mendoza? (Ud. / ellos / tu amigo / tú / vosotras)
3. *Ella* dice que conoce a ese actor. (ellos / Carlos y tú / yo / Ud. / vosotros)
4. *Él* conoce la música española. (ellas / Maricarmen / tú / nosotros / Uds. / yo)

F. **Preguntas** Use each of the cues (**tú, Uds., él** or **ella,** and **ellos** or **ellas**) to ask questions of the other students in your group about the information provided below.

MODELO: México
   ¿Conoces tú México?
   ¿Conocen Uds. México?

1. Buenos Aires
2. la comida mexicana
3. a Gloria Estefan
4. el castillo (*castle*) de Chapultepec
5. las mejores tiendas de esta ciudad

G. **¿Saber o conocer?** When a classmate asks you about each item on the list, respond appropriately with **saber** or **conocer.**

MODELO: la dirección de un hotel cerca de aquí
   —*¿Sabes la dirección de un hotel cerca de aquí?*
   —*Si, sé la dirección del hotel.*

   Maricarmen
   —*¿Conoces a Maricarmen?*
   —*No, no conozco a Maricarmen.*

1. el nombre del (de la) profesor(a)
2. los mejores libros de la biblioteca
3. cuántos habitantes tiene México
4. a las hermanas de tus amigos

5. usar la computadora
6. los meses del año
7. qué vamos a estudiar mañana
8. la Avenida Reforma en la ciudad de México
9. el número de teléfono de Emilio Estévez
10. dos restaurantes cerca de la escuela
11. que yo soy muy simpático(a)
12. bailar el chachachá

H. **Dos retratos** Describe Francisco and Yolanda, using the physical features provided.

Francisco	**Yolanda**
1. pelo negro	4. pelo rubio
2. ojos castaños	5. ojos azules
3. nariz grande	6. nariz pequeña

I. **Retratos físicos** Using the vocabulary that you learned on page 107 describe the following people.

1.

2.

3.

4.

Ex. H: *pair work* 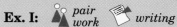 *writing*

Answers, *Ex. H*
Francisco tiene el pelo negro, los ojos castaños y la nariz grande. Yolanda tiene el pelo rubio, los ojos azules y la nariz pequeña.

Ex. I: *pair work* *writing*

Cooperative Learning
Ex. I: Pairs Check

■ Put the students into heterogeneous teams of four. Tell them to form two pairs within their teams. The pairs will work simultaneously to perform a task and then compare their answers.
■ Have one student in each pair describe the person in the first picture. The other student is to act as a coach, directing and encouraging the other student as needed.
■ Have students switch roles and do the second picture.
■ Tell the pairs to share and compare their descriptions with the other pair in their team.
■ Have pairs finish the exercise, describing the last two pictures, and then comparing their descriptions with the other pair.
■ Call on students at random to describe the pictures.

Ex. J: *pair work*

Suggestion, Ex. J: Have students bring family pictures to class. You may also give them the option of describing a make-believe family and bringing magazine photos to class for their descriptions.

Ex. K: *pair work*   *writing*

Answers, *Ex. K*

1. Buscamos...el parque / a los turistas / a Roberto / el restaurante nuevo / a mi perro.   2. Voy a visitar...el estadio / a la señora Mendoza / a mis amigos / Buenos Aires.   3. El presidente no comprende...a la gente / a los jóvenes / la situación / la lengua japonesa.   4. ¿Necesitas...al profesor / a tu hermano / los libros / el dinero?   5. Josefina piensa visitar...el museo / México / a su familia / a los tíos.

J. **Los miembros** *(members)* **de mi familia** Tell one of your classmates about the members of your family. Explain who they are, how old they are (if appropriate), and how they look. Your classmates may ask you questions.

MODELO: *Mi hermano tiene veinticinco años. Trabaja en Nueva York. Es delgado y muy alto. Tiene el pelo negro y los ojos verdes. Es muy guapo. Tiene bigote y barba, etc.*

N O T A   G R A M A T I C A L

The personal *a*

¿Ves **a** Catalina?	Do you see Catalina?
¿Admiras **al** presidente?	Do you admire the president?
¿Ves **a** la mujer alta?	Do you see the tall woman?
¿Llevo **a** mi perro?	Shall I take my dog?
¿Ves el edificio grande?	Do you see the big building?
¿Admiras la inteligencia de Carlos?	Do you admire Carlos's intelligence?

The object of a verb is a person, a thing, or an idea that receives the action of that verb. When the direct object is a specific *human being or an animal that is personalized,* it is preceded by **a**. When the definite article in the masculine singular form follows the personal **a**, the contraction **al** is used.

Aquí practicamos

K. Complete the sentences using the model below and adding words as necessary.

MODELO: Miro... (la televisión / los estudiantes).
               Miro la televisión. Miro a los estudiantes.

1. Buscamos... (el parque / los turistas / Roberto / el restaurante nuevo / mi perro).
2. Voy a visitar... (el estadio / la señora Mendoza / mis amigos / Buenos Aires).
3. El presidente no comprende... (la gente / los jóvenes / la situación / la lengua japonesa).
4. ¿Necesitas... (el profesor / tu hermano / los libros / el dinero)?
5. Josefina piensa visitar... (el museo / México / su familia / los tíos).

L. **¿Qué miras?** Tell one of your classmates what you like to look at when you go downtown. Remember to use the personal **a** when it is necessary.

Aquí escuchamos

¡Es muy guapo mi hermano!

Cecilia va a visitar a Manuel, su hermano mayor, el próximo fin de semana. Ahora, ella describe a Manuel para su amiga Claudia.

CECILIA: Mi hermano Manuel es muy simpático.
CLAUDIA: ¿Qué hace?
CECILIA: Está en la universidad. Va a ser ingeniero.
CLAUDIA: ¿Cómo es tu hermano?
CECILIA: Es alto y guapo. Tiene el pelo castaño, los ojos verdes y una nariz pequeña.
CLAUDIA: ¿Tiene bigote? **Adoro** a los hombres con bigote.   I adore
CECILIA: No, pero tiene barba.
CLAUDIA: Me gustaría mucho conocer a Manuel. ¡**Parece** sensacional!   He seems
CECILIA: ¡Lo siento! ¡Tiene una **novia** muy **celosa**!   girlfriend / jealous

¡Aquí te toca a ti!

M. **Mi cantante** (*singer*) **preferido(a)** You are discussing your favorite singers with a classmate. Pick the one you like best and give a physical description of him or her. Use **Aquí escuchamos** as a model for your conversation.

¡Adelante!

N. **¿Quién es?** Describe a famous person to your classmates, but don't reveal his or her name. They will try to guess who it is. Before you begin the description, say what the person does (**es cantante, es actor/actriz, es profesor/a**). Besides the physical description, give other details, such as where the person lives, what his or her nationality is, etc.

¿Quién es tu cantante preferido?
¿Tu cantante preferida?

Ex. L: *pair work*

Support material, Aquí escuchamos:
Teacher Tape

Presentation: Aquí escuchamos
Have students present descriptions from Ex. J as an introduction to the conversation.

Possible questions: 1. Where is Cecilia's brother? 2. For what profession is Manuel studying? 3. What color is Manuel's hair? 4. How does Claudia react? 5. What is the problem that Cecilia mentions? 1. **¿Dónde está el hermano de Cecilia?** 2. **¿Para qué profesión estudia Manuel?** 3. **¿De qué color tiene Manuel el pelo?** 4. **¿Cómo reacciona Claudia?** 5. **¿Cuál es el problema que menciona Cecilia?**

Ex. M: *pair work*

Ex. N: *groups of four or more*

Cultural Expansion

You might mention that Julio Iglesias is a world-famous recording artist who used to be a professional goalie for a Spanish soccer team. He sings in several languages and attracts huge crowds to his performances. It might be interesting to listen to one of his tapes in class, especially if accompanied by a handout with Spanish lyrics.

Etapa Support Materials

WORKBOOK: pp. 88–94
TRANSPARENCIES: #15, #16
LISTENING ACTIVITY MASTERS: p. 37
TAPESCRIPT: p. 54
TEACHER TAPE
QUIZ: Testing Program, p. 60
CHAPTER TEST: Testing Program, p. 62

Support material, El carácter:
Transparency #15

Presentation: El carácter

Introduce the new vocabulary through personalized questions. Begin with cognates. **¿Eres optimista? ¿Eres idealista?** etc.

Segunda etapa

El carácter

El carácter: Personality

Aquí está mi amigo Eduardo.
- ☐ Es pesimista.
- ☐ Es tímido.
- ☐ Es idealista.
- ☐ Es honesto.
- ☐ Es paciente siempre.
- ☐ Es intelectual.
- ☐ Es serio.

lazy
- ☐ Es **perezoso**.
- ☐ Es generoso.
- ☐ Es independiente.
- ☐ Es discreto.
- ☐ Es triste.

married
- ☐ Es **casado**.

Aquí está mi amiga Cecilia.
- ☐ Es optimista.
- ☐ Es valiente.
- ☐ Es realista.
- ☐ No es deshonesta.
- ☐ Es impaciente.
- ☐ Es atlética.
- ☐ Es simpática.

funny
- ☐ Es **cómica**.
- ☐ Es activa y enérgica.
- ☐ Es generosa también.
- ☐ Es independiente también.
- ☐ Es indiscreta a veces.
- ☐ Es alegre.

single
- ☐ Es **soltera**.

¡Aquí te toca a ti!

A. José Manuel y la señora Velázquez: Retratos psicológicos
Answer the questions about the personality traits of José Manuel and
Señora Velázquez.

1. A José Manuel le gustan mucho los coches rápidos y las actividades peligrosas *(dangerous)*. ¿Es valiente o tímido?
2. La señora Velázquez da dinero a los amigos que no son ricos. ¿Es
   generosa o tacaña *(stingy)*?
3. A José Manuel no le gusta trabajar. Prefiere mirar la televisión.
   ¿Es trabajador o perezoso?
4. La señora Velázquez encontró 25.000 pesos. Llamó por teléfono la
   policía. ¿Es honesta o deshonesta?
5. A José Manuel no le gustan los libros, pero le encanta el fútbol y le
   gusta esquiar. ¿Es atlético o intelectual?
6. La señora Velázquez siempre escucha la radio. Le gustan la música clásica y las discusiones políticas. ¿Es seria o cómica?
7. A José Manuel le gusta la vida y tiene muchos amigos. ¿Es triste o
   alegre?
8. La señora Velázquez trabaja mucho. Va al teatro, al museo y al
   cine. ¿Es activa o perezosa?

B. Mi mejor amigo(a) Tell one of your classmates about your best
friend. Give a physical description first. Then describe his or her personality traits. Your classmate will respond by asking you two or
more questions about your best friend.

Presentation: *Pronunciation*

Remind students that **u** is pronounced separately only if there is an accent over it, e.g., **Raúl, yo continúo,** etc.

Ex. D:  *pair work* *writing*

Follow-up, Ex. D: Give one partner a blank paper and the other a picture of someone. The student with the picture describes the person and the partner sketches the description. When they finish, have them compare the sketch to the picture.

Pronunciación: *The vowel combination* **ua**

The combination **ua** in Spanish is pronounced in one single syllable, similar to the *wa* in the English word *water*.

Práctica

C. Read each word aloud, carefully pronouncing the combination **ua**.

1. agua
2. cuadro
3. cuanto
4. suave
5. cuatro
6. guante
7. cuaderno
8. cuarenta

Repaso

D. **Yo soy...** If you had to meet someone at the airport who had never seen you before, how would you describe yourself over the telephone so that the other person would be sure to recognize you? Give as many details as possible.

ESTRUCTURA

Ser para + *pronouns*

Esta carta **es para ella**.   Estos cuadros **son para mí**.
Este dinero **es para ustedes**.   Estas camisas **son para ti**.

Pronouns used as objects of prepositions, following such phrases as **ser para**, have the same forms as subject pronouns, except for **mí** and **ti**.

The object pronouns you use after a preposition such as **para** are:

mí	*me, myself*	**nosotros(as)**	*us, ourselves*
ti	*you (fam.), yourself*	**vosotros(as)**	*you (fam.), yourselves*
usted	*you, yourself*	**ustedes**	*you, yourselves*
él	*him*	**ellos**	*them (masc.)*
ella	*her*	**ellas**	*them (fem.)*

Aquí practicamos

E. **¿Para quién es?** A classmate will ask you if an object on the list is for somebody. Answer by saying that it is not for the person in question but for somebody else.

> MODELO: la cámara
> —*¿La cámara es para ella?*
> —*¡Claro que no! Es para él.*

1. el disco	5. el dinero	9. los esquíes
2. la raqueta	6. las cartas	10. la tarjeta
3. las fotografías	7. la comida	11. la computadora
4. el coche	8. el refresco	12. la fiesta

F. **¡Qué generoso(a) eres!** As you point to people in the room, tell each person that you have something for him or her. Think of an object and indicate who it is for.

> MODELO: *Tengo un libro para ti.*
> *Tengo unas cintas para Uds.*

Shortened adjectives: *buen, mal, gran*

Ramón es un **buen** muchacho.	Ramón is a good boy. (no emphasis on how good)
Ramón es un muchacho **bueno**.	Ramón is a *good* boy. (emphasis on how good)
Éste es un **mal** día para esquiar.	This is a bad day for skiing. (no emphasis on how bad)
Éste es un día **malo** para esquiar.	This is a *bad* day for skiing. (emphasis on how bad)
Plácido Domingo es un **gran** hombre.	Plácido Domingo is a *great* man.
Plácido Domingo es un hombre **grande**.	Plácido Domingo is a *big* man.

When the adjectives **bueno**, **malo**, and **grande** are used before a masculine singular noun, they are shortened to **buen**, **mal**, and **gran**. The meaning of **grande** is radically different when it precedes the noun, for then it means *great* instead of *large*.

Exs. G and H: *writing*

Answers, *Ex. G*

1. Es un buen libro. Es un libro bueno.   2. Son unos malos niños. Son unos niños malos.
3. Es un gran hombre. Es un hombre grande.
4. Son unos buenos amigos. Son unos amigos buenos.   5. Son unas buenas ideas. Son unas ideas buenas.   6. Es una mala situación. Es una situación mala.   7. Es un gran perro. Es un perro grande.   8. Son unos grandes cuadros. Son unos cuadros grandes.   9. Es una buena característica. Es una característica buena.   10. Son unos malos futbolistas. Son unos futbolistas malos.

Aquí practicamos

G. Use the suggested adjectives to modify the nouns in two ways, changing the forms as necessary.

MODELOS: Es un museo. (grande)
Es un gran museo.
Es un museo grande.

1. Es un libro. (bueno)
2. Son unos niños. (malo)
3. Es un hombre. (grande)
4. Son unos amigos. (bueno)
5. Son unas ideas. (bueno)
6. Es una situación. (malo)
7. Es un perro. (grande)
8. Son unos cuadros *(paintings)*. (grande)
9. Es una característica. (bueno)
10. Son unos futbolistas. (malo)

H. **Descripciones** Choose adjectives from the list to describe first yourself and then the people indicated.

activo / alegre / antipático / bonito / bueno / cómico / cruel / delgado / discreto / dinámico / egoísta / enérgico / frívolo / fuerte / guapo / generoso / grande / honesto / idealista / imaginativo / impaciente / independiente / indiscreto / ingenuo / inteligente / joven / malo / optimista / paciente / pequeño / perezoso / pesimista / realista / serio / simpático / sincero / tímido / trabajador / triste / valiente / viejo

1. tu amigo, tu hermano o tu padre
2. tu amiga, tu hermana o tu madre
3. tu profesor(a)

Aquí escuchamos

¡Mi hermana es independiente!

Roberto va a visitar a su hermana Silvia el próximo fin de semana y **le describe** a su amigo Raúl cómo es su hermana.

describes to him

RAÚL: ¿Qué hace tu hermana, Roberto?
ROBERTO: Es doctora en Chicago.
RAÚL: ¿Cuántos años tiene?
ROBERTO: Es mi hermana mayor. Tiene veintinueve años.
RAÚL: ¿Cómo es?
ROBERTO: Es muy independiente. Es seria y trabaja mucho. Es atlética también. Por lo general, es una persona muy feliz.
RAÚL: ¿Es muy **trabajadora**?

hard working

ROBERTO: Claro que sí. Pero es muy simpática y, a veces, es muy generosa con su tiempo y con su dinero.
RAÚL: Me gustaría mucho conocer a tu hermana. Parece perfecta.
ROBERTO: ¡**Cuidado**! ¡Es casada y tiene hijos!

Careful!

¡Aquí te toca a ti!

I. **Mi pariente** *(relative)* **preferido(a)** Describe your favorite family member to one of your classmates. Discuss both physical appearance and personality. Your classmate will ask you follow-up questions. Use **Aquí escuchamos** as a model.

¡Adelante!

J. **Mi retrato** Use some of the adjectives listed in Exercise H to describe yourself to one of your classmates. If possible, give some examples to explain that characteristic. For example, if you are **atlético(a)**, tell what sports you participate in.

Support material, Aquí escuchamos:
Teacher Tape

Presentation: Aquí escuchamos
This conversation is intended to serve as a model for students to practice describing people's personalities. You may wish to introduce the dialogue by first describing someone you know.

Possible questions: 1. What is Roberto's sister's profession? 2. Where does she live? 3. How old is the woman? 4. Does she like sports? 5. How does her brother describe her? 6. What does Raúl want when he hears about his friend's sister? 1. **¿Cuál es la profesion de la hermana de Roberto?** 2. **¿Dónde vive ella?** 3. **¿Cuántos años tiene la mujer?** 4. **¿Le gustan los deportes?** 5. **¿Cómo la describe su hermano?** 6. **¿Qué quiere Raúl cuando oye de la hermana de su amigo?**

Exs. I and J: *pair work*

Variation, Ex. J: Prepare a description to read aloud to the class, asking students to draw exactly what they hear. This would be a good vocabulary check and listening comprehension exercise.

Suggestion, Vocabulario: Have students take time in class to read the list and write down any words or expressions they don't remember. Go over these with the entire class.

Cooperative Learning

Vocabulario: Group Product

- Group students into heterogeneous teams of three and give them five minutes to review the items in the **Vocabulario**.
- Tell students to describe someone in school by using the expressions they have learned. Have them decide together who they are going to describe and how. Each student must make at least one statement about the person. Remind them to talk in soft voices so that no one hears who their person is. Give them only a few minutes to plan.
- Call on the first team to describe their person. You may let other students call out a name as soon as they think they know who it is.
- Move on to the next team of three. Keep the exercise moving.
- Give the students a written quiz as a follow-up, having them describe themselves.

 Vocabulario

Para charlar

Para dar una descripción física de una persona

Tiene…
> los ojos azules / verdes / castaños / negros.
> el pelo corto / largo.
> la nariz grande / pequeña.
> bigote / barba.

Es…
> débil / fuerte.
> pálido(a) / bronceado(a).

Para describir la personalidad de una persona

Él (Ella) es…

activo(a) / perezoso(a).	idealista / realista.
ambicioso(a).	impaciente / paciente.
atlético(a).	independiente.
cómico(a).	intelectual.
deshonesto(a) / honesto(a).	perfecto(a).
discreto(a) / indiscreto(a).	tímido(a) / valiente.
generoso(a).	trabajador(a).

Vocabulario general

Sustantivos

un(a) nieto(a)
un(a) novio(a)
un(a) vecino(a)

Verbos
adorar
conocer

Adjetivos

casado(a)
soltero(a)

Otras palabras y expresiones

¡Cuidado!
le describe
parece

Aquí leemos

The following brief poem was written by Amado Nervo (1870–1919), a well-known Mexican poet. It reflects the two most important themes in his works: love and religion. The reader is invited to think about what a divine being might be like. The questions Nervo asks suggest ways in which to view God, with each person providing his or her own answers. Note that at the end of the poem Nervo shifts from asking questions to making the open-ended statement that, despite all of these questions, there is indeed one thing that he feels can be known with certainty. Read the poem through once for the mood that the words convey. Then read it again for the meaning of the words, looking at the definitions of any words you don't know. Finally, answer the questions that follow the poem.

¿Cómo es?

¿Es Dios[1] personal?
¿Es impersonal?
¿Tiene forma?
¿No tiene forma?
¿Es esencia?
¿Es sustancia?
¿Es uno?
¿Es múltiple?
¿Es la conciencia[2] del Universo?
¿Es Voluntad[3] sin conciencia y sin fin?
¿Es todo lo que existe[4]?
¿Es distinto[5] de todo lo que existe?
¿Es como el alma[6] de la naturaleza?
¿Es una ley[7]?
¿Es simplemente la armonía de las fuerzas?
¿Está en nosotros mismos?
¿Es nosotros mismos?
¿Está fuera de nosotros?
Alma mía, hace tiempo que tú ya no te preguntas estas cosas.[8]
Tiempo ha que[9] estas cosas ya no[10] te interesan.[11]
Lo único que tú sabes es que Lo amas...[12]

1. God   2. conscience   3. Will   4. that exists   5. different   6. soul   7. law   8. it's been a while now since you last asked yourself these things   9. for a while now   10. no longer
11. interest you   12. you love Him

Support Materials

WORKBOOK: pp. 95–97
TRANSPARENCY: #16
LISTENING ACTIVITY MASTERS: p. 43
TAPESCRIPT: p. 64
ATAJO, WRITING ASSISTANT SOFTWARE

Prereading
Have students describe traits they associate with the notion of a higher being.

Postreading

Have students write down as many adjectives as they can remember from the poem.

Exs. A and B: *pair work* *writing*

Cooperative Learning

Exs. A and B: Reading Trios

■ Put students with differing abilities into groups of three.

■ Explain that together each trio is going to answer the questions about the poem.

■ Have students alternate roles. To begin, one student (the reader) reads the first question. Another student, the recorder, help the other students find the answer (all the words that rhyme) and then write them down. The third student, the checker, checks to make sure that the recorder has written down all of the words. All students work together to find the answers for each question, but each student has a different role in the process. Have students rotate roles after each question.

■ Have the teams continue this process for Ex. B. Keep an eye on them to spot groups that might need encouragement.

■ Ask questions about the poem at random to check comprehension and to make sure all groups completed the activity.

Ex. C: *pair work* *writing*

Suggestion, Ex. C: For homework, ask students to write out descriptions like those in the exercise. The next day in class, other students will guess the adjectives that best fit the descriptions.

Possible answers, *Ex. C*

1. atlético, activo, enérgico 2. seria, trabajadora, intelectual 3. perezoso, triste 4. independiente, trabajadora 5. intelectual, seria, trabajadora 6. timido, triste, pesimista

Comprensión

A. **Análisis de palabras** Answer these questions about how Nervo uses words to create the mood and message of the poem.

1. Name as many adjectives as you can find quickly in the poem. What do they describe?
2. What rhyming words does the poet use?
3. Nervo likes to use pairs of words with opposite meanings to express how difficult it is to describe God. For example: **personal / impersonal**. What other pairs like this do you see?

B. **Análisis de ideas** Now that you understand most of the individual words of the poem, answer these questions about what the poem means.

1. What is the main question being asked in the poem?
2. What are some of the specific characteristics about God that Nervo wonders about?
3. Why do you think the poem is divided into so many short lines? How does this relate to its message, in your opinion?
4. Who does the poet seem to be addressing? What assumption does he make at the end of the poem?

Repaso

C. **Rasgos** *(Traits)* **de carácter** Use one or several adjectives to characterize the following people.

1. Gonzalo juega al fútbol en el otoño, al básquetbol en el invierno y al béisbol en el verano. Gonzalo es muy...
2. María Luisa estudió ciencias políticas en la universidad. Ahora trabaja en una compañía comercial importante. Quiere ser presidente algún día. María Luisa es...
3. Marcos no trabaja. No sale de la casa por la mañana. Escucha sus discos por la tarde y mira televisión. Marcos es...
4. Los padres de Silvia son bastante ricos. Pero ella vive en un apartamento pequeño. Trabaja en una librería. No acepta dinero de sus padres. Silvia es...
5. Isabel estudia matemáticas y las ciencias. Es una estudiante excelente. Isabel es...
6. A Pablo no le gusta hablar con los otros. Le gusta estar en casa. No está seguro de sí mismo *(sure of himself)*. Pablo es...

Ex. A: ☖☖ *pair work*   ✎ *writing*

Aquí repasamos

In this section, you will review:

- the months of the year;
- the date;
- the seasons of the year;
- the verbs **jugar** and **volver**;
- the verbs **saber** and **conocer**;

- agreement, plural forms, and position of adjectives;
- personal **a**;
- **ser para** + pronouns;
- shortened adjectives: **buen**, **mal**, **gran**.

Los meses del año

enero	abril	julio	octubre
febrero	mayo	agosto	noviembre
marzo	junio	septiembre	diciembre

The months of the year are *not* capitalized. To express the idea of *in* a month, use **en** or **en el mes de**.

A. **¿Qué hacemos en...?** For the month given, state what the weather is like in your part of the country and explain what you like to do.

MODELO: diciembre
Para nosotros, hace frío en diciembre. Nieva mucho. Me gusta esquiar y me gusta ir de compras para la Navidad.

1. julio   2. abril   3. octubre   4. diciembre

La fecha

¿Cuál es la fecha (de) hoy?
¿Qué fecha es hoy?   } *What is today's date?*
¿A cuántos estamos?

Hoy es el 5 de abril.   *Today is April 5.*

Exs. B and C:  *pair work*

Implementation, Ex. C: To maintain interest and a steady pace, have students alternate in their discussions of the four seasons. Instruct them to include both something they like and something they dislike when talking about a particular season of the year.

B. **¿Cuál es la fecha de...?** Use the cues to ask one of your classmates questions. He or she will answer.

MODELOS: hoy
—*¿Cuál es la fecha hoy?*
—*Hoy es el 19 de septiembre.*

cumpleaños de tu madre
—*¿Cuál es la fecha del cumpleaños de tu madre?*
—*El cumpleaños de mi madre es el 22 de mayo.*

1. hoy
2. tu cumpleaños
3. el cumpleaños de tu mejor amigo(a)
4. el día de la independencia de los Estados Unidos
5. el día de la independencia de México (*September 16*)
6. el día de Acción de Gracias
7. las vacaciones de Navidad
8. las vacaciones de verano

OFERTAS   OFERTAS
8° ANIVERSARIO
Agosto 26 a Septiembre 3
EN SU ANIVERSARIO, BIMA OFRECE SUS MEJORES ARTICULOS A PRECIOS REALMENTE INCREIBLES ! CON DESCUENTOS HASTA DEL 50 o/o !
bima

Las estaciones del año

la primavera (en la primavera)	**el otoño (en el otoño)**
el verano (en el verano)	**el invierno (en el invierno)**

C. **Me gusta... no me gusta...** Explain to a classmate why you like or dislike each of the four seasons.

MODELO: *Me gusta el verano porque me gusta el calor. Me gusta estar de vacaciones y me gusta ir a la piscina o a la playa. Pero no me gusta cuando hace mucho calor.*

Ex. D: pair work

The verbs *jugar* and *volver*

yo	**juego**	nosotros	**jugamos**
tú	**juegas**	vosotros	**jugáis**
él ella } Ud.	**juega**	ellos ellas } Uds.	**juegan**

yo	**vuelvo**	nosotros	**volvemos**
tú	**vuelves**	vosotros	**volvéis**
él ella } Ud.	**vuelve**	ellos ellas } Uds.	**vuelven**

D. **¿Cuándo?** Explain to one of your friends why or when you do the following things.

MODELO: ¿Cuándo juegas al tenis?
Juego al tenis cuando hace buen tiempo.   o:
Juego al tenis cuando mis amigos juegan.

1. ¿Cuándo juegas al básquetbol?
2. ¿A qué hora vuelves a casa los sábados cuando hay fiesta?
3. ¿Por qué (no) juegas al golf?
4. ¿Cuándo vuelves a México?

Ex. E: 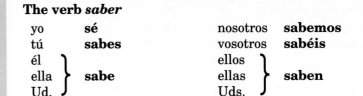 *pair work*   *writing*

Suggestion, Ex. E: This activity may be used as a quick oral or written warm-up activity.

Answers, *Ex. E*

1. Conozco Nueva York.   2. Conozco a tus primos. 3. Sé bailar el mambo.   4. Sé el número de la casa donde vive tu profesor(a).   5. Sé donde vive mi mejor amigo.   6. Conozco la universidad.

The verb *saber*

yo	**sé**	nosotros	**sabemos**
tú	**sabes**	vosotros	**sabéis**
él		ellos	
ella	**sabe**	ellas	**saben**
Ud.		Uds.	

Saber is used to talk about knowing facts or something that has been learned thoroughly, as well as knowing how to do something. In this last instance, **saber** is used before an infinitive form of another verb.

The verb *conocer*

yo	**conozco**	nosotros	**conocemos**
tú	**conoces**	vosotros	**conocéis**
él		ellos	
ella	**conoce**	ellas	**conocen**
Ud.		Uds.	

This verb is used to indicate an acquaintance or familiarity with someone, something, or someplace. The act of meeting someone or visiting a place for the first time is also communicated.

E.   **¿Qué sabes?** Use **saber** or **conocer** appropriately with the items on the list.

MODELOS: el Hotel Ritz
          Conozco el Hotel Ritz.

          hablar español
          Sé hablar español.

1. Nueva York
2. tus primos
3. bailar el mambo
4. el número de la casa donde vive tu profesor(a)
5. donde vive mi mejor amigo
6. la universidad

Ex. F:  *pair work*

Position of adjectives

Adjectives almost always follow the nouns they modify:

    Una escuela **buena**.
    Unos muchachos **inteligentes y responsables**.

Agreement of adjectives

1. An adjective ending in **-sta** has the same ending for both the masculine and feminine forms. To make these adjectives plural, simply add an **-s**.

    El abogado es **pesimista**.   Las abogadas son **pesimistas**.

2. If the masculine form of an adjective ends in **-l**, **-s**, or **-z**, the ending for the feminine form is also **-l**, **-s**, and **-z**. To make these plural, you add **-es**. Note that in the plural form **z** changes to **c**.

    El examen es **difícil**   Las preguntas son **difíciles**.
    El libro es **gris**.   Las faldas son **grises**.
    El niño es **feliz**.   Las niñas son **felices**.

The exception to this procedure is when an adjective of nationality ends in **-s** in the masculine form, the feminine form then ends in **-sa**.

    El profesor es **francés**.   La profesora es **francesa**.

F. **¿Cómo es...?** Give your classmate a short description of each object, using two adjectives connected by **y**.

MODELO: ¿Cómo es tu casa?
            Es una casa pequeña y blanca.

1. ¿Cómo es tu bicicleta?
2. ¿Cómo es tu apartamento (tu casa)?
3. ¿Cómo son tus discos?
4. ¿Cómo son tus libros?
5. ¿Cómo es tu familia?
6. ¿Cómo son tus hermanos (padres)?
7. ¿Cómo son los programas que miras en la televisión?
8. ¿Cómo son los exámenes de matemáticas?

Ex. G: *pair work*   *writing*

G. **Unos libros interesantes** Read the following advertisement for two special interest dictionaries. Identify the adjectives that are used to describe the features of the books. There are over a dozen adjectives.

The personal *a*

¿Ves **a** Catalina?	Do you see Catalina?
¿Admiras **al** presidente?	Do you admire the president?
¿Llevo **a** mi perro?	Shall I take my dog?
¿Ves el edificio grande?	Do you see the big building?

When the direct object is a specific *human being, or an animal that is personalized,* it is preceded by **a**.

H. **¿Qué miras?** Use the cues to tell different classmates what you are looking at, using the personal **a** when necessary.

MODELO: el libro
—*¿Qué miras?*
—*Miro el libro.*

1. la televisión
2. una amiga
3. el coche negro
4. el cantante
5. el abuelo
6. mi hermano
7. el problema
   de matemáticas
8. las plantas
9. los profesores
10. mis gatos

Ex. I: *groups of four or more* *writing*

◆ *Critical Thinking* ◆

As a culmination to Ex. I, poll each group and list the chosen traits on the board; by comparing and contrasting the results, come up with one definitive list.

Ser para **+ pronouns**

Esta carta **es para ella**.   Estos tacos **son para mí**.
Este dinero **es para ustedes**.   Estas camisas **son para ti**.

Here are the object pronouns used after a preposition such as **para**:

mí	*me, myself*	**nosotros(as)**	*us, ourselves*
ti	*you (fam.), yourself*	**vosotros(as)**	*you (fam.), yourselves*
usted	*you, yourself*	**ustedes**	*you, yourselves*
él	*him*	**ellos**	*them (masc.)*
ella	*her*	**ellas**	*them (fem.)*

Shortened adjectives: *buen, mal, gran*

Ramón es un **buen** muchacho.   Ramón es un muchacho **bueno**.
Este es un **mal** día para esquiar.   Este es un día **malo** para esquiar.
Plácido Domingo es un **gran** hombre.   Plácido Domingo es un hombre **grande**.

When the adjectives **bueno**, **malo**, and **grande** are used before a masculine singular noun the final letters, **-o** and **-de**, are dropped. The meaning of **grande** is radically different when it precedes the noun, for then it means *great* instead of *large*.

I. **El(La) amigo(a) ideal** You and other members of your group have to come up with a description of the ideal friend. Each of you suggests some adjectives, and then you pick the five traits that you think are absolutely essential. When you have your list, compare it with the characteristics most important to another group in your class.

MODELO: *El amigo ideal es generoso y simpático.*, etc.

Aquí llegamos

A. **El aviso meteorológico** Prepare a weather report for your region. Indicate the weather and temperatures for today, tonight, and tomorrow. Be prepared to answer questions about weather in other cities: **¿Qué tiempo hace en San Francisco? ¿en las montañas de Colorado?**, etc.

B. **Mi hermano(a) y yo** Make a comparison between yourself and your brother (your sister, a friend, your mother, or your father). Use as many of the adjectives you've learned as possible. Your comparison should include both physical and personality traits.

Torremolinos, España

C. **Un(a) nuevo(a) amigo(a)** You've just met a new person in your school. Tell a friend about this person, including physical and personality traits.

D. **Un álbum de la familia** Bring photographs of family members or friends to class. Tell your group about each of these people (physical and personality traits). Your classmates will ask you questions.

E. **Una entrevista** *(An interview)* Pretend that you work on your school newspaper and that you're interviewing a visiting rock star who is performing in your town. A classmate will play the role of the rock star. Find out as much as you can about the person's personality, what he or she likes to do, what music he or she listens to most often, what kinds of books he or she likes, what sports he or she plays, what climate he or she prefers, etc. Use some of the adjectives you've learned to ask questions and find out what the person is like.

Ex. A: *writing* **Atajo**

Writing Activities

Writing suggestion: Remind students to refer for help in writing to the **Para charlar** and **Temas y contextos** sections of the chapter **Vocabularios**, as well as to the **Estructura** and **Nota gramatical** sections in the **etapas**. If you have access to **Atajo** software, students will find similar helps there, both in the dictionary and in indexes labeled Functional Vocabulary, Topic Vocabulary, and Grammar. For instance, in Unit 1 students might refer to the following **Atajo** categories.

Atajo, Writing Assistant Software

Functional vocabulary: Describing people; describing weather; pointing to a person / object; etc.

Topic vocabulary: Calendar; clothing; days of the week; face; family members; hair; leisure; months; musical instruments; people; personality; seasons; time of day; etc.

Grammar: adjectives: Descriptive; adjectives: position; **jugar**; **volver**; comparatives; prepositions and dates; pronouns: object; verb summary; verbs: future; verbs **hacer**; verbs: imperfect; verbs: **saber** and **conocer**; verbs: **ser** and **estar**; etc.

Implementation, Ex. A: This would be a good activity to film. Students could do a simple mock-up of a weather map and refer to it while giving the weather report.

Ex. B: *writing* **Atajo**

Implementation, Ex. B: As a visual aid, suggest that students bring in a recent photograph of the person. They may then point to the physical characteristics evident on the picture as they are comparing and contrasting.

Ex. C: *pair work* *writing* **Atajo**

Ex. E: *pair work* *roleplay* *writing* **Atajo**

Cultural Context

Sevilla is considered by many to be one of Spain's most picturesque cities. Its white-washed **barrios** and its orange-blossom scented air charm native Spaniards and visitors alike. Among its many attractions are its huge gothic cathedral (the largest gothic building in the world), the Giralda tower, the old **Barrio de Santa Cruz** with its twisting streets, and **el Parque María Luisa**. Sevilla is also associated with two festivals — **Semana Santa** and **La Feria de Sevilla**.

SEGUNDA UNIDAD

Vamos a instalarnos

Objectives

In this unit, you will learn:

- to rent and pay for a hotel room;
- to understand classified ads and brochures for lodging;
- to describe a house or apartment;
- to tell time using the 24-hour clock.

Capítulo cuatro:	**Buscamos un hotel**
Primera etapa:	La **Guía Michelín**
Segunda etapa:	En una habitación
Tercera etapa:	La cuenta

Capítulo cinco:	**Un año en casa de los Álvarez**
Primera etapa:	Un programa de intercambio
Segunda etapa:	Una carta de agradecimiento

Capítulo seis:	**Busco un apartamento**
Primera etapa:	Anuncios del periódico
Segunda etapa:	Mi apartamento

Planning Strategy

If you do not assign the Planning Strategy (Workbook, p. 99) for homework or if students have difficulty coming up with English expressions, you might try asking several students to role-play the situation: you can ask someone to play the desk clerk and another student or students to play the customer(s); you can put students in groups to brainstorm as many answers as possible to the various questions.

Although some students may be too young to be getting a hotel room, this topic introduces them to travel and lodging. It has them engage in interactive activities while practicing vocabulary for rooms and furniture.

CHAPTER OBJECTIVES

FUNCTIONS: Renting and paying for a hotel room; understanding classified ads/lodging brochures

CONTEXT: Using *La Guía Michelín* (tourist guide); renting hotel rooms, requesting amenities, paying the bill

ACCURACY: Ordinal numbers; preterite of **dormir**; the verbs **salir** and **llegar** (present and preterite)

Cultural Observation

Have students look at the photo and observe that even though the hotel is in Spain, its name refers to another country. What is it? Tell students that this is a common practice throughout Europe, where many hotel and restaurant names are foreign or refer to foreign countries.

Video/Laserdisc
Etapa 1: Video—Tape 1, Program 2, Part 1
 Video Guide—p. 18
 Laserdisc—Disc 1, Side 2, Prog. 2, Part 1

Search 19130, Play To 27854

CAPÍTULO CUATRO

Buscamos un hotel

El Hotel Inglaterra es un hotel de gran confort en Sevilla, España.

Primera etapa

La **Guía Michelín**

La Guía Michelín: The Michelin Guide

La instalación

Las habitaciones de los hoteles que recomendamos poseen, en general, instalaciones sanitarias completas. No obstante puede suceder que en las categorías 🏨, 🏚 y 🛖 algunas habitaciones carezcan de ellas.

30 hab **30 qto**	Número de habitaciones
🛗	Ascensor
▦	Aire acondicionado
TV	Televisión en la habitación
☎	Teléfono en la habitación por centralita
☎	Teléfono en la habitación directo con el exterior
⛲	Comidas servidas en el jardín o en la terraza
⤵ ▧	Piscina : al aire libre o cubierta
☘	Jardín
✵ ⛳	Tenis en el hotel – Golf y número de hoyos
🏛	Salón de reuniones (mínimo 25 personas)
⛽	Garaje en el hotel (generalmente de pago)
🅿	Aparcamiento reservado a la clientela
🐕	Prohibidos los perros (en todo o en parte del establecimiento)
Fax	Transmisión e documentos por telecopia
mayo-octubre	Período de apertura comunicado por el hotelero
temp	Apertura probable en temporada sin precisar fechas. Sin mención, el establecimiento está abierto todo el año
✉ 28 012 ✉ 1 200	Distrito postal

CATEGORÍAS

🏰🏰🏰	Gran lujo y tradición	✗✗✗✗✗
🏰🏰🏰	Gran confort	✗✗✗✗
🏰🏰	Muy confortable	✗✗✗
🏚	Bastante confortable	✗✗
🏠	Confortable	✗
🛖	Sencillo pero decoroso	
sin rest	El hotel no dispone de restaurante	sem rest
con hab	El restaurante tiene habitaciones	com qto

Etapa Support Materials

WORKBOOK: **pp. 100–106**
TRANSPARENCY: **#17**
TEACHER TAPE
QUIZ: **Testing Program, p. 71**
VIDEO: **Tape 1, Program 2, Part 1**
VIDEO GUIDE: **p. 18**

Support material, *La Guía Michelín:*
Transparency #17

Presentation: *La Guía Michelín*

(1) In English, have students talk about hotel rooms in the United States. If they've never been in one, have them imagine what they are like. (2) Have them look at the Spanish hotel classifications and identify the main words.

Presentation: *La Guía Michelín, continued*
Use the transparency for the entry for the Hotel Inglaterra. As you read each descriptive sentence, have a student point to the appropriate symbol.

Ex. A: *pair work*   *writing*

Suggestion, Ex. A: Once students have identified the correct hotel classification in English, have them attempt a simple description in Spanish.

---

classifies

El gobierno español **clasifica** los hoteles en cinco categorías:

luxury / bathrooms / (bed)rooms

Hoteles de gran **lujo** — con **salas de baño** en todas las **habitaciones**

Hoteles **** (cuatro estrellas) — hoteles de primera clase; la mayoría de las habitaciones con sala de baño

comfort
elevator

Hoteles *** (tres estrellas) — gran **confort**; muchas habitaciones con sala de baño; **ascensor**, teléfono

Hoteles ** (dos estrellas) — buena calidad, muy confortables; 30 por ciento de las habitaciones con sala de baño

at least
sink / booth

Hoteles * (una estrella) — buena calidad, bastante confortables; **al menos** diez habitaciones con **lavabo**; **cabina** de teléfono

Si Ud. viaja a España, es muy útil usar la *Guía Michelín* roja (guía de hoteles y restaurantes). Esta guía usa un sistema un poco diferente de la clasificación oficial española. **Lo siguiente** es **lo que dice** la *Guía Michelín* del Hotel Inglaterra en Sevilla.

The following / what the *Michelin Guide* says

```
     Inglaterra, pl Nueva 7,      41001,
 422 49 70, Telex 72244 —
   E  VISA     rest                          BV
 Com 2750 —    550 — 116 hab 16000/20000 — P
 15100/21100
```

El Hotel Inglaterra es un hotel de gran confort. Tiene restaurante y está en la Plaza Nueva. El número de teléfono es 422 49 70. Tiene ascensor y hay un televisor en cada habitación. **No permiten** perros en el restaurante. Hay un teléfono en cada habitación pero **hay que pasar por la recepción.** En este hotel hay 116 habitaciones. Una habitación cuesta entre 16.000 y 21.100 pesetas. El desayuno cuesta 550 pesetas y no está incluido en el precio de la habitación. Aceptan cuatro **tarjetas de crédito**: American Express, Diners Club, Eurocard y Visa.

They do not permit

you have to go through the reception desk

credit cards

¡Aquí te toca a ti!

A. **¿Qué tipo de hotel?** According to each symbol, tell what kind of a hotel is referred to or what kind of convenience is offered.

MODELO: **

It's a two-star hotel. It's comfortable and some of the rooms have bathrooms.

1.

2.

3.

4.

5.

6.

7.

8.

9.

10.

Answers, *Ex. A*

1. This is a luxury hotel. It is has a bathroom in each room, and most likely a telephone, television, and other comforts.   2. There are tennis facilities at the hotel.   3. There is a television in each room.   4. There is an indoor or outdoor pool.   5. No pets are allowed in the hotel.   6. The hotel has a garage. (Generally there is an extra charge.)   7. The hotel has an elevator.   8. There is a nine-hole golf couse at this hotel facility.   9. There is a telephone in each room from which you may dial directly without going through the main desk.   10. This is a one-star hotel. It is comfortable, but there is no bathroom or telephone in the room.

▼ COMENTARIOS CULTURALES ▼

Los hostales

A convenient and economical place for students to stay when travelling in Spain is a youth hostel (**hostal**). **Hostales** are designed to accommodate young people up to the age of 26, primarily students. They offer modest rooms at unbeatable prices, and meals are often served for a nominal fee as well. There are both advantages and disadvantages to staying in **hostales** — there is usually an early curfew after which the doors are locked, and shared rooms are common practice. However, in addition to the economic advantages, you have the opportunity to meet young travellers from all over the world. The chance to make new friends and experience adventures you'll remember for a lifetime are the greatest advantages of the **hostal**.

SITUADO EN EL CENTRO DE LA CIUDAD · CUARTOS DE BAÑOS PRIVADOS · COCINA ... SELECTA · **GARAGE** ...

Hostal **SIERPES**

A 150 METROS DE LA CATEDRAL

CSPRAL DEL REY, 22 · TELEFONOS 224948/49 · 41004 SEVILLA

Ex. B: 🔺🔺🔺 *groups of three*

Expansion, Ex. B: Ask students to give more detailed descriptions (in English or Spanish) of some of the hotels listed.

Preparation and Implementation, Ex. B: Assign groups of three to decipher the information on individual hotels and report back to the class. Then have each group find the answer to one of the questions. Have each group explain/justify their results to the rest of the class. Students may refer back to p. 135 for the list of symbols.

Answers, *Ex. B*

1. Los Lebreros Sol (439 habitaciones) is the largest hotel.   2. Alfonso XIII (23.800/30.500 ptas.) is the most expensive. It is a four-star hotel with many amenities.   3. Alfonso XIII, Los Lebreros Sol, Meliá Sevilla, Porta Coeli, Macarena Sol, Resid. y Rest. Fernando III, and Doña María all have swimming pools. 4. Pasarela, Bécquer, América, Alcázar, Doña María, Monte Carmelo, and Corregidor have no restaurant.   5. La Rábida is the least expensive (3.500/5.500 ptas.)   6. Alfonso XIII, Los Lebreros Sol, Meliá Sevilla, Porta Coeli, Macarena Sol, G. H. Lar, and Resid. y Rest. Fernando III have meeting rooms.   7. At the Hotel Macarena Sol breakfast costs one thousand pesetas.

B. **Los hoteles de Sevilla** Some friends of your parents are planning to visit Sevilla, a city in southern Spain. Because they don't speak Spanish, they ask your help in finding a hotel. Read the following excerpt from the *Guía Michelín*. Then answer their questions.

1. Which is the largest hotel in Sevilla?
2. Which is the most expensive? What justifies the high prices?
3. Which hotels have swimming pools?
4. Which hotels don't have restaurants?
5. Which hotel is the least expensive?
6. Which hotels have meeting rooms?
7. How much does breakfast cost at the Hotel Macarena Sol?

Ordinal numbers

el primero, la primera	el sexto, la sexta
el segundo, la segunda	el séptimo, la séptima
el tercero, la tercera	el octavo, la octava
el cuarto, la cuarta	el noveno, la novena
el quinto, la quinta	el décimo, la décima

Ordinal numbers (such as *first, second, third*) are used to order and to rank items in a series. Notice the following special cases:

1. For *the first* use **el primero** or **la primera**, and for *the last* use **la última** or **el último**.
2. Note that ordinal numbers agree in gender with and precede the nouns they modify.
3. The shortened forms **primer** and **tercer** are used before masculine singular nouns: **el primer estudiante**, **el tercer piso**.
4. Beyond **décimo**, cardinal numbers are generally used. They follow the noun: **el siglo veinte, la Calle Setenta y Ocho.**
5. For dates, Spanish uses the ordinal numbers only for the first day of the month: **el primero de mayo**, **el primero de junio**, but **el dos de marzo, el tres de abril**, etc.
6. The abbreviated forms of the ordinal numbers are formed as follows:

primero	**1º**	primera	**1ª**	primer	**1ᵉʳ**
segundo	**2º**	segunda	**2ª**		
tercero	**3º**	tercera	**3ª**	tercer	**3ᵉʳ**
cuarto	**4º**	cuarta	**4ª**		
quinto	**5º**	quinta	**5ª**		
etc.					

Aquí practicamos

C. Read the following aloud.

1. el 1º de abril
2. el 4º libro
3. la 1ª vez
4. la 3ª estudiante
5. el 8º lugar
6. el 1ᵉʳ lugar
7. el 2º año
8. la 5ª avenida
9. el 7º día
10. la 2ª clase
11. la 9ª semana
12. el 3ᵉʳ año

Presentation: *Ordinal numbers*
Before presenting the ordinal numbers, ask students to brainstorm their uses in English. (1) Remind students of **el primero de enero, febrero, marzo**, etc.; **la primera clase, segunda clase,** etc. (2) Have students repeat 2ª, 3ª, ...10ª. (3) Have students continue to generate ordinal numbers until the concept is established.

Ex. C: pair work / writing

Answers, *Ex. C*
1. el primero de abril 2. el cuarto libro 3. la primera vez 4. la tercera estudiante 5. el octavo lugar 6. el primer lugar 7. el segundo año 8. la quinta avenida 9. el séptimo día 10. la segunda clase 11. la novena semana 12. el tercer año

Ex. D: *pair work* — *writing*

Answers, *Ex. D*

1. Enero es el primer mes del año. El tercer mes es marzo. El octavo es agosto. El último es diciembre. 2. El primer día de la semana es lunes. El cuarto es jueves y el último es domingo. 3. Mi primera clase es a las ____ de la mañana. Mi segunda clase es a las ____. Mi tercera clase es a la(s) ____. Mi última clase es a la(s) ____.

Support material, Aquí escuchamos:
Teacher Tape

Presentation: Aquí escuchamos

(1) Students listen with books closed while you play the dialogue on the Teacher Tape. (2) Ask in English what the main points of the dialogue are. (3) Have students listen to the dialogue again with books open. (4) Students take parts and enact the dialogue.

This dialogue is the basis of many situations that follow. It is important that students learn the key phrases needed to get a hotel room. After presenting the dialogue, you may wish to create a few patterns for more extensive practice: **¿Tiene Ud. una reservación? (él / ella / tú / Uds. / ellos) Tengo una habitación para dos personas. (una persona / dos personas / tres personas / cuatro personas) Es una habitación que cuesta 5.500 pesetas. (7.500 / 4.800 / 8.600 / 6.700)**

Possible questions: 1. For how many people do they want a room? 2. Do they have a reservation? 3. Does the room have a bath? 4. How much does the room cost? 5. Does the price include breakfast? 1. **¿Para cuántas personas quieren una habitación?** 2. **¿Tienen una reservación?** 3. **¿Tiene baño la habitación?** 4. **¿Cuánto cuesta la habitación?** 5. **¿El precio incluye el desayuno?**

Ex. E: *pair work* — *roleplay*

D. Answer the following questions.

1. ¿Cuál es el primer mes del año? ¿el tercer mes del año? ¿el octavo? ¿el último?
2. ¿Cuál es el primer día de la semana en el calendario hispano? ¿el cuarto? ¿el último?
3. ¿A qué hora es tu primera clase? ¿tu segunda clase? ¿tu tercera clase? ¿tu última clase?

Aquí escuchamos

¿Tiene Ud. una reservación?

Linda y su amiga Kelly llegan al Hotel Montecarlo en Sevilla. Ellas van a la recepción. Linda habla con el **empleado**.

employee

without

> LINDA: Buenos días, señor. ¿Tiene una habitación para dos personas?
> EMPLEADO: ¿Tiene Ud. una reservación?
> LINDA: Sí, señor. Nosotros hablamos por teléfono la semana pasada.
> EMPLEADO: Ah, sí. Ud. es la Srta. Klein y ésta es su amiga. Tengo una habitación **sin** baño para dos personas.
> LINDA: Es una habitación que cuesta 5.500 pesetas, ¿verdad?
> EMPLEADO: Sí, exactamente.
> LINDA: ¿Está incluido el desayuno en el precio?
> EMPLEADO: No, señorita. Tienen que pagar 350 pesetas más por el desayuno.
> LINDA: Está bien.

¡Aquí te toca a ti!

E. **¿Quisiera Ud. una habitación?** Use the information given to tell the desk clerk what kind of a room you want.

> MODELO: dos personas / 2.500–3.000 pesetas (2.700 pesetas / sin baño)
> —*Buenos días, señor. ¿Tiene Ud. una habitación para dos personas, entre 2.500 y 3.000 pesetas?*
> —*Sí, tengo una habitación sin baño por 2.700 pesetas.*
> —*Está bien.* o:
> —*Nosotros quisiéramos una habitación con baño.*

1. dos personas / 2.000–2.500 pesetas
   (2.300 / sin baño)
2. tres personas / 3.000–3.500 pesetas
   (3.400 / con baño)
3. una persona / 1.500–2.000 pesetas
   (1.900 / con baño)
4. una persona / 1.200–1.500 pesetas
   (1.250 / sin baño)

¿Tiene una habitación para dos personas?

¡Adelante!

F. **¿Qué opción** *(choice)*? You and your friend have ranked in order of preference the hotels you want to stay in when you visit Sevilla. You are discussing them in order to come to some kind of agreement.

MODELO: Hotel Pasarela / 4 / 2
  ¿Y el Hotel Pasarela? Es mi cuarta
  opción. ¿Y tú?
  Es mi segunda opción.

1. Hotel Meliá Sevilla / 5 / 3
2. Hotel Bécquer / 8 / 6
3. Hotel América / 9 / 7
4. Hotel Alcázar / 10 / 8
5. Hotel Inglaterra / 2 / 1
6. Hotel Doña María / 7 / última

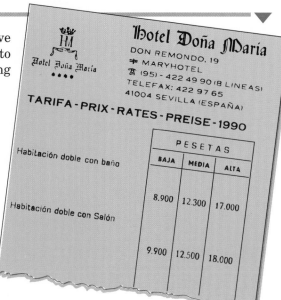

Answers, *Ex. E*
1. —Buenos días, señor. ¿Tiene Ud. una habitación para dos personas entre 2.000 y 2.500 pesetas? —Sí, tengo una habitación sin baño por 2.300 pesetas. —Está bien. o: —Nosotros quisiéramos una habitación con baño.
2. —Buenos días señor. ¿Tiene Ud. una habitación para tres pesonas entre 3.000 y 3.500 pesetas? —Sí, tengo una habitación con baño por 3.400 pesetas. —Está bien.
3. —Buenos días, señor. ¿Tiene Ud. una habitación para una persona entre 1.500 y 2.000 pesetas? —Sí, tengo una habitación con baño por 1.900 pesetas. —Está bien.
4. —Buenos días, señor. ¿Tiene Ud. una habitación para una persona entre 1.200 y 1.500 pesetas? —Sí, tengo una habitación sin baño por 1.250 pesetas. —Está bien. o: —Quisiera una habitación con baño.

Ex. F: *pair work*

Answers, *Ex. F*
1. —¿Y el Hotel Meliá Sevilla? Es mi quinta opción. ¿Y tú? —Es mi tercera opción.
2. —¿Y el Hotel Bécquer? Es mi octava opción. ¿Y tú? —Es mi sexta opción.
3. —¿Y el Hotel América? Es mi novena opción. ¿Y tú? —Es mi séptima opción.
4. —¿Y el Hotel Alcázar? Es mi décima opción. ¿Y tú? —Es mi octava opción.
5. —¿Y el Hotel Inglaterra? Es mi segunda opción. ¿Y tú? —Es mi primera opción.
6. —¿Y el Hotel Doña María? Es mi séptima opción. ¿Y tú? —Es mi última opción.

To the teacher: The blue receipt to the left reads the following: **Recibí de José Luis Villanueva-Lorenzo tres mil pesetas por reservar habitación doble sin baño para los días 22 al 28 de abril 1990 ambos inclusive Sevilla 14 de 3 de 1990. Pesetas 3.000**

Ask students if they can figure out what 14 de 3 means. (14 de marzo)

Ex. G: 🔺 *pair work*   🐛 *roleplay*

Suggestion, Ex. G: Model the conversation before dividing the class into pairs. When finished have a few pairs perform the activity once again in front of the class.

Etapa Support Materials

WORKBOOK: pp. 107–112
TRANSPARENCIES: #18, #19, #19a
TEACHER TAPE
QUIZ: Testing Program, p. 74

Support material, En una habitación:
Transparency #18

Presentation: En una habitación

As an introduction to the **etapa,** bring in hotel brochures (or newspaper ads) from your area. Have students talk about what is highlighted in American hotel advertisements. After they've read the brochure for the Madrid hotel, ask them to make comparisons. Have students tell in English what facts they get from the hotel brochure.

G. **Sí, yo tengo una reservación.** You arrive at a hotel where you have made a reservation. Go to the front desk and talk to the employee. Follow the cues provided and work with a partner.

1. Greet the employee.
2. Find out if he or she has a room for two people.
3. Say that you have a reservation and give your name.
4. Confirm that the room costs 2,750 pesetas.
5. Ask if breakfast is included.
6. Thank the employee for the information and say good-bye.

Segunda etapa

En una habitación

Hotel INGLES, situado en el corazón de Madrid, tan próximo a su tradición e historia monumental, como a sus núcleos comerciales y de diversión. En la capital de España, en el lugar preciso, siempre vecino a los puntos de interés.

UN PUNTO IDEAL EN EL CENTRO DE LA CIUDAD

HOTEL INGLES
ECHEGARAY, 8 - TELEF. (91) 429 65 51
28014 MADRID - ESPAÑA

Equipado con 58 habitaciones (Suites, Dobles, Individuales), disponiendo cada una de ellas de: Baño completo, Calefacción, Teléfono, así como de los servicios particulares del Hotel: Cafetería-Pub, Salón de TV (color), Hilo musical, Caja de Seguridad individual, Parking privado, Gimnasio.

¡Aquí te toca a ti!

A. **El gran hotel...** Based on the brochure on the preceding page, answer the following questions.

1. In what part of Madrid is the hotel located?
2. Near what tourist sights is the hotel located?
3. How many stars does the hotel have? What does that mean?
4. How many rooms does the hotel have?
5. What does a typical room have?
6. Does each room have a television?

B. **La habitación del hotel** Based on the drawing of the hotel room and the hallway above, answer the following questions. Use the cues in parentheses when they are provided.

1. ¿Cuántas camas hay en la habitación?
2. ¿Dónde está la mesita de noche? (cerca de)
3. ¿Dónde está el lavabo? (al lado de)
4. ¿Dónde está el bidé? (al lado de)
5. ¿Dónde está el ascensor? (al fondo de)
6. ¿Dónde está el WC? (en frente de)
7. ¿Dónde está la ducha? (al lado de)
8. ¿De qué color es la alfombra?

Si busca un hotel amable, para reunirse, descansar, hacer un buen negocio, y no perder el avión, tenemos su hotel.

novotel. Para vivirlo novotel

Ex. A: *pair work*   *writing*

Answers, *Ex. A*
1. downtown / the center   2. Prado Museum, Royal Palace, Puerta del Sol   3. three   4. fifty-eight   5. bathroom, heat, telephone   6. No. There is a general TV room in hotel.

Ex. B: *pair work*   *writing*

Support material, Ex. B: Transparencies #19, #19a. Use the transparency to introduce new vocabulary, first with the overlay and then without. Then have students answer the questions.

Answers, *Ex. B*
1. Hay una cama en la habitación.   2. La mesita de noche está cerca de la cama.   3. El lavabo está al lado de la cama (al lado del bidé).   4. El bidé está al lado del lavabo.   5. El ascensor está al fondo del corredor.   6. El WC está en frente de la habitación 38.   7. La ducha está al lado del WC.   8. La alfombra es verde.

Vocabulary Expansion
The term **aseo** may also be used for *toilet*.

To the teacher: Have students look carefully at the drawing to the left and take note of the vocabulary that is labelled as well as the signs on the doors: **38; ducha; WC.** Point out to them that in many European countries "WC" is used to signify a toilet. WC is the abbreviation of "Water Closet," and is used in England. Tell them that in many hotels one has the option of a room with a private bath, but it is usually more expensive. Usually, a room without a private bath will include a sink where you can wash your hands, face, shave, etc. and a "bidé." Explain to students (as they can be squemish about such things) that a "bidé" is used by both men and women for personal hygiene. Tell them that if one gets a room without a private bath, the toilet and shower are usually down the hall for all guests in rooms without private baths to use. Sometimes, if one wants to take a shower, one may have to pay a little extra (approximately 50 cents).

Ex. C:  *pair work*

Variation, Ex. C: Another activity would be to have students pick, at random, cards containing the individual names of hotels. They would then identify the hotel (e.g., if a student picked a card with the name **Monte Carmelo**, he/she would say: **Monte Carmelo es el octavo hotel en la lista.**).

▼ COMENTARIOS CULTURALES

Los números de los pisos

In Spanish, the word **piso** is used for floors above the ground level. The term for ground floor is **la planta baja** (literally, the level of the pavement). This is abbreviated **PB** or sometimes **B** in elevators. Consequently, each **piso** is numbered one floor lower than its designation would be in English:

American hotel	Spanish hotel
4th floor	3er piso
3rd floor	2º piso
2nd floor	1er piso
1st floor	Planta baja (PB)/(B)

To indicate that a room is *on* a certain floor, use **en: en el segundo piso**.

Repaso

C. **¿Cuál es el primer hotel de la lista?** You and a friend are reviewing the list of hotels below. He or she asks you about a specific hotel, referring to it by its place on the list using ordinal numbers. You respond to the question. Follow the model.

MODELO:　—*¿Cuál es el primer hotel de la lista?*
　　　　　　—*El primer hotel es el Hotel Inglaterra.*

Inglaterra, pl Nueva 7, ✉ 41001, ✆ 422 49 70, Telex 72244 – ⚿ 🍴 📺 ☎ 🚗 ⬛ ⊙ E *VISA* ✂ rest　　　　　　BV **a**
Com 2750 – ☕ 550 – **116 hab** 16000/20000 – P 15100/21100

Pasarela sin rest, av. de la Borbolla 11, ✉ 41004, ✆ 441 55 11, Telex 72486, Fax 442 07 27 – ⚿ 📺 ☎ 🚗 ⬛ ⊙ E *VISA* ✂　　FR **n**
☕ 600 – **82 hab** 10000/15000

Becquer sin rest, Reyes Católicos 4, ✉ 41001, ✆ 422 89 00, Telex 72884, Fax 421 44 00 – ⚿ 🍴 ☎ 🚗 ⬛ ⊙ E *VISA* ✂　　AV **s**
☕ 400 – **126 hab** 5000/7000

Resid. y Rest. Fernando III, San José 21, ✉ 41004, ✆ 421 77 08, Telex 72491, ⌇ – ⚿ 🍴 ☎ 🚗 – 🅰 ⬛ ⊙ *VISA*　　CV **z**
Com 2350 – ☕ 475 – **156 hab** 7160/8950

América sin rest, con cafetería, Jesús del Gran Poder 2, ✉ 41002, ✆ 422 09 51, Telex 72709 – ⚿ 📺 ☎ ⬛ ⊙ E *VISA* ✂　　BU **h**
☕ 400 – **100 hab** 8000/13200

Alcazar sin rest, Menéndez Pelayo 10, ✉ 41004, ✆ 441 20 11, Telex 72360 – ⚿ 🍴 ☎ ⬛ ⊙ E *VISA* ✂　　DX **u**
☕ 400 – **100 hab** 5000/8000

Doña María sin rest, Don Remondo 19, ✉ 41004, ✆ 422 49 90, Fax 422 97 65, « Decoración clásica elegante-terraza con ∈ Giralda », ⌇ ⚿ 🍴 📺 ☎ ⬛　　CV **b**
☕ 650 – **61 hab** 11000/17000

Monte Carmelo sin rest, Turia 7, ✉ 41011, ✆ 427 90 00, Telex 73195 – ⚿ 🍴 ☎ 🚗 ⬛ *VISA* —　　FR **f**
☕ 375 – **68 hab** 4500/7000

La Rábida, Castelar 24, ✉ 41001, ✆ 422 09 60, Telex 73062, 🍴 – ⚿ 🍴 hab 📺 ☎　　BV **d**
Com 1400 – ☕ 300 – **100 hab** 3500/5500

Corregidor sin rest, Morgado 17, ✉ 41003, ✆ 438 51 11, Fax 437 61 02 – ⚿ 🍴 📺 ☎　　CTU **g**
69 hab

The preterite of the verb **dormir**

—¿**Dormiste** mucho anoche?   —*Did you sleep* a lot last night?
—Sí, **dormí** ocho horas.   —*Yes, I slept* eight hours.

dormir			
yo	**dormí**	nosotros	**dormimos**
tú	**dormiste**	vosotros	**dormisteis**
él		ellos	
ella	**durmió**	ellas	**durmieron**
Ud.		Uds.	

The verb **dormir** in the preterite is irregular only in the third person singular and plural. Notice that in these forms, only the **o** of the stem changes to a **u**.

A common expression with **dormir** is **dormir la siesta** *(to take a nap)*:

—¿**Dormiste la siesta** ayer?   —*Did you take a nap* yesterday?
—Sí, **dormí una siesta** de dos   —*Yes, I took a* two-hour *nap.*
   horas.

Aquí practicamos

D. Replace the words in italics with those in parentheses and make the necessary changes.

1. *Juan* durmió hasta las nueve y media ayer. (su hermana / tú / Elena y Clara / nosotras / yo / Esteban / vosotros)
2. *Yo* no dormí mucho anoche. (Felipe / Uds. / tú / mis padres / nosotros / vosotras)
3. ¿Dormiste *tú* bien anoche? (Juan / Ud. / ellas / tus padres / Uds. / vosotros)

Ex. E: 👥 *pair work* 📝 *writing*

Cooperative Learning

Ex. E: Roundrobin

- Have students get into groups of three to ask and answer the questions.
- Instruct students to take turns asking and answering questions from left to right. For example, the first student will ask: **¿Hasta qué hora dormiste ayer?** Direct the student to his or her left to answer, followed by the person to his or her left. The second student then asks the second question, and so forth.
- Have the students ask and answer all of the questions, moving from left to right.
- Call on students at random to share the answers of other members in the group.

Ex. F: *groups of four or more*

Support material, Aquí escuchamos:
🎧 Teacher Tape

Presentation: Aquí escuchamos

Before doing the dialogue, have students describe the Hotel Montecarlo based on the *Michelín* entry. Continue the dialogue using procedures described earlier. Explain that Kelly thinks there is a bathroom in their room because there is a sink and bidet. Students need to know that a bidet is a wash basin for personal hygiene, as they will definitely see one in Spain. (Refer back to the sketch on p. 143, if necessary.) Also explain that WC stands for Water Closet, a reference to a bathroom from another era.

Possible questions: 1. What room do they have and where is it?   2. Where is the elevator?   3. What is in the room?   4. Where are the bathroom and the shower?   5. What do they ask for to use the shower?   1. **¿Qué habitación tienen y dónde está?**   2. **¿Dónde está el ascensor?**   3. **¿Qué hay en la habitación?**   4. **¿Dónde están el baño y la ducha?**   5. **¿Qué piden para usar la ducha?**

E. Answer the questions.

1. ¿Hasta qué hora dormiste ayer?
2. ¿Hasta qué hora dormiste el sábado pasado?
3. ¿Dormiste en una cama matrimonial *(double bed)* o en una cama sencilla *(twin bed)*?
4. ¿Cómo dormiste anoche? ¿Bien? ¿Mal?
5. ¿Cuántas horas dormiste anoche?
6. ¿Cuántas horas dormiste el sábado pasado?
7. ¿Dormiste la siesta ayer?
8. ¿Quién durmió la siesta el fin de semana pasado?

F. **Preguntas** Ask four questions (one each using **tú**, **Ud.**, **él** or **ella**, and **ellos** or **ellas**) of the other members of your group.

1. dormir mucho en general
2. dormir hasta qué hora el domingo pasado
3. dormir bien anoche
4. dormir la siesta ayer

Aquí escuchamos

> 🏠 **Montecarlo**, Gravina 51, ✉ 41001, 🖊 421 75 03, Telex 72729 - 🍴 ☎ 📺 ◐ E 𝖵𝖨𝖲𝖠 ✂
> Com *(cerrado domingo)* 1450 – 🍽 375 – **25 hab** 3300/5300 – P 5250/5900   AV **e**

¡Es una habitación bonita!

Linda y Kelly están en la recepción del Hotel Montecarlo. Linda continúa su conversación con el empleado.

EMPLEADO: Aquí está la llave, señorita. Uds. están en la habitación 38. Está en el tercer piso.
LINDA: ¿Dónde está el ascensor?
EMPLEADO: Detrás de Uds., a la izquierda.

go up

Linda y Kelly **suben** hasta el tercer piso. Ellas entran en su habitación.

LINDA: Esta habitación es simple pero muy bonita.

comfortable

KELLY: Sí. Las camas son muy **cómodas**. Mira, ¿tenemos un baño?

at the end
shower

LINDA: No es un baño, Kelly. Solamente hay un lavabo, y allí hay un bidé. Los baños están **al fondo** del corredor; buscas la puerta con las letras WC. Y **la ducha** está al lado. Pero es necesario pedir la llave en la recepción.
KELLY: Euh… Los hoteles españoles no son como los hoteles americanos.
LINDA: ¡Claro que no! ¡No estamos en los Estados Unidos!

¡Aquí te toca a ti!

G. **Perdón, señor.** Use the suggested words in parentheses to ask the desk clerk for the information you want.

MODELO: the location of the elevator (dónde está)
Perdón, señor, ¿dónde está el ascensor?

1. what your room number is (cuál es)
2. the location of the toilet (dónde está)
3. the location of the shower (dónde está)
4. the location of the restaurant (dónde está)
5. whether breakfast is included in the price of the room (está incluido)
6. if he has the key for the shower (tiene Ud.)

¡Adelante!

H. **En la recepción** You are at the reception desk of a hotel.

1. Greet the hotel clerk.
2. Say that you would like a room with a bath.
3. The room is for one person for four nights.
4. You would like a room on the fifth floor, if there is an elevator.
5. Find out the price of the room.
6. Ask if breakfast is included.
7. Ask if there is a **metro** station nearby.
8. Thank the hotel clerk.

 *pair work*

Ex. G:

Suggestion, Ex. G: Review questions with **dónde** by doing a quick pattern drill: **Ascensor — ¿Dónde está el ascensor?** etc. Flash cards of various places in the hotel would be appropriate here to move the pattern drill at a steady pace.

Answers, *Ex. G*

1. Perdón, señor, ¿cuál es el número de mi habitación? 2. Perdón, señor, ¿dónde está el WC? 3. Perdón, señor, ¿dónde está la ducha? 4. Perdón, señor, ¿dónde está el restaurante? 5. Perdón, señor, ¿está incluido el desayuno en el precio de la habitación? 6. Perdón, señor, ¿tiene Ud. la llave para la ducha?

pair work *roleplay*

Ex. H:

Follow-up, Ex. H: After the paired work, have several sets of students model their conversations in front of the class.

Etapa Support Materials

WORKBOOK: pp. 113–117
TRANSPARENCY: #20
LISTENING ACTIVITY MASTERS: p. 45
TAPESCRIPT: p. 67
TEACHER TAPE
QUIZ: Testing Program, p. 76
CHAPTER TEST: Testing Program, p. 79

Support material, La cuenta: Transparency #20.
Use transparency to proceed directly to Ex. A.

Ex. A: 🧍 *pair work*   📝 *writing*

Answers, *Ex. A*

1. (Hostal Residencia) Las Sirenas   2. Segovia
3. from Oct. 23 to Oct. 24, 1989   4. one   5. one;
3,950 pesetas per night

Preparation, Ex. B: Review the conjugation of **dormir.**

Variation, Ex. B: Assign three or four reporters to take a survey. Each could be assigned a section of the room to question, and the results can be reported back to the class. (e.g., **En mi grupo, cuatro personas durmieron ocho horas, y dos durmieron siete horas.**)

To the teacher: Point out to the students that IVA means **Impuesto sobre el Valor Añadido** (value-added tax). In this case it is 6% of 3950 or 237 pesetas.

Tercera etapa

La cuenta: The check

La cuenta

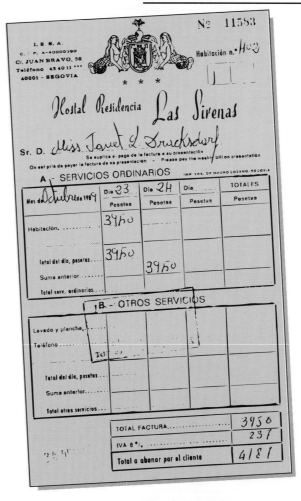

¡Aquí te toca a ti!

A. **La cuenta** Answer the questions based on the bill.

1. What is the name of the hotel?
2. In what city is the hotel located?
3. What are the dates of the hotel stay?
4. How many rooms is the bill for?
5. How many nights is the bill for? How much did the room cost per night?

Repaso

B. **¿Cuántas horas dormiste tú?** You have heard that high-school students have strange sleeping habits — some sleep a lot and some sleep very little. You want to conduct an informal survey on this. When your teacher gives the signal, circulate around the room and ask how much sleep several of your classmates got on various nights during the past week. Try to find out if there are differences between weekday and weekend nights.

C. **En la recepción** Go to the hotel desk and ask for a room. The student playing the role of the desk clerk will use the suggested information to answer your questions. Follow the model.

MODELO: una persona / con / 2.500 pesetas / 250 pesetas / 1ᵉʳ / 19
—*¿Tiene Ud. una habitación para una persona con baño?*
—*Sí, tenemos una habitación por 2.500 pesetas la noche.*
—*¿Está el desayuno incluido en el precio?*
—*No… Tiene que pagar 250 pesetas más.*
—*Bien. Quiero la habitación.*
—*De acuerdo. Está en el primer piso. Es la habitación 19.*

1. dos personas / sin / 1.900 pesetas /190 pesetas / 2º / 24
2. una persona / con / 2.600 pesetas / 260 pesetas / 5º / 51
3. dos personas / con / 2.950 pesetas / incluido / 4º / 43
4. dos personas / sin / 3.250 pesetas / incluido / 3ᵉʳ / 16

The verbs *salir* and *llegar*

Mi hermano **sale** con María.	My brother *goes out* with María.
Salgo para Madrid mañana.	*I leave for* Madrid tomorrow.
Yo **salgo de** la escuela a las 4:00.	I *leave* school at 4:00.
¿A qué hora **llegas a** casa?	At what time *do you get* home?
Yo **llego a** casa a las 4:30.	I *get* home at 4:30.
Mi papá **llega de** Nueva York el viernes próximo.	My father *arrives from* New York next Friday.

yo	**salgo**	**llego**	nosotros	**salimos**	**llegamos**
tú	**sales**	**llegas**	vosotros	**salís**	**llegáis**
él ella Ud. }	**sale**	**llega**	ellos ellas Uds. }	**salen**	**llegan**

In the present tense, only the **yo** form of **salir** is irregular. The verb **llegar** is completely regular in the present tense.

Ex. C: *pair work*

Suggestion, Ex. C: Present a model with a student. Then divide the class into pairs, instructing them to move to new partners each time they have finished one of the four items.

Presentation: *The verbs* salir *and* llegar
(1) Have students repeat the conjugation of **salir** while you write the pronouns in three groups — **yo, tú, él, ella, Ud. / ellos, ellas / nosotros, Uds**. (2) Repeat in the negative. (3) Add written forms to the pronouns. (4) Repeat for **llegar**.

Ex. D: *pair work*   *writing*

Preparation, Ex. D: You may wish to do pattern drills using the sentences **Yo salgo para Nueva York hoy** and **Ella llegó de Miami ayer**. Substitute cities and subject pronouns.

Suggestion, Ex. D: After you have done one or two items with the whole class, have students complete the exercise in pairs. Students take turns making the substitutions, alternating each item. You may wish to spot check the results.

Answers, *Ex. D*

1. Enrique sale / yo salgo / nosotras salimos / Uds. salen / tú sales / vosotros salís   2. Verónica no salió / Tú no saliste / Mis amigos no salieron / Nosotros no salimos / Uds. no salieron / Yo no salí   3. sale Esteban / salen tus amigos / salen Uds. / sale tu hermano / salen Marta y Julia / salís vosotras   4. Mi papá llegó / Nosotras llegamos / Ellas llegaron / Tú llegaste / La profesora llegó / Uds. llegaron / Vosotros llegasteis   5. llegó José / llegaron Sonia y Claudia / llegó él / llegaron Uds. / llegué yo / llegasteis vosotras

Mi hermano **salió** con María el viernes pasado. | My brother *went out* with María last Friday.

Yo **salí de** la escuela a las 4:00 ayer. | I *left* school at 4:00 yesterday.

¿A qué hora **llegaste a** casa? | At what time *did you get* home?
Yo **llegué a** casa a las 4:30. | I *got* home at 4:30.
¿Cuándo **llegó de** Valencia tu amiga? | When *did* your friend *arrive from* Valencia?

yo	**salí**	**llegué**	nosotros	**salimos**	**llegamos**
tú	**saliste**	**llegaste**	vosotros	**salisteis**	**llegasteis**
él			ellos		
ella }	**salió**	**llegó**	ellas }	**salieron**	**llegaron**
Ud.			Uds.		

The **yo** form of **llegar** has a spelling change in the preterite. The verb **salir** is completely regular in the preterite.

Salir para means *to leave for* a place.
Salir de means *to leave from* a place.
Salir con means *to go out with* someone.
Llegar a means *to arrive at* a place.
Llegar de means *to arrive from* a place.

Aquí practicamos

D. Replace the italicized words with those in parentheses and make the necessary changes.

1. Cada mañana *Francisco* sale de casa a las 8:30. (Enrique / yo / nosotras / Uds. / tú / vosotros)
2. *Mirta* no salió con Jaime anoche. (Verónica / tú / mis amigos / nosotros / Uds. / yo)
3. ¿Cuándo sales *tú* para España? (Esteban / tus amigos / Uds. / tu hermano / Marta y Julia / vosotras)
4. *Ella* llegó de Madrid ayer. (mi papá / nosotras / ellas / tú / la profesora / Uds. / vosotros)
5. ¿Sabes a qué hora llegó *Elena* a casa ayer por la tarde? (José / Sonia y Claudia / él / Uds. / yo / vosotras)

E. **¿A qué hora?** Use the cues to ask one of your classmates questions. He or she will answer by making up a time. Follow the model and be careful that the tense you use is appropriate for the time you give.

MODELO: Ud. / salir para Chicago mañana
—*¿A qué hora sale Ud. para Chicago mañana?*
—*Salgo para Chicago a las 9:00.*

1. tú / salir de casa por la mañana en general
2. ellos / salir del trabajo anoche
3. Uds. / salir para Miami este verano
4. tus padres / salir para el cine el sábado pasado
5. tú / salir del restaurante ayer
6. ellos / salir de Nueva York mañana
7. ella / salir de su clase de español todos los días
8. Uds. / salir de la biblioteca el martes pasado

F. **Preguntas** Ask four questions (one each using **tú**, **Uds.**, **él** or **ella**, and **ellos** or **ellas**) of the students in your group.

1. salir el viernes por la noche
2. salir anoche
3. a qué hora / salir de casa
4. a qué hora / llegar a casa
5. a qué hora / salir de la escuela ayer
6. a qué hora / llegar a la escuela ayer

HOTEL MONTECARLO ✦✦
c/. Gravina, 51 — Tel. (954) 21 75 03
41001 SEVILLA

✔ Situado en el centro de la ciudad, a 200 m. de la Catedral. 30 habitaciones con baño y teléfono. Bar, Restaurante, Salón de T.V. y patio andaluz.

✔ Placed in the centre of the city, at 200 m. from the Cathedral. 30 rooms with bath and phone. Bar, Restaurant, T.V., room and andalusian court.

Ex. E: 🧍 *pair work*

Preparation, Ex. E: Write different times on the board and have students say them in Spanish.

Suggestion, Ex. E: Have one student ask a question of another. This gives additional practice in asking questions.

Possible answers, *Ex. E*

1. ¿A qué hora sales tú por la mañana en general? 2. ¿A qué hora salieron ellos del trabajo anoche? 3. ¿A qué hora salen Uds. (van a salir Uds.) para Miami este verano? 4. ¿A qué hora salieron tus padres para el cine el sábado pasado? 5. ¿A qué hora saliste tú del restaurante ayer? 6. ¿A qué hora salen ellos de Nueva York mañana? 7. ¿A qué hora sale ella de su clase de español todos los días? 8. ¿A qué hora salieron Uds. de la biblioteca el martes pasado?

Ex. F: 👥 *groups of four or more*

Cooperative Learning
Ex. F: Think, Pair, Share

- Put students into heterogeneous groups of four. Explain that for each pronoun, each of the four students will independently think of a question to ask using that pronoun and then share the question with the group.
- Sudents should silently think about their responses before sharing. When they share, each student is responsible for sharing a question using a different pronoun. Others may contribute their ideas after the student has made a suggestion. In this way, all students participate equally.
- Have students follow the same process for each question. All students practice with all of the pronouns and they rotate turns.
- Ask questions at random to check comprehension.

Support material, Aquí escuchamos:
🎧 Teacher Tape

Presentation: Aquí escuchamos

Do the dialogue in two parts. After modeling the first part, have students order breakfast. Talk about the difference between a continental breakfast (various breads, butter, jam) and a full American breakfast. Ask students what they prefer to eat for breakfast. This reviews some of the vocabulary from Unit 1 of Level One. Then proceed to the second part.

Possible questions: 1. What does Linda ask for? 2. What do they eat for breakfast? 3. How many nights were they in the hotel? 4. How many breakfasts did they eat? 5. How much and how do they pay? 1. **¿Qué pide Linda?** 2. **¿Qué toman para el desayuno?** 3. **¿Cuántas noches estuvieron en el hotel?** 4. **¿Cuántos desayunos tomaron?** 5. **¿Cuánto y cómo pagan?**

Ex. G: 👥 *pair work*

Suggestion, Ex. G: Act out the model with a student before dividing the class into pairs. (You may also want to review the numbers briefly before assigning this task.)

Answers, *Ex. G*

1. 7,200   2. 12,000   3. 6,600   4. 24,500

Arregle la cuenta, por favor: Prepare the bill, please.

Let's see.

pay with cash
traveler's checks

Aquí escuchamos

Arregle la cuenta, por favor.

Después de una visita de cinco días, Linda y Kelly van a salir de Sevilla. Son las siete de la mañana. Linda habla por teléfono con la recepción.

LINDA: Buenos días, señor. Quisiera dos desayunos para la habitación 38, por favor. Un café con leche, un chocolate y dos tostadas...Y nosotras salimos hoy. ¿Puede arreglar la cuenta, por favor?

EMPLEADO: Claro, señorita.

Ellas toman su desayuno, hacen sus maletas y bajan a la recepción.

KELLY: Buenos días, señor. ¿Tiene la cuenta para la habitación 38? Aquí está la llave.

EMPLEADO: Ah, sí. **Vamos a ver**. Cinco noches a 5.500 pesetas, son 27.500 pesetas. Diez desayunos a 350 pesetas, son 3.500 pesetas. 31.000 pesetas, por favor. ¿Van a **pagar en efectivo**, con **cheques de viajero** o con tarjeta de crédito?

KELLY: En efectivo. Aquí tiene 35.000 pesetas.

EMPLEADO: Y aquí tiene Ud. su cambio. Hasta luego, señoritas.

LINDA Y KELLY: Hasta luego, señor.

¡Aquí te toca a ti!

G. **Arregle la cuenta, por favor.** You and your friend are trying to figure out how much you will owe for your hotel room and meals and how you will pay. Use the cues and imitate the model.

MODELO: 3 noches / 2.200 pesetas / 6 desayunos / 220 pesetas / en efectivo
—*Tres noches a 2.200 pesetas. Son 6.600 pesetas.*
—*Seis desayunos a 220 pesetas. Son 1.320 pesetas.*
—*Vamos a ver... La cuenta es 7.920 pesetas.*
—*Vamos a pagar en efectivo.*

1. 2 noches / 3.000 pesetas / 4 desayunos / 300 pesetas / con cheques de viajero
2. 4 noches / 2.500 pesetas / 8 desayunos / 250 pesetas / en efectivo
3. 3 noches / 1.800 pesetas / 6 desayunos / 200 pesetas / con tarjeta de crédito
4. 7 noches / 3.250 pesetas / 7 desayunos / 250 pesetas / con cheques de viajero

H. **Por favor, señor(a).** Ask questions to get the information you want from the hotel desk clerk. Greet the clerk and find out...

1. if he or she has prepared the bill.
2. how much the bill is.
3. if they accept credit cards.
4. if the train station is far from the hotel.
5. if there is a restaurant at the train station.

Thank the desk clerk and say good-bye.

¡Adelante!

I. **Intercambio** Ask one of your classmates the following questions. He or she will answer.

1. ¿Cuándo sales de la escuela para las vacaciones? ¿Adónde vas?
2. ¿Saliste anoche? ¿Adónde fuiste?
3. ¿A qué hora llegas a la escuela por la mañana?
4. Cuando tú viajas con tu familia, ¿duermen en un hotel o duermen en casa de amigos?
5. ¿Paga tu familia en efectivo o con una tarjeta de crédito?

TARIFA INFANTIL.

RENFE

PARA QUE LOS NIÑOS VIAJEN POR MENOS.

Cooperative Learning
Vocabulario: Partners

- Put students into groups of four and tell them to brainstorm vocabulary items and expressions that would be useful in a hotel, including the expressions in the **Vocabulario.**
- Have each group form two pairs. Each pair works together to plan their own hotel scenes. Tell the students that you will be the desk clerk. Each pair will rehearse their presentation with the other pair in their group before presenting it to the class.
- While they are rehearsing, circulate among the groups to act as the desk clerk.
- Call on pairs to present their hotel scenes to the class.
- Give a vocabulary quiz by having the students write about a hotel scene.

◆ Vocabulario ◆

Para charlar

Para hablar de una habitación en un hotel

Yo quisiera…	una habitación	para dos personas.
Nosotros quisiéramos…		por tres noches.
Necesitamos…		con una cama matrimonial.
Buscamos…		dos camas sencillas.
Tenemos una reservación.		con baño.
		sin baño.
		en el primer piso.
		con televisor.
		con teléfono.

Para pagar la cuenta

¿Puede Ud. arreglar la cuenta?
¿Tiene Ud. la cuenta para la habitación 38?
Yo voy a pagar   en efectivo.
        con cheques de viajero.
        con una tarjeta de crédito.

Temas y contextos

En el hotel

una alfombra
un ascensor
un baño (una sala de baño)
un bidé
una cabina de teléfono
un corredor
una cuenta
el desayuno (incluido en el precio o no incluido en el precio)
una ducha
el (la) empleado(a)
un espejo
una lámpara
un lavabo
una mesita de noche
el (primer, segundo, tercer, cuarto, quinto) piso
la planta baja
la recepción
el WC

Los números ordinales

el (la) primero(a) / el primer
el (la) segundo(a)
el (la) tercero(a) / el tercer
el (la) cuarto(a)
el (la) quinto(a)
el (la) sexto(a)
el (la) séptimo(a)
el (la) octavo(a)
el (la) noveno(a)
el (la) décimo(a)

Vocabulario general

Sustantivos

la calidad
la categoría
el confort
el lujo
el sistema de clasificación

Adjetivos

cómodo(a)
confortable
incluido(a)
simple
útil

Verbos

clasificar
dormir (ue, u) (la siesta)
llegar de (a)
salir con
      de
      para
subir

Otras expresiones

al fondo
al menos
¡Claro que no!
hay que pasar por...
lo que dice **la Guía Michelín**
lo siguiente
no permiten
Vamos a ver.

CHAPTER OBJECTIVES

FUNCTIONS: Describing furniture and items in a room; telling time using the 24-hour clock

CONTEXT: Flight schedules, train schedules; official time vs. conversational time

ACCURACY: Time expressions, parts of an hour; the 24-hour clock

Cultural Observation

The Alhambra, a famous palace of Moorish kings, is renowned for the beauty of its architecture and gardens. It is a popular tourist site in Granada, the last stronghold in Spain of the Moors, who were forced to abandon the Alhambra in 1492.

CAPÍTULO CINCO

Un año en casa de los Álvarez

Vista de la ciudad de Granada desde la Alhambra, maravilla de la arquitectura árabe.

Primera etapa

Un programa de intercambio

PROGRAMA DE INTERCAMBIO

Escuela ___Santa Fe Capital High School___

Apellido ___McGill___

Nombre ___Patrick___

Edad ___16___

Dirección: Calle ___1606 Jay St.___

   Ciudad ___Santa Fe___

   Estado ___New Mexico___

   País ___Estados Unidos___

Teléfono ___(505) 555-4321___

Nombres de sus padres ___Susan, Charles___

¿**Ha vivido** en el extranjero? Sí ✓ No___   ¿**Ha visitado** el extranjero? Sí ✓ No___

País: ___Canada___   Duración de la visita ___2 semanas___
___Chile___   ___1 mes___

En Granada, prefiere vivir _____ con una familia

            ✓   en una **pensión** con otros estudiantes norteamericanos

Escriba un párrafo en que explique por qué quiere estudiar en una escuela española.

Hace cinco años que estudio español y quiero ser profesor de español algún día. También estudio francés y alemán. Me gustan mucho las lenguas extranjeras y me encanta el español. Mi madre es chilena y mi hermana, Mía, visitó España el año pasado. Quisiera conocer a unos españoles de mi edad y quiero perfeccionar mi español. Un año en Granada va a darme la oportunidad para estudiar la cultura española. Creo que es importante conocer otras culturas y estoy seguro de que voy a beneficiar de este viaje.

Un programa de intercambio:
An exchange program

Age

State

Have you lived outside the country?/ Have you visited

student lodging

Ex. A: *pair work*   *writing*

Cooperative Learning

Ex. A: Turn to Your Neighbor

- Have students read **Un retrato de Patrick** independently.
- Now have them work in pairs to read the questions, find the answers, and then check with a neighboring pair to verify. Have students take turns answering each question first.
- Have the students answer all of the questions, turning to their neighbors to check on each one.
- Call on students at random to answer the questions.

Answers, *Ex. A*

1. Vive en Santa Fe, New Mexico.   2. Su madre es chilena.   3. Tiene 16 años.   4. Ha visitado el Canadá y Chile.   5. Pasó dos semanas en el Canadá y un mes en Chile.   6. Quiere conocer a unos españoles, perfeccionar su español y estudiar la cultura española.   7. Prefiere vivir en una pensión.

¡Aquí te toca a ti!

A. **Un retrato** *(portrait)* **de Patrick** Answer the questions based on the information Patrick provided on the form.

1. ¿Dónde vive Patrick?
2. ¿Cuál es la nacionalidad de su madre?
3. ¿Cuántos años tiene Patrick?
4. ¿Qué países extranjeros ha visitado Patrick?
5. ¿Cuánto tiempo pasó en cada país?
6. ¿Por qué va a Granada?
7. ¿Prefiere él vivir en una pensión o con una familia?

▼ COMENTARIOS CULTURALES ▼

Vivir con una familia en un programa de intercambio
Many exchange programs offer students the possibility of living with a family during their stay in the country where they will be studying. Becoming a member of the family allows students to truly live the culture and isolates them from other American students with whom they would probably speak English. Generally, the families with whom students are placed speak little English, allowing students interaction with native speakers and plenty of practice speaking Spanish!

Pronunciación: *The vowel combination* **ue**

The combination **ue** in Spanish is pronounced in one single syllable, similar to the *we* in the English word *wet*.

Aquí practicamos

B. Read each word aloud, carefully pronouncing the combination **ue**.

1. bueno	5. después
2. abuelo	6. puerta
3. luego	7. fuerte
4. cuerpo	8. nuez

Repaso

C. Correct the statements by giving the opposite of each expression in italics.

MODELO: *¿Llega* él *al* banco?
No, él sale del banco.

1. *¿Llega* ella *de* Roma?

2. *¿Sale* él *de* la biblioteca?

3. *¿Llega* él *a* la escuela?

4. *¿Llegan* ellos *a* Madrid?

5. *¿Sale* ella *del* mercado?

6. *¿Llega* él *de* Oaxaca?

Ex. C: pair work writing

Preparation, Ex. C: Point out to students the importance of focusing on the correct preposition as well as the correct verb.

Answers, *Ex. C*

1. No, ella sale para Roma.   2. No, él llega a la biblioteca.   3. No, él sale de la escuela.   4. No, ellos salen de Madrid.   5. No, ella llega al mercado.   6. No, él sale para Oaxaca.

Presentation: *Some time expressions*
Present this using the concert examples in 1, 2, and 3. Diagram the time relationships on the board. Then practice with students by giving some type of matching exercise using flash cards or a transparency. For example: Match the following:

1. in an hour
2. for an hour
3. an hour ago
4. an hour late
5. an hour early

a. **una hora temprano**
b. **por una hora**
c. **en una hora**
d. **una hora tarde**
e. **hace una hora**

(Answers: 1.c   2.b   3.e   4.d   5.a)

ESTRUCTURA

Some time expressions

No me gusta llegar **tarde**, y no me gusta llegar **temprano**. Me gusta llegar **a tiempo**.	I don't like to arrive *late*, and I don't like to arrive *early*. I like to arrive *on time*.
La clase comienza **en** cinco minutos.	The class begins *in* five minutes.
Yo salí de la escuela **hace** media hora.	I left school half an hour *ago*.
El profesor habló **por** una hora.	The professor spoke *for* an hour.

Here are some expressions associated with time:

1. **Temprano, a tiempo, tarde** To express the ideas of *early* and *late* in relation to a specific moment in time (for example, an appointment or the departure time of a plane), use **temprano** and **tarde**. The expression **a tiempo** means *on time*.

   El concierto comenzó a las 8:00. Paula llegó a las 7:30; ella llegó **temprano**. Olivia llegó a las 8:30; ella llegó **tarde**. Santiago llegó a las 8:00; él llegó **a tiempo**.

2. **En** To indicate when a future action will take place, use the preposition **en** as the equivalent of *in*.

   Son las 7:55. El concierto va a comenzar **en** cinco minutos.

3. **Hace, por** As you have learned, **hace** is used with the preterite to indicate *how long ago* a past action occurred, and **por** is used to indicate *for how long* an action continued, continues, or will continue.

   Ahora son las 8:20. El concierto comenzó **hace** veinte minutos. El concierto terminó a las 10:00. La orquesta tocó **por** dos horas.

Aquí practicamos

D. **La clase de matemáticas comienza a las 9:00.** Answer the questions based on the information provided.

1. Ahora son las 8:50. Joaquín está durmiendo. Él vive lejos de la escuela. ¿Va a llegar a tiempo a su clase de matemáticas?
2. Ahora son las 7:30. Gabriela se está desayunando. Ella va a salir de casa en veinte minutos. Ella vive muy cerca de la escuela. ¿Va a llegar a tiempo para su clase de matemáticas?
3. Ahora son las 8:30. ¿En cuántos minutos va a comenzar la clase de matemáticas?
4. Ahora son las 9:15. ¿Cuánto hace que comenzó la clase de matemáticas?

E. **En la Sierra Nevada** Given that in the Sierra Nevada the ski season begins on December 1, how would you answer the following questions?

1. Hoy es el 1º de noviembre. ¿Cuándo va a comenzar la temporada *(season)* del esquí?
2. Podemos esquiar hasta el 1º de abril. ¿Por cuántos meses podemos esquiar en la Sierra Nevada?
3. Hoy es el 1º de febrero. ¿Cuánto hace que comenzó la temporada del esquí?
4. Nos gusta esquiar el primer día de la temporada. Hoy es el 10 de noviembre. Tenemos dos semanas de clase antes de nuestras vacaciones. Necesitamos tres días para llegar a la Sierra Nevada. ¿Vamos a llegar tarde para el primer día de la temporada?

NOTA GRAMATICAL

Parts of an hour

un cuarto de hora	*a quarter of an hour*
media hora	*half an hour*
tres cuartos de hora	*three quarters of an hour*
diez minutos	*ten minutes*
cuarenta minutos	*forty minutes*

Exs. D and E: 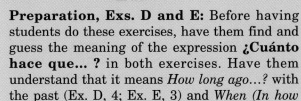 *pair work*

Preparation, Exs. D and E: Before having students do these exercises, have them find and guess the meaning of the expression **¿Cuánto hace que... ?** in both exercises. Have them understand that it means *How long ago...?* with the past (Ex. D, 4; Ex. E, 3) and *When (In how much time)...?* with the future (Ex. E, 1).

Suggestion, Exs. D and E: Have one student read the situation and another student answer.

Answers, *Ex. D*
1. No, va a llegar tarde. 2. Sí, va a llegar a tiempo. 3. Va a comenzar en treinta minutos. 4. La clase comenzó hace quince minutos.

Answers, *Ex. E*
1. Va a comenzar en un mes. 2. Podemos esquiar por cuatro meses. 3. Comenzó hace dos meses. 4. No, Uds. van a llegar a tiempo / temprano (el 27 de noviembre).

Presentation: *Parts of an hour*
Write a series of times on the board (2:30, 6:45, **mediodía**, 9:20, 10:35). Then point to the time and ask the following questions: **¿Qué hora va a ser en un cuarto de hora? En un cuarto de hora van a ser las 2:45.**

Ex. F: pair work / writing

Answers, _Ex. F_

1. Va a llegar a las tres menos cuarto.   2. Salió a las dos.   3. Comenzó a trabajar a la una y cuarto.   4. Va a salir a las cinco menos cuarto.

Support material, Aquí escuchamos:

Teacher Tape

Possible questions: 1. What does the family show Patrick?   2. What is in the room?   3. Where is the bathroom and what is there?   4. Where can he leave his dirty clothes?   5. When does Mrs. Álvarez wash clothes?   1. **¿Qué le muestra a Patrick la familia?**   2. **¿Qué hay en la habitación?**   3. **¿Dónde está el baño y qué hay allí?**   4. **¿Dónde puede dejar su ropa sucia?**   5. **¿Cuándo lava la ropa la Sra. Álvarez?**

F. **Ahora son las 2:30.** Assuming that it is now 2:30, answer the following questions.

1. Juan va a llegar en un cuarto de hora. ¿A qué hora va a llegar?
2. Eva salió de casa hace media hora. ¿A qué hora salió ella de casa?
3. Donaldo salió de su trabajo hace un cuarto de hora. Él trabajó por una hora. ¿A qué hora comenzó a trabajar?
4. Sara va a estar en el museo una hora y tres cuartos. Ella va a llegar al museo en media hora. ¿A qué hora va a salir del museo?

Aquí escuchamos

¡Aquí está tu habitación!

Es el mes de agosto y Patrick McGill acaba de llegar a Granada. Su familia española **lo recoge** en el aeropuerto y **lo lleva** a casa. Cuando llegan a la casa, **le muestra** el primer piso y lo lleva a su habitación.

picks him up / takes him
they show him

SRA. ÁLVAREZ: Aquí está tu habitación, Patrick.
PATRICK: Muchas gracias, señora. La habitación es muy bonita.

armchair
SRA. ÁLVAREZ: Sí, es muy confortable. Tienes una cama grande, un **sillón**, este escritorio con una lámpara y esos estantes para tus libros.
PATRICK: ¿Dónde puedo poner mis cosas?

drawers
SRA. ÁLVAREZ: Tienes un clóset allí a la izquierda y aquí tienes una cómoda con cuatro **cajones**.
PATRICK: ¿Dónde está el baño?

towels
soap / leave / dirty clothes / wash
SRA. ÁLVAREZ: El baño está a la derecha en el corredor. Allí hay **toallas** y **jabón**. Allí puedes **dejar** tu **ropa sucia**. Yo **lavo** la ropa los sábados.

nice
PATRICK: Muchas gracias, señora. Ud. es muy **amable**.

¡Aquí te toca a ti!

G. **¿Qué hay en la habitación de Patrick?** Describe Patrick's room according to what you see in the drawing below.

H. **Aquí está tu habitación**. A friend is spending a week at your house during vacation. Show him or her where he or she will stay and describe what is in the room. Don't forget to let your friend know where the bathroom is. A classmate will play the role of your friend and ask you additional questions. Begin by saying, **Aquí está tu habitación.**

¡Adelante!

I. **Intercambio** Use Spanish to learn the following basic information about a classmate. Then ask follow-up questions to get more details.

1. What time does he or she arrive at school in the morning? Is he or she usually early, on time, or late?
2. In how many minutes does his or her next class begin?
3. Does he or she prefer to arrive early for class?
4. Is he or she often late for classes?
5. How long does it take him or her to do the Spanish homework at night?
6. When (in how many months or years) is he or she going to finish high school?

J. **Mi habitación** Your classmate is very interested in finding out what your room is like. Describe it in detail. Your friend may ask questions to get more information.

Ex. G: *pair work* *writing*

Implementation, Ex. G: Have students list as many objects or pieces of furniture as they can in 60 seconds. Instruct them to include **un, una, unos,** or **unas** with the object mentioned. Have them start off by saying/writing **En la habitación de Patrick hay... .**

Answers, *Ex. G*

En la habitación de Patrick hay un clóset, un escritorio, una silla, unos estantes para libros y discos, un estéreo, una cama grande (matrimonial), una cómoda, una mesita de noche, una lámpara, un sillón, un espejo, unas cortinas, una alfombra y unos pósters (carteles).

Ex. H: *pair work*

Preparation, Ex. H: Have each "host" student first imagine the layout of his/her own home and which rooms would be important to his/her guest. Have each "guest" student imagine what would be important to know regarding the accommodations for the week.

Exs. I and J: *pair work*

Etapa Support Materials

WORKBOOK: pp. 124–127
TRANSPARENCIES: #22, #23
LISTENING ACTIVITY MASTERS: p.52
TAPESCRIPT: p. 79
TEACHER TAPE
QUIZ: Testing Program, p. 87
CHAPTER TEST: Testing Program, p. 89

Support material, Una carta de agradecimiento:
Transparency #22

Presentation: **Una carta de agradecimiento**
Have students read through the letter silently.
Then ask the following questions: 1. How long
ago did Patrick leave Granada? 2. Does he
miss his Spanish family? 3. What does he say
about his stay in Spain? 4. Is he going to continue studying Spanish? Where? 5. What is he
going to tell his American friends about?
6. What does he hope his Spanish family will do
some day?

Ex. A: pair work / writing

Segunda etapa

Una carta de agradecimiento:
A thank-you letter

Una carta de agradecimiento

Queridos: Dear

los extraño: I miss you /
  estancia: stay / *inolvidable*:
  unforgettable / *les agradezco*: I thank you / *corazón*:
  heart

*hablarles a mis ami-
  gos*: talk to my friends

espero que Uds. puedan: I
  hope that you can

conocerlos: to meet you

abrazo: hug

Santa Fe, 10 de julio de 1990

Queridos Sr. y Sra. Álvarez,

Hace quince días que salí de Granada y
los extraño. Mi estancia en su casa fue
inolvidable y les agradezco con todo el
corazón su hospitalidad. Yo aprendí mucho
en España y voy a continuar mis estudios
de español en mi escuela y después en
la universidad. Voy a hablarles a mis
amigos de mi escuela de Granada y de
mi familia española.

Mil gracias y espero que Uds. puedan
visitar la ciudad de Santa Fe algún día.
Mis padres quisieran conocerlos.

Un abrazo,
Patrick

¡Aquí te toca a ti!

A. **Hace... que** Explain how long ago something happened by using the
expression **hace... que...** and the cues provided. Follow the model
and be sure to use the preterite of the verbs provided.

MODELO: quince días / yo / salir
  Hace quince días que salí.

La Alhambra

Answers, *Ex. A*
1. Hace dos meses que visitamos a la Sra. Benítez.   2. Hace tres días que fue a Granada.   3. Hace ocho horas que conoció a su familia española.   4. Hace dos años que terminé mis estudios.   5. Hace una hora que salieron.   6. Hace un mes que Ud. llegó.   7. Hace un cuarto de hora que cenó.   8. Hace cuatro años que viajamos a Santa Fe.

1. dos meses / nosotros / visitar a la Sra. Benítez
2. tres días / él / ir a Granada
3. ocho horas / ella / conocer a su familia española
4. dos años / yo / terminar mis estudios
5. una hora / ellos / salir
6. un mes / Ud. / llegar
7. un cuarto de hora / ella / cenar
8. cuatro años / nosotros / viajar a Sante Fe

Pronunciación: *The vowel combination* **uo**

The combination **uo** in Spanish is pronounced in one single syllable, similar to the English word *woe.*

Práctica

B. Read each word aloud, carefully pronouncing the combination **uo**.

1. continuo
2. monstruo
3. antiguo
4. continuó
5. mutuo
6. cuota
7. arduo
8. actuó

Ex. C: 👥 *pair work*   ✎ *writing*

Repaso

C. **El día de Juan José**   Describe Juan José's day according to what you see in the drawings.

MODELO: ¿Hasta qué hora durmió Juan José?
Él durmió hasta las 8:00.

1. ¿En cuántos minutos comienzan sus clases?

2. ¿Va a llegar a tiempo para su primera clase?

3. ¿A qué hora sale de la escuela?

4. ¿Llegó tarde para el autobús?

5. ¿En cuántos minutos llega a casa?

6. ¿Qué hace hasta las 4:30?

7. ¿Va a llegar a tiempo para la cena?

8. ¿En cuánto tiempo hace su tarea *(homework)*?

The 24-hour clock

El partido comienza a las **19:00**. The game begins at *7:00 p.m.*
Nosotros llegamos a las **20:45**. We arrived at *8:45 p.m.*

You have already learned the conversational method of telling time in Spanish. But in airports and railroad stations, on radio and TV, and at concerts and movies, official time based on the 24-hour clock is used in the Spanish-speaking world. Note that military time in English is also expressed in official time. The basic differences between the two are:

Conversational time

- Is based on a 12-hour clock

- Divides the hour into two 30-minute segments (after and before the hour)
- Uses **y cuarto, y media, menos cuarto, media noche, mediodía**

Official time

- Is based on the 24-hour clock (0 = midnight, 12 = noon)
- Treats the hour as a 60-minute whole (that is, only moves forward)
- Uses only cardinal numbers **y quince, y treinta, y cuarenta y cinco, veinte y cuatro horas, doce horas)**

The easiest way to switch from official time to conversational time is to *subtract* twelve from the hour of official time *unless* the hour is already less than twelve.

Conversational time	Official time
9:45 a.m. las diez menos cuarto	9:45 nueve horas y cuarenta y cinco
12:30 p.m. las doce y media	12:30 doce horas y treinta
2:50 p.m. las tres menos diez	14:50 catorce horas y cincuenta
11:15 p.m. las once y cuarto	23:15 veintitrés horas y quince

Aquí practicamos

D. Change official time to conversational time.

MODELO: 15:00
las tres de la tarde

1. 13:00	3. 22:00	5. 3:15	7. 20:45
2. 9:00	4. 12:00	6. 15:30	8. 18:06

E. **Horarios** Tenerife is the largest of Spain's Canary Islands. Each week, Iberia and British Caledonia Airways (BCA) have four flights from Madrid to Santa Cruz de Tenerife. Look at the following time tables. For each day given below, indicate first the official times of departure and arrival of the daily flights and then their conversational equivalents.

Madrid–Tenerife — Salidas del Aeropuerto Barajas			
	Vuelos *(Flights)*	**Salidas**	**Llegadas**
martes	Iberia 831	08:15	11:50
jueves	BCA 29	20:30	00:10
sábado	BCA 37	10:45	14:20
domingo	Iberia 867	21:15	00:25

Tenerife–Madrid — Llegadas al Aeropuerto Barajas			
lunes	Iberia 868	13:25	16:55
miércoles	Iberia 832	00:10	03:55
viernes	BCA 30	12:40	16:10
domingo	BCA 38	00:15	03:20

1. los lunes	4. los jueves	7. los domingos
2. los martes	5. los viernes	
3. los miércoles	6. los sábados	

F. Use conversational time to explain your answers to the following questions.

1. El avión tarda una hora para llegar de Madrid a Barcelona. Ud. quiere llegar a Barcelona a las 9:00 de la noche. ¿Va a tomar el avión de las 15:00, las 18:00, las 20:00 o las 21:00?

2. Ud. quiere ir al cine pero tiene que volver a casa antes de las 6:00 de la tarde. La película es de dos horas y comienza a las 13:00, 16:00, 19:00 y 22:00. ¿A qué hora va al cine?

Exs. D, E, and F: *pair work* *writing*

Implementation, Exs. D, E, and F: Because the most common conversions that students will make in real life are from official time to conversational time, the exercises stress this aspect.

Answers, *Ex. D*

1. la una de la tarde   2. las nueve de la mañana
3. las diez de la noche   4. las doce (mediodía)
5. las tres y media de la mañana   6. las tres y media de la tarde   7. las nueve menos cuarto de la noche   8. las seis y seis de la noche

Support material, Exs. E and F: Transparency #23

Answers, *Ex. E*

1. salida 13:25 / 1:25 p.m.; llegada 16:55 / 4:55 p.m.
2. salida 08:15 / 8:15 a.m.; llegada 11:50 / 11:50 a.m.   3. salida 00:10 / 12:10 a.m.; llegada 03:55 / 3:55 a.m.   4. salida 20:30 / 8:30 p.m.; llegada 00:10 / 12:10 a.m.   5. salida 12:40 / 12:40 p.m.; llegada 16:10 / 4:10 p.m.   6. salida 10:45 / 10:45 a.m.; llegada 14:20 / 2:20 p.m.   7. salida (Iberia) 21:15 / 9:15 p.m.; llegada 00:25 / 12:25 a.m.; salida (BCA) 00:15 / 12:15 a.m.; llegada 03:20 / 3:20 a.m.

Preparation, Ex. F: If students have difficulty with this exercise, point out that it can be easily done once all official times are identified and converted to conversational times.

Follow-up, Ex. F: Use transparency #23 to ask questions about arrivals and departures. For example: **¿A qué hora sale el avión para... ? ¿A qué hora llega el avión de... ? Son las 9:00. ¿Ya llegó el avión de... ?**

Answers, *Ex. F*

1. Voy a tomar el avión de las 8:00 de la noche (20:00).   2. Voy a la una de la tarde (13:00).
3. No, porque el programa comienza a las 10:30 de la noche.   4. Llegué una hora temprano. El tren llega a las 5:30 de la tarde (17:30).   5. Voy a llegar a su apartamento a las 8:30 de la noche. El concierto comienza a las 9:00 (21:00).

Support material, Aquí escuchamos:
Teacher Tape

Presentation: Aquí escuchamos

Do the two dialogues separately. After the first dialogue, have students imitate it by saying good-bye to one person. After the second dialogue, have them thank and say good-bye to several people.

Possible questions: 1. What does Patrick do the day that he leaves? 2. What time does his train leave? 3. What plane does he take? 4. What does Miguel want to do? 5. When does Patrick think he will return to Spain? 1. **¿Qué hace Patrick el día que sale?** 2. **¿A qué hora sale su tren?** 3. **¿Qué avión toma?** 4. **¿Qué quiere hacer Miguel?** 5. **¿Cuándo piensa Patrick volver a España?**

3. Hay un programa de televisión a las 22:30. De costumbre Ud. duerme de las 10:00 de la noche hasta las 6:00 de la mañana. ¿Va a mirar el programa?

4. Ud. va a la estación de trenes para recoger *(pick up)* a sus padres. Su tren llega de Barcelona a las 17:30. Ud. llega a la estación a las 4:30 de la tarde. ¿Llegó Ud. a tiempo?

5. Ud. invitó a un(a) amigo(a) a un concierto. El concierto va a comenzar a las 21:00. Tarda media hora para ir del apartamento de su amigo(a) al concierto. ¿A qué hora va a llegar al apartamento de su amigo(a)?

Aquí escuchamos

La salida

The departure

Al fin del año, Patrick salió de Granada y volvió a los Estados Unidos. El día que salió, él fue a casa de su vecino para **despedirse de su amigo** Miguel.

say goodbye to his friend

PATRICK: Pues… Llegó el momento… Adiós, Miguel. Y gracias por todo.

MIGUEL: ¿Cuándo sale tu tren?

PATRICK: A las 13:00. Y tomo el avión de la noche a Nueva York.

MIGUEL: Buena suerte. Yo quisiera visitar los Estados Unidos algún día.

PATRICK: Tú puedes venir a pasar unos meses en los Estados Unidos el año próximo, si quieres.

In any case

MIGUEL: Es muy caro. **En todo caso**, tú vas a volver el verano próximo, ¿verdad?

I hope so.

PATRICK: Sí. **¡Ojalá que sí!**

Una hora después en la estación de trenes

SR. ÁLVAREZ: Bueno, Patrick. Ten cuidado y buen viaje.

SRA. ÁLVAREZ: ¿Tienes tus billetes?

everything you did

PATRICK: Sí, señora. Y quiero agradecerles una vez más **todo lo que hicieron** para mí.

soon / sweets

SRA. ÁLVAREZ: Escribe **pronto**. Y aquí tienes unos **dulces** para tu viaje.

PATRICK: Gracias, señora. Hasta luego, señores Álvarez.

SR. ÁLVAREZ: Sí, hasta el verano próximo. Saludos a tus padres.

¡Aquí te toca a ti!

G. **Mil gracias** You have just spent a month with a Spanish family and are about to return to the United States. As your classmate plays a member of the family, enact the following conversation.

1. Thank him or her for everything.
2. Ask if he or she is going to visit the United States next summer.
3. Say that you would like to return to Spain very soon.
4. Tell him or her that you learned a lot and that you are going to tell your friends in the United States about Spain.

¡Adelante!

H. **Un viaje a las Islas Canarias** You are helping a friend plan a trip to the Canary Islands. He or she is starting from Valencia. Use official time to discuss the plans.

1. Ask if he or she wants to travel in the morning or afternoon.
2. Explain that the morning flight leaves Tuesday at 10:15 a.m. and arrives in Tenerife at 12:35 p.m. The afternoon flight leaves Saturday at 12:55 p.m. and arrives in Tenerife at 2:25 p.m.
3. Tell him or her that the cost of the ticket is 20.000 pesetas.
4. Find out in how many days your friend is going to leave for Tenerife.
5. Find out which flight your friend is going to take.
6. Find out how much time your friend will spend in Tenerife.
7. Explain that you would like to go to Tenerife too, but that you don't have enough money. You are going to spend the vacation at home.

Exs. G and H: *pair work* *roleplay*

Suggestion, Ex. H: After the pairs work on this activity, have one pair model it again for the class.

Vocabulario

Para charlar

Para hablar del horario

llegar a tiempo
llegar tarde
llegar temprano
en (veinte minutos, etc.)
por (una hora, etc.)
hace (un año, dos días, etc.)
un cuarto de hora
media hora
tres cuartos de hora
diez (etc.) minutos

Para decir que extrañamos a alguien

Te extraño
Los extraño

Para dar las gracias

Les agradezco.
Les agradezco con todo el corazón su hospitalidad.
Mil gracias por…
Muchas gracias por...

Temas y contextos

Los muebles de una habitación

una cama
un clóset
una cómoda con dos cajones
                 cuatro cajones
un escritorio
un estante
una lámpara
una silla
un sillón

Vocabulario general

Sustantivos

un dulce
una edad
un estado
un país
un programa de intercambio
una salida

Verbos

beneficiarse
extrañar
lavar
perfeccionar

Adjetivos

amable

Otras palabras y expresiones

un abrazo
despedirse de su amigo(a)
durante
en todo caso
espero que Uds. puedan visitar
el jabón
lo muestra
lo lleva
lo recoge
prestar atención
querido(a)
queridos(as)
la ropa sucia
una toalla

CHAPTER OBJECTIVES

FUNCTIONS: Understanding classified ads, lodging brochures; describing a house or apartment
CONTEXT: Apartments, houses; newspaper ads
ACCURACY: Present and preterite of the verbs **decir** and **poner;** expressions with **decir**

Cultural Observation

You may wish to tell students that in large Spanish cities, as in large American cities, many of these new high-rise apartment complexes are found on the outskirts of the city because of space considerations. In Madrid, for instance, many of these new buildings are found in the southwest of the city (near **metro** stations Aluche, Carabanchel, Vista Alegre, Empalme, Batán, and Campamento. If you wish, refer to the **metro** map on p. 242 of Level One).

Video/Laserdisc
Etapas 1 and 2: Video—Tape 1, Program 2, Part 2
Video Guide—p. 20
Laserdisc Disc 1, Side 2, Prog. 2, Part 2

Search 27854, Play To 47313

CAPÍTULO SEIS

Busco un apartamento

Muchas personas de las ciudades de España viven en edificios grandes y modernos como éste.

Primera etapa

▼

Anuncios del periódico

Anuncios del periódico:
Newspaper ads

Goya. **Vacío**. Dos dormitorios. 60 m². **Cocina amueblada**. **Comedor**. Baño. Teléfono. **Terraza**. 5º piso. Ascensor. Tel. 2 43 94 54

Prado. Completamente amueblado. 225 m². Aire acondicionado. Piscina. Tres dormitorios. Garaje. Dos baños. Dos terrazas. 4º piso. Ascensor. Llamar después de las 20h. Tel. 4 20 28 87

Lavapies. Un dormitorio. Baño. Teléfono. Cocina amueblada. Piscina. **Jardín**. Tenis. Llamar después de las 16h. Tel. 5 31 67 06

Ventas. Vacío. 185 m². Cuatro dormitorios. Dos baños. Dos terrazas. Cocina grande. **Estacionamiento**. Comedor. 7º piso. Dos ascensores. Tel 5 73 34 30

Plaza de España. Completamente amueblado. **Sala de estar** grande. Dos dormitorios. 125 m². Cocina grande. Baño. 3er piso. Llamar mañanas. Tel. 2 45 85 42.

Centro. Tres dormitorios. Cocina amueblada. Garaje. Piscina. Jardín. Tel. 4 52 58 24 noche.

Vacant
furnished kitchen / Dining room / Living room
Garden
Terrace

Parking

Etapa Support Materials

WORKBOOK: pp. 128–134
TRANSPARENCIES: #24, #25, #26
TEACHER TAPE
QUIZ: Testing Program, p. 92
VIDEO: Tape 1, Program 2, Part 2
VIDEO GUIDE: p. 20

Support material, Anuncios del periódico: Transparency #24. Use the transparency to familiarize students with how ads are written.

Exs. A and B:  pair work   writing

Answers, *Ex. A*
1. air conditioning in apartment   2. completely   3. bedroom   4. tennis facilities available   5. garage available   6. call (phone)

Suggestion, Ex. B: Have one student read an exercise item and the rest of the class scan the ads to find the answer. Have them focus on the following data: number of rooms, size of apartment (if given), location in building, number of bedrooms, baths; also name 3 extras that are mentioned in the ads, e.g., garage, garden, pool, elevator, air conditioning.

Possible answers, *Ex. B*
1. **Lavapies.** El apartamento está cerca de la estación de metro Lavapies. Tiene un dormitorio y un baño. Hay un teléfono en el apartamento. Tiene una cocina amueblada. Hay una piscina, un jardín y puedes jugar al tenis allí también. Llama después de las 4:00 de la tarde.
2. **Plaza de España.** El apartamento está cerca de la estación de metro Plaza de España. Está completamente amueblado. Tiene una sala de estar grande, dos dormitorios, una cocina grande y un baño. Tiene unos 125 metros cuadrados. Está en el tercer piso. Llama por la mañana.   3. **Prado.** El apartamento está cerca de la estación de metro Prado. Está completamente amueblado. Tiene 225 metros cuadrados. Hay tres dormitorios, dos baños y dos terrazas. El apartamento tiene aire acondicionado también. Está en el cuarto piso, pero hay ascensor. El edificio tiene un garaje y una piscina. Llama después de las 8:00 de la noche.   4. **Ventas.** El apartamento está cerca de la estación de metro Ventas. Está vacío y tiene 185 metros cuadrados. Tiene cuatro dormitorios, dos baños, una cocina grande, un comedor y dos terrazas. Hay estacionamiento. Está en el séptimo piso y hay dos ascensores.   5. **Centro.** El apartamento está en el centro. Tiene tres dormitorios y una cocina amueblada. Hay un garaje y una piscina. Hay un jardín también. Llama por la noche.

¡Aquí te toca a ti!

A. Read the preceding ads carefully. What do you think the following words mean?

  1. aire acondicionado
  2. completamente
  3. dormitorio
  4. tenis
  5. garaje
  6. llamar

B. **¡No comprendo!** You're helping out some friends who have just moved to Madrid. Because they speak very little Spanish, they don't understand how to read the classified ads. Help them by describing the apartments that are for rent on page 175.

MODELO: *El apartamento está cerca de la estación de metro Goya. Está vacío y tiene dos dormitorios. Tiene unos 60 metros cuadrados* (square meters) *y la cocina está amueblada. También tiene un comedor, baño, teléfono y terraza. Está en el quinto piso y hay un ascensor en el edificio.*

Goya. Vacío. Dos dormitorios. 60 m². Cocina amueblada. Comedor. Baño. Teléfono. Terraza. 5º piso. Ascensor. Tel. 2 43 94 54

Pronunciación: *The vowel combination* **ui**

The combination **ui** in Spanish is pronounced in one single syllable, similar to the English word *we*. Note that in the word **muy**, the same sound is spelled **uy**.

Práctica

C. Read each word aloud, carefully pronouncing the combination **ui**.

  1. fui
  2. Luis
  3. Ruiz
  4. ruido
  5. muy
  6. fuimos
  7. buitre
  8. cuidado

Repaso

D. **¿A qué hora presentan los programas?** You and your friends are on a class trip. Some of your friends want to watch TV, but they're having trouble figuring out the television schedule because the times are based on the 24-hour clock. Look at this program listing taken from a Spanish newspaper, and answer their questions using conversational time.

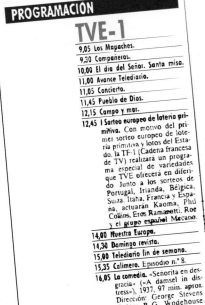

1. ¿A qué hora presentan "Alf"?
2. ¿A qué hora presentan "Kung Fu"?
3. ¿A qué hora presentan la película "Robin de los Bosques"?
4. ¿A qué hora presentan una ópera?
5. ¿A qué hora presentan un concierto?
6. ¿A qué hora presentan unos cursos de idiomas?

Televisión de Galicia.

EL MEDIO DE LLEGAR A GALICIA

Ex. D: pair work / writing

Support material, Ex. D: Transparency #25

Answers, *Ex. D*

1. Presentan "Alf" a las siete menos veinte de la tarde. 2. Presentan "Kung Fu" a las seis y media de la tarde. 3. Presentan "Robin de los Bosques" a las doce y quince de la mañana. 4. Presentan una ópera a las doce menos cuarto de la noche. 5. Presentan un concierto a las once y cinco de la mañana. 6. Presentan unos cursos de idiomas a las nueve menos cuarto de la mañana.

Presentation: *The verb* decir

(1) Have students repeat the present tense of the conjugation of **decir** while you write pronouns in three groups—**yo, tú, él, ella, Ud. / ellos, ellas, Uds. / nosotros**   (2) Repeat in the negative.   (3) Add written verb forms to pronouns. (4) Repeat for the preterite of **decir.**

Ex. E:  *pair work*   *writing*

Implementation, Ex. E: Do this exercise orally and at a steady pace. You may want to repeat it in the preterite.

Answers, *Ex. E*

1. Tú dices / Ellas dicen / Él dice / Ellos dicen / Ud. dice   2. dice ella / dicen ellos / dicen Uds. / dice Carlos / decís vosotros   3. El profesor dice / Nosotros decimos / Tú dices / Ella dice / Ud. dice / Vosotras decís

---

ESTRUCTURA

The verb **decir**

—**¿Dicen Uds.** la verdad?
—*Are you telling* the truth?

—Claro! Siempre **decimos** la verdad.
—*Of course! We always tell* the truth.

—¿Qué **dijo** el profesor ayer?
—*What did* the professor *say* yesterday?

—**Él dijo** que no.
—*He said* no.

The verb **decir** *(to say, to tell)* is irregular in both the present and the preterite tenses.

Present:			
yo	**digo**	nosotros	**decimos**
tú	**dices**	vosotros	**decís**
él ella Ud.	**dice**	ellos ellas Uds.	**dicen**

Preterite:			
yo	**dije**	nosotros	**dijimos**
tú	**dijiste**	vosotros	**dijisteis**
él ella Ud.	**dijo**	ellos ellas Uds.	**dijeron**

Aquí practicamos

E. Replace the words in italics with those in parentheses and make the necessary changes.

1. *Uds.* siempre dicen la verdad. (tú / ellas / él / ellos / Ud.)
2. ¿Qué dices *tú*? (ella / ellos / Uds. / Carlos / vosotros)
3. *Él* dice que no. (el profesor / nosotros / tú / ella / Ud. / vosotras)

F. **¿Qué dicen ellos?** You're sitting in a café with a large group of friends. Because of the street noise, you can't hear what some of your friends are saying; so you have to keep asking what's going on. Use the cues to ask your questions.

MODELO: ellos
¿Qué dijeron ellos?

1. ella	3. Uds.	5. él
2. tú	4. ellas	6. ellos

G. **Ellos dicen que...** Now that you've asked, the person sitting next to you at the table repeats everything that is said.

MODELO: ellos / hace buen tiempo hoy
Dijeron que hace buen tiempo hoy.

1. ella / va a nevar
2. yo / hay niebla por las calles
3. nosotros / hace mucho frío
4. ellas / van a esquiar
5. él / María tuvo un accidente
6. ellos / el accidente no fue serio

Ex. F: pair work writing

Follow-up Ex. F: Notice that the questions formed in this exercise correspond with the suggested answers in the following exercise. Have them repeat the question from Ex. F as a preface to each answer in Ex. G. For example, in number 1, one student would say **¿Qué dijo ella?** and another would respond **Dijo que va a nevar.**

Answers, *Ex. F*
1. ¿Qué dijo ella? 2. ¿Qué dijiste tú? 3. ¿Qué dijeron Uds.? 4. ¿Qué dijeron ellas? 5. ¿Qué dijo él? 6. ¿Qué dijeron ellos?

Ex. G: pair work writing

Preparation, Ex. G: Point out the constructions **Él dice que...** and **Él dijo que...** and give the meanings in English.

Answers, *Ex. G*
1. Dijo que va a nevar. 2. Dije que hay niebla por las calles. 3. Dijimos que hace mucho frío. 4. Dijeron que van a esquiar. 5. Dijo que María tuvo un accidente. 6. Dijeron que el accidente no fue serio.

To the teacher: You may want to ask students to guess the meaning of the words written on the window. **Latas frescas** refers to cold drinks: **Coca-cola, cerveza** (beer), and **agua** (mineral water). In Spain, **granizados** are drinks made with crushed ice: **horchata de chufa** is a very popular type of *granizado*. It's a sweet, white, milkshake-like drink made from ground nuts, grains, and seeds. The word for *horchata* in English is orgeat.

Presentation: *Expressions with* **decir**
Have students look at the meanings of the expressions as they proceed directly to Ex. H.

Ex. H: *pair work*   *writing*

Answers, *Ex. H*

1. ¿Cómo se dice "apartment building" en español? 2. ¿Qué dijiste? 3. Para decir la verdad, no estoy seguro(a). 5. ¿Qué quieres decir? 6. Quiero decir que mi maestro(a) (profesor/a) es muy difícil. 7. El maestro(a) (profesor/a) dijo que no.

Support material, Aquí escuchamos:
Teacher Tape

Possible questions: 1. What do they check? 2. What does Patrick find? 3. Where is it? 4. What is it like? 5. What do they decide to look for finally? 1. **¿Qué revisan?** 2. **¿Qué encuentra Patrick?** 3. **¿Dónde está?** 4. **¿Cómo es?** 5. **¿Qué deciden buscar al final?**

NOTA GRAMATICAL

Expressions with **decir**

Para decir la verdad, no me gusta el francés.

To tell the truth, I don't like French.

¿Qué quiere decir esto?

What does this *mean*?

¿Cómo se dice "documentary" en español?

How do you say "documentary" in Spanish?

The verb **decir** is used in a variety of everyday expressions:

para decir la verdad	*to tell the truth*
decir que sí (no)	*to say yes (no)*
querer decir	*to mean*
¿Cómo se dice...?	*How do you say...?*
¿Qué dijiste?	*What did you say?*

H. Decide which of the **decir** expressions best fits the following situations.

1. You want to know how to say "apartment building" in Spanish.
2. You didn't hear what your brother said to you.
3. You explain that, to tell the truth, you are not sure.
4. You want to find out what someone means by what he or she said.
5. You explain that you mean that your teacher is very difficult.
6. You want to tell someone that the teacher said no.

Aquí escuchamos

Buscamos un apartamento

look over

Patrick vuelve a Granada con un amigo. Ellos **revisan** los anuncios del periódico para encontrar un apartamento.

PATRICK: ¡Mira! Encontré uno. Un apartamento con dos dormitorios y está amueblado.
RICHARD: ¿Dónde está ese apartamento?
PATRICK: Está muy cerca de la universidad.

it must be

RICHARD: Si está amueblado, **debe ser** muy caro.

The rent

PATRICK: **El alquiler** es 70.500 pesetas cada mes.
RICHARD: ¡Espera un momento! ¡Es carísimo!
PATRICK: Bueno, amigo. Vamos a buscar otro más pequeño.

¡Aquí te toca a ti!

I. **Buscamos un apartamento.** You and your friend are now college
    students and have just arrived in Madrid on a study abroad program
    from your university. Part of the experience is that you must find
    your own lodging. Look at the apartment ads from the classified
    section of the newspaper and carry out the following tasks: (1)
    describe the apartments according to the ads; (2) decide which apart-
    ments are too expensive; and (3) decide which apartment you're going
    to rent (**alquilar**).

Cuatro Caminos. Amue-
blado. Cuatro dormitorios.
Dos baños. Comedor. Dos
terrazas. Piscina. 95.000
ptas. Tel. 4 12 54 40

Argüelles. Tres dormitorios. Cocina grande. Comedor. Todo amueblado ex-
cepto salón. 50.000 ptas.
Tel. 6 10 90 87

Lavapies. Amueblado. Comedor. Un dormitorio. Teléfono. Terraza. Piscina. Tenis. 70.000 ptas. Tel. 8 14
23 85

Delicias. Un dormitorio
grande. Cocina amueblada.
Aire acondicionado. Jardín.
Tel. 7 21 40 89 noche.

Legazpi. Vacío. Dos dormitorios. Comedor. Baño. Cocina. 30.000 ptas. Tel. 4 50
17 76

Goya. Amueblado. Dos
dormitorios. Comedor. Co-
cina. Baño. Terraza. 60.000
ptas. Tel. 3 15 41 55

CASAS DE RENTA ANTIGUA
PAGAMOS AL MAS ALTO PRECIO.
CASAS DE RENTA ANTIGUA s.a.
TORRE DE MADRID PLANTA 7
Teléfono 248 67 97
con la garantía de
ORGANIZACION INMOBILIARIA LOPEZ-BREA

Ex. I: pair work roleplay

Support material, Ex. I: Transparency #26.
Use the transparency of the classified ads so
that students can avoid turning pages as they
do the activity.

Follow-up, Ex. I: Have students justify their
decision on which apartment they decided to
rent.

Ex. J: 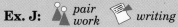 *pair work*   *writing*

Suggestion, Ex. J: You may also use this exercise as a written activity. Have students follow the questions as a guide, adding any information they feel is appropriate. They may also provide a sketch or schematic to go along with their description.

¡Adelante!

J. **Mi casa (Mi apartamento)** Describe your dream house or apartment to one of your classmates. Where is the house or apartment located? How do you get from there to school? How many rooms does it have? Name the rooms. How big are the rooms? On what floor are the rooms located? Is there a garden? Do you have a garage? Is there an elevator? Your classmate will ask you questions to get more information.

Segunda etapa

▼

Mi apartamento

el sofá

el cuadro

las cortinas

el sillón

la lámpara

la alfombra

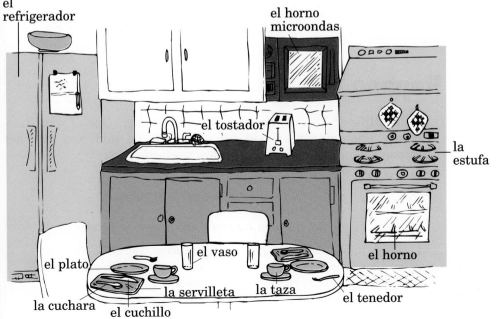

el refrigerador

el horno microondas

el tostador

la estufa

el horno

el plato

el vaso

la servilleta

la taza

el tenedor

la cuchara

el cuchillo

Etapa Support Materials

WORKBOOK: pp. 135–145
TRANSPARENCIES: #27, #27a
LISTENING ACTIVITY MASTERS: p. 57
TAPESCRIPT: p. 86
TEACHER TAPE
QUIZ: **Testing Program,** p. 94
CHAPTER TEST: **Testing Program,** p. 98
VIDEO: **Tape 1, Program 2, Part 2**
VIDEO GUIDE: p. 20

Support material, Mi apartamento: Transparencies #27, #27a

To the teacher:

Expansion vocabulary:

mesita   end table
butaca is another word for **sillón**
gabinete   cabinet
cojín/cojines cushion/cushions

Exs. A and B: 🏔 *pair work* 📝 *writing*

Suggestion, Ex. A: Show transparency #27 or #27a as students do the exercise.

Suggestion, Ex. B: As a model, give a description of your own house or apartment. Then divide the class into pairs. To verify work, have some students report to the entire class what they have learned from their partners.

Ex. D: 🏔 *pair work*

Follow-up, Ex. D: Once this activity has been done in pairs, group the students into three. Have Student 1 make the statement, Student 2 ask Student 3 what was said, and Student 3 respond appropriately. **Modelo: ella / aprender —Ella aprendió español en la escuela. —¿Qué dijo? —Dijo que ella aprendió español en la escuela.**

Answers, *Ex. D*

1. —Ellos hablaron por teléfono. —¿Qué dijiste? —Dije que ellos hablaron por teléfono.   2. —Yo fui a Granada. —¿Qué dijiste? —Dije que fui a Granada.   3. —Ella aprendió el ruso. —¿Qué dijiste? —Dije que ella aprendió el ruso.   4. —Él llegó tarde. —¿Qué dijiste? —Dije que él llegó tarde.   5. —Nosotros buscamos a Silvia. —¿Qué dijiste? —Dije que nosotros buscamos a Silvia.   6. —Yo compré una moto. —¿Qué dijiste? —Dije que compré una moto.   7. —Ellas miraron la TV. —¿Qué dijiste? —Dije que ellas miraron la TV.   8. —Ellos hicieron las maletas. —¿Qué dijiste? —Dije que ellos hicieron las maletas.

¡Aquí te toca a ti!

A. **Un apartamento nuevo** You and your family are about to move into a new apartment. Using words you already know and the new vocabulary in the drawings, imagine how you'll furnish each room. Use the verb **poner** *(to put)* in the infinitive form according to the model.

MODELO: el dormitorio
          En el dormitorio voy a poner una cama, un televisor, etc.

1. la cocina
2. el dormitorio
3. la oficina
4. la sala de estar

B. **Donde yo vivo** Describe the furniture in each room of the house or apartment in which you live.

Pronunciación: *The vowel combination* **ai**

The combination **ai** in Spanish is pronounced in one single syllable, similar to the English word *eye*. Notice it can also be spelled **ay**, as in the Spanish words **hay** and **ay**.

Aquí practicamos

C. Read each word aloud, pronouncing the combination **ai** carefully.

1. aire
2. baile
3. paisaje
4. habláis
5. hay
6. ¡ay!
7. caimán
8. compráis

Repaso

D. **¿Qué dijiste?** Use the cues to create a sentence. One of your classmates, who didn't hear, will ask you what you said. You will then respond, using the verb **decir.** Follow the model.

MODELO: ella / aprender
          —Ella aprendió español en la escuela.
          —¿Qué dijiste?
          —Dije que ella aprendió español en la escuela.

1. ellos / hablar por teléfono
2. yo / ir a Granada
3. ella / aprender el ruso
4. él / llegar tarde
5. nosotros / buscar a Silvia
6. yo / comprar una moto
7. ellas / mirar la TV
8. ellos / hacer las maletas

E. **Su casa está...** Describe the homes of the people listed below to a group of your classmates. In addition to saying where each is located, be precise about what it is like (rooms, furnishings, etc.). Use sentences like: **Su casa está...** and **Su casa tiene...**.

1. a teacher
2. a famous actress

3. a professional athlete
4. a famous rock star

The verb *poner*

Voy a poner el sofá en la sala de estar.

Ella puso el televisor en el dormitorio.

Yo puse el estante en mi oficina.

Yo pongo la mesa.

I'll put the couch in the living room.

She put the television in the bedroom.

I put the bookcase in my office.

I set the table.

The verb **poner** has several meanings. It may mean to put or to place something somewhere. It can also be used in the idiomatic expression **poner la mesa** *(to set the table).*

Present:			
yo	**pongo**	nosotros	**ponemos**
tú	**pones**	vosotros	**ponéis**
él		ellos	
ella	**pone**	ellas	**ponen**
Ud.		Uds.	

Notice that only the **yo** form of **poner** is irregular in the present.

Preterite			
yo	**puse**	nosotros	**pusimos**
tú	**pusiste**	vosotros	**pusisteis**
él		ellos	
ella	**puso**	ellas	**pusieron**
Ud.		Uds.	

Ex. E: groups of four or more

Presentation: *The verb* **poner**
Take various objects and place them on top of, under, or next to other objects. As you do so, describe what you're doing using the verb **poner. Yo pongo los libros en la mesa.** Then proceed through the entire conjugation as you've done with other irregular verbs. Finally, have some students place some objects around the room while others describe what they're doing.

Cultural Observation

Compare the use of **piso** here with the formerly learned use of the word to describe a floor or level of a building.

Ex. F: *pair work*   *writing*

Answers, *Ex. F*

1. Nosotras no ponemos / Ella no pone / Ellos no ponen / Tú no pones / Uds. no ponen / Vosotros no ponéis   2. Ella pone / Ellos ponen / Nosotros ponemos / Yo pongo / Uds. ponen / Ud. pone 3. Yo pongo / Nosotras ponemos / Ellas ponen / Él pone / Vosotros ponéis

Ex. G: *pair work*

Answers, *Ex. G*

1. —¿Dónde pusiste el escritorio? —Puse el escritorio en la oficina.   2. —¿Dónde pusiste la cama? —Puse la cama en el dormitorio. 3. —¿Dónde pusiste la mesa? —Puse la mesa en la cocina.   4. —¿Dónde pusiste el sofá? —Puse el sofá en la sala de estar.   5. —¿Dónde pusiste el sillón? —Puse el sillón en el dormitorio. 6. —¿Dónde pusiste el televisor? —Puse el televisor en la sala de estar.   7. —¿Dónde pusiste los estantes? —Puse los estantes en la oficina. 8. —¿Dónde pusiste el horno de microondas? —Puse el horno de microondas en la cocina. 9. —¿Dónde pusiste los cuadros? —Puse los cuadros en el dormitorio.   10. —¿Dónde pusiste las cortinas nuevas? —Puse las cortinas nuevas en la sala de estar.   11. —¿Dónde pusiste las cortinas viejas? —Puse las cortinas viejas en la oficina. 12.—¿Dónde pusiste la lámpara nueva? —Puse la lámpara nueva en el dormitorio.

▼ COMENTARIOS CULTURALES ▼

El piso
In large cities like Madrid, because of the way space is used, it is rare to find suburbs as we know them in this country. What happens is that large apartment-like buildings are constructed that contain units with several rooms each. A unit, called **un piso**, can consist of a kitchen, living room, dining room, bathrooms, and bedrooms. People in Madrid buy **pisos** (similar to our condominiums) the same way we would buy houses in the suburbs.

Aquí practicamos

F. Replace the words in italics with those in parentheses and make the necessary changes.

1. *Yo* no pongo la mesa. (nosotras / ella / ellos / tú / Uds. / vosotros)
2. *Tú* pones los libros en el estante. (ella / ellos / nosotros / yo / Uds. / Ud.)
3. *Ella* pone la ropa en el clóset. (yo / nosotras / ellas / él / vosotros)

G. **¿Dónde pusiste...?** You are discussing with a friend how you arranged your apartment. Work with a partner, use the cues, and follow the model.

MODELO: la cómoda / el dormitorio
      —*¿Dónde pusiste la cómoda?*
      —*Puse la cómoda en el dormitorio.*

1. el escritorio / la oficina
2. la cama / el dormitorio
3. la mesa / la cocina
4. el sofá / la sala de estar
5. el sillón / el dormitorio
6. el televisor / la sala de estar
7. los estantes / la oficina
8. el horno de microondas / la cocina
9. los cuadros / el dormitorio
10. las cortinas nuevas / la sala de estar
11. las cortinas viejas / la oficina
12. la lámpara nueva / el dormitorio

Aquí escuchamos ▼

Vamos a arreglar el apartamento

Patrick y su amigo Richard por fin encontraron un pequeño apartamento. Cuando ellos llegan, deciden **arreglar** el apartamento.   to arrange

PATRICK: A ver. ¿Cómo podemos arreglar los **muebles**?   furniture

RICHARD: ¿Por qué no ponemos esta mesita en la cocina? Así podemos comer allí y no en la sala de estar.

PATRICK: Buena idea. Tú sabes cocinar, ¿verdad?

RICHARD: Un poco, pero vamos a aprender mucho.

PATRICK: Vamos a poner el sofá allí cerca de la **ventana**. Así tenemos   window
más **espacio** en la sala de estar.   space

RICHARD: ¿Y qué quieres hacer con el sillón?

PATRICK: Podemos poner el sillón cerca de la mesita con la lámpara.

RICHARD: De acuerdo. Prefiero poner esta cómoda **contra la pared**.   against the wall
¿Te gusta así?

PATRICK: Está bien. ¡Pero tengo un hambre increíble!

RICHARD: Yo también. Vamos. Aquí al lado está un restaurante donde tienen unas tapas estupendas.

PATRICK: ¡Vamos!

¡Aquí te toca a ti!

H. **¡Vamos a arreglar el apartamento!** Using the furniture names you have learned, work with several classmates to create a floor plan for an apartment and decide how you're going to arrange your furniture. When your group is finished, compare your arrangement with that of another group. Use the present tense of **poner** when you make your plans. (**Pongo las dos camas en el segundo dormitorio**). Then use the *preterite* to explain to the other group what you did. (**Pusimos las dos camas en el segundo dormitorio**).

¡Adelante! ▼

I. Describe the furniture in your dream house or apartment to one of your classmates. Tell what furniture is in what rooms. Your classmate will ask you questions to get more information.

Support material, Aquí escuchamos:
🎧 Teacher Tape

Possible questions: 1. What do they do? 2. What do they put in the kitchen? 3. Who knows how to cook? 4. How do they arrange the living room? 5. When finished, what do they decide to do? 1. **¿Qué hacen?** 2. **¿Qué ponen en la cocina?** 3. **¿Quién sabe cocinar?** 4. **¿Cómo arreglan la sala de estar?** 5. **¿Qué deciden hacer al terminar?**

Ex. H: *groups of four or more*

Preparation, Ex. H: Before doing this exercise, give students a blank apartment plan and have them place furniture according to your directions. Match what you told them to their results. This serves as a listening comprehension exercise and also a quiz.

Suggestion, Ex. H: You may wish to distribute copies of the floor plan to all. This allows them to put in the furniture.

Ex. I: *pair work* *writing*

Suggestion, Ex. I: You may also use this exercise as a written activity. Have students write a letter to someone describing their new apartment or house, including what furniture is in which rooms. Have them accompany the letter with a labeled schematic or floor plan showing the location of the rooms and furniture. This would serve as an appropriate culminating activity.

Cooperative Learning

Vocabulario: Group Move

- Have all students review the vocabulary in the **Vocabulario** list and look at any exercises in the chapter that involved moving and arranging furniture.
- Tell the students to close their books.
- Have the students form five heterogeneous groups. Each group is responsible for arranging a different room in a house after a move. Assign rooms to each group.
- Have groups make a poster with pictures of the items they want to put in the room. Explain to them that they have a lot of furniture, and they need to put as much of it as possible in their room. Remind the students that all of the students in each group need to contribute equally.
- Once the items are placed, each group should make up a story about their move and their room, using as many of the words from the **Temas y contextos** and **Vocabulario general** sections as possible.
- Have each group tell its story to the class, using the pictures of their rooms as a visual aid.

 ## Vocabulario

Temas y contextos

Los anuncios en el periódico para una casa o un apartamento

aire acondicionado	el garaje (para dos coches)
(completamente) amueblado	el jardín
la cocina	la sala de estar
el comedor	la terraza
el dormitorio	vacío(a)
el estacionamiento	

La cocina y los muebles

las cortinas	el refrigerador
el cuadro	la servilleta
la cuchara	el sofá
el cuchillo	la taza
la estufa	el tenedor
el horno (de microondas)	el tostador
el plato	el vaso

Vocabulario general

Sustantivos	*Verbos*	*Adjetivos*
el alquiler	arreglar	increíble
el espacio	cocinar	
el periódico	decir	
el plan	poner	
la ventana	revisar	

Otras palabras y expresiones

¿Cómo se dice...?
contra la pared
decir que sí (no)
m^2 (metros cuadrados)
para decir la verdad
¿Qué dijiste?
querer decir

Aquí leemos

A. Look through the above ads carefully. What do you think the following words mean? Try to figure out their meanings based on context as well as by thinking of English words they resemble.

1. chimenea   2. parcelas   3. fase   4. sala de juegos

B. Use the vocabulary you have learned in this unit to help you answer the following questions.

1. How many bedrooms will you get at Los Juncos?
2. Does each ad advertise a dining room?
3. Can you call all of these places?
4. Do they all have a double garage?
5. Which are bigger — the chalets offered by Llanos or those offered by El Mirador?

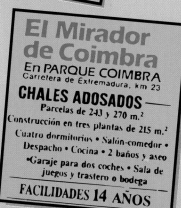

Repaso

C. **Intercambio** Use Spanish to ask one of your classmates about his or her house or apartment.

1. where it is
2. how to get there
3. number of bedrooms
4. number of bathrooms
5. what there is in the kitchen
6. garden (yes or no)
7. garage (yes or no)
8. furniture in living room
9. furniture in other rooms
10. size of kitchen (large or small)

Support Materials

WORKBOOK: pp. 141–145
LISTENING ACTIVITY MASTERS: p. 63
TAPESCRIPT: p. 96
UNIT EXAM: Testing Program, p. 103
ATAJO, WRITING ASSISTANT SOFTWARE

Prereading
Have students describe vacation homes.

Exs. A and B: *pair work* *writing*

Implementation, Exs. A and B: Have students do these individually. Then compare answers to verify accuracy.

Answers, *Ex. A*
1. fireplace   2. lots   3. phase (section built)
4. game room

Answers, *Ex. B*
1. 5   2. no   3. no   4. no   5. El Mirador

Postreading
Have students create an ad for an apartment. The ad should include a floor plan and a simple description.

Ex. C: *pair work*

Suggestion, Aquí repasamos: For the sake of efficiency, you may ask students to review the grammar at home before doing the exercise in class. You may also wish to have them write out some of the exercises as homework.

Ex. A: 👥 *pair work*   ✍️ *writing*

Answers, *Ex. A*

1. En el noveno piso.   2. En el primer piso.
3. En el cuarto piso.   4. En el primer piso.   5. En el tercer piso.   6. En el segundo, séptimo y noveno piso.   7. En el décimo piso.   8. En el quinto piso.

Aquí repasamos

In this section, you will review:

- ordinal numbers;
- the verb **dormir**;
- the verbs **salir** and **llegar**;
- time expressions;
- the 24-hour clock;
- the verb **decir;**
- the verb **poner.**

Ordinal numbers

el primero (el primer), la primera	el sexto, la sexta
el segundo, la segunda	el séptimo, la séptima
el tercero (el tercer), la tercera	el octavo, la octava
el cuarto, la cuarta	el noveno, la novena
el quinto, la quinta	el décimo, la décima

A. You're the receptionist at the front desk of a big hotel. Indicate to the guests on what floor the various places are located.

MODELO: conference rooms / 2
          En el segundo piso.

1. room 954 / 9
2. beauty salon / 1
3. stores / 4
4. swimming pool / 1
5. ballroom / 3
6. restaurants / 2, 7, and 9
7. suites / 10
8. fitness center / 5

The preterite of the verb *dormir*

yo	**dormí**	nosotros	**dormimos**
tú	**dormiste**	vosotros	**dormisteis**
él ella } Ud.	**durmió**	ellos ellas } Uds.	**durmieron**

B. **¿Cuánto durmió...?** Indicate how much time various people slept. Use the cues. Work with a partner and follow the model.

MODELO: Juan / 8
—*¿Cuánto durmió Juan anoche?*
—*Durmió ocho horas.*

1. Marisol / 6
2. tú / 5
3. tus padres / 8
4. Esteban y su hermano / 7
5. Ud. / 9
6. Uds. / 4

Ex. B: *pair work*

Answers, *Ex. B*
1. —¿Cuánto durmió Marisol anoche? —Durmió seis horas.   2. —¿Cuánto dormiste tú? —Dormí cinco horas.   3. —¿Cuánto durmieron tus padres? —Durmieron ocho horas.   4. —¿Cuánto durmieron Esteban y su hermano? —Durmieron siete horas.   5. —¿Cuánto durmió Ud.? —Dormí nueve horas.   6. —¿Cuánto durmieron Uds.? —Dormimos cuatro horas.

Ex. C: *pair work*   *groups of three*

The verbs *salir* and *llegar*

Present:

yo	**salgo**	**llego**	nosotros	**salimos**	**llegamos**
tú	**sales**	**llegas**	vosotros	**salís**	**llegáis**
él ella Ud.	**sale**	**llega**	ellos ellas Uds.	**salen**	**llegan**

Preterite:

yo	**salí**	**llegué**	nosotros	**salimos**	**llegamos**
tú	**saliste**	**llegaste**	vosotros	**salisteis**	**llegasteis**
él ella Ud.	**salió**	**llegó**	ellos ellas Uds.	**salieron**	**llegaron**

C. **Cuando yo salgo...** Explain to your classmate(s) what you do in the following situations. Use the verbs **salir** or **llegar**.

MODELO: Explain at what time you leave the house when you go to a movie.
Cuando yo voy al cine, salgo de casa a las 7:00.

Explain...

1. at what time you leave the house when you go out on Saturday night.
2. at what time you arrive at school in the morning.
3. how often you and your friends go out on weekends.
4. when you arrive home in the afternoon.
5. when your parents leave for work in the morning.
6. how often you and your friends go out weekly during the school year.

Ex. D: *pair work*   *writing*

Answers, *Ex. D*
1. Sí, voy a llegar a tiempo para comprar el pan.
2. Marisol estudió por tres horas y media.
3. Hablamos por cuarenta y cinco minutos.
4. Hace ____ años que Pablo nació.   5. Van a llegar en quince minutos.

Time expressions

1. **Temprano, a tiempo, tarde**   To express the ideas of *early*, *late*, and *on time*, use **temprano**, **tarde**, and **a tiempo**.

2. **En**   To indicate when a future action will take place, use the preposition **en** as the equivalent of *in*.

3. **Hace**   To indicate *how long ago* a past action occurred, use **hace**.

4. **Por** is used to indicate *for how long* an action continued, continues, or will continue.

5. To express quarter hours, use the expressions **un cuarto de hora**, **media hora**, **tres cuartos de hora**.

D. **¿A tiempo, temprano o tarde?** Answer the questions for each of the situations given. Use a time expression in each of your answers.

MODELO: La película comienza a las 8:30. Juan llega al cine a las 8:35. ¿Llegó Juan a tiempo, temprano o tarde?
Juan llegó tarde.

1. La panadería cierra a las 6:00. Yo vivo muy cerca de la panadería y salgo de casa para comprar el pan a las 5:30. ¿Voy a llegar a tiempo para comprar el pan?
2. Marisol comenzó su tarea a las 8:00. Ella terminó su tarea a las 11:30. ¿Cuánto tiempo estudió Marisol?
3. Nosotros hablamos por teléfono de las 4:15 hasta las 5:00. ¿Cuánto tiempo hablamos?
4. Pablo nació *(was born)* en 1981. ¿Cuántos años hace que nació?
5. Ahora son las 7:45. Nuestros amigos van a llegar a las 8:00. ¿En cuánto tiempo van a llegar?

The 24-hour clock

Conversational time		Official time	
9:45 a.m.	las diez menos cuarto	09:45 a.m.	nueve horas y cuarenta y cinco
12:30 p.m.	las doce y media	12:30 p.m.	doce horas y treinta
2:50 p.m.	las tres menos diez	14:50 p.m.	catorce horas y cincuenta
11:15 p.m.	las once y cuarto	23:15 p.m.	veintitrés horas y quince

E. **¿A qué hora sale el tren?** You are at a train station meeting a friend. While you're waiting for her train to arrive, people in line to make reservations keep asking you about the departure times of various trains. Give them the conversational time for the official time you see on the departure board.

MODELO: ¿A qué hora sale el tren para Valencia?
Sale a la una y diez de la tarde.

Valencia	13:10
Lisboa	10:05
Sevilla	15:45
Santiago	17:20
Salamanca	8:55
París	14:00
Barcelona	19:50
Santander	20:30
Málaga	21:15
Granada	23:40

¿A qué hora sale el tren para...

1. Barcelona?
2. Granada?
3. Sevilla?
4. París?
5. Santander?
6. Santiago?
7. Salamanca?
8. Lisboa?
9. Málaga?
10. Valencia?

The verb *decir*

Present:

yo	**digo**	nosotros	**decimos**
tú	**dices**	vosotros	**decís**
él		ellos	
ella	**dice**	ellas	**dicen**
Ud.		Uds.	

Preterite:

yo	**dije**	nosotros	**dijimos**
tú	**dijiste**	vosotros	**dijisteis**
él		ellos	
ella	**dijo**	ellas	**dijeron**
Ud.		Uds.	

Ex. E: pair work / writing

Answers, *Ex. E*
1. Sale a las ocho menos diez de la noche.
2. Sale a las doce menos veinte de la noche.
3. Sale a las cuatro menos cuarto de la tarde.
4. Sale a las dos de la tarde.   5. Sale a las ocho y media de la noche.   6. Sale a las cinco y veinte de la tarde.   7. Sale a las nueve menos cinco de la mañana.   8. Sale a las diez y cinco de la mañana.   9. Sale a las nueve y cuarto de la noche.   10. Sale a la una y diez de la tarde.

Ex. F: *pair work*   *writing*

Cooperative Learning

Ex. F: Chatting Trios

- Have the students form groups of three to share the gossip overheard at the café.
- Direct the students to share what they heard, from left to right, as they would in Roundrobin. The first student should follow the **modelo.** The student to his or her left should agree or disagree, followed by the person to his or her left, who will summarize what was said. For the second situation, the second student begins.
- To check on comprehension, pose some different situations and call on students at random to answer.
- As a follow-up, you may want to ask all of the students to write about a conversation that they have overheard lately.

Answers, *Ex. F*

1. Dijo que fue de compras.   2. Dijeron que fueron a nadar.   3. Dijeron que fueron a correr.   4. María dijo que fue a visitar a su novio.   5. Dijeron que fueron a estudiar.

Ex. G: *pair work*   *writing*

Answers, *Ex. G*

1. Nosotros pusimos los tenedores en el cajón.   2. Felipe puso las servilletas en la mesa.   3. Yo puse los platos en la cocina.   4. Mi papá puso la ropa en el clóset.   5. Mis hermanas pusieron los libros en el estante.   6. Tú pusiste la pluma en el escritorio.

F.   ¿Qué dijeron? The person sitting next to you at a table in a café repeats everything that he or she hears others did last night.

MODELO: ellos / ir al cine
Dijeron que fueron al cine.

1. ella / ir de compras
2. ellos / ir a nadar
3. ellas / ir a correr
4. María / ir a visitar a su novio
5. ellos / ir a estudiar

The verb *poner*

Present:

yo	**pongo**	nosotros	**ponemos**
tú	**pones**	vosotros	**ponéis**
él		ellos	
ella	**pone**	ellas	**ponen**
Ud.		Uds.	

Preterite:

yo	**puse**	nosotros	**pusimos**
tú	**pusiste**	vosotros	**pusisteis**
él		ellos	
ella	**puso**	ellas	**pusieron**
Ud.		Uds.	

G.   Ella puso... Things are getting misplaced in your home, but you always seem to know where they are. Use **poner** in the preterite with the cues provided to tell where people put things.

MODELO: Mónica / llaves / en la mesa
Mónica puso las llaves en la mesa.

1. nosotros / tenedores / en el cajón
2. Felipe / servilletas / en la mesa
3. yo / platos / en la cocina
4. mi papá / ropa / en el clóset
5. mis hermanas / libros / en el estante
6. tú / pluma / en el escritorio

Aquí llegamos

A. Una habitación de hotel You and your family are checking into a hotel. With a partner, enact the following situation.

1. Greet the desk clerk.
2. Tell him or her you have reservations for two rooms for five nights.
3. You want two rooms with bathrooms.
4. Say you want the first floor. You don't like elevators.
5. Ask how much the rooms cost.
6. Ask if they take traveler's checks.
7. Thank the desk clerk and say good-bye.

B. Adiós... Hasta luego. You've just spent some time at the home of some Spanish friends and are about to return home. Thank your friends for everything they did for you, ask them to visit you in the United States, tell them you plan to return to Spain next summer, and say good-bye. Work with a partner.

C. Yo busco un apartamento. You're in an apartment rental office. Explain to the person that...

1. you want to rent an apartment with two bedrooms and a living room.
2. you would also like a small dining room.
3. you need a kitchen that is equipped with a refrigerator, stove, etc.
4. you want to live in a building that has an elevator.
5. you prefer to live downtown.

D. Una carta You've just moved into an apartment. Write a letter to your Spanish family describing the apartment and your furniture.

UN MUNDO DE DIFERENCIAS PARA USTED!

le tenemos reservadas en cada uno de nuestros servicios: 383 habitaciones con aire acondicionado y TV a color; 10 bares y restaurantes; salones para grandes reuniones, y nuestra área recreativa con gimnasio, cancha de tenis, sauna y piscina.

Reservaciones: Cali: Conmutador: 823225 - Tel Directo: 812186
Télex 55599 - Cables: INHOTELCOR - Apartado Aéreo 7457
Bogotá: Conmutador 2861111 - Teléfono Directo: 2425137
Télex: 45418

HOTEL INTER·CONTINENTAL
Un mundo de diferencias!
CALI

Ex. A: pair work · roleplay

Ex. B: pair work · roleplay · writing
Atajo

Writing Activities
Atajo, Writing Assitant Software

Functional vocabulary: Asking / telling the time; describing objects; greeting and saying good-bye; inviting; linking ideas; thanking; writing a letter; etc.

Topic vocabulary: Bathroom; bedroom; furniture; house; kitchen; living room; time expressions; traveling; etc.

Grammar: Adjectives: numbers; verbs: preterite; verbs: summary; **salir; llegar; decir; poner;** etc.

Ex. C: pair work · roleplay

Implementation, Ex. C: You might play the role of the apartment rental agent in this exercise.

Follow-up, Exs. A, B, and C: Divide the class into pairs and assign each pair one of the previous activities to perform in front of the class.

Ex. D: writing · Atajo

Suggestion, Ex. D: Once you've looked over the letters, make transparencies of the best ones. Show them to students the next day and have them make corrections and suggest other ways of expressing the ideas.

Cultural Context

The capital of Colombia is Bogotá, with some six million inhabitants. The city has many museums and several prestigious institutions of higher learning.

Nuestro día

Objectives

In this unit, you will learn:

- to talk about your daily routine;
- to organize weekend activities;
- to discuss vacation plans.

Planning Strategy

If you do not assign the Planning Strategy (Workbook, p. 147) for homework or if students have difficulty coming up with English expressions, you might put students into groups of four, working in cooperative pairs, to answer each question. The group who is able to come up with the most usable responses for each question in the time allotted (10–15 minutes) is declared the winner. You might ask various pairs of students to roleplay in English several of the situations outlined in the planning strategy.

CHAPTER OBJECTIVES

FUNCTIONS: Talking about daily routines; organizing weekend activities; discussing vacation plans

CONTEXT: Home, school, town, city; vacation sites, advertisements

ACCURACY: Present tense of reflexive verbs; **usted, ustedes, tú** commands of reflexive verbs; direct object pronouns; immediate future of reflexive verbs; reflexive vs. nonreflexive verbs; pronouns with the imperative

Cultural Context

Approximately one and a half million people live in Quito, which lies within 25 km of the equator, at an altitude high enough to create a temperate climate. The second highest capital in Latin America, Quito lies nestled in a hollow at the foot of the Pichincha volcano. Originally an Inca city, Quito was refounded in 1534 by Sebastián de Benalcázar, Francisco Pizarro's lieutenant, and the old section of the city still reflects its colonial past. The **Calle de la Ronda**, located in old Quito, is one of the oldest streets in the city. Visitors marvel at the "living museum" quality of its historic buildings, homes, and narrow cobblestone streets.

Video/Laserdisc

Etapa 1: Video—Tape 2, Program 3, Part 1
Video Guide—p. 24
Laserdisc— Disc 2, Side 1, Prog. 3, Part 1

Search 01600, Play To 18890

Etapa 2: Video—Tape 2, Program 3, Part 2
Video Guide—p. 26
Laserdisc— Disc 2, Side 1, Prog. 3, Part 2

Search 18890, Play To 29508

¿Qué haces de costumbre?

La calle de la Ronda es una calle típica de una sección de Quito, la capital de Ecuador.

Primera etapa

Una mañana en la casa de Cristina Gallegos

Me levanto a las 7:20 y me desayuno. Siempre me sirvo un chocolate bien caliente y luego me preparo para ir a la escuela. Esto tarda tres cuartos de hora, más o menos. Salgo para la escuela a las 8:10. Voy a pie porque el autobús no va directamente a la escuela. Llego en un poco menos de 20 minutos. Generalmente mis clases comienzan a las 8:30. Casi siempre llego a tiempo.

Por lo general, los fines de semana comienzan para mí el viernes después de la escuela, cuando voy al centro con mis amigos. Allí charlamos, cenamos y vamos al cine o a una fiesta. Los sábados y domingos no me levanto muy temprano por la mañana — me quedo en cama hasta las 10. Después me desayuno con mis padres.

Me levanto: I get up / *me desayuno:* I eat breakfast *me sirvo:* I prepare / *caliente:* warm / *me preparo:* I get ready

Casi: Almost

charlamos: we chat / *me quedo:* I stay / *dormilona:* sleepyhead

Cristina Gallegos describe lo que hace de costumbre por la mañana.

Etapa Support Materials

WORKBOOK: **pp. 147–153**
TRANSPARENCIES: **#28, #29**
TEACHER TAPE
QUIZ: **Testing Program, p. 109**
VIDEO: **Tape 2, Program 3, Part 1**
VIDEO GUIDE: **p. 24**

Support material, Una mañana en la casa... : Transparency #28

Presentation: **Una mañana en la casa...**
Have students listen to the paragraphs with their books closed as you read. Ask general comprehension questions such as: **¿A qué hora se levanta Cristina? ¿Va ella en autobús?** Then have students read the paragraphs to prepare for Ex. A.

Cooperative Learning
Chapter Warm-up: Corners

- To set the context for this chapter, play Corners in English. Each corner represents the amount of time students need to prepare themselves for class in the morning. For example, the first corner might represent fifteen minutes, for those who do only the essentials. The second corner could represent a half hour, which might include brushing teeth and getting coffee. The third corner might represent an hour, for those students who take a shower and eat breakfast. The fourth corner might be an hour and a half or more, for those who do their hair, put on makeup, read the newspaper, etc.
- Tell students to go to the corner that most closely fits their style.
- Have students discuss in pairs what they do in that amount of time each morning.
- Have pairs share their thoughts with another pair, until all people in each corner have heard how each student uses his or her time.
- Call on one student from each corner to summarize what all of the students in their corner do each morning.

Ex. A: *pair work*   *writing*

Answers, *Ex. A*

1. falso. Los sábados y domingos no se levanta muy temprano.   2. cierto   3. cierto   4. cierto   5. cierto   6. falso. Va a pie.   7. cierto   8. cierto

---

Cultural Expansion

You may want to mention that the expression **mañana** is commonly used to say *I'll do it tomorrow.* Note the fact that **la tarde** can refer to hours that non-Hispanics think of as evening such as 6–8 p.m. Point out that dinner usually takes place around 9–10 p.m.

 Critical Thinking

Point out to students that in the U.S. we also have varying "comfort zones" regarding time. Ask students if they would feel it was important to arrive promptly at the exact time scheduled in each of the following cases: to go over to their best friend's house, to meet a first-time date, to visit relatives, to go to the doctor, to go to a party on a Friday night, to attend a wedding, etc. What seems to be the determining factor that makes it all right to arrive late in some cases and important to be on time in others?

¡Aquí te toca a ti!

A. **¿Cierto o falso?** On the basis of Cristina's description, decide whether each statement is true or false. If a statement is false, restate it to make it true.

1. Cristina se levanta muy temprano todas las mañanas.
2. Se queda en cama tarde los sábados y los domingos.
3. Se desayuna, después se prepara para ir a la escuela.
4. Se prepara para ir a la escuela en menos de una hora.
5. Vive cerca de la escuela.
6. Toma el autobús para llegar allí.
7. Su primera clase es a las 8:30.
8. Los fines de semana de Cristina son parecidos a *(are similar to)* los fines de semana norteamericanos.

▼ COMENTARIOS CULTURALES ▼

Actitudes hacia el tiempo

The word **mañana** means both *morning* and *tomorrow*, but is also commonly used in Spanish-speaking cultures to mean at some indefinite future time, rather than specifically the next morning or the next day, as might be assumed. It is also important to understand that references to **la mañana**, **la tarde**, and **la noche** are often much broader in meaning than they are in English. There is a different attitude on the part of Spanish speakers in terms of the time span they allow themselves and other people in which to do things.

When used specifically, **la mañana** is viewed as any time up to noon. After that, **la tarde** can go on into what is considered "evening" to a person from an English-speaking culture. **La noche** begins after 8:00 or 9:00 p.m. or thereabouts. There is not a big concern with dividing the day into precise, inflexible units of time.

This is good to know because it also means that people in Spanish-speaking cultures often function according to a general time range when it comes to social occasions. It is perfectly acceptable, and even expected, for example, for someone to agree to meet at 7:00 and then arrive 30–45 minutes after that. This is not viewed as rude behavior, but rather as dealing in a kind of "comfort zone" in which everyone is assumed to live. When it comes to business or medical appointments, however, sticking to a precise hour is understood to be the agreement.

The present tense of reflexive verbs

Me levanto temprano.
Mi amiga Isabel **se levanta** temprano también.
Nos llamamos por teléfono todas las mañanas.

I get up early.
My friend Isabel *gets up* early, too.
We call each other on the telephone every morning.

Reflexive verbs are verbs that express two different meanings.

1. an action that reflects back on the subject.

Yo me lavo.
Ella se levanta.

I wash (myself).
She gets up. (Literally, *She gets herself up.*)

2. an action in which two or more subjects interact

Nosotras nos reunimos por la tarde.
Ellas se miran.

We get together in the afternoon.
They look at each other.

In either case, the subject (noun or pronoun) is accompanied by a corresponding reflexive pronoun (**me, te, se, nos, os, se**).

bañarse *(to bathe)*			
yo	**me baño**	nosotros	**nos bañamos**
tú	**te bañas**	vosotros	**os bañáis**
él		ellos	
ella }	**se baña**	ellas }	**se bañan**
Ud.		Uds.	

To express that the subject does something to himself/herself/themselves, the reflexive pronoun must agree with the subject of the verb with which it is used. When the verb is conjugated the pronoun usually precedes it; with an infinitive the pronoun is normally attached to it.

Yo **me levanto** temprano todos los días.
Yo quiero **levantarme** temprano mañana.

Ex. B: 👥 *pair work*   📝 *writing*

Suggestions, Ex. B, number 2: You may wish to point out that **desayunar** is also used non-reflexively by many Spanish speakers. The change in meaning is very slight, moving away from the personal dimension. The reflexive version is emphasized in this chapter because it tends to be very common in everyday colloquial usage. In addition, it provides another opportunity for using a reflexive form when talking about daily activities.

Follow-up, Ex. B: Give a quick presentation of your own daily routine, e.g., **Me despierto a las 6:15 y me ducho inmediatamente. Me desayuno a las 6:45, me visto, me maquillo, me cepillo los dientes,** etc. Next ask students one or two questions about what you said. **¿A qué hora me despierto? ¿Me visto antes o después de que yo me desayuno?** Then ask personal questions: **¿A qué hora te levantas? ¿Te lavas los dientes? ¿A qué hora se levanta tu padre o madre?**

Answers, *Ex. B*

1. Juana se despierta, nosotros nos desperta-mos, tú te despiertas, tus amigos se despier-tan, vosotros os despertáis
2. María y Carlos se visten...desayunarme, yo me visto...desayunarme, Uds. se visten... desayunarse, ella se viste...desayunarse, tú te vistes...desayunarte
3. Uds. se llaman, mis hermanas se llaman, nosotros nos llamamos, ellos se llaman
4. Yo me ducho...levantarme, Uds. se du-chan...levantarse, Marta se ducha...levan-tarse, ellos se duchan...levantarse, tú te duchas...levantarte, vosotras os ducháis...le-vantaros
5. Nosotros nos acostamos, él se acuesta, mis padres se acuestan, Carlos y tú os acostáis, ella se acuesta
6. Yo me pongo, ellas se ponen, Ud. se pone, Jorge y yo nos ponemos, tú te pones, vosotros os ponéis

Here is a list of some frequently used reflexive verbs. (The pronoun **se** attached to an infinitive means that the verb is reflexive.)

acostarse (ue)	*to go to bed*
afeitarse	*to shave*
cepillarse (el pelo, los dientes)	*to brush (one's hair, teeth)*
darse prisa	*to hurry up*
desayunarse	*to eat breakfast*
despertarse (ie)	*to wake up*
divertirse (ie, i)	*to have a good time*
dormirse (ue, u)	*to fall asleep*
ducharse	*to take a shower*
lavarse (las manos, el pelo, los dientes)	*to wash (one's hands, hair, to brush one's teeth)*
maquillarse	*to put on makeup*
peinarse	*to comb one's hair*
ponerse	*to put on*
quedarse	*to stay, to remain*
sentarse (ie)	*to sit down*
vestirse (i, i)	*to get dressed*

Aquí practicamos

B. Replace the subjects in italics with those in parentheses and make the necessary changes.

1. *Yo* me despierto a las nueve. (Juana / nosotros / tú / tus amigos / vosotros)
2. *Él* se viste antes de desayunarse. (María y Carlos / yo / Uds. / ella / tú)
3. *Ellas* se llaman mucho por teléfono. (Uds. / mis hermanas / nosotros / ellos)
4. *Ud.* se ducha después de levantarse. (yo / Uds. / Marta / ellos / tú / vosotras)
5. *Tú* te acuestas muy temprano. (nosotros / él / mis padres / Carlos y tú / ella)
6. *Uds.* se ponen los zapatos. (yo / ellas / Ud. / Jorge y yo / tú / vosotros)

Tenemos que darnos prisa para llegar a la escuela.

C. **Pedro o Ana María y yo** Compare your activities with those of Pedro (if you are male) or those of Ana María (if you are female).

Los muchachos

MODELO: Pedro se despierta a las siete.
Yo me despierto a las siete menos cuarto.

1. Pedro se queda en cama por media hora.
2. Pedro se levanta a las siete y media.
3. Pedro no se baña por la mañana de costumbre.
4. Pedro se lava los dientes una vez al día.
5. Pedro se afeita.
6. Pedro se viste primero; después se desayuna.
7. Pedro se desayuna con su hermano.
8. Pedro sale para la escuela a las nueve.

Las muchachas

MODELO: Ana María se despierta a las siete.
Yo me despierto a las seis y media.

1. Ana María se queda en cama por un cuarto de hora.
2. Ana María se levanta a las siete y cuarto.
3. Ana María se baña todas las mañanas.
4. Ana María se cepilla el pelo.
5. Ana María se maquilla.
6. Ana María se viste primero; después se desayuna.
7. Ana María se desayuna con su hermano.
8. Ana María sale para la escuela a las nueve.

D. **Una familia** As your friend describes her family's morning routine, ask follow-up questions using the expressions in parentheses.

MODELOS: Mi madre se baña todas las mañanas. (cepillarse el pelo)
¿Se cepilla el pelo también?

A mi padre le gusta quedarse en cama. (a qué hora / levantarse)
¿A qué hora se levanta?

1. Mi hermano se despierta a las seis. (a qué hora / levantarse)
2. Yo no me quedo en cama por la mañana. (por qué / levantarse inmediatamente)
3. Mi hermana se cepilla el pelo todas las mañanas. (maquillarse)
4. Yo me baño todas las mañanas. (lavarse el pelo)
5. Mi padre se baña, se viste y sale de la casa. (cuándo / afeitarse)
6. Yo me levanto, me baño y me desayuno. (cuándo / vestirse)
7. El fin de semana nosotros nos quedamos en cama. (a qué hora / levantarse)

Ex. C: 🧍 *pair work* ✍ *writing*

Suggestion, Ex. C: A possible way to do this activity is to pair off one male and one female student. Have students take turns reading the statements about Pedro's and Ana María's morning activities and comparing them with their own.

Answers, *Ex. C*
1. Yo me quedo en cama...   2. Yo me levanto...
3. Yo no me baño... (Yo me baño...)   4. Yo me lavo... (Yo me cepillo...)   5. Yo me afeito... (Yo me maquillo)   6. Yo me visto...me desayuno
7. Yo me desayuno...   8. Yo salgo...

Ex. D: 🧍 *pair work*

Answers, *Ex. D*
1. ¿A qué hora se levanta?   2. ¿Por qué no te levantas inmediatamente?   3. ¿Se maquilla también?   4. ¿Te lavas el pelo?   5. ¿Cuándo se afeita?   6. ¿Cuándo te vistes?   7. ¿A qué hora os levantáis?

Ex. E: groups of three

Answers, *Ex. E*

1. Mi padre (madre, hermano, hermana) se despierta...
   ¿Tu padre (madre, hermano, hermana) se despierta...también?
   Sí, mi padre se despierta...(No, mi padre no se despierta...)

2. Mi padre se levanta antes de la (las)...
   ¿Tu padre se levanta antes de la (las)...también?
   Sí, mi padre se levanta antes de...(No, mi padre no se levanta antes de...)

3. Mi padre se queda en cama hasta la (las)...
   ¿Tu padre se queda en cama hasta la (las)...también?
   Sí, mi padre se queda en cama hasta...
   (No, mi padre no se queda en cama hasta...)

4. Mi padre se cepilla (se lava) los dientes...veces por día.
   ¿Tu padre se cepilla (se lava) los dientes...veces por día también?
   Sí, mi padre se cepilla (se lava) los dientes...veces por día. (No, mi padre no se cepilla (se lava) los dientes...veces por día.)

5. Mi padre se ducha todas las mañanas.
   ¿Tu padre se ducha todas las mañanas también?
   Sí, mi padre se ducha todas las mañanas. (No, mi padre no se ducha...)

6. Mi padre se afeita todos los días.
   ¿Tu padre se afeita todos los días también?
   Sí, mi padre se afeita todos los días. (No, mi padre se afeita a veces.)

7. Mi madre se maquilla todos los días.
   ¿Tu madre se maquilla todos los días también?
   Sí, mi madre se maquilla todos los días. (No, mi madre se maquilla a veces.)

8. Mi padre se viste antes del desayuno.
   ¿Tu padre se viste antes del desayuno también? (No, mi padre se viste después del desayuno.)

Support material, Aquí escuchamos:
🎧 Teacher Tape

E. **¿Y tú?** You and two of your friends are discussing the morning routines of your families. First, name the members of your family. Then use the suggested verbs to tell something about the members of your family and to ask your partners about theirs.

MODELO: despertarse muy temprano
Estudiante A: *Mi padre se despierta muy temprano.*
Estudiante B (a Estudiante C): *¿Tu padre se despierta muy temprano también?*
Estudiante C: *Sí, se despierta muy temprano también.* o: *No, de costumbre se despierta a las nueve.*

1. despertarse
2. levantarse antes de... (la hora)
3. quedarse en cama hasta... (la hora)
4. cepillarse / lavarse los dientes... veces por día
5. ducharse todas las mañanas
6. afeitarse todos los días / a veces
7. maquillarse todos los días / a veces
8. vestirse antes / después del desayuno

Aquí escuchamos

Una mañana en casa de Juan Manuel y Cecilia

Juan Manuel y Cecilia son hermanos. Juan Manuel tiene 18 años; Cecilia tiene 14 años. Los dos son estudiantes de la Escuela Simón Bolívar. Y para ellos todas las mañanas son iguales.

Good grief! / It's about time! delay, take a long time fault locks herself	SRA. VILLEGAS: ¡Vamos, hijos! ¡Dense prisa! **¡Qué cosa! ¡Ya es hora!** ¿Pero por qué **se tardan** tanto ustedes por la mañana?
	JUAN MANUEL: No tengo la **culpa**, mamá. Cecilia tiene la culpa. Se levanta a las 7:15 y **se encierra** en el cuarto de baño. Se ducha. Se cepilla el pelo. Se lava los dientes. Se maquilla. Yo no tengo tiempo para peinarme. Me baño, eso es todo.
already	CECILIA: No es verdad, mamá. Juan Manuel se despierta antes de las 7:00. Pero no se levanta. Se queda en cama hasta las 7:45. Por fin se levanta y se viste, pero **ya** es hora de salir. Por eso no tiene tiempo de peinarse.
she exaggerates / anyway We're leaving / We'll see each other	JUAN MANUEL: ¡Ay, cómo **exagera**, mamá! Pero, **en todo caso**, ya son las 8:00. **Nos vamos.** Adiós, mamá. **Nos vemos** por la tarde.
	CECILIA: Adiós, mamá.
Good heavens!	SRA. VILLEGAS: ¿Y el desayuno? ¿No van a desayunarse? ¡Tienen que comer algo! **¡Ave María!** ¡Los hijos!

¡Aquí te toca a ti!

F. **¿Es Juan Manuel o Cecilia?** On the basis of the dialogue in **Aquí escuchamos**, answer the questions about who usually does what.

1. ¿Quién se despierta antes de las 7:00?
2. ¿Quién se levanta primero?
3. ¿Quién se queda en cama?
4. ¿Quién se ducha?
5. ¿Quién se cepilla el pelo y los dientes?
6. ¿Quién no tiene bastante tiempo?
7. ¿Quién se maquilla?
8. ¿Quién(es) no se desayuna(n)?
9. ¿Quién(es) sale(n) para la escuela a las 8:00?

G. **En casa de Victoria** Mornings at Victoria's house are very different from those at Juan Manuel's and Cecilia's house. Based on the drawings, describe what Victoria and her brother Miguel do in the morning. Use the following verbs and expressions: **despertarse**, **levantarse**, **quedarse en cama**, **ducharse**, **lavarse**, **cepillarse**, **maquillarse**, **vestirse**, **peinarse**, **desayunarse**, **irse**.

H. **¿Y tú?** Now describe your own morning activities. Talk about the same topics as mentioned in the dialogue with Juan Manuel and Cecilia, but fit the information to your personal situation.

MODELO: *De costumbre, yo me despierto a las 6:30...*

Presentation: Aquí escuchamos, p. 204
Have students listen to the recording of the dialogue on the Teacher Tape. You can then use Ex. F as a comprehension check.

Possible questions: 1. What does Juan Manuel do when he wakes up?   2. What time does Cecilia say that her brother gets up?   3. What doesn't Juan Manuel have time to do?   4. Do the brother and sister always eat breakfast? 5. What does Juan Manuel say that Cecilia does in the morning?   1. **¿Qué hace Juan Manuel cuando se despierta?**   2. **¿A qué hora dice Cecilia que se levanta su hermano?**   3. **¿Qué no tiene tiempo de hacer Juan Manuel?** 4. **¿Siempre se desayunan los hermanos?** 5. **¿Qué dice Juan Manuel que Cecilia hace por la mañana?**

Exs. F, G, and H: *pair work* *writing*

Answers, *Ex. F*

1. Juan Manuel 2. Cecilia 3. Juan Manuel 4. Cecilia 5. Cecilia 6. Juan Manuel 7. Cecilia 8. Juan Manuel y Cecilia 9. Juan Manuel y Cecilia

Support material, Ex. G: Transparency #29

Answers, *Ex. G*

1. Miguel se despierta a las seis. Se levanta, se ducha, se peina, se viste, se desayuna, se va para escuela a las siete y media.
Victoria se despierta a las siete. Se queda en cama hasta las ocho. Se cepilla (se lava) los dientes, se maquilla, se viste, se va para la escuela a las ocho y diez.

Exs. I and J: pair work

Etapa Support Materials

WORKBOOK: pp. 148–153
TRANSPARENCY: #30
TEACHER TAPE
QUIZ: Testing Program, p. 111
VIDEO: Tape 2, Program 3, Part 2
VIDEO GUIDE: p. 26

Cultural Observation

Have students look at the picture of Enrique Castillo and ask about what he is wearing. Point out that sports clothes with American logos or words are very popular in Spain. You may also want to ask them about the American trend to buy clothes from Europe.

Support material, Una tarde con Enrique Castillo: Transparency #30

¡Adelante!

I. **Intercambio** Ask a classmate the following questions. He or she will answer them.

1. ¿A qué hora se levantan en tu casa?
2. ¿Quién se levanta primero?
3. ¿Quién se ducha?
4. ¿Quién se lava el pelo por la mañana?
5. ¿Cuántas veces al día te lavas los dientes?
6. ¿Te vistes rápidamente o lentamente *(slowly)*?
7. ¿A qué hora sales para la escuela?

J. **Una mañana típica** Describe to another student the usual morning routine at your house, using expressions learned in this **etapa.** Your partner will ask you questions to find out more details.

MODELO: —*Bueno, en mi casa nos levantamos muy temprano de costumbre. Mi mamá se levanta primero.*
       —*¿Ah, sí? ¿A qué hora?*
       —*Pues, se levanta a las seis y media. Se ducha, etc.*

Segunda etapa

Una tarde con Enrique Castillo

Enrique Castillo describe una tarde típica en la escuela.

Las clases comienzan a las 9:00 y duran 55 minutos. Los lunes, mi primera clase es el latín. Después, tengo una hora de español y una hora de francés. ¡A veces no sé qué lengua estudio!

duran: last

Al mediodía tengo una hora para comer: de las 12:00 hasta la 1:00. Almuerzo en la cafetería de la escuela y hablo con mis amigos. Después del almuerzo, tengo una hora libre (para hacer la tarea) o salgo de la escuela para dar un paseo con mis compañeros.

tarea: homework

Las clases comienzan de nuevo a las 2:00. Por la tarde, tengo ganas de echar una siesta, pero no puedo porque tengo una hora de historia y geografía, luego una hora de matemáticas, luego una hora de física y química. ¡Es mucho! Después de las clases estoy cansado. Siempre me quedo un buen rato en frente de la escuela para charlar con mis amigos. Luego regreso a casa. Llego en muy poco tiempo porque vivo cerca de la escuela.

de nuevo: again

un buen rato: a good while

Esta tarde sólo es un ejemplo, porque tengo un horario diferente para cada día de la semana. Por ejemplo, los martes, comienzo a las 8:30, almuerzo de las 11:30 a las 12:30 y termino a las cuatro. Y los cursos mismos son diferentes: estudio también inglés y ciencias naturales, y tengo dos horas de deportes por semana.

sólo: only

ejemplo: example

mismos: themselves

Presentation: Una tarde con Enrique Castillo

Let students read the paragraphs outloud; then have them do Ex. A on page 208 as a comprehension check. You may also wish to discuss in English some cultural information about school schedules in Spanish-speaking countries. Point out that Enrique has a typical two-hour break at lunch time. Students in many countries who live close enough to school go home for the family **comida.** You may bring another schedule or use the one in the workbook (p. 154), or, if you have or have had a Spanish exchange student, tell about or show students their schedules.

 *Critical Thinking*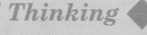

Have students compare the length of Enrique's schoolday with their own. What disadvantages does his day have in comparison with theirs? Can they think of any advantages to a longer schoolday? (Possible answers include more time for lunch, the day starts later, the pace is less hectic, etc.)

Cooperative Learning
Exs. A and B: Partners

- Put students into heterogeneous teams of four and have them divide into pairs to read about Enrique's **programa.**
- Have the pairs figure out which courses are part of Enrique's **programa** for the day and which are not, with one pair partner assuming responsibility for what is included, and the other for what is not included.
- When they think they have figured out Enrique's schedule, tell the pairs to share their answers within the teams. Each student should make a statement about what Enrique does or does not have on his schedule for the day. If the pairs differ in their answers, then they need to check the description and agree on the correct responses.
- When they have finished, ask students at random questions about Enrique's day.
- Have students get back into pairs to share their answers to Ex. B, comparing their schedules to Enrique's. Remind them that each pair partner is to have equal time talking.
- Call on students at random to compare their partner's schedule with Enrique's.

Answers, *Ex. A*

el español, sí	las matemáticas, sí	la historia, sí
el alemán, no	la física, sí	la geografía, sí
el inglés, sí	la química, sí	la economía, no
el francés, no	las ciencias, sí	la música, no
el griego, no	la educación física, sí	las artes, no
el latín, no		

Answers, *Ex. B*

1. Para mí es diferente. Las clases duran… minutos. 2. Los lunes por la mañana tengo… clases. 3. En nuestra escuela tenemos…para comer. 4. Yo almuerzo en… 5. Después de almorzar,… 6. Las clases terminan a las… 7. Después de las clases… 8. Siempre llego a casa en… 9. Tomo cursos de…

¡Aquí te toca a ti!

A. **Los cursos de Enrique** Here are some of the courses offered in **escuelas secundarias** or **colegios** in Spanish-speaking countries. Indicate which courses are part of the **programa** for the day Enrique just described and which are not.

el español	las matemáticas	la historia
el alemán	la física	la geografía
el inglés	la química	la economía
el francés	las ciencias naturales	la música (instru-
el griego *(Greek)*	(la biología, la geología)	mento, canto, baile)
el latín	la educación física	las artes plásticas
		(pintura, escultura)

B. **Enrique y tú** Compare your school day with the one Enrique describes. For each statement Enrique makes, either say that your situation is similar *(Para mí, es lo mismo…)* or explain how it is different *(Para mí, es diferente…).*

MODELO: Generalmente, mis clases comienzan a las 9:30.
Para mí es diferente. Mis clases comienzan a las 8:45.

1. Las clases en mi escuela duran 55 minutos.
2. Los lunes por la mañana tengo tres clases.
3. En nuestra escuela tenemos una hora y media para comer.
4. Yo almuerzo en la cafetería de la escuela.
5. Después de almorzar, salgo de la escuela para dar un paseo con mis amigos.
6. Las clases terminan a las tres de la tarde.
7. Después de las clases, me quedo un buen rato en frente de la escuela.
8. Siempre llego a casa en cinco minutos porque vivo muy cerca de la escuela.
9. Tomo cursos de español, inglés, francés, latín, historia, geografía, física, química, biología, geología y matemáticas.

C. **No es verdad...** Indicate that the following statements are incorrect. If possible, provide more accurate statements based on the drawings.

MODELOS: Pablo se levanta antes de las siete.
No es verdad. No se levanta antes de las siete. Se levanta a las ocho y media.

Yo me levanto muy temprano.
No es verdad. Tú no te levantas muy temprano. Te levantas después de las diez.

1. Jorge se lava los dientes una vez al día.

2. Consuelo y su hermano se dan prisa para ir a la escuela.

3. Yo me afeito todas las mañanas.

4. Juana se viste antes de desayunarse.

5. Después de las clases, nos gusta dar un paseo por el parque.

Ex. C: pair work / writing

Suggestion, Ex. C: Negation of reflexives: Write an incorrect statement on the board, e.g., **María se maquilla a las tres para acostarse. Juan se levanta a las once para escuela.** Ask some questions that would definitely be answered negatively: **¿Te levantas antes de las cuatro de la mañana? ¿Te lavas el pelo 24 veces por semana? ¿Te vistes después de acostarte?**

Answers, *Ex. C*

1. No es verdad. Jorge no se lava los dientes una vez por día. Él se lava los dientes dos veces por día.
2. No es verdad. Consuelo y su hermano no se dan prisa para ir a la escuela. Ellos van despacio y juegan.
3. No es verdad. Ud. no se afeita todas las mañanas. Ud. se afeita raramente (Ud. no se afeita.)
4. No es verdad. Juana no se viste antes de desayunarse. Ella se viste después de desayunarse.
5. No es verdad. Después de las clases, les (os) gusta jugar al tenis.

210   *Tercera unidad*   **Nuestro día**

Ex. D: ✎ *writing*

Ex. E: 🚶 *pair work*

Suggestion, Ex. E: Compare a regular day with a day of vacation. Model it first: **De costumbre me levanto a las seis y media, pero los días de vacaciones, yo me levanto a las ocho. ¿Y tú?**

Repaso

▼

D. **¿Qué hago y qué no hago?** Indicate which of the following activities apply to your situation and which don't.

    MODELO: despertarse muy temprano
                Yo me despierto muy temprano. o:
                Yo no me despierto muy temprano.

    despertarse muy temprano / levantarse inmediatamente / quedarse en cama / ducharse por la mañana / lavarse el pelo todos los días / afeitarse / maquillarse / vestirse rápidamente / desayunarse antes de ir a la escuela / salir para la escuela antes de las siete y media / darse prisa para llegar a tiempo / cepillarse los dientes después de la comida

E. **¡Dinos** *(Tell us)*! Use the suggested expressions to find out about one or more of your classmates' daily routines.

    1. ¿A qué hora...? (levantarse durante la semana / levantarse el sábado por la mañana / levantarse en el verano)
    2. ¿Cuántas veces al día (a la semana)...? (lavarse los dientes / lavarse la cabeza / ducharse)

Ud. *and* Uds. *command forms of reflexive verbs*

Levántese Ud. ahora mismo, por favor.	*Get up* right now, please.
Levántense Uds. antes de las 10:00, hijos.	*Get up (all of you)* before 10:00, children.
Póngase la camisa azul.	*Put on* the blue shirt.
Pónganse los zapatos, niños.	*Put on* your shoes, kids.
No **se duerma** en clase.	Don't *fall asleep* in class.
No **se duerman** aquí.	Don't *(all of you) fall asleep* here.

Reflexive verbs form their command forms the same way that other infinitives do. The only difference is that command forms for reflexive verbs must also include reflexive pronouns. To form the **usted** affirmative formal command of reflexive **-ar** verbs, add **-e** to the stem of the **yo** form of the verb in the present tense. For **-er** and **-ir** verbs, add **-a** to the stem of the **yo** form of the verb. Then attach the reflexive pronoun **se** to this command form.

yo qued**o**	qued-	qued**e**	qué**dese**
yo pong**o**	pong-	pong**a**	póng**ase**
yo duerm**o**	duerm-	duerm**a**	duérm**ase**

The negative formal command is formed the same way, except that now the reflexive pronoun **se** is used *before* the command form. Notice that **no** is placed *before* the reflexive pronoun.

yo qued**o**	qued-	qued**e**	**no se** qued**e**
yo pong**o**	pong-	pong**a**	**no se** pong**a**
yo duerm**o**	duerm-	duerm**a**	**no se** duerm**a**

The plural formal affirmative and negative command forms add **-n** to the singular command forms. The reflexive pronoun **se** is positioned the same as it is in each singular form.

yo qued**o**	qued-	qued**e**	qué**dense**
			no se qued**en**

Ex. F:  *pair work*

Answers, *Ex. F*

1. Sí, levántese temprano.   2. Sí, báñese ahora.
3. Sí, siéntense aquí.   4. Sí, lávese los dientes.
5. Sí, llámense por teléfono.   6. Sí, péinese antes de salir.   7. Sí, maquíllese para la fiesta.
8. Sí, póngase el abrigo.   9. Sí, acuéstense a las 7:00.   10. Sí, diviértanse con la música.

Ex. G: *pair work*

Answers, *Ex. G*

1. No, no se siente en la mesa.   2. No, no se pongan tres suéteres.   3. No, no se afeite en la cocina.   4. No, no se cepille los dientes con jabón.   5. No, no se encierren en el baño.
6. No, no se divierta con el coche nuevo de papá.
7. No, no se duerma en la clase de español.
8. No, no se bañen a la medianoche.   9. No, no se afeite en la biblioteca.   10. No, no se levante a las 4:00 de la tarde.   11. No, no se peine en la iglesia.   12. No, no se queden en mi casa por dos meses sin salir.

> Note that a written accent appears on the third syllable from the end of all command forms when the reflexive pronoun is attached. This indicates that the original stress remains despite the changes to the word.
>
> **qué**dese   **qué**dense
> **pón**gase   **pón**ganse
> **duér**mase   **duér**manse

Aquí practicamos

F. **¡Órdenes, órdenes** *(Orders, orders)*! Using a reflexive verb, a classmate will ask you if he or she or everyone should do something. You respond by using the same verb in the appropriate **Ud.** or **Uds.** affirmative command form.

MODELO: ¿Me quedo aquí?
Sí, quédese aquí.
¿Nos lavamos las manos?
Sí, lávense las manos.

1. ¿Me levanto temprano?   6. ¿Me peino antes de salir?
2. ¿Me baño ahora?   7. ¿Me maquillo para la fiesta?
3. ¿Nos sentamos aquí?   8. ¿Me pongo el abrigo?
4. ¿Me lavo los dientes?   9. ¿Nos acostamos a las 7:00?
5. ¿Nos llamamos por teléfono?   10. ¿Nos divertimos con la música?

G. **¡No, no, no y tres veces que no!** This time, respond to questions asked by your classmate by using the appropriate **Ud.** or **Uds.** *negative* command forms of the reflexive verbs.

MODELO: ¿Me quedo aquí?
¡No, no, no! No se quede aquí.
¿Nos levantamos tarde?
¡No, no, no! No se levanten tarde.

1. ¿Me siento en la mesa?
2. ¿Nos ponemos tres suéteres?
3. ¿Me afeito en la cocina?
4. ¿Me cepillo los dientes con jabón *(soap)*?
5. ¿Nos encerramos en el baño?
6. ¿Me divierto con el coche nuevo de papá?
7. ¿Me duermo en la clase de español?
8. ¿Nos bañamos a la medianoche?
9. ¿Me afeito en la biblioteca?
10. ¿Me levanto a las 4:00 de la tarde?
11. ¿Me peino en la iglesia?
12. ¿Nos quedamos en tu casa por dos meses sin salir?

H. **El (La) director(a)** Pretend you are directing a commercial for personal hygiene products. You must tell the actors exactly what to do or not to do during the filming of scenes typical of a family's routine early in the morning. Give at least six orders, using the **Ud.** and **Uds.** forms of reflexive verbs in affirmative or negative command forms. Suggested verbs to use: **afeitarse**, **peinarse**, **sentarse**, **maquillarse**, **acostarse**, **levantarse**, **cepillarse**, **lavarse**, **despertarse**, **ponerse**, etc. Each actor/actress will act out what the director asks him/her to do.

Aquí escuchamos

▼

La tarde de Juan Manuel y Cecilia

Juan Manuel y Cecilia hablan con su tío Pedro sobre su vida en la escuela.

TÍO PEDRO: Entonces, ustedes dos están en el Colegio Simón Bolívar este año. Eso es muy conveniente. ¿Van a la escuela juntos por la mañana?

CECILIA: Eh... bueno, **es decir**, salimos de casa juntos, pero   *that is to say* Juan Manuel va en su motocicleta. Yo tomo el metro.

TÍO PEDRO: Pero ustedes se reunen en la escuela, ¿no?

JUAN MANUEL: Pues, no. Ella estudia ciencias. Yo prefiero las lenguas modernas. Ella estudia alemán. Yo aprendo inglés y francés.

TÍO PEDRO: Bueno, pero... ¿ustedes almuerzan juntos en la cafetería de vez en cuando?

CECILIA: Nunca. **En primer lugar**, nunca comemos en la   *In the first place* cafetería. Siempre salimos de la escuela. Pero Juan Manuel siempre va a un restaurante con sus compañeros. Mis amigas y yo preferimos ir a otro restaurante y después damos un paseo.

TÍO PEDRO: Pero después de hacer todo eso, **los dos** regresan a   *the two of you* casa juntos, ¿no?

JUAN MANUEL: No. Ella estudia ciencias. A menudo tiene clases hasta las seis. Yo siempre regreso a casa entre las cuatro y las cinco.

TÍO PEDRO: Bueno, si comprendo bien, entonces, ustedes dos están en el Colegio Simón Bolívar, pero nunca están juntos.

CECILIA: Sí, así es. **¡Afortunadamente!**   *Fortunately!*

JUAN MANUEL: ¡Sí, afortunadamente!

Ex. H: 👪 *groups of four or more* 🎭 *roleplay*

Suggestion, Ex. H: This could be a good basis for a skit.

Support material, Aquí escuchamos: 🎧 Teacher Tape

Possible questions: 1. What does Uncle Pedro want to know about his niece and nephew? 2. Do Juan Manuel and Cecilia go to school together? 3. What does Juan Manuel study? And Cecilia? 4. Where do the two eat lunch? 5. What time does Juan Manuel return home? And Cecilia? 6. What is the name of the school? 1. **¿Qué quiere saber el tío Pedro de sus sobrinos?** 2. **¿Van a la escuela juntos Juan Manuel y Cecilia?** 3. **¿Qué estudia Juan Manuel? ¿Y Cecilia?** 4. **¿Dónde almuerzan los dos?** 5. **¿A qué hora regresa Juan Manuel a casa? ¿Y Cecilia?** 6. **¿Cómo se llama la escuela?**

Ex. I: pair work

¡Aquí te toca a ti!

I.   **¿Y tú?** With a partner, ask and answer the following questions about your school routine.

1. ¿A qué hora sales de casa por la mañana?
2. ¿Tu colegio está lejos de tu casa?
3. ¿Cómo vas a la escuela?
4. ¿A qué hora comienzan las clases?
5. ¿Hasta qué hora tienes clases por la mañana?
6. ¿Cuánto tiempo tienes para comer?
7. ¿Dónde almuerzas?
8. ¿A qué hora vuelven a comenzar tus clases por la tarde?
9. ¿A qué hora sales de la escuela?
10. ¿A qué hora regresas de costumbre a casa?

¡Adelante!

J.   **¿Tú, no?** Identify five things in Exercise D on page 210 that you do *not* do. Then question your classmates until, *for each activity,* you find at least two other people who do not do it either.

COMENTARIOS CULTURALES

La cortesía

The use of direct commands is usually avoided in Spanish except in specific instances when the speaker wishes to be quite firm, express a degree of anger or impatience, or is in an "ordering about" or agitated frame of mind. Gentler, more indirect ways of getting people to do things are preferred by most Spanish-speaking people in everyday social situations. For example, **¿Quiere abrir la puerta?** or **¿No me abre la puerta?** are used as kinder alternatives to a direct **Abra la puerta,** even if this affirmative command is used with **por favor.**

In other words, basic courtesy is an important characteristic of the Spanish language as most people around the world speak it. They don't think it is overly polite or "flowery" to use the higher frequency expressions that convey wishes instead of using command forms. In fact, to some Spanish speakers who do not know the English language well, the normal and acceptably frequent use of commands in English often seems brusque and even rude.

Tercera etapa

Una noche en la casa de Marilú Méndez

Normalmente mis clases duran hasta las 5:00. Entonces regreso a mi casa. Vivo bastante lejos del colegio. Por eso tomo el autobús. El autobús hace el viaje en 40 minutos, más o menos.

bastante: rather, pretty

Ya en casa, hago mi tarea para el día siguiente. En mi casa cenamos a eso de las 7:45. Mi madre prepara las comidas. Después de la cena, yo quito la mesa y lavo los platos. Después hay más tarea que hacer. Por lo general, me acuesto a las 10:30. Es un poco aburrido.

Ya en casa: Once I'm home
a eso de: at about, around

quito la mesa: I clear the table

Por eso prefiero el fin de semana. Los sábados por la noche voy al centro con mis amigos. Vamos al cine o vamos a bailar. Los domingos por la noche casi siempre miro la televisión porque generalmente hay buenas películas esa noche.

Marilú Méndez describe una noche típica en su casa.

Etapa Support Materials

WORKBOOK: pp. 154–158
TRANSPARENCIES: #31
LISTENING ACTIVITY MASTERS: p. 69
TAPESCRIPT: p. 99
TEACHER TAPE
QUIZ: Testing Program, p. 114
CHAPTER TEST: Testing Program, p. 117

Support material, Una noche en la casa...: Transparency #31

Presentation: **Una noche en la casa...** Have students read the paragraphs; then have all but one close their books. This student should read Marilú's words, stopping after each main idea while you question other students to see if their experiences are similar or different; e.g., **¿Hasta qué hora duran sus clases? ¿Tomas el autobús? ¿Cuántos minutos dura el viaje? ¿A qué hora cenan Uds. en su casa?**

Exs. A and B: 🔺 *pair work*   📝 *writing*

Answers, *Ex. A*

1. Marilú está en casa. Hace la tarea.   2. Marilú está en casa. Cena.   3. Marilú está en casa. Hace la tarea.   4. No estoy seguro/a. Marilú está en casa. Mira la televisión.   5. Marilú va al centro. Va al cine.   6. Marilú está en casa. Mira la televisión.

Cooperative Learning

Ex. B: Three-Step Interview

- Put students into heterogeneous teams of four and have each team divide into pairs.
- Explain that each pair of students will interview each other, with one person portraying the Spanish radio interviewer and the other the interviewee. Next, they will reverse roles. Finally, they will share with the group what they learned about each other.
- Tell the students to interview each other, asking all of the questions in the exercise.
- Have them reverse roles.
- Now have the pairs get together within their teams to share what each learned, in Round-robin fashion, from left to right. This is to ensure equal participation by all students.
- Call on students at random to share what they learned.

Ex. C: 📝 *writing*

Answers, *Ex. C*

¡Acuéstense tarde! ¡No se despierten temprano! ¡Duérmanse inmediatamente! ¡Diviértanse bien! ¡No se levanten temprano! ¡Dúchense, lávense, no se vistan como de costumbre! ¡Desayúnense tarde! ¡No se den prisa! ¡No coman demasiado! ¡Descansen! ¡No estudien! ¡Bailen! ¡No duerman mucho!

¡Aquí te toca a ti!

A. ¿Dónde está Marilú? ¿Qué hace ella? On the basis of what you have read, indicate for each of the days and times where Marilú probably is and what she is doing.

MODELO: martes a las 15:00
          Marilú está en la escuela. Está en clase.

1. martes a las 18:15
2. miércoles a las 20:00
3. jueves a las 21:00
4. viernes a las 23:00
5. sábado a las 21:00
6. domingo a las 21:00

B. Una entrevista You are being interviewed on Radio Futuro about your daily routine. Answer the following questions.

1. ¿Generalmente, hasta qué hora duran tus clases?
2. ¿Vives cerca del colegio?
3. ¿Cuánto tiempo tarda para regresar a la casa?
4. ¿Qué haces, ya en casa?
5. ¿A qué hora cenan ustedes en tu casa?
6. ¿Quién prepara la comida? ¿Quién quita la mesa? ¿Quién lava los platos?
7. ¿Qué haces los fines de semana?
8. ¿Qué haces los domingos por la noche?

Repaso

C. Durante las vacaciones... During vacations, people want to get away from their daily routines. Use the **Uds.** command forms of the verbs suggested to indicate to your friends what they should or should not do when they are on vacation.

Possible verbs: **acostarse / despertarse / dormirse / divertirse / levantarse / ducharse / lavarse / vestirse / desayunarse / darse prisa / comer / descansar / estudiar / bailar / dormir**

MODELO: *Durante las vacaciones acuéstense tarde y no se levanten temprano.*

Tú command of reflexive verbs

¡**Levántate,** Marisa! Ya es tarde.　　*Get up*, Marisa! It's late.
¡**Muévete,** por favor!　　*Move (yourself),* please!

¡No **te duermas** otra vez!　　Don't *fall asleep* again!
¡No **te acuestes** tan tarde　　Don't *go to bed* so late
  mañana!　　 tomorrow!

The affirmative **tú** command form of most reflexive and nonreflexive verbs, whether they are **-ar, -er**, or **-ir** verbs, is exactly the same as the third person singular of the present indicative tense.

él, ella **habla**	**habla** (tú)	*Speak!*
él, ella **come**	**come** (tú)	*Eat!*
él, ella **escribe**	**escribe** (tú)	*Write!*

When the verb is reflexive, the familiar reflexive pronoun **te** is added to the command form, and an accent is added.

| **levanta** (tú) | **levántate** (tú) | *Get up!* |
| **duerme** (tú) | **duérmete** (tú) | *Go to sleep!* |

The negative **tú** command form of most reflexive and non-reflexive verbs is the same as the **Ud.** command form, except that an **-s** is added to it and **no** goes before the word.

hab**le** Ud.	**no** hab**les** (tú)
com**a** Ud.	**no** com**as** (tú)
escrib**a** Ud.	**no** escrib**as** (tú)

When the verb is reflexive, the reflexive pronoun **te** is used *before* the verb. Notice that **no** is placed *before* the reflexive pronoun.

| no levantes | no **te** levantes (tú) |
| no duermas | no **te** duermas (tú) |

Presentation: Tú *command of reflexive verbs*

(1) Have students stand up and sit down on command: ¡**Levántense!** ¡**Siéntense!** Then vary commands: ¡**Levántate, Jorge!** ¡**Siéntate, Betsy!** ¡**No te sientes, Helen!** etc. Have students give each other commands.　(2) Ask students to generate the **ustedes** forms for different verbs, based on the preceding practice.　(3) Then expand to the use of the **tú** forms.

Ex. D: pair work / writing

Answers, *Ex. D*

1. ¡Levántate!   2. ¡Dúchate!   3. ¡Vístete!
4. ¡Quédate!   5. ¡Acuéstate!   6. ¡Muévete!
7. ¡Maquíllate! 8.   ¡Duérmete!

Ex. E: pair work / writing

Answers, *Ex. E*

1. ¡No te peines!   2. ¡No te mires!   3. ¡No te
muevas!   4. ¡No te desayunes!   5. ¡No te
duermas!   6. ¡No te des prisa!   7. ¡No te sientes!   8. ¡No te acuestes!

Ex. F: pair work / writing

Answers, *Ex. F*

1. ¡Despiértate!/¡No te despiertes!   2. ¡Date
prisa!/¡No te des prisa!   3. ¡Cepíllate los
dientes!/¡No te cepilles los dientes!   4. ¡Acuéstate!/¡No te acuestes!   5. ¡Lávate el pelo!/¡No te
laves el pelo!   6. ¡Diviértete!/¡No te diviertas!
7. ¡Maquíllate!/¡No te maquilles!   8. ¡Péinate!/
¡No te peines!

Ex. G: pair work / writing

Suggestion, Ex. G: Remind students to use the
Uds. form for the plural.

Answers, *Ex. G*

1. ¡Cepíllense los dientes!/¡No se cepillen los
dientes!   2. ¡Dense prisa!/¡No se den prisa!
3. ¡Acuéstense!/¡No se acuesten!   4. ¡Péinense!/
¡No se peinen!   5. ¡Duérmanse!/¡No se duerman!   6. ¡Lávense las manos!/¡No se laven las
manos!   7. ¡Dúchense!/¡No se duchen!   8. ¡Des-
piértense!/¡No se despierten!

Ex H: pair work / writing

Aquí practicamos

D. Give the affirmative **tú** command form of the following verbs.

> MODELO: lavarse
> *¡Lávate!*

1. levantarse
2. ducharse
3. vestirse
4. quedarse
5. acostarse
6. moverse
7. maquillarse
8. dormirse

E. Give the negative **tú** command form of the following verbs.

> MODELO: afeitarse
> *¡No te afeites!*

1. peinarse
2. mirarse
3. moverse
4. desayunarse
5. dormirse
6. darse prisa
7. sentarse
8. acostarse

El Color de la Belleza

F. **Díle a ella** *(Tell her).* First tell your friend Ana María to do each of the activities suggested below. Then change your mind and go through the list again, telling her *not* to do them.

> MODELO: levantarse
> *¡Ana María, levántate!*
> *¡Ana María, no te levantes!*

1. despertarse
2. darse prisa
3. cepillarse los dientes
4. acostarse
5. lavarse el pelo
6. divertirse
7. maquillarse
8. peinarse

G. **Diles a ellos** *(Tell them).* Tell the small children you are taking care of to do each of the activities suggested below. Then go through the list again, telling them *not* to do those things.

> MODELO: *¡Levántense!*
> *¡No se levanten!*

1. cepillarse los dientes
2. darse prisa
3. acostarse
4. peinarse
5. dormirse
6. lavarse las manos
7. ducharse
8. despertarse

H. **Diálogos para completar** Complete each dialogue with the affirmative or negative command of one of the following verbs and expressions: **levantarse**, **acostarse**, **darse prisa**, **lavarse**, **vestirse**, and **despertarse**.

MODELO: —¡Andrés! ¡Andrés! *¡Despiértate!*
—¿Cómo? ¿Qué pasa?
—Tienes que levantarte para ir a la escuela.

1. —¿Qué hora es, Francisco?
—Son las 9:55, papá.
—¿Cómo? ¿Las 9:55? ¿Por qué estás todavía en la cama? ¡_____!

2. —¡Maricarmen! ¡Maricarmen!
—¿Sí, mamá?
—Vamos a cenar, mi hija. _____ las manos y siéntate.
—Sí, mamá.

3. —¡Carlos! ¡Ya son las 7:30!
—¿Qué pasa, mamá?
—¡La película comienza dentro de media hora! ¡_____!

4. —¡Luis! ¡Anita! ¿Qué hacen ustedes?
—Ehhh, una cosa, mamá.
—Ya es medianoche. ¡_____, hijos!
—Un momento más, mamá.

5. —Guillermo, mi amor. ¡_____ tu camisa nueva por favor!
—¿Pero, por qué?
—Porque nuestro hijo viene a la casa a cenar con su novia. Queremos dar una buena impresión, ¿no?
—Sí, preciosa, sí.

Aquí escuchamos

La noche con Juan Manuel y Cecilia

Los padres de Juan Manuel y Cecilia están de viaje. Su tío y su tía pasan la semana en la casa con ellos. Cuando Juan Manuel y Cecilia regresan del colegio, su tía Margarita **los espera**. *waits for them*

TÍA MARGARITA: Ahora, jóvenes, hay trabajo que hacer. ¿Quién va a **ocuparse** de los gatos? *take care of*

CECILIA: Juan Manuel. Él siempre se ocupa de los gatos. Yo **me encargo** de la ropa. *take charge of*

TÍA MARGARITA: Bien. De acuerdo. Y yo, yo **les voy a preparar** la comida. ¿A qué hora comen ustedes, generalmente? *I'm going to prepare for you*

JUAN MANUEL: Generalmente comemos **como a** las 8:00 de la noche. *around*

Ex. I: *pair work*

CHAPTER CULMINATING ACTIVITY

As a listening activity, tell students about your typical day, week, what you teach, when. While you talk, students take brief notes. After you finish, the class tries to reconstruct your typical week using their notes. You may also wish to review vocabulary by listing three categories on the board: **por la mañana, por la tarde, por la noche.** Students come up and put verbs appropriate for time under each category. This could be a team game and be done on paper. Whoever gets the most verbs in the correct categories wins.

Después de la comida.

TÍA MARGARITA:	Bien. ¿Quién va a quitar la mesa ahora?
CECILIA:	¡Yo, yo!
JUAN MANUEL:	No. Tú quitaste la mesa anoche. **Yo voy a hacerlo** esta noche. Tú vas a lavar los platos y después vas a hacer tu tarea.
CECILIA:	Bien. De acuerdo. ¿Pero qué vas a hacer tú después?
JUAN MANUEL:	Yo ya terminé mi tarea. Voy a mirar la tele.
TÍA MARGARITA:	¿A qué hora se acuestan ustedes dos?
JUAN MANUEL:	Yo me acuesto a las 11:00. Mi hermana se acuesta más temprano.

I'm going to do it

¡Aquí te toca a ti!

Servicio de Televisión.

I. **¿Y tú?** With a partner, ask and answer the questions about your routine at home.

1. ¿A qué hora regresas del colegio?
2. ¿Cuándo haces tu tarea generalmente?
3. ¿Ayudas *(Do you help)* tú con los quehaceres *(chores)* de la casa?
4. ¿Quién se encarga de lavar la ropa en tu casa?
5. ¿Quién lava los platos en tu casa?
6. ¿Quién quita la mesa después de la comida?
7. ¿Tienes gato o perro? ¿Quién se ocupa de tu(s) animal(es)?
8. ¿Quién prepara la comida en tu casa, generalmente?
9. ¿Tienes tiempo de mirar la televisión por la noche?
10. ¿A qué hora te acuestas de costumbre?

¡Adelante!

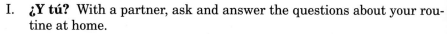

J. **¿Qué haces tú por la noche?** You and your classmates walk around the classroom and ask questions about late afternoon and evening routines in order to find people who . . .

1. get home from school at the same time you do.
2. do their homework at the same time you do.
3. eat dinner at the same time your family does.
4. help around the house in the same way(s) you do.
5. have (a) pet(s) at home.
6. go to bed at the same time you do.

Vocabulario

Suggestion, Vocabulario: Have students review the vocabulary list, then repeat in Spanish the Corners Cooperative Learning activity that you did in English at the beginning of the chapter (p. 199).

Para charlar

Para hablar de las actividades de todos los días

acostarse (ue)	divertirse (ie, i)	ponerse
afeitarse	dormirse (ue, u)	prepararse
bañarse	ducharse	quedarse en cama
cepillarse el pelo, los dientes	lavarse (las manos, el pelo, los dientes)	sentarse (ie) servirse (i, i)
darse prisa	levantarse	tardarse
desayunarse	maquillarse	vestirse (i, i)
despertarse (ie)	peinarse	

Temas y contextos

Los quehaceres de la casa

encargarse de	lavar los platos	poner la mesa
lavar la ropa	ocuparse de	quitar la mesa

Vocabulario general

Sustantivos	*Verbos*		
la culpa	comenzar (ie)	exagerar	moverse (ue)
un(a) dormilón(ona)	charlar	irse	regresar
un ejemplo	durar	llamarse	reunirse
el latín	encerrarse (ie)	mirarse	
una tarea			

Adjetivos	*Adverbios*		*Preposiciones*
caliente	bastante	sólo	como a
conveniente	casi	ya	en frente de
mismo(a)	directamente		

Otras palabras y expresiones

a eso de	en primer lugar	nos vamos
afortunadamente	en todo caso	nos vemos
¡Ave María!	es decir	¡Qué cosa!
un buen rato	les voy a preparar	ya en casa
de nuevo	los dos	¡Ya es hora!
¡Dense prisa!	los espera	yo voy a hacerlo

CHAPTER OBJECTIVES

FUNCTIONS: Issuing invitations for leisure-time activities; organizing and coordinating plans for various events

CONTEXT: Reading schedules and listings for movies, plays, and television; party invitations

ACCURACY: Direct object pronouns, position of double object ponouns, the immediate future with reflexive verbs

Cultural Context

Buenos Aires is considered the second largest city in the Southern Hemisphere and among the twelve largest in the world. Almost the entire city has been rebuilt since the beginning of the twentieth century, and very few old buildings remain. Buenos Aires' many theatres with their world-class theatrical and musical performances, as well as its abundant nightlife, cultural events, flourishing publishing businesses and arts scene, has earned it the nickname "the Paris of South America."

Video/Laserdisc
Etapa 2: Video—Tape 2, Program 3, Part 4
Video Guide—p. 34
Laserdisc—Disc 2, Side 1, Prog. 3, Part 4

Search 41450, Play To 48582

CAPÍTULO OCHO

¿Qué vas a hacer este fin de semana?

Buenos Aires es una ciudad importante en la costa del Atlántico. Es la capital de Argentina, con más de tres millones de habitantes.

Primera etapa

La revista *Cromos*

Each week in Bogota, Colombia, a popular magazine called *Cromos* can be purchased at newsstands. Along with news articles and people profiles, it gives entertainment listings for the coming week.

Unidad 3   **Capítulo 8**   **223**

Etapa Support Materials

WORKBOOK: pp. 164–169
TRANSPARENCY: #32
TEACHER TAPE
QUIZ: Testing Program, p. 122

Support material, La revista *Cromos*: Transparency #32

Presentation: La revista *Cromos*

Begin with a prereading exercise. Have students talk about where to look for information about movies and discuss what kinds of information they get from newspaper listings. Have them bring in an example. Ask them what is different about the English and Spanish ones, e.g., in Spanish the times are given in the 24-hour clock. Then have them look at the *Cromos* collage.

TEATRO

El *Teatro Esquina Latina* comienza a partir del 11 de junio, todos los domingos y lunes festivos del resto del año, la programación para niños. Teatros, títeres y marionetas con los grupos más representativos de la región llevan a los niños realizaciones artísticas de alta calidad.

El *Teatro Santa Fe* presenta "Yerma" con Waldo Urrego y Natalia Giraldo en los papeles de los protagonistas. Después de mucho éxito esta temporada, la inmortal obra de Federico García Lorca se despide en dos semanas de los bogotanos para visitar otras ciudades del país. "Yerma", a cargo del grupo Teatral Actores de Colombia y bajo la dirección de Jaime Arturo Gómez. Calle 57 No. 17-13, Tel. 255 05 92.

En el *Auditorio Crisanto Luque*, durante los próximos días, se estará presentando la obra "Outside Okey" del grupo Teatro Quimera, dirigida por Carlos Alberto Sánchez. La obra tiene como tema central las relaciones entre el fútbol, la música, el teatro y la filosofía. Se presentará en escena hasta el 17 de junio. Calle 20 No. 9-45.

TELEVISIÓN

viernes 9

Quinceañera (15:00, cadena uno). Beatriz, a causa de un accidente, pierde a su hijo. Por eso entran en discusiones amigos y parientes.

The Monsters (16:30, cadena uno). Lily descubre que la cuenta bancaria de Herman no tiene dinero y decide trabajar en un salón de té para ayudar a la familia.

La naturaleza de las cosas (18:30, cadena tres). El oso polar, estudios científicos sobre su vida y campañas para salvar este animal de la extinción.

sábado 10

El túnel (20:00, cadena uno). Película basada en la novela del escritor argentino Ernesto Sábato. Un pintor se obsesiona con una tímida mujer casada.

La bella y la bestia (20:30, cadena dos). Muere su padre y Catherine se va "abajo" a vivir con Vincent para siempre.

Cómo casarse con un millonario (22:00, cadena tres). Película. Tres chicas deciden, cada una, "pescar" un millonario. Actúan las cómicas y guapas Marilyn Monroe, Lauren Bacall y Betty Grable.

domingo 11

El espíritu de Asia (18:30, cadena tres). Mundo de sombras: El Ganges, sagrada fuente de la primera religión del mundo, el hinduísmo.

Matar o morir (19:30, cadena uno). Vicente Fernández en una película de pasiones y emoción.

Crónica de una muerte anunciada (21:45, cadena dos). Película basada en la novela de Gabriel García Márquez, narra la triste historia de un pequeño pueblo colombiano y su reacción al crimen de Santiago Nassar.

Ex. A: ⛰ *pair work* 📝 *writing*

Answers, *Ex. A*

1. 4 / 1, 2, 3 / 8:00 p.m., 10:00 p.m., 7:30 p.m., 9:45 p.m.   2. "La naturaleza de las cosas" (polar bear); "El espíritu de Asia" (Hinduism) / (Students should support their opinions.) 3. "Quinceañera" (soap opera); "The Monsters" (comedy); "La bella y la bestia (suspense / romance)   4. Auditorio Crisanto Luque / Teatro Santa Fe / mentions its success   5. Auditorio Crisanto Luque / Sánchez / soccer, music, theater, and philosophy   6. children   7. Teatro Esquina Latina   8. (open-ended question to elicit personal opinions)

Follow-up, Ex. A: Bring in a guide from another Spanish-speaking country or from a newspaper. Photocopy it and then ask similar questions. This can be a written or oral assignment.

Presentation: *Pronunciation*

After students have repeated the words with the **ei** sound, ask them if they can think of any others, e.g., **treinta, peinar, reinar,** any other **-er vosotros** verb in the present tense, or any **-ir, -er** or irregular verb using the preterite of **vosotros.**

¡Aquí te toca a ti!

A. **¡Dinos** *(Tell us)*! Based on the excerpts from *Cromos*, answer in English the following questions about the television and theater listings.

1. How many movies are being shown on television over the weekend? On which network(s) *(cadena)* are they presented? What time(s) are they on?
2. Which documentary programs are listed? What are they about? Which one seems to be the most serious?
3. What other programs are mentioned in these listings? What kind are they?
4. Which theater listing mentions what the play is about? Which theater seems to have booked the most successful show? How do you know this?
5. Which theater is showing the play with an English title? Who directed this play? What is it about?
6. For which audience is the Teatro Esquina Latina advertising?
7. Which theater has scheduled the longest run for its particular show?
8. If you had to pick just one of these productions to see, which one would you choose? Why?

Pronunciación: *The vowel combination ei*

The combination **ei** in Spanish is pronounced in one single syllable, similar to the *a* in the English word *date*. Note that in some words, such as **rey** and **mamey**, this sound is spelled **ey.**

Práctica

B. Read each word aloud, carefully pronouncing the combination **ei**.

1. peine
2. veinte
3. reina
4. aceite
5. ley
6. buey
7. afeitar
8. vendéis

Repaso

C. **Los consejos** *(Advice)* In each of the following situations, advise the person or people involved to do or not to do each of the actions mentioned. Give advice to a friend who has a difficult exam tomorrow.

MODELOS: acostarse temprano
¡Acuéstate temprano!

estudiar hasta las tres de la mañana
¡No estudies hasta las tres de la mañana!

1. estudiar hasta las diez de la noche
2. acostarse tarde
3. levantarse temprano
4. desayunarse

Talk to a friend who is planning to go to a semi-formal dance.

5. ducharse primero
6. lavarse el pelo
7. peinarse
8. vestirse elegantemente
9. comer antes de ir al baile

Finally, talk to the *three* children for whom you are babysitting.

10. mirar la televisión
11. cepillarse los dientes
12. acostarse temprano
13. levantarse durante la noche

Ex. C: pair work / writing

Answers, *Ex. C*
1. ¡Estudia hasta las diez de la noche! 2. ¡No te acuestes tarde! 3. ¡Levántate temprano! 4. ¡Desayúnate! 5. ¡Dúchate primero! 6. ¡Lávate el pelo! 7. ¡Péinate! 8. ¡Vístete elegantemente! 9. ¡Come antes de ir al baile! 10. ¡No miren la televisión! 11. ¡Cepíllense los dientes! 12. ¡Acuéstense temprano! 13. ¡No se levanten durante la noche!

Presentation: *Direct object pronouns*
(1) Begin by establishing the idea of substitution. **¿Tienes el libro? Sí, lo tengo.** etc.
(2) Then add the idea of people as well as things. **¿Ves a José? Sí, lo veo.** etc.

You may wish to continue practice by giving each student something in the classroom, trying to keep the vocabulary familiar. Ask: **¿Quién tiene mi cuaderno? (Lo tengo.) Roberto, ¿tienes mi bandera? (No, no la tengo, Juan la tiene.)** After you ask a few questions, have students ask the questions.

Direct object pronouns

—¿El policía mira **mi coche?**

—Sí, el policía **lo** mira.
—¿María quiere **la cámara japonesa?**
—Sí, **la** quiere.
—¿Ven **a los muchachos?**
—No, no **los** ven.
—¿Prefiere José **novelas de aventura?**
—Sí, **las** prefiere.

—Is the police officer looking at *my car?*
—Yes, he's looking at *it.*
—Does María want the *Japanese camera?*
—Yes, she wants *it.*
—Do they see *the children?*
—No, they don't see *them.*
—Does José prefer *adventure novels?*
—Yes, he prefers *them.*

A direct object is the person or thing that is directly affected by a verb; it tells whom or what is acted upon. In the first column of sentences above, **mi coche**, **la cámara japonesa**, **los muchachos**, and **novelas de aventura** are all direct objects.

Whenever possible, speakers tend to take shortcuts by using pronouns. Direct objects can be replaced by direct object pronouns. The pronouns agree with the direct object they stand for in both number (singular and plural) and gender (masculine and feminine).

masculine singular: lo
El niño no ve **mi cuaderno.**

El niño no **lo** ve.

feminine singular: la
Escuchamos **música clásica.**
La escuchamos.

masculine plural: los
Despierto **a mis hermanos.**
Los despierto.

feminine plural: las
No compramos **las entradas.**
No **las** compramos.

The child doesn't see *my notebook.*

The child doesn't see *it.*

We listen to *classical music.*
We listen to *it.*

I wake *my brothers.*
I wake *them.*

We don't buy *the tickets.*
We don't buy *them.*

Aquí practicamos

D. **En pocas palabras** Shorten each sentence by replacing the direct object noun or noun phrase with the corresponding direct object pronoun. Follow the model.

MODELO: Ruth llama a Francisco por teléfono.
Ruth lo llama por teléfono.

1. Hago la tarea ahora.
2. Los estudiantes no leen el libro.
3. No como carne.
4. Compramos los cuadernos en la librería.
5. Invitan a las muchachas.
6. Dan una película después de la clase.
7. No conozco al Profesor Valdez.
8. Mis padres prefieren la música clásica.

E. **Es decir...**   Make up a short sentence consisting of an appropriate direct object pronoun for the object nouns or phrases listed, followed by a form of **buscar**, **ver**, **necesitar**, or **llevar**.

MODELO: un libro de matemáticas
Lo necesito.

1. otro coche
2. cincuenta dólares
3. unos vídeos
4. la Profesora Herrera
5. unos discos nuevos
6. dos raquetas de tenis
7. un amigo
8. el número de teléfono
9. clases de química
10. un horario fácil

F. **¿Sí o no?** You and a classmate take turns asking each other the following questions. Answer them briefly and use a direct object pronoun for the noun or phrase provided.

MODELO: ¿Hablas alemán?
Sí, lo hablo.   o:
No, no lo hablo.

1. ¿Miras la televisión por la noche?
2. ¿Tomas el autobús a la escuela?
3. ¿Tus profesores dan mucha tarea?
4. ¿Tienes tiempo de practicar deportes?
5. ¿Quién prepara la comida en tu casa?
6. ¿Lees el periódico cuando te desayunas?
7. ¿Haces tu tarea por la tarde o por la noche?
8. ¿Lavas los platos después de la cena?
9. ¿Tu papá quita la mesa?
10. ¿Tu familia tiene planes para las vacaciones?

Ex. D: *writing*

Answers, *Ex. D*

1. La hago ahora.   2. Los estudiantes no lo leen.   3. No la como.   4. Los compramos en la librería.   5. Las invitan.   6. La dan después de la clase.   7. No lo conozco.   8. Mis padres la prefieren.

◆ *Critical Thinking* ◆

Before doing Ex. E give a few more examples where you replace a whole phrase by using just one pronoun, e.g., **Compré una falda bonita con rayas. La compré.** Ask students what happened to the rest of the words.

Ex. E: *pair work* *writing*

Ex. F: *pair work*

Possible answers, *Ex. F*

1. No, no la miro.   2. Sí, lo tomo.   3. Sí, mis profesores la dan.   4. No tengo tiempo de practicarlos.   5. Mi mamá la prepara.   6. Lo leo cuando me desayuno.   7. La hago por la noche.   8. Los lavo.   9. No, mi papá no la quita.   10. Sí, mi familia los tiene.

Give a few examples of the conjugated verb/ infinitive combination to familiarize students with how it sounds. **Estas manzanas parecen deliciosas. Quiero comerlas. Este libro parece interesante. Espero leerlo.** etc.

NOTA GRAMATICAL

Position of direct object pronouns

¿El edificio? **Lo** conozco. — The building? I'm familiar with *it*.

¿El número? Es importante saber**lo.** — The number? It's important to know *it*.

¿Las cartas? Puedes poner**las** allí. — The letters? You can put *them* there.

¿Los libros? **Los** quiero comprar ahora. — The books? I want to buy *them* now.

The direct object pronoun is placed immediately *in front of* the conjugated verb.

Leo **la revista.** — I read *the magazine*.
La leo. — I read *it*.

When used with an infinitive, the direct object pronoun is *attached* to it.

Es posible vender **el coche.** — It's possible to sell *the car*.
Es posible vender**lo.** — It's possible to sell *it*.

When a conjugated verb and an infinitive are used together, the direct object pronoun can be placed *either* in front of the conjugated verb or it may be attached to the end of the infinitive. Attaching the pronoun to the infinitive is probably the more common practice.

Prefiero comprar **la cámara**. — I prefer to buy *the camera*.
La prefiero comprar.
Prefiero comprar**la**. } — I prefer to buy *it*.

¡No discuta! Búsquelo en LAS PAGINAS AMARILLAS

Aquí practicamos

G. **¡Ya lo hice!** When your mother tells you to do something, you indicate that you have already done it. Follow the model.

MODELO: ¡Lava los platos!
¡Ya los lavé!

1. ¡Compra el pan!
2. ¡Prepara el desayuno!
3. ¡Come tus vegetales!
4. ¡Quita la mesa!
5. ¡Lava los platos!
6. ¡Termina tu tarea!
7. ¡Escucha mi nuevo disco!
8. ¡Busca mis llaves!

H. **No quiero hacerlo... no voy a hacerlo...** You are in a particularly bad mood one evening. Whenever you are asked if you are going to do what you normally do, you indicate that you don't want to do it and, moreover, you are not going to do it. Follow the model.

MODELO: preparar la cena
—*¿Vas a preparar la cena esta noche?*
—*No, no quiero prepararla esta noche.*
—*Pero, vas a prepararla de todas maneras* (anyway),
¿no?
—*No quiero prepararla y no voy a prepararla.*

1. lavar la ropa
2. ayudar a tu hermano
3. quitar la mesa
4. leer el libro
5. terminar tu tarea
6. mirar la televisión
7. escribir tu composición
8. lavar los platos

¿Vas al cine esta noche?
(Madrid de noche)

Exs. G and H: *pair work*

Answers, *Ex. G*
1. ¡Ya lo compré! 2. ¡Ya lo preparé! 3. ¡Ya los comí! 4. ¡Ya la quité! 5. ¡Ya los lavé! 6. ¡Ya la terminé! 7. ¡Ya lo escuché! 8. ¡Ya las busqué!

Answers, *Ex. H*
1. ¿Vas a lavar la ropa esta noche? No, no quiero lavarla esta noche. / Pero, vas a lavarla de todas maneras, ¿no? / No, no quiero lavarla y no voy a lavarla. 2. ¿Vas a ayudar a tu hermano esta noche? / No, no quiero ayudarlo esta noche. / Pero, vas a ayudarlo de todas maneras, ¿no? / No, no quiero ayudarlo y no voy a ayudarlo. 3. ¿Vas a quitar la mesa esta noche? / No, no quiero quitarla esta noche. / Pero, vas a quitarla de todas maneras, ¿no? / No, no quiero quitarla y no voy a quitarla. 4. ¿Vas a leer el libro esta noche? / No, no quiero leerlo esta noche. / Pero, vas a leerlo de todas maneras, ¿no? / No, no quiero leerlo y no voy a leerlo. 5. ¿Vas a terminar tu tarea esta noche? / No, no quiero terminarla esta noche. / Pero, vas a terminarla de todas maneras, ¿no? No, no quiero terminarla y no voy a terminarla. 6. ¿Vas a mirar la televisión esta noche? / No, no quiero mirarla esta noche. / Pero, vas a mirarla de todas maneras, ¿no? / No, no quiero mirarla y no voy a mirarla. 7. ¿Vas a escribir tu composición esta noche? / No, no quiero escribirla esta noche. / Pero, vas a escribirla de todas maneras, ¿no? / No, no quiero escribirla y no voy a escribirla. 8. ¿Vas a lavar los platos esta noche? / No, no quiero lavarlos esta noche. / Pero, vas a lavarlos de todas maneras, ¿no? / No, no quiero lavarlos y no voy a lavarlos.

Cultural Expansion
Ask students if they recognize the street in the picture; if not, tell them it's the **Gran Vía** and that it has theaters, playhouses and department stores (**Galerías Preciados, El Corte Inglés,** etc.).

Support material, Aquí escuchamos:
🎧 Teacher Tape

Possible questions: 1. How many people are talking here? 2. What problem do they have? 3. What ideas do they have for enjoying themselves? 4. What does Mario say about horror films? 5. What time do the friends decide to meet? 6. Where are they going to meet?

1. **¿Cuántas personas hablan aquí?**
2. **¿Cuál es el problema que tienen?**
3. **¿Qué ideas tienen para divertirse?**
4. **¿Qué dice Mario de las películas de horror?** 5. **¿A qué hora deciden reunirse los amigos?** 6. **¿Dónde van a reunirse?**

Cooperative Learning

Aquí escuchamos: Pairs Check

■ To ease the possible frustration of working with tapes, students should listen to them together. Pairs Check offers a productive way to work with any material that may seem difficult to students.

■ Have students form pairs with students of their choice. Hopefully, they will continue to work with each other outside of class.

■ Tell the students to listen to the tape segment together, without stopping the tape, to get the general idea.

■ Now tell them to listen to the tape again for the main ideas. Stress that they are not to translate, but simply to use what they know, combined with their knowledge of cognates, to understand generally what is being said.

■ Once they have the general idea, give them some questions to answer and direct them to listen to the tape again for the answers.

■ Call on students at random to share their answers to the questions you asked.

Ex. I: 🌲 *groups of four or more*

Suggestion, Ex. I: You may wish to adjust the answers to use the 24-hour clock rather than having students change hours into regular time.

Aquí escuchamos

¡Vamos a ver la nueva película!

Juan Manuel y Cecilia trabajan mucho durante la semana. Por eso quieren divertirse un poco durante el fin de semana. A Juan Manuel le gusta mucho el cine. Aquí lo escuchamos mientras habla con sus amigos, Mario y Enrique.

JUAN MANUEL:	Bueno, ¿qué vamos a hacer este fin de semana?
MARIO:	¿Por qué no damos un paseo por el centro?
ENRIQUE:	¡Qué aburrido! ¿Dar un paseo? **¡Siempre lo hacemos!**
MARIO:	Bueno, ¿qué quieres hacer tú, entonces?
ENRIQUE:	Yo quiero **alquilar** un vídeo.
MARIO:	No, yo tengo ganas de salir.
JUAN MANUEL:	Miren, yo tengo una idea. Vamos a ver la nueva película del Cine Variedades.
MARIO:	Si es una película de horror, no voy. Las **odio**.
JUAN MANUEL:	No, no, no. Es una comedia muy divertida.
ENRIQUE:	De acuerdo, pues. ¿A qué hora **la dan**?
JUAN MANUEL:	El sábado por la noche la dan a las nueve. ¿Nos reunimos en frente del Cine Variedades a las ocho y media?
ENRIQUE:	Muy bien. Nos vemos a las ocho y media. **¿Te parece bien**, Mario?
MARIO:	Sí, ¡cómo no! **Está bien**. Nos vemos el sábado.

Margin glosses:
We always do that!

to rent

I hate

are they showing it

Is it all right with you?

OK

¡Aquí te toca a ti!

I. **¿Qué van a ver?** Using the listings from *Cromos* on p. 223, recommend shows for your friends. First, they will tell you what kind of programs, films, or plays they like. Respond with a suggestion. Your friends will then ask you questions about what time a program is on television, where a play is being presented, and which country the show represents. Suggested types of shows: **película (de aventuras, de ciencia-ficción, de terror, policíaca** [*police story*]), **comedia, drama psicológico, obra teatral, programa documental, telenovela**, etc.

MODELO: películas cómicas
—*A mí me gustan las películas cómicas.*
—*Debes ver "Cómo casarse con un millonario".*
—*¿A qué hora la dan?*
—*A las 10:00 de la noche en el canal tres.*
—*¿Es una película mexicana?*
—*No, es una película norteamericana.*

J. **Nos vemos a las 18:00.** Invite a friend to go to the movies with you. Then make arrangements about where and when to meet.

MODELO: "La balada de Gregorio Cortés" / en frente del cine / 18:00

—*¿Quieres ver "La balada de Gregorio Cortés?"*
—*¡Sí, cómo no! Es una buena película. ¿Dónde nos reunimos?*
—*En frente del cine a las seis de la tarde.*
—*De acuerdo. Nos vemos a las seis en frente del cine.*

1. "La fiesta vuelve a la playa" / en la terminal del metro en la Avenida Central / 20:00
2. "Cita con el peligro" / en frente del Cine Real / 19:30
3. "El imperio del sol" / en el Restaurante Santa Anita / 18:00
4. "La gran familia" / en mi casa / 20:30
5. "Torero" / en frente del Hotel Camino Real / 19:00

Ex. J: *pair work*

Answers, *Ex. J*

1. ¿Quieres ver "La fiesta vuelve a la playa"? ¡Sí, cómo no! Es una buena película. ¿Dónde nos reunimos? En la terminal del metro en la Avenida Central a las ocho de la noche. De acuerdo. Nos vemos a las ocho en la terminal.
2. ¿Quieres ver "Cita con el peligro"? ¡Sí, cómo no! Es una buena película. ¿Dónde nos reunimos? En frente del Cine Real a las siete y media de la noche. De acuerdo. Nos vemos a las siete y media en frente del cine.
3. ¿Quieres ver "El imperio del sol"? ¡Sí, cómo no! Es una buena película. ¿Dónde nos reunimos? En el restaurante Santa Anita a las seis de la tarde. De acuerdo. Nos vemos a las seis en el restaurante.
4. ¿Quieres ver "La gran familia"? ¡Sí, cómo no! Es una buena película. ¿Dónde nos reunimos? En mi casa a las ocho y media de la noche. De acuerdo, a las ocho y media a tu casa.
5. ¿Quieres ver "Torero"? ¡Sí, cómo no! Es una buena película. ¿Dónde nos reunimos? En frente del Hotel Camino Real a las siete de la noche. De acuerdo, a las siete en frente del hotel.

◆ *Critical Thinking* ◆

Explain to students that when American movies are marketed in Spanish-speaking countries, sometimes their titles are not translated directly into Spanish, but instead change to reflect cultural differences. See if students can match the following movies with their Spanish titles.

1. National Velvet (b)
2. Uncle Buck (a)
3. It's a Wonderful Life (d)
4. Mr. Smith Goes to Washington (c)

a. **Solos con nuestro tío**
b. **Fuego de juventud**
c. **Caballero sin espada**
d. **¡Qué bello es vivir!**

COMENTARIOS CULTURALES

El cine
Going to the movies is a very popular activity for people of all ages and backgrounds in Spanish-speaking countries. Movie theaters abound in the cities and towns and show a variety of films, particularly those that are produced in the U.S. These movies are generally dubbed in Spanish. Newspapers always carry several pages of movie advertisements. In some countries, like Mexico, box-office prices are kept within a certain range by the government so that practically anyone can afford to buy a ticket. Many times the ticket lines wind around the block!

Spain, Mexico, and Argentina have developed major film industries over the years. A number of movies from these countries have received international recognition, such as the Oscar-winning "La historia oficial" from Argentina. "Romancing the Stone" which was filmed in Mexico and Colombia, is another example of the many films that are now made in Latin America and Spain.

Exs. K and L: 🔺 *pair work*

Etapa Support Materials

WORKBOOK: pp. 170–173
TRANSPARENCIES: #33, #34
LISTENING ACTIVITY MASTERS: p. 74
TAPESCRIPT: p. 107
TEACHER TAPE
QUIZ: Testing Program, p. 125
CHAPTER TEST: Testing Program, p. 128
VIDEO: Tape 2, Program 3, Part 4
VIDEO GUIDE: p. 34

Support material, Te invito a una fiesta:
Transparencies #33, #34

¡Adelante!

K. Intercambio Ask another student the following questions. He or she will answer them.

1. ¿Quién prepara la comida en tu casa?
2. ¿A qué hora cenan en tu casa de costumbre?
3. ¿Quién quita la mesa? ¿Quién lava los platos?
4. ¿Haces tu tarea antes o después de la cena?
5. ¿A qué hora la terminas normalmente?
6. ¿Tienes animales en tu casa? ¿Quién se ocupa de tus animales?

L. ¿Qué hacemos esta noche? Using *Cromos*, make arrangements with another student to watch a program on television or go to a play. Imagine that you are talking on the telephone. Be sure to discuss the kind of program, movie, or play you would like to see, make a selection, and arrange where and when you will meet.

Segunda etapa

MUESTRA DE
TEATRO
Y DANZA JOVEN
1 9 9 0
Salamanca

Te invito a una fiesta

dentro de: within / *darles:* to give them / *despedida:* send-off / *desearles:* to wish them

Cuento contigo: I'm counting on you. / *Contéstame cuanto antes:* Answer me as soon as possible. / *no les digas nada:* don't say anything to them / *será una sorpresa:* will be a surprise

Querida amiga,
Eduardo y Carmelita salen para los Estados Unidos dentro de quince días. Para darles una despedida y desearles un buen viaje, estoy organizando una pequeña fiesta en mi casa... el viernes, 4 de septiembre, a las 20:30.
Cuento contigo. Contéstame cuanto antes. Y sobre todo... ¡no les digas nada a nuestros invitados de honor! La fiesta será una sorpresa para ellos.
Afectuosamente,
Mercedes

Estimada señorita:

En la ocasión de la quinceañera de nuestra hija Marisol, la familia está organizando una fiesta en nuestra casa, Calle Sur N.º 112, el sábado 17 de julio a las 21:00.

Nos daría mucho gusto tenerle a usted y a su hermano Carlos entre nosotros esa noche para la celebración.

Tenga la bondad de responder tan pronto como le sea posible.

Sin más por ahora, reciba los mejores deseos de,

Teresa Camacho Del Valle

quinceañera: fifteenth birthday

Nos daría mucho gusto: It would give us great pleasure

Tenga la bondad de responder: Please be kind enough to answer / *como sea posible:* as possible

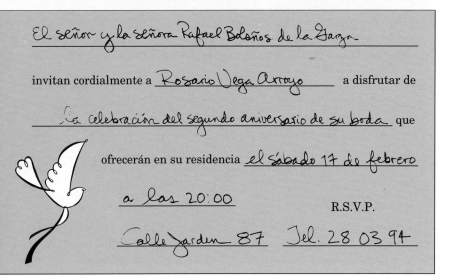

El señor y la señora Rafael Bolaños de la Garza

invitan cordialmente a *Rosario Vega Arroyo* a disfrutar de

La celebración del segundo aniversario de su boda que

ofrecerán en su residencia *el sábado 17 de febrero*

a las 20:00   R.S.V.P.

Calle Jardín 87   Jel. 28 03 94

disfrutar: to enjoy

boda: wedding

ofrecerán: they will offer

¡Aquí te toca a ti!

A. **Las tres invitaciones** Answer in English the following questions about the three invitations you have just read.

1. Which invitation is the most formal? The least formal? What words and expressions in Spanish support your answer?

Ex. A:  pair work   writing

Suggestion, Ex. A: After discussing the different invitations, you might ask students to work in pairs to write their own informal invitations to a particular event. After checking their work for style and accuracy, have students read the more interesting ones out loud, perhaps writing them on the board afterward.

Answers, *Ex. A*

1. the second, the first, answers will vary   2. a going-away party, a fifteenth birthday, a wedding anniversary   3. a. Estimada, b. en la ocasión de la quinceañera de nuestra hija Marisol, c. tenerle a usted y a su hermano Carlos entre nosotros, d. Tenga la bondad de responder tan pronto como le sea posible, e. reciba los mejores deseos de

◆ *Critical Thinking* ◆

After students complete Ex. A, expand on question #4 (p. 234). Would they send a formal invitation, a casual invitation, or one in between if they were inviting their grandparents, their teacher, their best friend, their state senator, their parents' best friends, a neighbor, etc.? Would they be more likely to extend the invitation verbally or in writing in each case? Have students generate lists of phrases they would use in English when issuing each kind of invitation.

Cultural Expansion

Point out that the custom of celebrating the **quinceañera** is more popular in Central and Latin America than in Spain. Along with Sweet Sixteen, which has lost some of its popularity in our country, what other occasions can the students think of that would be similar? (Confirmation, Bar/Bat Mitzvah)

Follow-up, Comentarios culturales: Have students make up invitations in Spanish to an American party, e.g., Sweet Sixteen, bridal or baby shower, or graduation.

Presentation: *Pronunciation*

This might be a good time for a spelling dictation using the two types of diphthongs studied in this chapter. You could list the words or make up silly sentences like **Veinte reinas tienen veintidós peines. Vosotros vendéis aceite.** etc.

Una Fiesta de Quinceañera

Esperando que puedas venir, para festejar a

Fecha ....
Hora ....
Lugar ....

2. What is the occasion for each invitation?
3. Except when writing to close friends, Spanish-speakers tend to use formalized expressions in making invitations. Find in Sra. Camacho Del Valle's note the Spanish equivalent of the following expressions:
   a. Dear
   b. for Marisol's special birthday
   c. to join us
   d. R.S.V.P.
   e. Very truly yours
4. In what situations might Americans send invitations similar to each of the above invitations?

▼ COMENTARIOS CULTURALES

La quinceañera

In most Spanish-speaking countries, it is still a popular tradition to have an extra special birthday party when a girl reaches the age of fifteen. The celebration is called **la quinceañera** and includes all extended family members and many friends. It is the equivalent of the "sweet sixteen" party that marks the beginning of a new phase in the life of a teenager.

Generally, the party includes dinner, music, dancing, and, of course, gifts. It may be a lavish affair held at a family club or a smaller party that takes place in the home. In any event, it is a dress-up occasion that people enjoy attending and celebrating.

A favorite toast (**un brindis**), among the many that well-wishers may offer at such parties, is the following: **¡Salud, amor y pesetas... y tiempo para gastarlas!** It means *Health, love and money...and time to spend them!*

Pronunciación: *The vowel combination* **oi**

The combination **oi** in Spanish is pronounced in one single syllable, similar to the *oi* in the English word *oink*. Note that in the words **voy, doy, hoy, estoy,** and **soy,** among others, the sound is spelled **oy**.

Práctica

B. Read each word aloud, carefully pronouncing the combination **oi**.

1. oigo	3. heróico	5. doy	7. estoy
2. boina	4. voy	6. hoy	8. soy

Repaso

C. **En casa de Raúl y en casa de Graciela** Raúl and Graciela are schoolmates, but their family lives are very different. Raúl, his parents, and his sister lead a very traditional existence. Guess who probably does the following household chores in Raúl's family: **su papá, su mamá, su hermano, su hermana,** or **Raúl.** Use a direct object pronoun in your answer.

MODELO: ¿Quién lava la ropa?
          Su mamá (Su hermana) la lava de costumbre.

1. ¿Quién prepara las comidas?
2. ¿Quién quita la mesa?
3. ¿Quién lava los platos?
4. ¿Quién hace los mandados?
5. ¿Quién lava el coche?

Graciela, on the other hand, lives in a nontraditional family. Household chores are not assigned by gender. Guess who did the following chores *last week* at her house: **su padre, su madre, su hermano,** or **Graciela.** Use a direct object pronoun in your answer.

MODELO: ¿Quién lavó la ropa?
          Su padre (Su hermano) la lavó.

6. ¿Quién preparó las comidas?
7. ¿Quién quitó la mesa?
8. ¿Quién lavó los platos?
9. ¿Quién hizo los mandados?
10. ¿Quién lavó el coche?

D. **En tu casa** Find out from a classmate who usually takes care of the following household chores in his or her house. Then ask if that person *is going to do* that chore at the indicated future time. Use a direct object pronoun when possible.

MODELO: lavar los platos / esta noche
          —*¿Quién lava los platos de costumbre en tu casa?*
          —*Mi hermana los lava.*
          —*¿Ella va a lavarlos esta noche?*
          —*Sí, ella va a lavarlos esta noche.*   o:
          —*No, mi padre va a lavarlos esta noche.*

1. preparar la cena / esta noche
2. quitar la mesa / esta noche
3. lavar la ropa / esta semana
4. hacer los mandados / esta semana
5. lavar el coche / este fin de semana

Ex. C: pair work · writing

Answers, *Ex. C*

1. Su mamá las prepara.   2. Su hermana la quita.   3. Su mamá los lava.   4. Su mamá los hace.   5. Su papá lo lava.   6. Su padre las preparó.   7. Su hermano la quitó.   8. Graciela los lavó.   9. Su padre los hizo.   10. Su hermano lo lavó.

Ex. D: pair work

Answers, *Ex. D*

1. ¿Quién prepara la cena de costumbre en tu casa? Mi mamá la prepara. ¿Ella va a prepararla esta noche? Sí, ella va a prepararla esta noche.
2. ¿Quién quita la mesa de costumbre en tu casa? Yo la quito. ¿Vas a quitarla esta noche? No, mi hermano va a quitarla esta noche.
3. ¿Quién lava la ropa de costumbre en tu casa? Mi mamá la lava. ¿Ella va a lavarla esta semana? Sí, ella va a lavarla esta semana.
4. ¿Quién hace los mandados de costumbre en tu casa? Mi mamá los hace. ¿Ella va a hacerlos esta semana? Sí, ella va a hacerlos esta semana.
5. ¿Quién lava el coche de costumbre en tu casa? Mi papá lo lava. ¿Él va a lavarlo este fin de semana? No, yo voy a lavarlo este fin de semana.

Presentation: *The immediate future of reflexive verbs*

(1) Begin by telling students about how tomorrow is going to be different for you. **De costumbre, me levanto a las 7:00, pero mañana voy a levantarme a las 6:00. Voy a lavarme el pelo, Voy a...,** etc. Have them compare the present and the immediate future. (2) Ask students questions about their routine tomorrow morning. **¿A qué hora te levantas de costumbre? ¿Vas a levantarte a las...mañana?** etc. Continue until they are familiar with where to put the reflexive pronoun.

Ex. E: *pair work*   *writing*

Answers, *Ex. E*

1. Nosotros nos vamos, Marcos se va, tú te vas, mis padres se van, ella se va, vosotras os vais
2. ¿Tú vas a ocuparte, Ud. va a ocuparse ellos van a ocuparse, mis padres van a ocuparse, él va a ocuparse, vosotros vais a ocuparse?
3. Ella no se va, nosotros no nos vamos, yo no me voy, tú no te vas, mis padres no se van, Uds. no se van
4. Ellos van a levantarse, Maricarmen va a levantarse, yo voy a levantarme, mi hermano va a levantarse

Ex. F: *pair work*   *writing*

The immediate future of reflexive verbs

—Mi hermana y yo **nos vamos a levantar** a las seis de la mañana.

—My sister and I *are going to get up* at six in the morning.

—¿**Te vas a lavar** el pelo?

—*Are you going to wash* your hair?

—Sí, **voy a lavarme** el pelo.

—Yes, *I'm going to wash* my hair.

—Nuestros padres **van a reunirse** en el centro.

—Our parents *are going to get together (meet)* in town.

The immediate future of reflexive verbs is formed in the same way as the immediate future of any other verb — that is, with **ir** plus **a** and an infinitive. The reflexive pronoun that accompanies the reflexive verb agrees with the subject of **ir.** This pronoun can be placed immediately before the conjugated form of **ir** or attached to the infinitive.

Aquí practicamos

E. Replace the subjects in italics with those in parentheses and make the necessary changes.

1. *Yo* me voy a dar prisa. (nosotros / Marcos / tú / mis padres / ella / vosotras)
2. ¿*Ella* va a ocuparse de los gatos? (tú / Ud. / ellos / mis padres / él vosotros)
3. *Ellos* no se van a llamar por teléfono. (ella / nosotros / yo / tú / mis padres / Uds.)
4. *Uds.* van a levantarse temprano. (ellos / Maricarmen / yo / mi hermano)

F. **El sábado próximo** Next Saturday is a special day. Consequently, you are not planning to follow your usual weekend routine. Use the first cue to describe what you normally do on Saturday. Then use the cue in parentheses to tell how next Saturday is going to be different.

MODELO: quedarse en casa (pasearse con los amigos por el campo)
Normalmente me quedo en casa los sábados. Pero el sábado próximo, me voy a pasear con mis amigos por el centro.

1. despertarse tarde (despertarse temprano)
2. quedarse en cama (levantarse inmediatamente)
3. bañarse (ducharse)
4. no lavarse el pelo (lavarse el pelo)
5. vestirse después del desayuno (vestirse antes del desayuno)
6. cepillarse los dientes después del desayuno (no cepillarse los dientes)
7. lavar los platos (no lavar los platos)
8. acostarse temprano (acostarse tarde)

G. **El lunes próximo** On the other hand, next Monday promises to be a perfectly ordinary day. Imagine that you and the other members of your family are going to do what you normally do every Monday. Describe your activities.

MODELO: *El lunes próximo, mi papá y mi mamá van a levantarse como a las 7:00. Mi hermana y yo vamos a quedarnos en cama hasta las 7:30, etc.*

Aquí escuchamos

Una fiesta en la casa de Cecilia

A Cecilia no le gusta mucho el cine. Va a **aprovechar** la **ausencia** de su hermano (él va a estar en el centro el sábado por la noche) para organizar una fiesta en casa. Habla de sus planes con sus padres.

to take advantage of / absence

SR. VILLEGAS: Bien, tú piensas organizar una fiesta y la gente va a venir aquí a la casa. **¿Así es?**   *Is that it?*

CECILIA: Sí, exacto.

SRA. VILLEGAS: Pero **va a haber** mucho trabajo que tenemos que hacer.   *there's going to be*

CECILIA: **No se preocupen.** Mi amiga Isabel y yo vamos a hacerlo todo.   *Don't worry.*

SRA. VILLEGAS: ¿Todo?

CECILIA: Sí, cómo no, todo. Isabel se va a encargar de la comida y los refrescos. Y yo, yo me voy a encargar de las invitaciones. Ya invité a una docena de amigos.

SR. VILLEGAS: ¿Una docena? No es mucho.

CECILIA: Bueno, ellos van a **traer** a sus amigos. **De esa manera** va a haber treinta o cuarenta personas.   *to bring /That way*

SRA. VILLEGAS: ¿A qué hora va a comenzar tu fiesta?

CECILIA: A las nueve. Y va a **seguir** hasta la 1:00.   *to continue*

SR. VILLEGAS: ¿Y qué van a hacer ustedes durante todo ese tiempo?

Ex. H: 🧍 *pair work*

Answers, *Ex. H*

1. Isabel va a preparar la comida y los refrescos.
2. Cecilia va a invitar a la gente.   3. Va a invitar a una docena de amigos.   4. Ellos van a traer a sus amigos.   5. Van a comer, charlar, bailar, etc.   6. Va a terminar a la 1:00.

Ex. I: 🧑‍🤝‍🧑 *groups of four or more*

Variation, Ex. I: Do this in small groups. Appoint one person to act as party organizer and ask **¿Quién va a comprar... ?** etc. Have students say who will buy what, practicing **él** and **ella** forms.

---

perhaps

CECILIA: Pues, vamos a comer, vamos a charlar, los amigos van a traer discos y todos vamos a bailar. Vamos a cantar **tal vez**...

SRA. VILLEGAS: Bien. ¡Diviértete mucho, mi hija!

¡Aquí te toca a ti!

H. **Las preguntas de Juan Manuel** Cecilia did not invite her brother to her party. When Sr. and Sra. Villegas mention to Juan Manuel that there is going to be a party, he makes fun of his sister's plans. With a partner, play the role of Sr. or Sra. Villegas and correct Juan Manuel's mistaken impressions.

MODELO: ¿Así es que Cecilia va a organizar una fiesta?
     ¡Qué chiste! *(What a joke!)* Mamá y papá, ustedes van a hacerlo todo.
     No es verdad. Cecilia e Isabel van a hacerlo todo.

1. ¿Ah, sí? ¿Quién va a preparar la comida y los refrescos?
2. ¿Y quién va a invitar a la gente?
3. ¿Y a quién va a invitar ella? Sólo tiene dos o tres amigos.
4. ¡Bien! Va a dar una fiesta y una docena de personas van a venir.
5. ¡Pobres invitados *(guests)*! Seguramente van a aburrirse.
6. Son demasiado jóvenes para dar una fiesta. Se acuestan a las 10:00, ¿no?

I. **¿Qué vas a hacer tú?** You and your friends have decided to organize a party. Everyone has to contribute in one way or another. Using the following list, choose your contributions to the party.

MODELO: *Yo voy a preparar una ensalada. ¿Y tú?*

Actividades: comprar la fruta / comprar jugo de fruta / comprar la comida / preparar una ensalada / traer los discos y las cintas / traer el estéreo y la grabadora / tocar la guitarra / invitar a los amigos / arreglar la comida / hacer un pastel / lavar los platos

¡Adelante!

J. **¡Organicen una fiesta!** You and a friend decide to organize a party. Decide when and where you will have it. Then talk about the preparations.

Share the responsibilities as follows:

You
invite the guests (talk about how many and who to invite)
arrange the location

Your friend
take care of the food (three things to eat and two kinds of beverages)
provide activities

RECADO TELEFONICO
Tu amiga Lucinda
Del N° 71 08 94
Le hablaron a las 19:00 horas,
de parte de _____

DICIENDO QUE:
☒ Llame Ud. al llegar.
☐ Le llamarán después.
☐ Que pase a verlo.
☐ Que vendrá a verlo a las ____
Asunto: quiere hablar de las preparaciones para la fiesta en casa el viernes que viene
Fecha, miércoles el 12

RECADO RECIBIDO POR

Vocabulario

Para charlar

Para hacer invitaciones

Nos daría mucho gusto…	Será una sorpresa; no les digas nada.
Tenga la bondad de responder tan pronto como sea posible.	¿Por qué no?
Cuento contigo…	Nos vemos a / en
Contéstame cuanto antes.	¿Te parece bien?

Vocabulario general

Sustantivos	*Verbos*	*Otras palabras y expresiones*	
una ausencia	alquilar	¿Así es?	Espero que no sea…
una boda	aprovechar	dar una película	Está bien.
un brindis	odiar	darles la despedida	Exacto.
una quinceañera	seguir (i, i)	de esa manera	No se preocupen.
una respuesta	traer	dentro de	¡Siempre lo hacemos!
		desearles	tal vez
		disfrutar de	va a haber

Ex. J: *pair work*

Suggestion, Ex. J: If you choose to do this along with Ex. I or instead of it, model the beginning of the exercise before dividing the class into pairs. **Vamos a tener una fiesta este sábado en casa de Juan.** etc.

Variation, Exs. I and J: Have students organize a mini-fiesta for the class. This would be a good way to end the chapter, before or after the test. They could ask **¿Quién va a traer los nachos (los chips, la fruta)? ¿Quién va a hacer un pastel? ¿Quién va a comprar platos (utensilios, vasos)? ¿Quién va a traer jugo (zumo, gaseosas)?** etc. Everyone would have to bring something and say what he / she is bringing and what one other person is bringing.

Cooperative Learning
Vocabulario: Group Poster

- Divide the class into six groups and assign each group a topic related to the chapter vocabulary.
- Explain to the class that each group is going to make a poster about their topic. Stress that every student in the group must agree on the topic and must have input into the poster. You may want to give the assignment one day and have the students make the posters the following day.
- Give students materials for the posters and allow them about fifteen minutes to make their posters.
- Have the groups practice describing their topic and poster, using the items from the **Vocabulario**. Remind them that all students must have equal time talking.
- Have the six teams present their posters to the class.

CHAPTER OBJECTIVES

FUNCTIONS: Talking about vacation routines as opposed to normal daily routines; advising people where to go and not to go for vacation; describing vacation activities

CONTEXT: Family vacations; going to the beach; camping in national parks

ACCURACY: Reflexive versus nonreflexive verbs; commands with pronouns

Cultural Context

Located on the northern coast of Colombia, Cartagena is one of the most picturesque cities in Latin America. The city was founded in 1533 by Pedro de Heredia and became a storage point for goods received from Spain and for treasure en route to Spain from the New World. This shipping industry made Cartagena an attractive target for pirates, and the old city was protected by a series of forts blocking all approaches by water — from the Caribbean on the west, the Bay of Cartagena on the south, and various lakes and lagoons on the north and east. The result was a completely walled city, now the old section of Cartagena, that seems to float on the waters that surround it. Walking its crooked, narrow streets with their high white walls is a favorite pastime of visitors from all over the world. Today the modern Cartagena is still an important port, and it is also known for its beautiful beaches.

Video/Laserdisc

Etapa 2: Video—Tape 2, Program 3, Part 3
Video Guide — p. 29
Laserdisc — Disc 2, Side 1, Prog. 3, Part 3

Search 29508, Play To 41094

¿Cuándo son las vacaciones?

Situada en la costa del Pacífico, Cartagena, Colombia, tiene un clima ideal para ir a la playa.

Primera etapa

Las vacaciones con la familia

El puerto de Cartagena, Colombia

Me llamo Natalia Romero y vivo en Bogotá. Todos los veranos voy de vacaciones con mi familia a Cartagena, una ciudad que está en la costa. En mi familia a todos nos gusta mucho nadar. Además, mi hermano Andrés practica **la navegación a vela**. Tiene un pequeño **velero** y **una tabla vela**. Mi hermana Victoria **se dedica** al **esquí acuático**. Cuando no estoy en la playa, mi deporte **preferido** es **la equitación**. Mi madre y yo **montamos a caballo** en un **centro ecuestre**. Además, nos gusta salir a correr. Por la tarde, cuando ya no hace mucho sol, jugamos al vólibol con Andrés y Victoria. ¿Cómo? No hablé de mi padre. ¡Ah, pues él no es muy atlético! ¡Prefiere descansar y tomar el sol!

sailing / sailboat / sailboard
devotes herself to / waterskiing
favorite / horseback riding
ride horses / equestrian center

¡Aquí te toca a ti!

A. **La familia de Natalia** Based on Natalia's description of her family vacations, play the role of each family member and explain what that person does during the summer.

1. su hermano Andrés
2. su madre
3. su hermana Victoria
4. su padre
5. Natalia

Unidad 3   **Capítulo 9**   *241*

Etapa Support Materials

WORKBOOK: pp. 174–178
TRANSPARENCY: #35
TEACHER TAPE
QUIZ: Testing Program, p. 133

Presentation: Las vacaciones con la familia
(1) Begin by talking about summer vacations in the United States.   (2) Have students read or listen to the recording of Natalia's description of her family's vacation. Use Ex. A as a comprehension check, following up each answer with personal questions. **¿Te gusta (Sabes) nadar? ¿esquiar en agua?** etc.

Ex. A: *pair work*   *writing*

Ex. C: 👥 *pair work* ✎ *writing*

Suggestion, Ex. C: Have students do this in pairs orally or write out and compare answers. Check back on vocabulary on p. 221 to remind them of reflexive verbs.

Possible answers, *Ex. C*

1. Va a dormirse otra vez, quedarse en cama, no va a levantarse.   2. Va a darse prisa, levantarse rápidamente.   3. Vamos a divertirnos, sentarnos en el parque.   4. Vas a ducharte, lavarte el pelo.   5. Van a divertirse, reunirse.   6. Va a lavarse los dientes.   7. Va a dormirse, acostarse, aburrirse.

Pronunciación: *The vowel combination **au***

The combination **au** in Spanish is pronounced in one single syllable, similar to the *ou* of the English word *ouch*.

Práctica

B. Read each word aloud, carefully pronouncing the combination **au**.

1. aula	3. autor	5. aunque	7. pausa
2. causa	4. auto	6. gaucho	8. jaula

Repaso

▼

C. **Consecuencias lógicas** Use reflexive verbs to tell what the people will probably do or not do in the following situations.

> MODELO: Enrique sale con Beatriz. Ella está cansada; está triste.
> *No van a divertirse.*   o:
> *Van a aburrirse.*

1. Son las 6:00 de la mañana. Cecilia se despierta. No tiene clases antes de las 9:00.

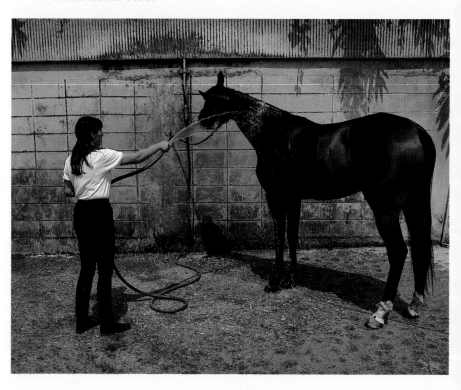

¡La mujer lava el caballo porque el caballo no puede lavarse!

2. Son las 8:45 de la mañana. Juan Manuel se despierta. Tiene una clase a las 9:15.
3. Hace buen tiempo. Tenemos dos horas libres *(free)*. Hay un parque muy bonito cerca de la casa.
4. Tienes el pelo sucio *(dirty)*. Vas a salir con tus amigos esta noche.
5. Cecilia tiene mandados que hacer en el centro. Isabel también. Van a ver una película en el Cine Palacio.
6. Cecilia comió muchos dulces y helado. No le gusta ir al dentista.
7. Son las 10:00 de la noche y Juan Manuel está muy cansado. No hay nada bueno en la televisión.

Reflexive versus nonreflexive verbs

Many Spanish verbs have both a reflexive and a nonreflexive form. In some cases, the meanings of the verbs change when they are used with reflexive pronouns:

Siempre **duermo** ocho horas.	*I* always *sleep* eight hours.
Casi siempre **me duermo** cuando estudio en la biblioteca.	*I* almost always *fall asleep* when I study in the library.
Me pongo los zapatos.	*I put on* my shoes.
Pongo los zapatos afuera.	*I put* the shoes outside.

In other cases, the meaning of the verbs is the same, but the meaning of the sentence changes. The nonreflexive verb expresses an action that goes from the subject to the object. The reflexive verb expresses a reciprocal action (the idea of *each other*):

Llamo a Claudia por teléfono a menudo.	*I call* Claudia on the telephone often.
Claudia y yo **nos llamamos** por teléfono a menudo.	Claudia and I *call each other* on the telephone often.

In most cases, however, the nonreflexive verb indicates an action that the subject does to someone else and the reflexive verb expresses an action that the subject does to itself.

Yo **lavo** el coche.	I *wash* the car.
Yo **me lavo**.	I *wash* myself.
Yo **me lavo** las manos.	I *wash* my hands.

Presentation: *Reflexive verbs versus nonreflexive verbs*

This section is designed to help students grasp the difference between reflexive and nonreflexive forms of the same verb. You may wish to present the idea by using corresponding expressions such as **lavar, lavarse** and miming the actions. You may use Ex. D to underscore the differences. Ask students when reflexive verbs would be nonreflexive, e.g., the waiter seats the patrons, I wake up my children. You could give examples that combine the two, e.g., **Despierto a mi hijo porque él tiene que levantarse.**

Note: Remind students that now that they have learned to conjugate reflexive verbs, they should be very careful not to try to make every verb reflexive. You might tell them that most of the time they will be using nonreflexive verbs, that a reflexive verb or the reflexive form of a verb is used only in fixed expressions (such as **llamarse**), to express a reciprocal action (to each other), or to indicate a reflexive action (to itself).

Exs. D and E:  *pair work* / *writing*

Suggestion, Ex. D: Do this with one partner doing the reflexive and the other, the nonreflexive.

Cooperative Learning
Exs. D and E: Same-Different

- These exercises contain expressions that may be confusing to American students because of the differences between English and Spanish. Put students of differing abilities into pairs to discuss what is similar and what is different in the Spanish and the English expressions.
- Explain to students that they are to discuss each sentence, with students taking turns starting the discussion each time.
- Call on students at random to give similarities and differences.

Answers, *Ex. D*
1. Maricarmen gets dressed (dresses herself). 2. Maricarmen dresses the children. 3. My brother listens to the radio. 4. My parents don't listen to each other. 5. You don't get up early. 6. You don't get your brother up early. 7. Jorge washes everyday. 8. Jorge washes the clothes on Saturday. 9. Gloria and Carmen write each other every week. 10. Gloria and Carmen write a composition every week.

Answers, *Ex. E*
1. El Sr. Jiménez se despierta a las siete. El Sr. Jiménez despierta a Jaime. 2. La Sra. Galindo mira la televisión. Juan José se mira en el espejo. 3. La Sra. Fernández se habla. La Sra. Fernández habla a los jóvenes. 4. El Sr. Cardenal acuesta a los niños. El Sr. Cardenal se acuesta a las diez.

Aquí practicamos

D. **En inglés** Give the English equivalent of each of the following sentences.

1. Maricarmen se viste.
2. Maricarmen viste a los niños.
3. Mi hermano escucha la radio.
4. Mis padres no se escuchan.
5. No te levantas temprano.
6. No levantas a tu hermano temprano.
7. Jorge se lava todos los días.
8. Jorge lava la ropa los sábados.
9. Gloria y Carmen se escriben cada semana.
10. Gloria y Carmen escriben una composición cada semana.

E. **Se lava la cara** *(face).* Use the verbs provided to describe the activities of the people portrayed in the drawings. For each pair of drawings, decide which activity requires the reflexive form of the verb and which activity can be expressed with the nonreflexive form.

MODELO: lavar
Miguel se lava la cara.
La Sra. Pérez lava el coche.

Miguel   Sra. Pérez

Sr. Jiménez   Sr. Jiménez / Jaime

1. despertar

Sra. Galindo

Juan José

2. mirar

Sra. Fernández

Ella / los jóvenes

3. hablar

Sr. Cardenal / los niños

Sr. Cardenal

4. acostar

246

Possible questions: 1. Where does Isabel's family go every summer?   2. Where does the family live during the vacation?   3. Does Isabel get bored?   4. Generally, what does the family do during the day?   5. At night, how do they all enjoy themselves?   1. **¿Adónde va la familia de Isabel todos los veranos?**   2. **¿Dónde vive la familia durante las vacaciones?**   3. **¿Se aburre Isabel?**   4. **¿Qué hace la familia durante el día, por lo general?**   5. **Por la noche, ¿cómo se divierten todos?**

Ex. F: 👥 *pair work*   ✎ *writing*

Ex. G: ✎ *writing*

Aquí escuchamos

¡Siempre vamos a la costa!

Cecilia habla con su amiga Isabel de sus vacaciones de verano.

tell me

seashore

seafood

we have a good time

CECILIA: Bueno, Isabel, **dime**, ¿qué vas a hacer durante las vacaciones?
 ISABEL: Cada verano vamos a la costa.
CECILIA: ¿Ah, sí? ¿Adónde?
 ISABEL: A Santa Marta. Siempre alquilamos una casa a **la orilla del mar**.
CECILIA: Santa Marta. ¡Qué bonito! Está cerca de Cartagena, ¿no?
 ISABEL: Sí, ¡y es magnífico! Hay una playa muy bonita allí.
CECILIA: Pero no hay mucho que hacer, ¿verdad? Debes aburrirte un poco.
 ISABEL: No, no. A mi familia le gusta hacer deportes. Mira estas fotos.
CECILIA: ¿Y por la noche?
 ISABEL: Por la noche vamos a Aracataca, un pequeño pueblo cerca de Santa Marta. Allí comemos **mariscos** bien frescos. Luego volvemos a Santa Marta donde podemos ir al cine y bailar. Siempre **lo pasamos bien** y nos divertimos mucho.

¡Aquí te toca a ti!

F. **Tú y los deportes de verano** Give your personal reactions to your experience with the following summer sports activities.

MODELO: jugar al golf
Juego mucho al golf.   o:
Quisiera jugar al golf algún día.   o:
Nunca juego al golf.   o:
No tengo ganas de aprender el golf., etc.

1. nadar
2. jugar al tenis
3. esquiar en agua
4. correr
5. descansar en el sol
6. montar a caballo
7. jugar al vólibol
8. navegar en la tabla vela *(to windsurf)*

G. **Las vacaciones de verano** Based on the drawings, describe a typical vacation day — first for Isabel and then for her brothers.

MODELO: *Por la mañana Isabel se levanta como a las ocho y media.*

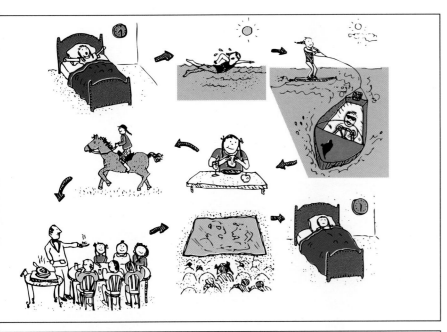

¡Adelante!

H. **Mis vacaciones** Tell a classmate about your family's summer vacation. Say where you go and what you do, and describe a typical day. Use your imagination if you prefer.

Etapa Support Materials

WORKBOOK: pp. 179–188
TRANSPARENCY: #36
LISTENING ACTIVITY MASTERS: p. 78
TAPESCRIPT: p. 114
TEACHER TAPE
QUIZ: Testing Program, p. 135
CHAPTER TEST: Testing Program, p. 137
VIDEO: Tape 2, Program 3, Part 3
VIDEO GUIDE: p. 29

Cultural Observation

Camping has become popular all over Euroope as well as in Latin America. If hou have access to any travel brochures from travel agencies that highlight camping, you could show these.

Costa Rica is perhaps best known worldwide for its extensive system of national parks, which encompass an amazing variety of vegetation and wildlife. A visitor to these parks may encounter virgin rain forest, dry tropical forest, cloud forest, caves, lagoons, volcanos, hot springs, mudpots, marshes, mountains, beaches, and a wide variety of flora and fauna including butterflies, bats, tropical birds, monkeys, turtles, crocodiles, and jaguars.

Reading Strategies

Find out how many students have gone camping and how many have camped in an organized campground. Discuss briefly the facilities that you find there. You might also ask if anyone has camped outside the United States and how camping might differ. Then have the students read the brochure and do Ex. A.

Tell students that it is not necessary to understand every word in the brochure. They should try to get the general idea as well as some of the more important messages rather than every detail. You might have them scan it first and find cognates.

Segunda etapa

Una visita a un parque nacional

Parque Nacional Volcán Poás

Parque Nacional: Volcan Poás

El servicio de Parques Nacionales de Costa Rica administra veintidós áreas silvestres entre parques nacionales y otras reservas afines. Estas áreas cubren 425.329 hectáreas, lo que equivale a un ocho por ciento del territorio nacional.

El principal objetivo del Servicio de Parques Nacionales es preservar áreas naturales para beneficio y disfrute de las generaciones futuras.

El Parque Nacional Volcán Poás, área de gran interés geológico, es importante también porque en él nacen varios ríos que alimentan a otros que dan origen a las cuencas hidrográficas: río Grande de Tárcoles y río Sarapiquí.

BIENVENIDO al Parque Nacional Volcán Poás, una muestra de la actividad geológica y de la belleza del paisaje de Costa Rica.

Esperamos que su visita sea agradable y provechosa.

SERVICIOS

❑ Información a cargo de guías y guardaparques
❑ Servicios sanitarios

❑ Agua potable
❑ Estacionamiento
❑ Refugio para almorzar
❑ Área de almuerzo
❑ Centro de visitantes
❑ Sendero
❑ Mirador
❑ Área de juego
❑ Área de acampar

Horario

De 8:00 A.M. a 4:00 P.M.

Agradecemos su colaboración en el mantenimiento del aseo.

Datos de Interés

Punto más alto: 2.708 metros

Altura del mirador del cráter: 2.560 metros

Altura del mirador de la Laguna Botos: 2.675 metros

Profundidad del cráter: 320 metros

Diámetro de la Laguna Botos: 400 metros

Superficie de la Laguna Botos: 12 hectáreas

Extensión del parque: 53.173 hectáreas

¡Aquí te toca a ti!

A. **Un parque nacional de volcanes** Some friends of your parents are going to visit the national parks of Costa Rica, famous for their volcanos, rare birds, and plant life. They bring you a brochure for the **Parque Nacional Volcán Poás** and ask for your help in reading it. You don't know many of the words, but you are able to read enough to get the general idea. Answer the friends' questions about the national park.

1. How big is the national park system?
2. Is there a place to camp?
3. Is there parking?
4. Are there toilet facilities?
5. Is there a restaurant there?
6. What are some of the other facilities?
7. How high up (**altura**) is the volcano?
8. How deep (**profundidad**) is the crater?
9. What time does the park close?
10. What is the main objective of this National Park Service?

Pronunciación: *The vowel combination eu*

To pronounce the combination **eu**, start with your lips spread, positioned to smile, as you pronounce the Spanish vowel **e**. Bring them slowly to a rounded position as though you were going to whistle. All this should be done in one smooth motion — in one single syllable.

Práctica

B. Read each word aloud, carefully pronouncing the combination **eu**.

1. Europa
2. deuda
3. neutro
4. neurosis
5. seudo
6. seudónimo
7. ceuta
8. neurótico

Repaso

C. **Un día en la playa** During the summer, you and your older sister often spend Saturday at the beach. Using the suggested expressions, tell what you usually do that day.

MODELO: yo / levantarse a las 7:30
           Yo me levanto a las 7:30.

1. mi hermana / levantarse a las 8:00
2. ella / ducharse

Ex. A: pair work / writing

Cooperative Learning

Ex. A: Reading Partners

- Pair students with students with whom they have not recently worked. Reading may seem difficult to students, and you can ease them into it by having them work together.
- Have students read the brochure, **Parque Nacional Volcán Poás** together to answer the questions about it. Tell them to take turns answering the questions, so that both students get equal practice. The student who is not answering should encourage the other student and guide him or her as needed.
- Ask follow-up questions at random.
- For homework, you may want to have each pair design a similar brochure about a local park.

Answers, *Ex. A*

1. 425.329 hectáreas 2. yes 3. yes 4. yes 5. no 6. information, drinking water, shelter, visitor center, playing field, campsite 7. 2.560 meters 8. 320 meters 9. 4:00 p.m. 10. to preserve natural areas for future generations

Pronunciation

It may be a good time to do a spelling dictation quiz after having done the two pronunciation sections in this chapter.

Ex. C: pair work / writing

Follow-up, Ex. C: Have students use the preterite to recount a day they spent at the beach.

Answers, *Ex. C*

1. Mi hermana se levanta a las 8:00. 2. Ella se ducha... 3. Yo me baño... 4. Nosotros nos desayunamos... 5. Nosotros nos vestimos... 6. Ella navega en la tabla vela. 7. Yo juego al vólibol... 8. Nos reunimos a las 6:00 de la tarde. 9. Nosotros comemos mariscos. 10. Regresamos como a las 9:00. 11. Yo me acuesto en seguida. 12. Ella se acuesta a eso de la medianoche.

Presentation: *The use of pronouns with commands*

(1) Ask students if they remember hearing any commands with pronouns, e.g., **Dígame. (Pásenlos, Contéstelo, Bórrela, Ábrala)** (2) Use **levantarse, sentarse,** and **acostarse** to review the reflexive verb pattern. (3) Then, using the verb **mirar,** get students to look and not look at various people and objects (**el pizarrón, la puerta, los libros, tu vecino[a]**). **Miren el pizarrón. Sí, mírenlo. Y ustedes, no lo miren. Mira a tu vecino. Sí, míralo.** Have students point out where the pronouns are placed. Use examples of familiar and formal commands.

3. yo / bañarse
4. nosotros(as) / desayunarse juntos(as)
5. nosotros(as) / vestirse
6. ella / navegar en la tabla vela
7. yo / jugar al vólibol
8. nosotros(as) / reunirse a las 6:00 de la tarde
9. nosotros(as) / comer mariscos
10. nosotros(as) / regresar como a las 9:00
11. yo / acostarse en seguida *(right away)*
12. ella / acostarse a eso de la medianoche

En la playa, Torremolinos, España

The use of pronouns with commands

¡Cálma**te**!	Calm *yourself!* (Take it easy!)
¡Levánten**se**!	Get *(yourselves)* up!
¡No **te** preocupes!	Don't worry *(yourself)!*
¡No **se** despierten!	Don't wake *each other* up!

You have already learned that the reflexive pronouns for **Ud., Uds.** and **tú** (**se, se, te**) are attached to the end of the affirmative command and are placed *before* the verb form in the negative command.

The direct object pronouns **lo, la, los, las** follow the same pattern with command forms.

¡Lléva**lo**!	Take *it!*
¡Láven**la**!	Wash *it!*
¡Tráe**los**!	Bring *them!*
¡No **la** mires!	Don't look at *her!*
¡No **los** compren!	Don't buy *them!*

Aquí practicamos

D. Use the cues to form affirmative commands.

MODELO: tú / levantarse
¡Levántate!

1. tú / llevarla
2. tú / mirarlo
3. Uds. / llamarse
4. Ud. / comprarlos
5. tú / despertarse

6. Uds. / levantarse
7. tú / acostarse
8. Ud. / comerlos
9. tú / traerla
10. Uds. / lavarse

E. Now use the cues in Exercise D to form negative commands.

MODELO: tú / levantarse
¡No te levantes!

F. **¡Buena idea!... ¡No, no, no!** Cecilia and Isabel are talking about the plans for their party. Two of their friends respond to their comments — the first positively and the second negatively.

MODELO: Voy a comprar el nuevo disco de Rubén Blades.
—*¡Buena idea! ¡Cómpralo!*
—*¡No, no, no! ¡No lo compres!*

1. Voy a invitar a Ricardo Núñez.
2. Voy a preparar la ensalada esta tarde.
3. Voy a acostarme a descansar.
4. Voy a llevar a mis primos.
5. Voy a traer el nuevo disco de Los Lobos.

MODELO: Vamos a invitar a Mario y su hermano.
—*¡Buena idea! ¡Invítenlos!*
—*¡No, no, no! ¡No los inviten!*

6. Vamos a invitar a Ana María y a su amiga.
7. Vamos a servir la carne primero.
8. Vamos a lavar los platos mañana por la mañana.
9. Vamos a preparar la comida esta tarde.
10. Vamos a darnos prisa.

Ex. D: *pair work* *writing*

Answers, *Ex. D*
1. ¡Llévala! 2. ¡Míralo! 3. ¡Llámense! 4. ¡Cómprelos! 5. ¡Despiértate! 6. ¡Levántense! 7. ¡Acuéstate! 8. ¡Cómalos! 9. ¡Tráela! 10. ¡Lávense!

Ex. E: *pair work* *writing*

Answers, *Ex. E*
1. ¡No la lleves! 2. ¡No lo mires! 3. ¡No se llamen! 4. ¡No los compre! 5. ¡No te despiertes! 6. ¡No se levanten! 7. ¡No te acuestes! 8. ¡No los coma! 9. ¡No la traigas! 10. ¡No se laven!

Ex. F: *pair work*

Answers, *Ex. F*
1. ¡Buena idea! ¡Invítalo! ¡No lo invites! 2. ¡Buena idea! ¡Prepárala! ¡No la prepares! 3. ¡Buena idea! ¡Acuéstate a descansar! ¡No te acuestes! 4. ¡Buena idea! ¡Llévalos! ¡No los lleves! 5. ¡Buena idea! ¡Tráelo! ¡No lo traigas! 6. ¡Buena idea! ¡Invítenlas! ¡No las inviten! 7. ¡Buena idea! ¡Sírvanla! ¡No la sirvan! 8. ¡Buena idea! ¡Lávenlos! ¡No los laven! 9. ¡Buena idea! ¡Prepárenla! ¡No la preparen! 10. ¡Buena idea! ¡Dense prisa! ¡No se den prisa!

Support material, Aquí escuchamos:
Teacher Tape

Presentation: **Aquí escuchamos**
Ask students about their family's vacation plans.
¿Cómo va a pasar las vacaciones tu familia?
¿Quién va a la costa? ¿a las montañas?
¿Quién va a visitar a sus abuelos? etc.

Possible questions: 1. What idea does the father have for the vacation this year? 2. What do the children think about their father's idea? 3. What does Juan Manuel want to do? 4. What things does the camper have? 5. Where do the children say that they can sleep? 6. What does the father say at the end of the conversation?
1. **¿Qué idea tiene el padre para las vacaciones este año?** 2. **¿Qué piensan los hijos de la idea de su padre?** 3. **¿Qué quiere hacer Juan Manuel?** 4. **¿Qué cosas tiene el coche-caravana?** 5. **¿Dónde dicen los hijos que pueden dormir?** 6. **¿Qué dice el padre al final de la conversación?**

Ex. G: *writing*

Suggestion, Ex. G: You say **Vamos a acampar de la manera tradicional: ¿Vamos a un campamento o vamos al bosque?** etc.

mountain climbing
Absolutely not!
we took some hikes

Calm down! Don't get excited!

to go camping
a camper
tents

rest rooms
a washing machine

EL NACIONAL
Para los niños
¡Regresamos en Septiembre!

Nosotros también ¡estamos de vacaciones! pero dispuestos a regresar el lunes 10 de septiembre con más energías que nunca.
En esa fecha vamos a aprovechar los últimos días de descanso porque después debemos prepararnos para el regreso a clases.
Marta, María Fernanda, Adalgisa, Marielba y América contarán dónde fueron y qué hicieron en su recorrido por el país.
El próximo año escolar iniciaremos el Gran Concurso Ambiental con las sugerencias que ustedes nos han hecho y los premios que pidieron... ¡Ah! te vamos a demostrar al Hilmer que somos unos tacos en informática.

Búscanos en las páginas centrales del Cuerpo C

Aquí escuchamos

Cecilia y Juan Manuel hablan de las vacaciones con sus padres.

CECILIA: Papá, ¿qué vamos a hacer para las vacaciones este año?

SR. VILLEGAS: Yo no sé. ¿Quieren ir a las montañas para **hacer alpinismo**?

JUAN MANUEL: ¡No, no, **no, en absoluto**! Fuimos a las montañas el año pasado y el año anterior y **dimos unas caminatas** de seis horas y...

SRA. VILLEGAS: **¡Cálmate! ¡No te excites!** ¿Qué quieren hacer, hijos?

CECILIA: Pues, ¿por qué no vamos a visitar a Papi y Abuelita?

SRA. VILLEGAS: No, no. Los vimos en la primavera. Y van a salir de viaje.

JUAN MANUEL: Yo tengo una idea. ¡Podemos **acampar**! ¡Vamos a acampar! ¡Sí! Podemos alquilar **un coche-caravana**. Cecilia y yo podemos dormir en **tiendas de campaña** y para ti y mamá hay dos camas en el coche-caravana.

SRA. VILLEGAS: ¿Tiene baño el coche-caravana?

CECILIA: Las áreas de acampar tienen **servicios sanitarios**. Hay baño, una ducha, **una lavadora** — todo lo que necesitamos.

JUAN MANUEL: El coche-caravana tiene estufa y refrigerador. Podemos preparar las comidas si no queremos comer en un restaurante. Así va a costar mucho menos.

CECILIA: Bueno, Papá. ¿Qué dices? ¿Podemos acampar?

SR. VILLEGAS: Vamos a ver, vamos a ver.

¡Aquí te toca a ti!

G. **El camping tradicional... el camping moderno...** "Traditional" campers often make fun of "modern" campers. Compare the activities of traditional and modern campers, using the suggested expressions.

acampar / ir al bosque *(woods)* / dormir bajo las estrellas *(under the stars)* / dormir en el coche-caravana / dormir en una tienda de campaña / hacer una fogata *(bonfire)* con leña *(firewood)* / guardar *(to keep, to store)* las bebidas en el refrigerador / guardar las bebidas en el agua fría / preparar las comidas en una estufa / ducharse / bañarse en el río

H. **Las vacaciones de primavera** Discuss with two classmates where to go for spring vacation. Use the expressions provided.

MODELO: ir a la costa / nadar / navegar en la tabla vela
        Estudiante A: *¿Cómo vamos a pasar las vacaciones este año?*
        Estudiante B: *Yo quiero ir a la costa.*
        Estudiante C: *Es una buena idea. Podemos nadar.*
        Estudiante A: *Y podemos navegar en la tabla vela.*

1. ir a las montañas / esquiar / patinar *(to ice-skate)*
2. acampar / alquilar un coche-caravana / dormir en una tienda de campaña
3. ir a la costa / tomar el sol / esquiar en agua
4. ir a España / alquilar un coche / visitar las provincias
5. ir a las montañas / hacer alpinismo / descansar
6. ir a Washington / visitar el Senado / ver la Casa Blanca

¡Adelante!

I. **Las vacaciones de la familia** Discuss with another student your family's vacation plans for the summer. Talk about where you are going, when you are going to leave (**salir**), and what you are going to do. If some people in your family would like to do something different, talk about their wishes, too. Your partner will then report back to the class what you have told him or her. You will help out by correcting any errors of content and by making supportive comments.

Ex. H: *groups of three*

Ex. I: *pair work*

Suggestion, Ex. I: Before dividing the class into pairs, you may wish to model the conversation by asking one person a series of questions about his/her vacation plans, e.g., **¿Adónde va? ¿Cuándo? ¿Qué va a hacer?**

Follow-up, Ex. I: Have students ask about your vacation plans.

Cooperative Learning
Vocabulario: Group Vacations

- The day before you wish to do this activity, put the students into heterogeneous groups of three. Explain to them that they are going to plan and present a skit about a vacation involving the activities listed in the **Vocabulario**. Have them use as many of the expressions from each category as they can and do not allow them access to notes. They should try not to memorize what they are going to say, because it will not seem natural.
- Give students time in class to talk about what they'd like to do on their vacations.
- The next day, have the groups share their vacations with the class. You may want to have the students grade the skits, giving them grading criteria such as creativity, comprehensibility, linguistic skills, and vocabulary.
- For follow-up, have the students talk or write about a memorable holiday.

 ## Vocabulario

Para charlar

Para organizar las vacaciones

¿Por qué no...   acampamos en una área de acampar?
               alquilamos un coche-caravana?
               dormimos en una tienda de campaña?
               pasamos las vacaciones en...?
               tomamos el sol?
               vamos a la costa / a la orilla del mar / a las montañas?
               visitamos un centro ecuestre para hacer equitación?

Temas y contextos

Las actividades deportivas

correr
dar una caminata   montar a caballo
esquiar en agua   nadar
hacer alpinismo   navegar en velero / una tabla vela
jugar al golf   practicar la navegación a vela
        al tenis   el esquí acuático
        al vólibol   la equitación

Vocabulario general

Sustantivos

una lavadora
los mariscos
un pueblo
un refrigerador

Verbos

costar(ue)
dedicarse

Otras palabras y expresiones

¡Cálmate! ¡No te excites!
Dime.
en seguida
Lo pasamos bien.
¡Magnífico!
¡No, en absoluto!
servicios sanitarios

Adjetivos

anterior

Aquí leemos

Alpamayo: en la cima

People of all ages are fascinated by mountain-climbing. The degree of difficulty varies, of course, from a casual hike up a gradual slope to a demanding and daring venture climbing unbelievably high peaks. An article from the Peruvian newsmagazine *Caretas*, reproduced in part below, reports that four young men from Peru recently climbed to the top of the spectacular snow-capped Alpamayo peak in the Andes. As you read the article, you will not know a number of words and may not understand all of the text, but you should be able to get the general idea and grasp most of the information. Read the article, looking for words and expressions that you recognize or that you can figure out using your reading techniques (cognates, word families, context), and then consulting a dictionary for the definitions of some of the words you don't know. Then do the exercises that follow.

Una expedición de alpinistas peruanos logró conquistar la cima[1] del Alpamayo, nevado de 5.947 metros de altura en la Cordillera Blanca de los Andes, una de las montañas más bellas del mundo. Lo notable es que son los primeros en subir por la ruta llamada "francesa" que, según explican, es la más larga y la más difícil. "Nadie creía que lo podíamos hacer", dice, riendo, Renzo Uccelli, uno de los miembros de la exitosa expedición Alpamayo Suroeste 87.

A pesar del escepticismo general, Uccelli, fundador y presidente de la Asociación de Andinismo de la Universidad de Lima, junto con Antonio Rodríguez Verdugo, 24 años, Hugo Mugling, 32, y Ronald Bottger, 23, dice que siguieron un plan de entrenamiento no muy profesional, pero con el que tuvieron éxito[2]. Durante meses, todos los días, corrieron un par de horas e hicieron muchos ejercicios abdominales. Al mismo tiempo, preparaban el temperamento para estar mentalmente listos para la dura aventura.

Y así, la noche del 16 de julio, los cuatro compañeros viajaron en ómnibus a Huaraz, con 45 kilos de equipos y comida, "miles de paquetes de tallarines,[3] porque no hay plata[4] para comprar otras cosas". Dos días más tarde, alquilaron unos animales de carga[5] y caminaron hasta que llegaron al campamento base, a 3.900 metros de altura.

---

1. *la cima*: the peak   2. *tuvieron éxito*: were successful   3. *los tallarines*: noodles
4. *plata*: silver, money   5. *animales de carga*: pack animals

Support Materials

WORKBOOK: pp. 184–188
LISTENING ACTIVITY MASTERS: p. 85
TAPESCRIPT: p. 121
UNIT EXAM: Testing Program, p. 141
ATAJO, WRITING ASSISTANT SOFTWARE

Prereading

Interview students in English for a magazine article about mountain-climbing. Ask them about hiking and climbing, using questions with where, when, and why. You might also ask them if they have ever done **el alpinismo.** Have students scan the article first and underline cognates.

Or, as a variation, ask students to read the numbers that appear throughout the article and tell their significance as they identify their particular context (e.g., **edad, dirección, fecha, altura, inclinación, peso, tiempo, temperatura, distancia**). As they do this, have a student write on the board the categories with the appropriate numbers under each.

Cultural Observation

Alpamayo has been called "the most beautiful mountain in the world" and is found in the Cordillera Blanca of the Andes, northwest of Lima. The nearby town of Huarás (Huaraz) is the mountain climbing center of Peru and is the headquarters of the Huascarán National Park. From Huarás one can see more than 23 peaks of over 5,000 m, crowned by Huascarán (6,768 m), the highest mountain in Peru. The Cordillera Blanca contains the world's largest concentration of glaciers in a tropical zone and is the most popular backpacking and climbing location in Peru. Its network of trails is also used by the local people for day-to-day transportation. Most circuits can be hiked in five days, but the trails are rugged, with high passes between 4,000 and 5,000 m. Although it is a beautiful setting, it is also a dangerous one. In 1941, one-third of Huarás was swept away when the Laguna Palacoche above the city ruptured, killing 6,000 people.

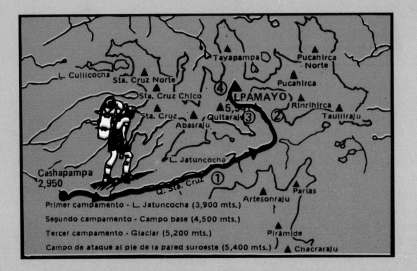

Primer campamento - L. Jatuncocha (3,900 mts.)
Segundo campamento - Campo base (4,500 mts.)
Tercer campamento - Glaciar (5,200 mts.)
Campo de ataque al pie de la pared suroeste (5,400 mts.)

Una vez al pie de la montaña, se dieron cuenta de que podían subir por la "ruta francesa", la más larga y peligrosa de la Cordillera Blanca. Durante los dos días siguientes, transportaron el equipo hasta el campamento, avanzando a 4.500 metros de altura.

Al despertarse el 24 de julio, los cuatro alpinistas estaban impacientes por atacar la cumbre[6] porque las condiciones climatológicas eran perfectas. La nieve tenía una consistencia ideal para seguir adelante, pero los esperaban un par de días muy largos.

Por el lado suroeste del Alpamayo hay una famosa pared[7] de hielo y nieve, prácticamente vertical, de 450 metros de alto y una inclinación de 55 a 65 grados. Es el último gran reto[8] para conquistar la cima del Alpamayo, y los alpinistas que se atreven[9] a afrontarla deben tener una excelente técnica "y los cinco sentidos[10] listos".

Afortunadamente, los miembros de la expedición tienen mucha experiencia, pues han escalado juntos muchos nevados en Europa y América del Sur. ¿Qué se siente cuándo se trepa[11] por una pared? "Te sientes bien", comenta Uccelli. "Hay que tener calma y serenidad. Tienes que hacer todos tus movimientos con mucho cuidado".

Así, durante 19 horas, 16 de las cuales estuvieron en la pared, escalaron por la peligrosa "ruta francesa". A cinco metros de la cima perdieron una mochila llena de equipo y comida que cayó rodando centenares de metros más abajo. "Pero eso ya no era tan importante," dice Uccelli. "Subimos a la cumbre y al llegar arriba uno puede sentir mil cosas... ¡Como estamos tan contentos a veces hasta lloramos[12]"!

Lo más importante de esta conquista del Alpamayo es que estos cuatro hombres han demostrado[13] que el alpinismo peruano está mejorando su nivel técnico,[14] y con esto se abren las puertas hacia el camino de las grandes y difíciles escaladas[15].

6. *la cumbre*: the top   7. *pared*: wall   8. *reto*: challenge   9. *que se atreven*: who dare   10. *sentidos*: senses   11. *se trepa*: climb up   12. *lloramos*: we cry   13. *han demostrado*: have shown   14. *mejorando su nivel técnico*: improving its technical level   15. *escaladas*: climbs

Comprensión

A. **Análisis de palabras** Answer in English these questions about some of the vocabulary used by the journalist in reporting the story.

1. What are some of the cognates that you can immediately identify?
2. Find at least three reflexive verb forms.
3. What synonym is used at one point for **la cima**?
4. Find five adjectives that are used by the writer.

B. Answer the following questions in English about the article.

1. What is it about the four mountain-climbers' accomplishment that makes it a "first"?
2. What sort of training program *(entrenamiento)* did they follow for this particular climb?
3. What did the men take with them to the base camp?
4. How long did it take them to go from the base camp to the camp close to the summit?
5. What was the final obstacle the climbers had to face near the top?
6. Did all four men have a lot of previous climbing experience?
7. What does one climber say is required to climb up a sheer wall?
8. How many hours were spent scaling the most dangerous part of the mountain?
9. What fell during the very final stage of the climb?
10. How does Uccelli describe the feeling of reaching the very top?
11. According to the last paragraph of the article, what is the most important thing about this conquest of Alpamayo?

Repaso

C. **¡Vamos a echar la casa por la ventana!** In Spanish, there is an expression for having a fabulous party, or "a blast." Literally, it means *to throw the house out the window.* You are organizing such a party for your friend Marcos. At first, you have trouble getting people to help. Fortunately, a friend supports you by telling people to do what you ask.

MODELO: Enrique / comprar las bebidas
                Tú: *Enrique, ¿quieres comprar las bebidas?*
        Estudiante A: *No, no quiero comprarlas.*
        Estudiante B: *¡Cómpralas, Enrique!*

1. René / comprar la comida
2. Marisol / traer los discos
3. Diana / invitar a tu hermano
4. Tomás / quitar la mesa
5. Anita / encargarse del postre
6. Samuel / lavar los platos

Exs. A and B: *pair work* *writing*

Suggestion, Ex. B: Tell students not to worry about what they *don't* understand, but to treat the reading as a puzzle to be solved. Insist that students pick out key words and expressions to answer these questions.

Answers, *Ex. B*

1. first to climb by the route called Francesa, which is the longest and most difficult   2. ran a couple of hours and did abdominal exercises, and prepared themselves to be mentally ready   3. 45 kilos of equipment and food—thousands of packages of noodles   4. 9 days   5. wall of ice and snow; 450 meters high, 55–65 degree inclination   6. yes—they scaled many snowcaps in Europe and South America   7. one must be calm and tranquil (serene) and make all of the movements very carefully   8. 16   9. a pack with equipment and food   10. they were so happy they almost cried   11. that Peruvian mountain climbing is improving its technical level

Postreading

Interview the students again, this time in Spanish, about mountain-climbing. Ask them if they like it, if they want to try it, and why or why not. This could be done as a writing exercise.

Ex. C: *groups of three*

Answers, *Ex. C*

1. René, ¿quieres comprar la comida? / No, no quiero comprarla. / ¡Cómprala, René!   2. Marisol, ¿quieres traer los discos? / No, no quiero traerlos. / ¡Tráelos, Marisol!   3. Diana, ¿quieres invitar a tu hermano? / No, no quiero invitarlo. / ¡Invítalo, Diana!   4. Tomás, ¿quieres quitar la mesa? / No, no quiero quitarla. / ¡Quítala, Tomás!   5. Anita, ¿quieres encargarte del postre? / No, no quiero encargarme del postre. / ¡Encárgate, Anita!   6. Samuel, ¿quieres lavar los platos? / No, no quiero lavarlos. / ¡Lávalos, Samuel!

Answers, *Ex. C (cont.)*

7. Mercedes, Alicia, ¿qué hacen ustedes? / Estamos mirando la televisión. / Pues, ¡no la miren!   8. Alberto, Pedro, ¿qué hacen ustedes? / Estamos peleándonos. / Pues, ¡no se peleen! 9. Laura, Fernando, ¿qué hacen ustedes? / Estamos llamando a otros amigos. / Pues, ¡no los llamen!   10. Roberto, Pablo, ¿qué hacen ustedes? / Estamos invitando a Antonio Álvarez y a sus primos. / Pues, ¡no los inviten!   11. Felipe, Silvia, ¿qué hacen ustedes? / Estamos mirando en el escritorio de tu padre. / Pues, ¡no miren en el escritorio de mi padre!   12. Carlos, ¿qué haces tú? / Estoy encerrándome en el baño. / Pues, ¡no te encierres en el baño!

Ex. D: *pair work*   *writing*

Suggestion, Ex. D: These could be used for composition topics.

Then, during the party, you have trouble with your guests. The guests admit what they are doing, but you have to tell some people *not* to do something.

MODELO: Juan y Elena / comer el postre

> Tú: *¡Juan! ¡Elena! ¿Qué hacen ustedes?*
> Estudiante A: *Estamos comiendo el postre.*
> Tú: *¡Pues, no lo coman!*

  7. Mercedes y Alicia / mirar la televisión
  8. Alberto y Pedro / pelearse *(to fight with each other)*
  9. Laura y Fernando / llamar a otros amigos
10. Roberto y Pablo / invitar a Antonio Álvarez y a sus primos
11. Felipe y Silvia / mirar en el escritorio de tu padre
12. Carlos / encerrarse en el baño

D. **¿Qué van a decir?** At the end of summer vacation, a local Venezuelan newspaper asked several young people to write short articles about their activities. Read the following titles for the articles; then mention some of the things the author would probably say about his or her particular topic.

1. "Me encanta montar a caballo"
2. "Una semana en velero"
3. "En la cima de la montaña"
4. "Navegar en tabla vela es fácil"
5. "Mi quinto año en la escuela de vela"
6. "Me gusta la velocidad — en el agua y sobre el agua"
7. "Sobre mis impresiones al volar *(to fly)*"
8. "Yo soy muy atlético"

Aquí repasamos

In this section, you will review:

- reflexive verbs;
- the direct object pronouns **lo**, **la**, **los**, **las**;

- the use of reflexive and direct object pronouns with the command forms.

Reflexive verbs: acostarse

present

yo **me acuesto**	nosotros **nos acostamos**
tú **te acuestas**	vosotros **os acostáis**
él, ella, Ud. **se acuesta**	ellos, ellas **se acuestan**

immediate future

yo **me voy a acostar** / **voy a acostarme**

A. **La serie de preguntas** Use the subjects in parentheses to ask questions for each of the following expressions.

1. levantarse de costumbre / a qué hora (tú / Uds. / él / ellas / vosotros)
2. cepillarse los dientes / cuántas veces por día (tú / Uds. / ellos / ella / vosotras)
3. afeitarse o maquillarse mañana por la mañana (tú / Uds. / él / ella)

B. **Un mal día** Using the drawings and the suggested verbs, describe Claudia and Juan Pablo's day in two different ways.

1. As if it were taking place **hoy.**
2. As if it were going to take place **el próximo sábado.**

If you are female, play the role of Claudia (that is, Claudia = **yo**, Juan Pablo = **él**). If you are male, play the role of Juan Pablo (that is, Juan Pablo = **yo**, Claudia = **ella**).

Ex. A:  *pair work*   *writing*

Answers, *Ex. A*

1. ¿A qué hora te levantas?...se levantan?...se levanta?...se levantan?...os levantais?   2. ¿Cuántas veces por día te cepillas los dientes?...se cepillan...? ...se cepilla...? ...os cepilláis?   3. ¿Te vas a afeitar (a maquillar) mañana por la mañana? ¿Se van a afeitar (maquillar)...? ¿Se va afeitar...? ¿Se va a maquillar...?

Suggestion, Ex. B: Do the first few items of Part 1 with the entire class. Then let students work at their own pace to finish Part 1 and do Part 2. Finally, go over Parts 1 and 2 quickly with the entire class.

Variation, Ex. B: You could also have them use the drawings as a base to tell their own story.

Ex. C: 👥 *pair work*

MODELO: Male: *Hoy me despierto a las nueve.*
El sábado próximo voy a despertarme (me voy a despertar) a las nueve.

Female: *Hoy me levanto a las diez y media.*
El sábado próximo, voy a levantarme (me voy a levantar) a las diez y media.

despertarse   bañarse   salir

levantarse   vestirse   cepillarse los dientes   reunirse

separarse   pelearse   darse un paseo

C.   **¡Escuchen bien!** Many verb forms sound quite similar. It is important to pay careful attention to questions and to the time (present or immediate future) and the type of verb (reflexive or nonreflexive) involved. Work with a partner to ask and answer the following questions.

1. ¿A qué hora te acuestas de costumbre? Entonces, ¿vas a acostarte a las... esta noche también? (¿No? ¿A qué hora vas a acostarte?)
2. ¿A qué hora te levantas de costumbre? ¿A qué hora piensas levantarte el sábado por la mañana?
3. ¿Generalmente te desayunas con tu familia? ¿Vas a desayunarte con tu familia mañana también? (¿No? ¿Con quién vas a desayunarte?)
4. ¿Vas a divertirte este sábado? ¿Por qué (no)? ¿Qué vas a hacer?

The direct object pronouns *lo, los, la, las*

¿**La blusa?**	**La** compro.
¿**Las entradas?**	Es imposible comprar**las** hoy.
¿**El reloj?**	**Lo** quiero comprar ahora.
¿**Los zapatos?**	**Los** voy a comprar mañana.

D. **¿Cómo lo (la) ves?** *(How do you think of him / her / it?)* When your instructor asks for your impression of the following people or things, use one of the suggested adjectives or an adjective of your own choice to give your opinion.

MODELO: ¿Cómo ves a Clint Eastwood? (¿guapo / sexy / violento?)
           Lo veo muy guapo.   o:
           No lo veo muy guapo.

1. ¿Cómo ves a Jane Fonda? (¿inteligente / bonita / radical?)
2. ¿Cómo ves a Sylvester Stallone? (¿fuerte / macho / intelectual?)
3. ¿Cómo ves las películas de Woody Allen? (¿divertidas / interesantes / aburridas?)
4. ¿Cómo ves las películas de Bergman? (¿bellas / aburridas / complicadas?)
5. ¿Cómo ves los vídeos de Madonna? (¿apasionantes / buenos / tontos?)
6. ¿Cómo ves los cuadros de Picasso? (¿bonitos / caros / ridículos?)
7. ¿Cómo ves a Gabriela Sabatini? (¿atlética / fuerte / guapa?)

E. **Los refrescos y la comida** Isabel has organized the refreshments and snacks for her friend Cecilia's party. She explains what each person is bringing and where he or she is going to buy it.

MODELO: Maricarmen / la ensalada
           Maricarmen va a traer la ensalada. Va a comprarla en el supermercado.

1. Jaime / el pan
2. Diana / las bebidas
3. Adela / la salsa
4. Fernando / las galletas
5. tú / los quesos
6. yo / la carne

F. **La noche de la fiesta** It is the evening of the party, and Cecilia is checking to see if everybody brought the food they were asked to bring. Using the cues from Exercise E, Isabel shows her where everything is.

MODELO: Maricarmen / la ensalada
           —*¿Compró Maricarmen la ensalada?*
           —*Sí, la compró. Allí está.*

Ex. D: *pair work*   *writing*

Suggestion, Ex. D: Continue using people (athletes, political figures, recording artists, etc.) and things (movies, TV shows, cars, etc.) that are popular and familiar to students. Include some Hispanics (e.g., Julio Iglesias, Emilio Estévez, Mariah Carey, Gloria Estefan), programs like "Beverly Hills, 90210," a current movie, etc.

Answers, *Ex. D*

1. La veo muy... (No la veo muy...)   2. Lo veo muy... (No lo veo muy...)   3. Las veo muy... (No las veo muy...)   4. Las veo muy... (No las veo muy...)   5. Los veo muy... (No los veo muy...) 6. Los veo muy... (No los veo muy...)   7. La veo muy... (No la veo muy...)

Ex. E: *pair work*   *writing*

Answers, *Ex. E*

1. Jaime va a traer el pan. Va a comprarlo en el supermercado.   2. Diana va a traer las bebidas. Va a comprarlas en el supermercado.   3. Adela va a traer la salsa. Va a comprarla en el supermercado.   4. Fernando va a traer las galletas. Va a comprarlas en el supermercado.   5. Tú vas a comprar los quesos. Vas a comprarlos en el supermercado.   6. Yo voy a comprar la carne. Voy a comprarla en el supermercado.

Ex. F: *pair work*

Answers, *Ex. F*

1. ¿Compró Jaime el pan? Sí, lo compró.
2. ¿Compró Diana las bebidas? Sí, las compró.
3. ¿Compró Adela la salsa? Sí, la compró.
4. ¿Compró Fernando las galletas? Sí, las compró.   5. ¿Compraste tú los quesos? Sí, los compré.   6. ¿Compré yo la carne? Sí, la compraste.

Ex. G: pair work ✎ writing

Cooperative Learning

Ex. G: Think, Pair, Share

■ Have students form pairs. Explain that they are going to do Ex. G together by first thinking independently about their response to each question, and then getting together to share their responses.

■ Start the exercise. Time the thinking time to make sure that students do think on their own before responding. Tell them that they may have more time as thinking time if necessary. Remind the students to take turns giving the answer, and to encourage and help each other as needed.

■ Ask questions at random to ensure comprehension.

Answers, *Ex. G*

1. ¡Báñate! 2. ¡Cepíllate los dientes! 3. ¡Lávate las manos! 4. ¡Vístete! 5. ¡Acuéstate! 6. ¡No se miren! (No os miréis!) 7. ¡No se vistan! (¡No os vistáis!) 8. ¡Dense prisa! (¡Daos prisa!) 9. ¡No se levanten! (¡No os levantéis!) 10. ¡Siéntense! (¡Sentaos!)

Ex. H: pair work writing

Answers, *Ex. H*

1. No quiero terminar mi tarea. / Sí, ¡termínala! 2. No quiero llevar mi coche. / Sí, llévalo! 3. No quiero bañarme. / Sí, ¡báñate! 4. No queremos mirar los bailes. / Sí, ¡mírenlos! 5. No queremos sentarnos. / Sí, ¡siéntense! 6. No queremos lavar los platos. / Sí, ¡lávenlos! 7. Yo voy a bañarme. / No, ¡no te bañes! 8. Yo voy a llevar el coche de papá. / No, ¡no lo lleves! 9. Yo voy a comer el postre. / No, ¡no lo comas! 10. Nosotros vamos a lavar la ropa. / No, ¡no la laven! 11. Nosotros vamos a acostarnos. / No, ¡no se acuesten! 12. Nosotros vamos a buscar a Julián y Mario. / No, ¡no los busquen!

> **The use of reflexive and direct object pronouns with command forms**
>
> | **Affirmative:** | **Negative:** |
> |---|---|
> | verb + pronoun | **no** + pronoun + verb |
> | ¡Lléven**lo**! ¡Den**se** prisa! | ¡No **lo** lleven! ¡No **se** den prisa! |

G. **El hermano mayor (la hermana mayor)** You take great delight in telling your younger siblings what to do. Use the expressions given below to talk to your little brother in numbers 1–5 and to your twin sisters in 6–10.

MODELO: despertarse
        ¡Despiértate!

1. bañarse	6. no mirarse
2. cepillarse los dientes	7. no vestirse
3. lavarse las manos	8. darse prisa
4. vestirse	9. no levantarse
5. acostarse	10. sentarse

H. **¡Háganlo!... ¡No lo hagan!** Sometimes you have to encourage people; other times you need to discourage them. Encourage the people in numbers 1–6 of this exercise to do things and discourage the people in numbers 7–12. Follow the models.

MODELO: yo / como mis vegetales
    —*No quiero comer mis vegetales.*
    —*¡Sí, sí, sí! ¡Cómelos !*

    yo / comprar esta calculadora
    —*Voy a comprar esta calculadora.*
    —*¡No, no, no! ¡No la compres!*

1. yo / terminar mi tarea	8. yo / llevar el coche de papá
2. yo / llevar mi coche	9. yo / comer el postre
3. yo / bañarme	10. nosotros / lavar la ropa
4. nosotros / mirar los bailes	11. nosotros / acostarnos
5. nosotros / sentarnos	12. nosotros / buscar a Julián y Mario
6. nosotros / lavar los platos	
7. yo / bañarme	

Aquí llegamos

A. **Mi día** Explain what you usually do from the time you get up to the time you go to bed.

B. **La familia ideal** Describe a typical day in the life of an ideal family. Include the daily routine, how the family deals with chores, and what each family member does for fun. You may choose to deal with this topic seriously (that is, your idea of what a family should be like) or ironically (that is, a humorous look at a family not to be imitated).

C. **En el restaurante** You and some friends meet downtown in a restaurant. Greet each other, order something to drink and/or eat, and then use the *Cromos* listing on page 223 to decide on a television program or a play to see.

D. **Las vacaciones** Tell your classmates about one of your favorite vacations. If possible, bring in photos and describe your activities and those of other members of your family.

E. **Un día feriado** *(a holiday)* You and your friends are making plans for a one-day holiday from school. Plan a busy schedule of activities, including sports, movies, and the like. Be detailed in your plans — determine times, places to meet, etc.

F. **Una fiesta** You are in charge of organizing a school party. Tell the five or six friends who are helping you on the committee what to do or not to do in preparation for the event.

VENTAJAS FAMILIARES

TODO QUEDA EN FAMILIA.

RENFE

Ex. A: pair work — writing — **Atajo**

Writing Activities
Atajo, Writing Assistant Software

Functional vocabulary: Persuading; planning a vacation; sequencing events; talking about daily routines; etc.

Topic vocabulary: Geography; household chores; leisure; toilette; etc.

Grammar: verbs: Reflexives; pronouns: direct objects; verbs: imperative; etc.

Follow-up, Ex. A: Have students imagine a day in the year 2005. They are to explain to their classmates what they will or will not be doing by that time. Classmates should ask questions.

Ex. B: writing — **Atajo**

Ex. C: groups of three — roleplay

Ex. D: writing — **Atajo**

Ex. E: groups of four or more — roleplay

Ex. F: groups of four or more — roleplay writing — **Atajo**

Cultural Context

The rowing lake in Madrid's **Parque del Retiro** is actually part of the park's huge monument to Alfonso XII (1857–1885), the reigning monarch when the park was opened to the public in 1876. The Retiro dates back to the 15th century and is located two streets away from Madrid's famous Prado museum. In addition to the large lake are two smaller ones, which are stocked with ducks and swans and surrounded by weeping willow trees.

Ask if anyone recognizes where this is, if anyone has been there, and what goes on. If you happen to have any other pictures or slides, you could show them before you start the unit.

CUARTA UNIDAD

La salud

Objectives

In this unit, you will learn:

■ to talk about your own and other people's health and physical conditions;
■ to refer to habitual actions in the past;
■ to use reflexive verbs in the past.

Capítulo diez:	**¿Cómo te sientes?**
Primera etapa:	El cuerpo humano
Segunda etapa:	El ejercicio ideal
Tercera etapa:	Dos accidentes

Capítulo once:	**¡Ve a la farmacia!**
Primera etapa:	La gripe: un virus anual
Segunda etapa:	Los remedios

Capítulo doce:	**La salud: mejor que la riqueza**
Primera etapa:	Los cinco grupos alimenticios
Segunda etapa:	Los jóvenes duermen mal

CHAPTER OBJECTIVES

FUNCTIONS: Talking about parts of the body and physical complaints; talking about past routines and habitual activities
CONTEXT: School; leisure time
ACCURACY: The formation and uses of the imperfect; the imperfect of **ver, ser,** and **ir**; the preterite of reflexive verbs

Cultural Context

Among the many attractions of the **Parque del Retiro** are outdoor cafés, nightclubs, children's playgrounds, a rose garden, and walkways with statues, monuments, and fountains. When the weather is fair, band concerts and other musical events are often held here, and the Retiro is also the site of many annual events, including art exhibitions, dog shows, and numerous theatrical performances.

Video / Laserdisc

Etapa 1: Video—Tape 2, Program 4, Part 1
  Video Guide— p. 34
  Laserdisc—Disc 2, Side 2, Prog. 4, Part 1

Search 00001, Play To 12034

Etapa 2: Video—Tape 2, Program 4, Part 1
  Video Guide— p. 34
  Laserdisc—Disc 2, Side 2, Prog. 4, Part 2

Search 12034, Play To 28195

CAPÍTULO DIEZ

¿Cómo te sientes?

Patinar sobre ruedas es un excelente ejercicio y una manera agradable de dar un paseo en este parque de Madrid.

Primera etapa

El cuerpo humano

El cuerpo humano: the human body

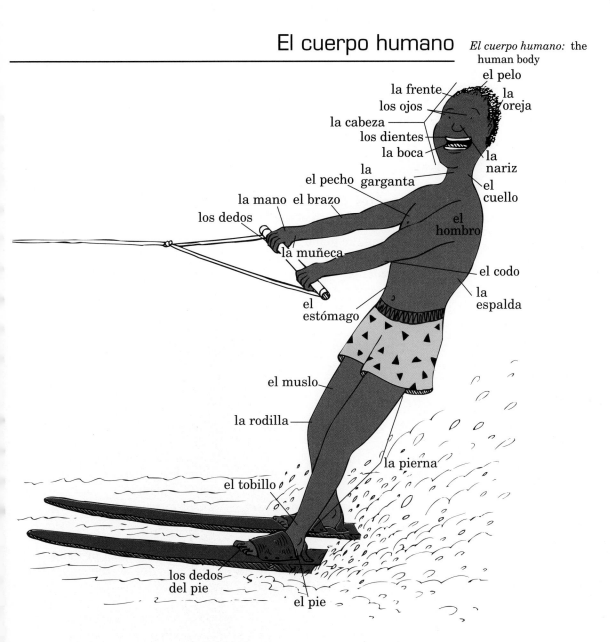

el pelo
la frente
los ojos
la oreja
la cabeza
los dientes
la boca
la nariz
la garganta
el cuello
el pecho
la mano el brazo
el hombro
los dedos
la muñeca
el codo
la espalda
el estómago
el muslo
la rodilla
la pierna
el tobillo
los dedos del pie
el pie

Etapa Support Materials

WORKBOOK: pp. 189–197
TRANSPARENCIES: #37, # 37a
TEACHER TAPE
QUIZ: Testing Program, p. 147
VIDEO: Tape 2, **Program 4, Part 1**
VIDEO GUIDE: p. 34

Support material, El cuerpo humano: Transparencies #37, #37a. Use students or the transparency to demonstrate parts of the body.

Presentation: El cuerpo humano
Body parts are an excellent topic for TPR (Total Physical Response). First have students repeat the various parts of the body as you say them. Then ask them to point to the parts of the body you name. If you wish, you can divide the vocabulary into sections—the head, the upper body, the lower body—thus reducing the amount of vocabulary to be presented each time. Or you could play **Simón dice: Toquen los dedos. Toquen la cabeza.** etc.

Exs. A and B:  *pair work*   *writing*

Answers, *Ex. A*

1. Yo tengo dos... Mi amigo tiene un...   2. Yo tengo dos... Mi amigo tiene un...   3. Yo tengo dos... Mi amigo tiene tres...   4. Yo tengo treinta y dos... Mi amigo tiene cuatro...   5. Yo tengo dos... Mi amigo tiene tres...   6. Yo tengo diez... Mi amigo tiene doce...   7. Yo tengo dos... Mi amigo tiene tres...   8. Yo tengo dos... Mi amigo tiene una...   9. Yo tengo dos... Mi amigo tiene una...   10. Yo tengo dos... Mi amigo tiene un...

Follow-up, Ex. A: (1) Have students draw their own monsters, label their parts, and hang the pictures in the room. (2) Ask students which body parts they associate with Big Bird (**las piernas**), Dumbo (**las orejas**), Pinocchio (**la nariz**), the Tin Man (**el corazón**), a popular actor or sports figure, etc.

Possible answers, *Ex. B*

1. los dedos, las manos   2. las piernas, los pies   3. las piernas, los brazos   4. los dientes, la boca   5. los ojos, las orejas   6. la nariz, los dedos, la muñeca

Presentation: *The imperfect*

The imperfect is discussed in three different sections. In this initial presentation, we concentrate on the forms of the imperfect. Later in this **etapa** and also in the next **etapa**, exercises are aimed at demonstrating the most frequent uses of this tense. The use of the imperfect here is limited to what you used to do. Additional uses will be discussed later in this chapter. (1) Start off by telling students about what you used to do: **Cuando tenía siete años, vivíamos en Nueva Jersey.** Ask students: **Cuando tú tenías siete años, ¿dónde vivías?** (2) Ask students what fruits and vegetables they like now. Then ask them if they liked those fruits and vegetables when they were 4 or 5 years old.

¡Aquí te toca a ti!

A. **Un amigo extraterrestre** Describe the body of your extraterrestrial friend by comparing its body with yours. Base your description on the drawing.

MODELO: la cabeza
Yo tengo una cabeza.
Mi amigo tiene una cabeza también.

1. los tobillos
2. los ojos
3. las orejas
4. los dientes
5. los brazos
6. los dedos
7. los codos
8. las piernas
9. las rodillas
10. los pies

B. **Las partes del cuerpo** Identify the part(s) of the body that you associate with each of the following activities:

1. playing the piano
2. jogging
3. swimming
4. chewing gum
5. watching TV
6. testing perfume

E S T R U C T U R A

The imperfect

¿Dónde **vivías** cuando tenías 10 años?	Where *did you use to live* when you were 10 years old?
Yo **vivía** en Indiana.	I *used to live* in Indiana.
¿Qué **hacías** durante el verano?	What *did you use to do* during the summer?
Yo **nadaba y jugaba** al tenis todos los días.	I *used to swim and play* tennis every day.

You have already learned to express actions in the past by using the preterite. Now you will learn a second past tense, the imperfect, which will allow you to describe what you *used to do*.

To form the imperfect, begin by dropping the **-ar, -er,** or **-ir** of the infinitive and adding the imperfect endings **-aba, -abas, -aba, ábamos, abais, aban** for **-ar** verbs, and **-ía, -ías, -ía, -íamos, -íais, -ían** for **-er** and **-ir** verbs.

	hablar	comer	vivir
	habl-	**com-**	**viv-**
yo	habl**aba**	com**ía**	viv**ía**
tú	habl**abas**	com**ías**	viv**ías**
él, ella, Ud.	habl**aba**	com**ía**	viv**ía**
nosotros	habl**ábamos**	com**íamos**	viv**íamos**
vosotros	habl**abais**	com**íais**	viv**íais**
ellos, ellas, Uds.	habl**aban**	com**ían**	viv**ían**

The imperfect tense has three equivalents in English:

Ella vivía en España. {
She lived in Spain.
She used to live in Spain.
She was living in Spain.

Aquí practicamos

C. Replace the words in italics with those in parentheses and make the necessary changes.

1. *Ella* vivía en España. (nosotros / tú / Uds. / ellos / yo / vosotras)
2. *Yo* no estudiaba mucho. (nosotras / tú / ellos / Uds. / él / vosotros)
3. *Ellos* caminaban por el parque. (nosotros / tú / yo / Uds. / ellas / vosotras)
4. ¿Bebías *tú* mucha leche? (Uds. / ella / él / ellas / Ud. / vosotros)

N O T A   G R A M A T I C A L

The imperfect of *ver*, *ser*, *and* *ir*

The verbs **ver, ser,** and **ir** are conjugated in the following way:

	ver	ser	ir
yo	**veía**	**era**	**iba**
tú	**veías**	**eras**	**ibas**
él, ella, Ud.	**veía**	**era**	**iba**
nosotros	**veíamos**	**éramos**	**íbamos**
vosotros	**veíais**	**erais**	**ibais**
ellos, ellas, Uds.	**veían**	**eran**	**iban**

Presentation: *The imperfect, continued*
(3) Have students repeat the conjugation of **hablar** or **estudiar** in the imperfect while you write pronouns in three groups: **yo, tú, él, ella, Ud. / nosotros, vosotros / ellos, ellas, Uds.** (4) Contrast the imperfect forms with those of the present, then with those of the preterite. (5) Write out the verb forms. (6) Repeat with **-er** and **-ir** verbs. (7) Have each student conjugate a verb or part of a verb. Ask if it is correct, and if it is, have the student pass the chalk to the next one until everyone has been to the board.

Ex. C: *pair work*   *writing*

Answers, *Ex. C*
1. Nosotros vivíamos, Tú vivías, Uds. vivían, Ellos vivían, Yo vivía, Vosotras vivíais
2. Nosotras no estudiábamos, Tú no estudiabas, Ellos no estudiaban, Uds. no estudiaban, Él no estudiaba, Vosotros no estudiabais   3. Nosotros caminábamos, Tú caminabas, Yo caminaba, Uds. caminaban, Ellas caminaban, Vosotras caminabais   4. ¿Bebían Uds., Bebía ella, Bebía él, Bebían ellas, Bebía Ud., Bebíais vosotros?

Presentation: *The imperfect of* **ver**, **ser** *and* **ir**
Model **ir** and **ser** with a personal sentence, e.g., **Cada verano cuando yo era joven, íbamos a la playa.** You could then ask students a question about where they used to go, or have them ask each other.

Exs. D and E: *pair work*   *writing*

Answers, *Ex. D*

1. Yo iba, Ellas iban, Nosotras íbamos, Tú ibas, Juan y su familia iban, Vosotras ibais   2. Yo no veía, Uds. no veían, Ellas no veían, Mirta y Guillermo no veían, Tú no veías, Vosotros no veíais   3. ¿Eras tú, Eran ellas, Era Mario, Era Ud., Era ella, Eran Uds., Erais vosotras?

Possible answers, *Ex. E*

1. El año pasado, Carlos nadaba cada jueves por la tarde.   2. El año pasado, Dina y su novio estudiaban cada jueves por la tarde.   3. El año pasado, Jaime hablaba por teléfono cada jueves por la tarde.   4. El año pasado, Mónica esquiaba cada jueves por la tarde.   5. El año pasado, Olga y Lucía miraban la televisión cada jueves por la tarde.   6. El año pasado, Alberto leía cada jueves por la tarde.   7. El año pasado, Miguel y Patricio corrían cada jueves por la tarde.   8. El año pasado, Isabel escribía cada jueves por la tarde.   9. El año pasado, Luisa y Daniel iban a la escuela cada jueves por la tarde.   10. El año pasado, Paula y Marcos jugaban al tenis cada jueves por la tarde.

D. Replace the words in italics with those in parentheses and make the necessary changes.

1. *Ellos* iban a la playa cada verano. (yo / ellas / nosotras / tú / Juan y su familia / vosotras)
2. *Nosotros* no veíamos a Juan a menudo. (yo / Uds. / ellas / Mirta y Guillermo / tú / vosotros)
3. ¿Era *él* de España? (tú / ellas / Mario / Ud. / ella / Uds. / vosotras)

E. **El año pasado... cada jueves por la tarde**
Tell what the people in the drawings below used to do every Thursday last year.

MODELO: *El año pasado, Carmen corría cada jueves por la tarde.*

Carmen

1. Carlos

2. Dina y su novio

3. Jaime

4. Mónica

5. Olga y Lucía

6. Alberto

7. Miguel y Patricio

8. Isabel

9. Luisa y Daniel

10. Paula y Marcos

F. **El año pasado, mi amigo y yo... cada sábado por la tarde** Now imagine that every Saturday afternoon, you and a friend did what the people in the above drawings did.

Aquí escuchamos

¡Pobre Martín!

FELIPE: ¡Hola, Martín! ¿Qué tal?
MARTÍN: ¡Hola! Más o menos, gracias.
DINA: **No te ves muy bien.**   You don't look very good.
MARTÍN: ¿No? Pero **no me siento muy mal.**   I don't feel very bad.
DINA: Pero tienes los ojos rojos. ¿Tienes **dolor de cabeza**?   a headache
MARTÍN: No, pero tengo **dolor** de garganta.   pain
FELIPE: Y amigo, estás muy pálido.
MARTÍN: ¿Verdad?
DINA: Sí, ¡pobre Martín! Debes volver a casa y descansar.
MARTÍN: **Tienen razón: no me siento muy bien.** Voy a volver a casa.   You're right: I don't feel very well.
Voy a acostarme y descansar un poco. Hasta luego y gracias.

¡Aquí te toca a ti!

G. **Tengo dolor de...** Use the elements provided to indicate where you hurt.

MODELO: la espalda
Tengo dolor de espalda.

1. la cabeza   3. la garganta
2. la espalda   4. el estómago

H. **No te ves muy bien.** Talk to a classmate about his or her state of health. Follow the general pattern of the models while varying the health expressions that you use.

MODELO: —*¿Qué tal?*
—*No me siento muy bien.*
—*¿Qué te pasa?* (What's wrong?)
—*Tengo dolor de cabeza (estómago, etc.).*

—*¡Hola, amigo! No te ves muy bien.*
—*¿Verdad? Tengo dolor de cabeza (espalda, etc.).*
—*Pobre. Debes descansar.*
—*Tienes razón. Voy a volver a casa.*

Ex. F: 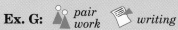 *pair work* *writing*

Answers, *Ex. F*
1. Mi amigo y yo nadábamos. 2. ...estudiábamos. 3. ...hablábamos. 4. ...estudiábamos. 5. ...mirábamos la tele. 6. ...leíamos. 7. ...corríamos. 8. ...escribíamos. 9. ...íbamos a la escuela. 10. ...jugábamos al tenis.

Support material, Aquí escuchamos:
Teacher Tape

Presentation: Aquí escuchamos
(1) Discuss with students the social convention of asking people how they are when they meet.
(2) Have students listen to the dialogue on the recording.

Possible questions: 1. How does Martín look according to Dina? 2. What does Martín have? 3. How does Martín look according to Felipe? 4. What does Dina say that Martín should do? 5. What is Martín going to do? 1. **¿Cómo se ve Martín según Dina?** 2. **¿Qué tiene Martín?** 3. **¿Cómo se ve Martín según Felipe?** 4. **¿Qué dice Dina que Martín debe hacer?** 5. **¿Qué va a hacer Martín?**

Ex. G: *pair work* *writing*

Ex. H: *pair work*

Suggestion, Ex. H: Students need not follow the models exactly. You may wish to demonstrate each type of dialogue with two students before dividing the class into pairs.

Presentation: *The imperfect for habitual actions*

Ask students questions about a typical day and/or week during summer vacation when they were younger. **¿A qué hora te levantabas? ¿A qué hora te acostabas?** etc. Work into your questions the expressions from the **Estructura**, most of which students already know. You could also model this with a personal statement, e.g., **Cuando tenía ocho años e íbamos a la playa, me levantaba cada día a las nueve y frecuentemente nadaba con mi padre**

Ex. I, p. 273: *pair work*   *writing*

Answers, *Ex. I*

1. nosotros nos despertábamos   2. yo me quedaba   3. mi hermano se levantaba
4. nosotros nos duchábamos   5. nosotros nos desayunábamos   6. mi hermano se arreglaba
7. yo leía   8. mi hermano nadaba   9. yo hablaba
10. nosotros comíamos   11. nosotros íbamos
12. nosotros nos acostábamos

The imperfect: habitual actions

Todos los veranos **íbamos** a la playa.

Every summer *we used to go* to the beach.

Cada tarde mi hermana **nadaba** en el mar.

Every afternoon my sister *used to swim* in the sea.

Cada noche **escribíamos** postales y mis padres **leían** revistas.

Every evening *we used to write* postcards and my parents *used to read* magazines.

The imperfect tense is used to describe something that happened over and over again in the past. Certain adverbs and expressions that convey the idea of a routine often accompany the imperfect tense. They reinforce the idea of habitual actions and of things that *used to be done* repeatedly. You already have learned some of the following adverbs and expressions, while others are new:

a menudo	*often*
a veces	*sometimes*
cada día (viernes, sábado, tarde, mañana, noche, semana, mes, etc.**)**	*every day (Friday, Saturday, afternoon, morning, night, week, month, etc.)*
con frecuencia	*frequently*
con regularidad	*regularly*
de vez en cuando	*from time to time*
frecuentemente	*frequently*
muchas veces	*many times*
normalmente	*normally*
siempre	*always*
todos los días (lunes, martes, etc.**)**	*every day (Monday, Tuesday, etc.)*
una vez al día (a la semana, mes, año, etc.**)**	*once a day (week, month, year, etc.)*

Jugábamos al fútbol todos los días.

Aquí practicamos

I. El verano pasado Last year Silvia's parents went away for a couple of weeks. Use the suggested elements and the imperfect to tell what Silvia and her brother did while their parents were gone.

MODELO: Cada sábado por la noche / yo / salir con mis amigos
Cada sábado por la noche salía con mis amigos.

1. cada día / nosotros / despertarse temprano
2. muchas veces / yo / quedarse en cama una hora o dos
3. de costumbre / mi hermano / levantarse enseguida
4. todos los días / nosotros / ducharse
5. normalmente / nosotros / desayunarse juntos
6. cada mañana / mi hermano / arreglar la casa
7. a veces / yo / leer revistas en cama
8. cada tarde / mi hermano / nadar en la piscina con sus amigos
9. cada noche / yo / hablar por teléfono con mis amigas
10. una vez por semana / nosotros / comer pizza
11. de vez en cuando / nosotros / ir al cine
12. por lo general / nosotros / acostarse a las 11:00 ó 12:00

J. Cuando tú tenías siete años... Use the cues and ask a classmate about his or her situation when he or she was seven years old. Write the answers on a piece of paper so that you can report back to the class.

MODELO: ir a la escuela
—*¿Ibas a la escuela?*
—*Sí, iba a la escuela.* o:
—*No, yo prefería jugar con mis amigos.*

1. vivir aquí
2. tener hermanos y hermanas
3. ir a la playa
4. dormir una siesta
5. comer mucho
6. ser travieso(a) *(mischievous)*
7. jugar con los compañeros
8. levantarse temprano
9. acostarse tarde
10. beber mucha leche

¡Adelante!

K. ¿Qué hacías el verano pasado? Think back to what you used to do in a typical week last summer. Make a list of some of the things you used to do on weekdays, weekends, certain nights, etc. Then ask a classmate what he or she used to do in a typical week last summer and compare your answers.

Ex. J:  *pair work*

Cooperative Learning
Ex. J: Pair Check

- Have students form groups of four and then break into pairs. Tell them that they will take turns answering the questions and helping each other.
- Direct one student to read the question and the other to answer it. The student who reads the question will act as a coach to encourage, support, and guide the student answering. If they both agree on the answer, then the coach praises and they switch roles.
- When two items are completed, each pair checks their answers with the other pair in their group. If they don't agree, they figure out what's wrong; if they agree, they shake hands and move on to the next two questions.
- When students have finished, call on pairs to make up their own sentences using the imperfect.

Possible answers, *Ex. J*
1. ¿Vivías aquí? Sí, vivía aquí. (No, vivía en...)
2. ¿Tenías hermanos y hermanas? Sí tenía... hermanos. 3. ¿Ibas a la playa? Sí, iba a la playa. (No, iba a la piscina.) 4. ¿Dormías una siesta? Sí, dormía una siesta. (No, jugaba con mis amigos.) 5. ¿Comías mucho? Sí, comía mucho. (No, comía poco.) 6. ¿Eras travieso(a)? Sí, era travieso(a). (No, era bueno[a].) 7. ¿Jugabas con los compañeros? Sí, jugaba con mis compañeros. (No, leía.) 8. ¿Te levantabas temprano? Sí, me levantaba temprano. (No, me levantaba tarde.) 9. ¿Te acostabas tarde? Sí, me acostaba tarde. (No, me acostaba temprano.) 10. ¿Bebías mucha leche? Sí, bebía mucha leche. (No, yo prefería beber... .)

Ex. K: *pair work*

Etapa Support Materials

WORKBOOK: pp. 198–203
TRANSPARENCY: #38
TEACHER TAPE
QUIZ: Testing Program, p. 150
VIDEO: Tape 2, Program 4, Part 2
VIDEO GUIDE: p. 36

Presentation: El ejercicio ideal

Treat this section as a reading exercise. (1) Begin with prereading. Have students discuss activities that help people stay in shape. (2) Have them scan the reading and pick out cognates. (3) Then have them read the article, reminding them that they need not understand every word and should use their reading skills to understand as much as they can.

Ex. A: *pair work* / *writing*

Suggestion, Ex. A: Have students answer the questions in Spanish: 1. **Va a bajar de peso, tonificarte el cuerpo.**   2. **divertido evento social**   3. **el movimiento continuo**   4. **No hay presión en las coyunturas.**   5. **15 minutos cada día**

Answers, *Ex. A*

1. losing weight, conditioning the body   2. It's a fun social event.   3. It's continuous movement with the lungs working at maximum capacity.   4. There's no pressure on the joints.   5. fifteen minutes every day

---

Segunda etapa

El ejercicio ideal

El ejercicio ideal: The ideal exercise

Ventajas: Advantages
peso: weight
tonificarte: to tone up / *lastimarse:* to hurt oneself

las coyunturas: the joints / *ponerte en forma:* to get in shape / *Aseguran:* Assure

sencilla: simple / *los pulmones:* the lungs

sudando: sweating / *levantar pesas:* to lift weights / *trotar:* to jog

Tírate: Throw yourself

En el agua vas a bajar de peso y vas a tonificarte el cuerpo. No hay manera más eficiente y divertida de ponerte en forma.

¿Buscas una manera **sencilla** y agradable de ponerte en forma? ¿Te gusta la idea de pasar horas **sudando** en un gimnasio? ¿No? Entonces, la solución para ti puede ser la natación. Además de ser un excelente deporte, la natación puede ser un divertido evento social. En la piscina puedes reunirte con tus amigos... a la vez que trabaja tu sistema cardiovascular.

¿Por qué?
Porque cuando tú nadas, el corazón y **los pulmones** trabajan a su capacidad máxima porque tu cuerpo demanda una gran dosis extra de oxígeno. El movimiento continuo hace de la natación un excelente ejercicio aeróbico.

Ventajas
Una de las grandes ventajas de este deporte es que es difícil **lastimarse** porque cuando tu cuerpo flota en el agua, no hay presión en **las coyunturas**. **Aseguran** los expertos que la persona que nada 15 minutos consecutivos todos los días va a mantenerse en condiciones óptimas sin tener que **levantar pesas** o **trotar**.

¿Quieres ponerte en forma? **Tírate** al agua y nada, nada, nada...

¡Aquí te toca a ti!

A. Answer the following questions about the reading.

   1. What does the headline say are two benefits of this exercise?
   2. In the first paragraph, what is another benefit of this activity, in addition to its being a good sport in general?

3. Why is it a good aerobic exercise?

4. Why is it difficult to injure yourself while doing this activity?

5. How often should you do this activity in order to stay in good shape, according to the experts?

Repaso

B. **Tiene dolor de...** Indicate what part of the body hurts each person in the drawings below.

1. Sara

2 mi papá

3 mi mamá

4. Magda

C. **Recuerdos** Marcos and Lucila remember the days when they were students in elementary school. They talk about what they used to do on days they had to go to school. If you are a boy, play the role of Marcos and if you are a girl, play the role of Lucila. Use the imperfect for all verbs.

MODELO: Marcos y Lucila / despertarse / 7:00

         MARCOS: *Cada día, mi hermana y yo nos despertá-bamos a las siete.*

         LUCILA: *Cada día, mi hermano y yo nos despertá-bamos a las siete.*

1. Lucila / levantarse / 7:15
2. Marcos / levantarse / 7:30
3. Lucila / ducharse
4. Marcos / afeitarse
5. Marcos / beber leche
6. Lucila / beber jugo de naranja
7. Lucila y Marcos / lavarse los dientes
8. Marcos y Lucila / ir a la escuela / 8:00

Ex. B: *pair work*   *writing*

Answers, *Ex. B*
1. la cabeza   2. la espalda   3. el estómago
4. la garganta

Ex. C: *pair work*

Answers, *Ex. C*
1. Lucila: Me levantaba a las siete y cuarto.
   Marcos: Mi hermana se levantaba a las siete y cuarto.
2. Lucila: Mi hermano se levantaba a las siete y media.
   Marcos: Me levantaba a las siete y media.
3. Marcos: Mi hermana se duchaba.
   Lucila: Me duchaba.
4. Lucila: Mi hermano se afeitaba.
   Marcos: Me afeitaba.
5. Lucila: Mi hermano bebía leche.
   Marcos: Yo bebía leche.
6. Marcos: Mi hermana bebía jugo de naranja.
   Lucila: Yo bebía jugo de naranja.
7. Lucila y Marcos: Nos lavábamos los dientes.
8. Marcos y Lucila: Íbamos a la escuela a las ocho.

Presentation: *The imperfect, additional uses*

Have students describe what is going on in the classroom at the moment. **Nosotros estamos en la clase de español. Son las 10:15. El profesor habla. Diana escucha al profesor, pero Roberto mira su libro. Él está aburrido.** etc. Then have students give the same description in the imperfect by leaving the room for a minute and coming in and asking **¿Qué pasaba cuando yo entre?**

Cultural Observation

Guide students to observe the diversity of ages, races, etc., at the party pictured on page 277. Explain to them that in Hispanic cultures the idea of a party is not limited to people of the same age group, as it tends to be in the U.S., but instead may include family members of all ages, family members' friends and their friends' children, neighbors, business associates, and others.

ESTRUCTURA

The imperfect: additional uses

Mientras **hablábamos**, ella **leía** una revista. — While *we were talking*, she *was reading* a magazine.

Ella **tenía** los ojos azules. — She *had* blue eyes. (Her eyes *were* blue.)

Yo **creía** que **era** bonita. — I *thought she was* pretty.

In addition to indicating habitual past actions, the imperfect tense is used to talk about several other kinds of situations in the past:

1. To indicate actions that *were going on* at the time about which you are speaking.

   Mientras **hablábamos**, ella **leía** una revista. — While *we were talking*, she *was reading* a magazine.

2. To describe the physical attributes of people you are remembering.

   Ella **tenía** los ojos azules. — She *had* blue eyes.

3. To express attitudes and beliefs that were held at that time in the past, using verbs such as **creer, pensar**, etc.

   Yo **creía** que era bonita. — I *thought* she was pretty.

4. To express how old someone was in the past.

   Él **tenía** cincuenta años. — He *was* fifty years old.

5. To describe past states of health.

   Yo **no me sentía** bien. — I *didn't feel* well.

6. To set the background or context for a story that takes place in the past.

   Eran las nueve de la noche. — *It was* 9:00 at night.
   Yo **estaba de visita** en Phoenix. — I *was visiting* Phoenix.
   Era invierno, pero **hacía** muchísimo calor allí. **Estábamos** en un pequeño restaurante. — *It was* winter, but *it was* very hot there. *We were* in a tiny restaurant.

Aquí practicamos

D. **La fiesta de Cecilia** Daniel got to Cecilia's party rather late. Based on the drawing and using the imperfect, describe what the other guests were doing when he arrived.

MODELO: Olga
   Olga escuchaba discos.

1. Jaime, Enrique y Joaquín
2. Mónica y Liliana
3. Jorge y Verónica
4. Cecilia
5. Sr. Castañeda
6. todo el mundo

E. **Anoche a las 8:00** You are going to tell a story about something that happened to you. Set the scene by explaining where you were and what you were doing when the story's action began. For the first situation, you are given questions to help you. For the other situations, give similar descriptions on your own.

1. Ayer por la noche a las 8:00 — ¿Dónde estabas? ¿Qué hacías? ¿Qué tiempo hacía? ¿Cómo te sentías? ¿Estabas solo(a) *(alone)* o con otras personas? ¿Qué hacían ellas?
2. Esta mañana a las 7:30
3. El sábado pasado a las 10:00 de la noche
4. El viernes pasado por la noche
5. Un momento importante de tu vida

Support material, Ex. D: Transparency #38

Ex. D: *pair work* *writing*

Possible answers, *Ex. D*
1. Jaime, Enrique y Joaquín comían, bebían.
2. Mónica y Liliana hablaban, charlaban.
3. Jorge y Verónica bailaban. 4. Cecilia cantaba. 5. Sr. Castañeda sacaba fotos. 6. Todo el mundo se divertía.

Ex. E: *writing*

Cooperative Learning
Ex. E: Practice Pairs

■ Have students form pairs and tell them to choose roles as either the explainer, who is going to explain step-by-step how to figure out the answer to the question, or as the accuracy checker, who will verify that the explanation is accurate and will encourage and provide coaching as needed.
■ The explainer should read the elements of the first statement and explain, step-by-step, the procedures and strategies required to answer the question. The checker verifies the accuracy of the answer and encourages as needed. They then switch roles for the next item.
■ After completing two questions, the pair checks their answers with another pair. If they do not agree, they figure out why and correct their answers. When they agree, they thank each other and continue in the same manner.
■ When students have finished, write a few times on the board and call on students at random to discuss them individually.

Support material, Aquí escuchamos:
🎧 Teacher Tape

Presentation: Aquí escuchamos
(1) Discuss what teenagers do to keep physically fit. (Cultural commentary: Tell students about the rising consciousness of fitness in Europe. There are more aerobics, gymnastics, and dance classes, more people jogging, etc.) (2) Have students listen to the dialogue with books closed and then ask: **¿En qué son diferentes las dos muchachas? ¿Qué hace Magda para estar en forma?**

Possible questions: 1. What does Magda want to do?   2. What does Magda think of Sofía? 3. Why is Magda always in shape?   4. What does she do each week? 1. **¿Qué desea hacer Magda?**   2. **¿Qué piensa Magda de Sofía?** 3. **¿Por qué está Magda siempre en forma?** 4. **¿Qué hace ella cada semana?**

Ex. F: 🧍 *pair work*   📝 *writing*

Follow-up, Ex. F: Have students ask each other which of these activities they participate in. Have one student keep track and report on how many students do each one.

Aquí escuchamos

¡Tú siempre estás en forma!

El sábado por la tarde. Dos amigas tienen tiempo libre. ¿Qué pueden hacer?

MAGDA: ¿Ahora qué hacemos? ¿Quieres trotar o jugar al tenis?

SOFÍA: No tengo ganas. Tú sabes que no soy muy activa.

MAGDA: Por eso no te ves bien. Comes mucho. Siempre estás cansada. Tienes que bajar de peso. ¡Debes ponerte en forma!

You're lucky.

SOFÍA: **Tú tienes suerte**. ¿Por qué estás en forma siempre?

I work out

MAGDA: Estoy en forma porque **hago gimnasia** con frecuencia.

SOFÍA: ¿Gimnasia? ¿Levantas pesas?

no way!

MAGDA: No, **¡qué va!** Hago ejercicios aeróbicos tres días a la semana y tres días a la semana tomo clases de ballet. También voy a una discoteca por lo menos una vez por semana.

¡Aquí te toca a ti!

F. **Ellas hacen gimnasia.** Look at the pictures of young women trying to stay in shape. Then answer the questions that follow to match the names of the appropriate activities with the women who do them.

Dina   *Virginia*   *René*   *Cecilia*

Isabel   *María Teresa*   *Silvia*   *Carmen*

1. ¿Quién hace ejercicios aeróbicos?
2. ¿Quién juega al tenis?
3. ¿Quién baila ballet?
4. ¿Quién trota?
5. ¿Quién nada?
6. ¿Quién levanta pesas?
7. ¿Quién baila el rock?
8. ¿Quién practica yoga?

G. **Intercambio** Ask a classmate the following questions. He or she will answer them according to his or her personal situation.

1. ¿Eres activo(a)? ¿Te gusta practicar un deporte o mirar los partidos en la tele?
2. ¿Haces ejercicios aeróbicos? ¿Practicas yoga?
3. ¿Nadas de vez en cuando?
4. ¿Te gusta bailar? ¿Ballet o rock?
5. ¿Estás en forma? ¿Tus amigos piensan que tú eres fuerte o débil? ¿Levantas pesas? ¿Quisieras levantar pesas?
6. ¿Están tus padres en forma? ¿Qué deportes practican?
7. ¿Quieres subir un poco de peso? ¿Quieres bajar un poco de peso? ¿Por qué? ¿Qué piensas hacer?

¡Adelante!

H. **¿Estás en forma?** In Spanish, discuss with several classmates what they used to do a couple of years back and what they do now to stay fit. Be sure to include activities as well as foods eaten then and now.

Answers, *Ex. F*

1. Isabel hace ejercicios aeróbicos.   2. Dina juega al tenis.   3. René baila ballet.   4. Silvia trota.   5. María Teresa nada.   6. Carmen levanta pesas.   7. Cecilia baila el rock.   8. Virginia practica yoga.

Ex. G: *pair work* *writing*

Ex. H: *groups of four or more*

Suggestions, Ex. H: You may wish to have students do a physical fitness survey of the entire class and report back. You could also take Spanish out of the classroom and have students survey other members of the school.

Etapa Support Materials

WORKBOOK: pp. 204–210
TRANSPARENCIES: #39, #40
LISTENING ACTIVITY MASTERS: p. 89
TAPESCRIPT: p. 125
TEACHER TAPE
QUIZ: Testing Program, p. 152
CHAPTER TEST: Testing Program, p. 155

Support material, Dos accidentes:
Transparency #39

Presentation: Dos accidentes

Once again, treat this section as a reading exercise. (1) As a prereading activity, bring in your local newspaper and read a short news item dealing with a car, bike, or motorcycle accident. Have students identify the types of information given. Or assign each student, or groups of them, to bring in their own newspapers. (2) After reading the selection, have students write an article of their own. This could be done as a pair or group activity to help with vocabulary and grammar at this level. (3) Have students read the two articles and do Ex. A. (4) Once you have done Ex. A, ask students to reread the articles and do Ex. B.

Ex. A: 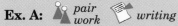 *pair work* *writing*

Answers, *Ex. A*

1. atropellada 2. chocaron 3. conductor 4. pasajero 5. se lastimaron (lastimados)

Ex. B:  *writing*

Tercera etapa

Dos accidentes

Cómo obtener ayuda
inmediata: marque

Niña atropellada

Nívea Lucero, una niña de 7 años, fue atropellada por un automóvil ayer a las 9:30 de la mañana en la Calle Cervantes. La niña caminaba a la escuela y el coche la atropelló cuando cruzaba la calle. En el accidente la niña se quebró un brazo y una pierna y se cortó la frente. Fue transportada al Hospital Santa Cruz en una ambulancia de la Cruz Roja.

Dos lastimados

Un accidente ocurrió ayer a las 2:30 de la tarde en la Avenida Bolívar. Dos jóvenes que andaban en motocicleta chocaron con un automóvil. El motociclista, Alejandro Bernal, 14 años, y su pasajero, Tomás Ferrer, 14 años, se lastimaron en el choque. Fueron transportados al Hospital San Juan en una ambulancia de la Cruz Roja.

¡Aquí te toca a ti!

A. **Estudio de palabras** Based on the context of the two newspaper articles, answer the following in order to figure out the meanings of some of the words you may not know.

1. Find a word that means "to be struck," "banged into," or "knocked down."
2. Find a word that means "collided."
3. Find a word that means "driver."
4. Find a word that means "passenger."
5. Find a word that means "to be injured."

B. **Los dos accidentes** Short news items are written to answer the questions: who?, what?, where?, and when? Answer these four questions for the two newspaper clippings above.

Repaso

▼

C. **El comienzo de un cuento** Here are the first few lines of a story that someone is telling you. Redo each sentence, putting all the verbs in the imperfect.

Es una noche del mes de diciembre. Hace mucho frío y nieva. Mi hermana y yo estamos en el coche de mi papá. El coche no funciona porque no tiene gasolina. Al lado de la carretera está una mujer vieja. Ella tiene el pelo blanco y una nariz muy larga. Ella camina con un gato negro y canta una canción de los Talking Heads. Mi hermana y yo pensamos que todo eso es muy extraño.

Now invent the beginning of a second story, based on the following drawing. Instead of telling the whole story, establish the scene by using the imperfect to describe the setting, the situation, and the characters.

Support material, Ex. C: Transparency #40

Ex. C: *writing*

Cooperative Learning
Ex. C: Simultaneous Creation Pairs

- Have students work in pairs to do the first part of the exercise. They should work as they would in other cooperative pairs exercises, by taking turns performing and encouraging.
- Now have them move into the simultaneous creation part of the exercise. Have students think independently about how they would begin their story.
- Now have them share their beginnings with their partners. Instruct them to listen carefully to their partner's beginning.
- Once they have each heard the other's idea, have them create a new beginning that is even better than each student's initial beginning, by building on and synthesizing their thoughts.
- Have them follow the same procedure for describing the setting, the situation, and the characters.
- Call on students at random to evaluate how their collaborations worked.
- Then call on students at random to share the beginnings of their stories with the class.

Answers, *Ex. C*
Era, Hacía, nevaba, estábamos, funcionaba, tenía, estaba, tenía, caminaba, cantaba, pensábamos, era

Presentation: *The preterite of reflexive*
verbs

Review the present tense of reflexive verbs covered in Unit 3. Ask students to recall as many as they can before turning back to Unit 3.

Ex. D: pair work / writing

Answers, *Ex. D*

1. María se despertó, Nosotros nos despertamos, Los estudiantes se despertaron, Uds. se despertaron, Tú te despertaste, Ellas se despertaron
2. ¿Se quedó Ud., Se quedó Juan, Se quedó tu hermana, Se quedaron Uds., Se quedaron tus padres, Os quedasteis vosotros?   3. Yo me levanté, Tu hermano se levantó, Nosotros nos levantamos, Tú te levantaste, Ellas se levantaron, Vosotros os levantasteis

Ex. E: pair work / writing

The preterite of reflexive verbs

Yo **me acosté** a las nueve anoche.	I *went to bed* at 9:00 last night.
Mi hermana **se levantó** a las 7:30 ayer.	My sister *got up* at 7:30 yesterday.
Nos encontramos en el centro.	We *met each other* downtown.

In chapter 7, you learned about reflexive verbs in the present tense. As they do in the present tense, these verbs may have two meanings in the preterite:

1. an action that reflects back on the subject

Mi hermana **se levantó** a las 7:30 ayer.	My sister *got up* at 7:30 yesterday.

2. an action in which two or more subjects interact

Nos encontramos en el centro.	We *met each other* downtown.

In both cases, the subject (noun or subject pronoun) is accompanied by its corresponding reflexive pronoun (**me**, **te**, **se**, **nos**, **os**, **se**).

Aquí practicamos

D. Replace the words in italics with those in parentheses and make the necessary changes.

1. *Yo* me desperté a las 6:30. (María / nosotros / los estudiantes / Uds. / tú / ellas)
2. ¿Te quedaste *tú* en cama hasta las 7:00? (Ud. / Juan / tu hermana / Uds. / tus padres / vosotros)
3. *Él* se levantó a las 7:30 ayer. (yo / tu hermano / nosotros / tú / ellas / vosotros)

E. **Ayer me levanté a las...** Indicate some of the activities that you and your brother or sister (or other member of your family) did yesterday. Use the cues.

MODELO: yo / levantarse / 7:30
             Me levanté a las 7:30 ayer.

1. yo / despertarse / 6:30   2. mi hermano / despertarse / 7:00

3. yo / levantarse / 7:30
4. mi hermana / levantarse / inmediatamente
5. yo / ducharse / 7:45
6. mi hermano / bañarse / 7:15
7. mi hermana / maquillarse
8. yo / afeitarse
9. mi hermana y yo / cepillarse los dientes
10. mis hermanos y yo / desayunarse juntos

F. **Ayer y anoche** Find out about a classmate's activities yesterday and last night. Work with a partner and follow the model. Then reverse roles and repeat.

MODELO: salir de la escuela (a qué hora)
            —¿A qué hora saliste de la escuela ayer?
            —Salí de la escuela a las 3:30.

            lavarse el pelo
            —¿Te lavaste el pelo ayer?
            —Sí, ayer me lavé el pelo   o:
            —No, ayer no me lavé el pelo.

1. llegar a casa (a qué hora)
2. hacer gimnasia
3. acostarse (a qué hora)
4. cepillarse los dientes
5. dormir bien
6. despertarse (a qué hora)
7. levantarse enseguida o quedarse en cama
8. maquillarse / afeitarse
9. desayunarse con la familia

Aquí escuchamos

¡No me digas! ¿Te rompiste la pierna?

Carlos habla por teléfono con su amigo Felipe.

CARLOS:	Hola, ¿Felipe? ¿Qué te pasa? No fuiste a la escuela hoy.	
FELIPE:	No, tuve un pequeño accidente.	
CARLOS:	¿Un accidente? **¿Te lastimaste?**	Did you hurt yourself?
FELIPE:	Sí, **me rompí la pierna**.	I broke my leg.
CARLOS:	¡Te rompiste la pierna! **¡No me digas!** ¿Cómo te pasó?	You're kidding!
FELIPE:	Mira, es que soy **verdaderamente torpe**. Yo iba en mi bicicleta con Catarina. Hablábamos mucho. **Nos reíamos**. Nos divertíamos. **No prestábamos atención. De repente** un perro grande cruzó la calle en frente de nosotros. Y los dos **nos caímos**.	truly clumsy We were laughing. We weren't paying attention. / Suddenly / we fell
CARLOS:	¿Y Catarina? ¿Se lastimó ella también?	
FELIPE:	Ella **se torció** un tobillo y **se cortó** el brazo. Pero no fue muy grave.	twisted / cut

---

Answers, *Ex. E*
1. yo me desperté   2. mi hermano se despertó
3. yo me levanté   4. mi hermana se levantó
5. yo me duché   6. mi hermano se bañó   7. mi hermana se maquilló   8. yo me afeité   9. mi hermana y yo nos cepillamos los dientes   10. mis hermanas y yo nos desayunamos juntos

Ex. F: pair work

Answers, *Ex. F*
1. ¿A qué hora llegaste a casa? Yo llegué a casa a las... .   2. ¿Hiciste gimnasia? Sí, hice gimnasia.   3. ¿A qué hora te acostaste? Me acosté a las... .   4. ¿Te cepillaste los dientes? Sí, me cepillé los dientes.   5. ¿Dormiste bien? Sí, dormí bien.   6. ¿A qué hora te despertaste? Me desperté a las... .   7. ¿Te levantaste en seguida o te quedaste en cama? Me levanté en seguida. (Me quedé en cama hasta las... .)   8. ¿Te maquillaste? ¿Te afeitaste? Me maquillé. (Me afeité.)   9. ¿Te desayunaste con la familia? Me desayuné con la familia. (No me desayuné con la familia.)

Support material, Aquí escuchamos:
Teacher Tape

Presentation: Aquí escuchamos
(1) Tell students that they are about to hear about an accident. (2) Have them listen to the dialogue with books closed. Ask them to provide as many details as they can recall about the accident.

Possible questions: 1. What part of his body did Felipe hurt?   2. How did the accident happen?   3. What did Felipe do?   4. Did another person get hurt too? What happened to her? 1. **¿Qué parte del cuerpo se lastimó Felipe?**   2. **¿Cómo pasó el accidente?**   3. **Qué hacía Felipe?**   4. **¿Se lastimó otra persona también? ¿Qué le pasó?**

Ex. G: 🧍 pair work　📝 writing

Suggestion, Ex. G: You may want to personalize this exercise if you have ever had an accident, e.g., **Cuando yo tenía ocho años, yo me caí y me rompí el brazo izquierdo.**

Answers, *Ex. G*

1. Yo me lastimé la rodilla, el pie, la nariz, la mano. 2. Yo me torcí el tobillo, la muñeca, el pie, la rodilla. 3. Yo me rompí el dedo, la rodilla, el tobillo, la muñeca. 4. Yo me corté la mano, el pie, la frente, el dedo.

¡Aquí te toca a ti!

G. **Un accidente** In Spanish, you often use the verbs **lastimarse**, **torcerse**, **romperse**, and **cortarse** with parts of the body to describe the results of an accident. Use the expressions suggested below to indicate what happened to you. Follow the model.

MODELO:　Yo me lastimé…
　　　　　Yo me lastimé la mano.

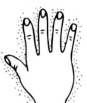

1. Yo me lastimé…

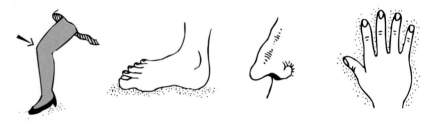

2. Yo me torcí…

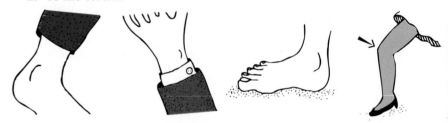

3. Yo me rompí…

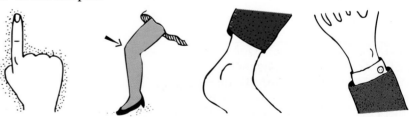

4. Yo me corté …

H. **¿Qué te pasó?** With a partner, imitate the model conversation, each time varying the results of the accident.

MODELO: —*¡Hola! ¿Cómo estás?*
           —*Yo tuve un pequeño accidente.*
           —*Y, ¿qué te pasó?*
           —*Me (lastimé la espalda, torcí la muñeca, rompí el brazo izquierdo, corté un pie, etc.)*

¡Adelante!

I. **Tuve un accidente.** Think of a time when you were hurt in an accident. Imagine that it occurred just recently. When a classmate calls up, tell him or her about your injury and explain, as well as you can, the circumstances of the accident. When did it happen? Where? What were you doing? With whom? What happened to you?

*Una vez, Amigo se cayó
y llamó a Ayuda.*

Pero sólo llegó Confusión

*Al fin llegó Ayuda,
y Ayuda sí supo qué hacer.
En el caso de una emergencia,
¿es usted Ayuda?
Aprenda Primeros Auxilios
de la Cruz Roja.*

American
Red Cross

Ad
Council

Ex. H: pair work

Suggestion, Ex. H: Ask if a friend or family member ever had an accident: **Mi hermano se torció el tobillo tres veces.**

Ex. I: pair work

Suggestion, Ex. I: Have students practice in small groups. Then "call" several students on the phone to hear about their accidents.

Vocabulario

Para charlar

Para hablar de tu estado físico

bajar de peso	(no) sentirse bien (mal)
caerse	sudar
cortarse	tener dolor de…
lastimarse	tener un accidente
mantenerse en condiciones óptimas	tonificarse
ponerse en forma	torcerse
romperse	

Para hablar del estado físico de otra persona

¿Cómo te sientes?
¿Te sientes bien (mal)?
No te ves muy bien.
¿Estás en forma?
¿Qué te pasa?
¿Qué te pasó?
¿Te lastimaste?
¿Tuviste algún accidente?

Temas y contextos

Las actividades físicas

bailar	levantar pesas
hacer ejercicios aeróbicos	nadar
hacer gimnasia	trotar

El cuerpo

la boca	el diente	el ojo
el brazo	la espalda	la oreja
la cabeza	el estómago	el pecho
la cara	la frente	el pelo
el codo	la garganta	el pie
el corazón	el hombro	la pierna
la coyuntura	la mano	el pulmón
el cuello	la muñeca	la rodilla
el dedo (de la mano)	el muslo	el tobillo
el dedo del pie	la nariz	

Vocabulario general ————————————————

Sustantivos

la capacidad	el oxígeno	
una dosis	la presión	
un evento social	el sistema cardiovascular	
un gimnasio	una solución	
una manera	una ventaja	
un movimiento		

Verbos

asegurar
demandar
flotar
reírse (i, i)
tirarse

Adjetivos

agradable
consecutivo(a)
continuo(a)
experto(a)
eficiente
grave
máximo(a)
sencillo(a)
torpe

Adverbios

normalmente
verdaderamente

Otras palabras y expresiones

a menudo
a veces
cada día (viernes, sábado, tarde, mañana, noche, semana, mes, etc.)
con frecuencia
con regularidad
de repente
de vez en cuando
muchas veces
¡No me digas!
¡Qué va!
tener razón
tener suerte

Cooperative Learning
Vocabulario: Team Charades

- Have students form teams of five to plan and present charades involving chapter vocabulary.
- Give each group ten minutes to plan their charade. Remind them that every student needs to contribute equally to the idea for the charade and play an equal part in its execution.
- Have the teams perform their charades. Call on students from the other teams to guess what the performing team is doing.
- When all of the teams have performed, you may want to ask for volunteers to perform further charades, or you might want to do one yourself and have the students write down what you are doing (as a quiz).

CHAPTER OBJECTIVES

FUNCTIONS: Describing illnesses and complaints; suggesting medical remedies; giving advice about health-related topics

CONTEXT: The pharmacy; the doctor's office

ACCURACY: The verb **doler**; indirect object pronouns; the verb **dar**

◆ *Critical Thinking* ◆

Have students look at the picture of the **farmacia**. Ask what the logo for Spanish pharmacies is and what it is in the United States. Ask them how the **farmacia** seems different from those in the United States.

Cultural Extension

Explain to students that outside the U.S. pharmacies are specifically health related and do not carry the wide range of office products, stationery items, cosmetics, soft drinks, etc., that are found in most U.S. drug stores. Refer students to the **Comentarios culturales** on p. 299 for more information on Hispanic pharmacies.

Video / Laserdisc

Etapa 1: Video—Tape 2, Program 4, Part 3
Video Guide—p. 39
Laserdisc— Disc 2, Side 2, Prog. 4, Part 3

Search 28195, Play To 32338

CAPÍTULO ONCE

¡Ve a la farmacia!

Cuando estás enfermo en España tú puedes ir a la farmacia y recibir un remedio del farmacéutico.

Primera etapa

La gripe: un virus anual

¡Ve a la farmacia!: Go to the pharmacy!

La gripe: un virus anual: The flu: an annual virus

Cada invierno los microbios cruzan **las fronteras**. Llegan de todas partes del mundo. Es la temporada de la gripe. Esta epidemia **alcanza** su **punto** más alto en diciembre, enero y febrero. El Sr. Valdés está enfermo. Tiene la gripe. Noten los síntomas que tiene.

borders

reaches

point

Él tose.

Él estornuda.

Él tiene dolor de garganta.

Él tiene dolor de estómago.

Él tiene fiebre.

Él tiene dolor de cabeza.

Él tiene escalofríos.

Etapa Support Materials

WORKBOOK: pp. 211–217
TRANSPARENCIES: #41, #41a
TEACHER TAPE
QUIZ: Testing Program, p. 160
VIDEO: Tape 2, Program 4, Part 3
VIDEO GUIDE: p. 39

Support material, La gripe: un virus anual: Transparencies # 41, #41a

Presentation: La gripe

Have students read the introduction and then the captions. Ask them if they have heard their parents or grandparents use the old-fashioned word "grippe" when they are talking about a bad flu.

Ex. A: *pair work* · *writing*

Answers, *Ex. A*

1. La Sra. López tiene dolor de garganta. 2. Simón estornuda. 3. Beatriz tiene fiebre. 4. El Sr. Torres tiene dolor de cabeza. 5. La Srta. Martín tiene escalofríos. 6. Isabel tose.

Follow-up, Ex. A: If you are doing this unit during the flu season, or many people are out sick or have just been out sick, ask students about their symptoms and those of family members and/or friends.

Ex. B: *pair work* · *writing*

¡Aquí te toca a ti!

A. **¿Qué tienen?** Describe the symptoms of the people in the drawings.

Sr. González

> MODELO: *El Sr. González tiene dolor de estómago.*

1. *Sra. López*   2. *Simón*   3. *Beatriz*

4. *Sr. Torres*   5. *Srta. Martín*   6. *Isabel*

Repaso ▼

B. **Mi hermana y yo** Paula Ramírez describes how she and her sister Luisa spent the day yesterday. Use the preterite to recreate her sentences, making sure to distinguish between reflexive and nonreflexive verbs.

> MODELO: Luisa y yo / despertarse temprano
> *Luisa y yo nos despertamos temprano ayer.*

1. Luisa / levantarse enseguida
2. yo / quedarse en cama por media hora

3. ella / hacer gimnasia
4. ella / ducharse / lavarse el pelo
5. yo / ducharse / no lavarse el pelo
6. nosotras / desayunarse juntas
7. yo / ir al centro
8. ella / quedarse en casa
9. nosotras / reunirse en casa / las 2:00
10. nosotras / cenar / las 6:30
11. ella / mirar un programa de televisión
12. yo / leer una revista
13. nosotras / lavarse los dientes
14. nosotras / acostarse a las 10:45
15. ella / dormirse enseguida
16. yo / dormirse a las 11:30

C. **¿Se lastimó...?** A friend is asking you about slight accidents that friends of yours had yesterday. You explain what happened. Work with a partner, use the cues, and follow the model.

MODELO: Juan / cortarse / la frente
—*¿Se lastimó Juan?*
—*Sí, se cortó la frente.*

1. Alicia / romperse / brazo
2. Roberto / torcerse / tobillo
3. Carlos / cortarse / mano
4. Bárbara / romperse / pierna
5. Elena / torcerse / muñeca
6. Horacio / cortarse / pie

ESTRUCTURA

The verb **doler**

—¿Cómo estás?
—No muy bien. **Me duele** la garganta.
—**¿Te duele la cabeza?**
—Sí, y **me duelen la espalda y las piernas** también.

—How are you?
—Not too well. My throat *hurts*.
—*Does your head ache*?
—Yes, and *my back and legs hurt* also.

The verb **doler** is just like the verb **gustar** in that it is used with the pronouns **me**, **te**, **le**, **nos**, **os**, and **les**. Furthermore, like **gustar**, only the third-person singular and plural forms are used, depending on whether what hurts is singular or plural. Also notice that in the above examples, Spanish uses definite articles for body parts where English uses possessives.

Nos duelen los pies.

Answers, *Ex. B*
1. Luisa se levantó... 2. Yo me quedé... 3. Ella hizo... 4. Ella se duchó y se lavó... 5. Yo me duché. No me lavé... 6. Nosotras nos desayunamos... 7. Yo fui... 8. Ella se quedó... 9. Nosotras nos reunimos... 10. Nosotras cenamos... 11. Ella miró... 12. Yo leí... 13. Nosotras nos lavamos... 14. Nosotras nos acostamos... 15. Ella se durmió... 16. Yo me dormí a las...

Ex. C: *pair work*

Answers, *Ex. C*
1. ¿Se lastimó Alicia? Sí, se rompió el brazo.
2. ¿Se lastimó Roberto? Sí, se torció el tobillo.
3. ¿Se lastimó Carlos? Sí, se cortó la mano. 4. ¿Se lastimó Bárbara? Sí, se rompió la pierna. 5. ¿Se lastimó Elena? Sí, se torció la muñeca. 6. ¿Se lastimó Horacio? Sí, se cortó el pie.

To the teacher: Desayunarse is one of those verbs that can be used either reflexively or non-reflexively with no apparent change in meaning.

Ex. D: 🖼️ pair work ✏️ writing

Answers, *Ex. D*

1. Me duele la cabeza. Me duelen los ojos. Me duele la mano. Me duele la espalda. Me duele el tobillo. Me duelen las piernas. 2. ¿Te duele la cabeza? ¿Te duele la mano? ¿Te duelen los pies? ¿Te duele la muñeca? ¿Te duelen las orejas? 3. No nos duelen los pies. No nos duelen las piernas. No nos duele la rodilla. No nos duele la espalda. No nos duele el brazo. 4. A Juan le duele la cabeza. Le duele el brazo. Le duele la rodilla. Le duelen los ojos. Le duele el tobillo. 5. A ellas les duele la cabeza. Les duelen los ojos. Les duelen los pies. Les duele la espalda. Les duelen las piernas.

Ex. E: 👥 groups of four or more

Answers, *Ex. E*

1. ¿Te duele el tobillo? No, no me duele el tobillo, pero me duelen los pies. 2. ¿Te duelen los ojos? No, no me duelen los ojos, pero me duele la cabeza. 3. ¿Te duele la espalda? No, no me duele la espalda, pero me duelen las piernas. 4. ¿Te duelen las orejas? No, no me duelen las orejas, pero me duele el brazo. 5. ¿Te duele el hombro? No, no me duele el hombro, pero me duelen las piernas. 6. ¿Te duele la rodilla? No, no me duele la rodilla, pero me duele la garganta.

Support material, Aquí escuchamos:
🎧 Teacher Tape

Presentation: Aquí escuchamos

Discuss with students when people have symptoms such as sneezing, runny nose, sore throat, etc., other than when they have the flu. Then have students listen to the dialogue.

Possible questions: 1. What's the matter with Andrés? 2. What does he have and what doesn't he have? 3. What does he do and what doesn't he do? 4. How does he sneeze? 5. Where is he going and why? 1. **¿Qué le pasa a Andrés?** 2. **¿Qué tiene y qué no tiene?** 3. **¿Qué hace y qué no hace?** 4. **¿Cómo estornuda?** 5. **¿Adónde va y para qué?**

Aquí practicamos

D. Replace the words in italics with those in parentheses and make the necessary changes.

1. Me duele *la garganta*. (la cabeza / los ojos / la mano / la espalda / el tobillo / las piernas)
2. ¿Te duele *el hombro*? (la cabeza / la mano / los pies / la muñeca / las orejas)
3. No nos duele *el estómago*. (los pies / las piernas / la rodilla / la espalda / el brazo)
4. A Juan le duelen *los pies*. (la cabeza / el brazo / la rodilla / los ojos / el tobillo)
5. A ellas les duele *el estómago*. (la cabeza / los ojos / los pies / la espalda / las piernas)

E. **¿Te duele...?** Ask several classmates whether something hurts. Use the cues and follow the model.

MODELO: la muñeca / la espalda
　　　　　—*¿Te duele la muñeca?*
　　　　　—*No, no me duele la muñeca, pero me duele la espalda.*

1. el tobillo / los pies
2. los ojos / la cabeza
3. la espalda / las piernas
4. las orejas / el brazo
5. el hombro / las piernas
6. la rodilla / la garganta

F. **¿Qué les duele?** When your teacher gives the signal, circulate around the room asking several of your classmates if some part of their body hurts. After you finish, tally your responses as a class to find the results of your survey.

Aquí escuchamos ▼

Andrés, ¿qué te pasa?

EMILIO:　Pero Andrés, ¿qué te pasa? Tienes los ojos rojos.
ANDRÉS:　No me siento bien. Me duele la garganta un poco.
EMILIO:　¿Tienes **catarro**?
ANDRÉS:　No, no tengo catarro. Tengo una alergia.
EMILIO:　¿Toses mucho?
ANDRÉS:　No toso, pero estornudo **sin parar**. Por eso pienso que tengo alguna alergia.
EMILIO:　¿Tienes fiebre?
ANDRÉS:　No. Creo que no.

a cold

without stopping

EMILIO: **De todos modos**, tú debes ir a la farmacia.   At any rate

ANDRÉS: Sí, ahora voy a la farmacia para comprar un antihistamínico y unas **gotas** para los ojos.   drops

¡Aquí te toca a ti!

G. **¿Qué te pasa?** Here are some expressions used to talk about minor physical ailments. Choose the symptoms that would be most likely in each situation.

Síntomas: Me duele(n) la garganta (la cabeza, la espalda, el estómago, los ojos). Toso. Estornudo. No tengo apetito. Estoy mareado(a) *(dizzy)*. No puedo dormir.

1. Tú tienes catarro.
2. Tú comiste mucho.
3. Tú tienes la gripe.
4. Tú tienes una alergia.
5. Tú tienes un examen muy importante y estás muy nervioso(a).

¡Adelante!

H. **No me siento muy bien.** Think back to the last time you were sick and imagine that you now have the same symptoms. Tell a classmate that you are not feeling well. Answer his or her questions about your symptoms. After having heard the symptoms, he or she will give you some advice: **Tú debes ir a la farmacia (quedarte en casa, ir al médico**, etc.).

¿Le agrada la idea de disponer de un Centro Médico completo, donde puede obtener excelente cuidado, estando protegido de cualquier percance? Sólo hay un problema. Al parecer, nunca se dispone de médicos en su vecindario. ¿No sería más ventajoso para usted si los doctores estuvieran a su alcance?

Pregunte a su patrón sobre el "Neighborhood Health Plan" o llámenos. También ofrecemos un programa de "Medicaid Plus". 288-1293

Al fin, gran atención y cobertura... cerca de su domicilio.

Con más de veinte centros de salud sirviendo a Boston y sus vecindarios.

Neighborhood Health Plan 288-1293

Ex. G: *pair work*   *writing*

Cooperative Learning

Ex. G: Sick Trios

- Group students in threes with students with whom they have not worked recently.
- Have them take turns telling about their physical ailments in Roundrobin fashion, from left to right.
- When they have finished, tell them to discuss how they feel, what symptoms they have or do not have.
- Call on students at random to report how their teammates feel.

Possible answers, *Ex. G*

1. Me duele la garganta. Toso. Estornudo. No puedo dormir. Tengo los ojos rojos.   2. Me duele el estómago. No tengo apetito.   3. Me duelen la garganta, la cabeza, la espalda y el estómago. Toso. Estornudo. No puedo dormir. Tengo fiebre. Tengo escalofríos.   4. Me duele la garganta. Toso. Estornudo. No puedo dormir. Tengo los ojos rojos.   5. Me duele la cabeza. Me duele el estómago. No puedo dormir. No tengo apetito.

Ex. H: *pair work*

Etapa Support Materials

WORKBOOK: pp. 218–222
LISTENING ACTIVITY MASTERS: p. 93
TAPESCRIPT: p. 131
TEACHER TAPE
QUIZ: Testing Program, p. 163
CHAPTER TEST: Testing Program, p. 166

Presentation: Los remedios

Treat this section as a reading exercise. As a prereading activity, ask students who cares for them when they are sick. Ask what happens when they go to the doctor. You also could scan for cognates. Have students read aloud.

Cultural Expansion

In many Spanish-speaking countries, as in parts of the U.S., **remedios caseros**, or home remedies, are very popular as an alternative to prescription drugs. They often involve herbs and foods that are prepared especially for specific complaints, such as hot pepper held under the nose to relieve congestion, camomile tea for an upset stomach, garlic to ease arthritis pains, and rosemary to relieve tension headaches.

Ex. A: *pair work*   *writing*

Possible answers, *Ex. A*

1. Ud. necesita un jarabe.   2. Ud. necesita acostarse para descansar y tomar aspirina para el dolor.   3. Ud. necesita un antihistamínico.
4. Ud. necesita esta receta para un antibiótico y también necesita descansar y tomar aspirina para el dolor.

Segunda etapa

Los remedios: Treatments

Los remedios

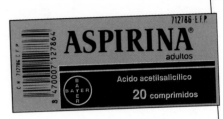

she buys me

cough syrup

gives me

Cuando no me siento bien, mi mamá va a la farmacia y **me compra** medicina. Cuando sufro un ataque de alergia y estornudo constantemente, ella me compra un antihistamínico. Cuando toso mucho, ella me compra un **jarabe**. Si tengo la gripe y me duele todo el cuerpo, me acuesto para descansar. Mi mamá **me da** mucha agua o jugo y aspirinas para el dolor.

examines me / takes my temperature

prescription

she takes care of me

Cuando estoy muy enfermo, tengo que ir a la doctora. Ella **me examina** y **me toma la temperatura**. Si tengo una infección y si tengo fiebre, ella me da una **receta**. Con la receta mi mamá va a la farmacia y me compra un antibiótico. Mi mamá es muy amable y **me cuida** muy bien cuando estoy enfermo.

¡Aquí te toca a ti!

A. **¿Qué recomiendas?** You are traveling in Uruguay with your family. Whenever someone is not feeling well or needs some medicine, he or she asks you for help. You go to the pharmacy. Based on the information above, make the recommendations you think the pharmacist will make to you in each of the following cases.

1. Your sister has a very bad cough.
2. Your father has a backache.
3. Your mother's allergies are acting up and she can't stop sneezing.
4. You have a fever and ache all over.

Repaso

B. **¿Qué le duele?** Describe where each person in the drawings below hurts.

MODELO: *A Jorge le duele la rodilla.*

a Jorge

1. a Sara

2. a Alberto y a Diana

3. a la Sra. Lamas

4. al Sr. Lamas

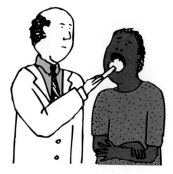

5. a Ricardo

6. a Rita y a Guillermo

Ex. B: 🧑‍🤝‍🧑 *pair work* 📝 *writing*

Answers, *Ex. B*

1. A Sara le duele la cabeza. 2. A Alberto y a Diana les duelen las rodillas. 3. A la Sra. Lamas le duele el estómago. 4. Al Sr. Lamas le duele la espalda. 5. A Ricardo le duele la garganta. 6. A Rita y a Guillermo les duelen los dientes.

Presentation: *Indirect object pronouns*

You may want to review direct object pronouns and point out that they differ from indirect object pronouns only in the third person singular and plural forms. Or you could ask students how they differ.

Ex. C: *pair work*   *writing*

Answers, *Ex. C*

1. Ella te escribió, nos escribió, le escribió, les escribió, os escribió   2. Yo les escribí una carta a ellos, le escribí... a Elena, les escribí... a Margarita y Marcos, le escribí... a Ud., le escribí... a mi novia, le escribí... al director, le escribí... a la profesora.   3. Ellos nos enviaron a nosotros una postal de Madrid, les enviaron a mis padres..., le enviaron a Ud. ..., le enviaron a Ricardo..., les enviaron a Felipe y Carolina..., me enviaron a mí... .

Ex. D: *pair work*   *writing*

Answers, *Ex. D*

1. ¿Le dijo la verdad a Juan?   2. ¿Le dijo... ?
3. ¿Les dijo... ?   4. ¿Le dijo... ?   5. ¿Le dijo... ?
6. ¿Les dijo... ?   7. ¿Les dijo... ?   8. ¿Le dijo... ?

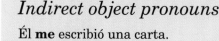

Indirect object pronouns

Él **me** escribió una carta.	He wrote a letter *to me.*
Ella **te** compró un disco.	She bought a record *for you.*
Tú **nos** vendiste el coche.	You sold the car *to us.*
¿**Le** escribió ella una carta **a Juan**?	Did she write a letter *to Juan*?
No, ella **les** escribió una carta **a sus amigas**.	No, she wrote a letter *to her friends.*

The indirect object pronouns in Spanish are:

me	to (for) me	**nos**	to (for) us
te	to (for) you	**os**	to (for) you
le	to (for) him, her, you	**les**	to (for) them, you

Indirect object pronouns are used to indicate what person or thing receives the direct object.

Aquí practicamos

C. Replace the word(s) in italics with those in parentheses and make all necessary changes.

1. Ella *me* escribió una carta la semana pasada. (te / nos / le / les / os)
2. Yo le escribí una carta *a Juan*. (a ellos / a Elena / a Margarita y Marcos / a Ud. / a mi novia / al director / a la profesora)
3. Ellos te enviaron *a ti* una postal de Madrid. (a nosotros / a mis padres / a Ud. / a Ricardo / a Felipe y Carolina / a mí)

D. **¿Dijo la verdad?** Your friend is a very naive person and often cannot tell whether people are telling the truth or not. As you watch a mystery story on television, your friend asks you questions about what the main character said to other characters in the program.

MODELO: a María
           ¿Le dijo la verdad a María?

1. a Juan
2. a la policía
3. a los extranjeros
4. a su novia
5. a su esposa
6. a sus padres
7. a sus hijos
8. al Presidente

N O T A   G R A M A T I C A L

The verb *dar*

Yo le **doy** el libro a la profesora.
Ella me **da** la llave.

I *give* the book to the teacher.
She *gives* me the key.

—¿Le **diste** la carta a tu novia?

—*Did you give* the letter to your girlfriend?

—Sí, le **di** la carta a ella.

—Yes, *I gave* the letter to her.

Mi papá nos **dio** dinero para comprar libros.

My father *gave* us money to buy books.

The present of the verb **dar**

yo	**doy**	nosotros	**damos**
tú	**das**	vosotros	**dais**
él ella Ud.	**da**	ellos ellas Uds.	**dan**

Except for the **yo** form, the verb **dar** is conjugated in the present tense in the same way as other **-ar** verbs.

The preterite of the verb **dar**

yo	**di**	nosotros	**dimos**
tú	**diste**	vosotros	**disteis**
él ella Ud.	**dio**	ellos ellas Uds.	**dieron**

Although **dar** is an **-ar** verb, it is conjugated in the preterite with the endings that you use for **-er** and **-ir** verbs. Also notice that the forms **di** and **dio** do not take an accent mark.

The verb **dar** is often used with indirect object pronouns that indicate to whom something is being given.

Other verbs commonly used with indirect object pronouns are **hablar**, **decir**, **mandar** *(to send),* and **escribir**.

Ex. E: *pair work*   *writing*

Answers, *Ex. E*

1. Tú le das la carta a José, Nosotros le damos...,
Ud. le da..., Ellas le dan..., Mi amigo le da...
2. Tú no le diste a la medicina a Juan, Ella no le
dio..., Nosotros no le dimos..., Uds. no le dieron...,
Vosotras no le disteis...   3. ¿Le dio Ud. el libro a
María, Le dio Jaime..., Le dieron Uds. ..., Le dio la
profesora..., Le disteis vosotros...?   4. La profesora te da a ti mucha tarea, le da a Ud. ..., le da a
ella..., les da a Uds. ..., les da a mis padres... .
5. El médico le dio a Ud. una receta, le dio a
Juan..., les dio a Uds. ..., le dio a mi hermano...,
les dio a mis padres..., os dio a vosotras... .

Ex. F: *pair work*   *writing*

Answers, *Ex. F*

1. Le dio la medicina a Laura.   2. Les dio el
jarabe a mis hermanos.   3. Le dio el antihistamínico a Ud.   4. Me dio el antibiótico a mí.
5. Te dio el jarabe a ti.   6. Le dio la receta a la
profesora.   7. Le dio la aspirina a mi padre.
8. Te dio las gotas para los ojos a ti.   9. Les dio
la medicina a mis padres.   10. Les dio las
aspirinas a mis primos.

Ex. G: *groups of four or more*

Support material, Aquí escuchamos:
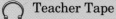 Teacher Tape

Presentation: Aquí escuchamos
(1) Discuss drugstores in the United States and
in the Spanish-speaking world if you did not do
so on p. 288. (2) Have students listen to the dialogue. Ask comprehension questions.

---

298   *Cuarta unidad*   **La salud**

E. Replace the words in italics with those in parentheses and make the
necessary changes.

1. *Ella* le da la carta a José. (tú / nosotros / Ud. / ellas / mi amigo)
2. *Yo* no le di la medicina a Juan. (tú / ella / nosotros / Uds. / vosotras)
3. ¿Le diste *tú* el libro a María? (Ud. / Jaime / Uds. / la profesora /
vosotros)
4. La profesora nos da *a nosotras* mucha tarea. (a ti / a Ud. / a ella / a
Uds. / a mis padres)
5. El médico te dio *a ti* una receta. (a Ud. / a Juan / a Uds. / a mi hermano / a mis padres / a vosotras)

F. **El médico le dio la medicina a...** Indicate to whom the doctor gave
each item. Use the cues and follow the model.

MODELO: el jarabe / Mario
          Le dio el jarabe a Mario.

1. la medicina / Laura   6. la receta / la profesora
2. el jarabe / mis hermanos   7. la aspirina / mi padre
3. el antihistamínico / Ud.   8. las gotas para los ojos / tú
4. el antibiótico / yo   9. la medicina / mis padres
5. el jarabe / tú   10. las aspirinas / mis primos

G. **¿Qué te da tu mamá cuando...?** Ask several classmates what their
mothers give them when they have various illnesses or problems.
Suggestions: **la gripe**, **catarro**, **un dolor de cabeza (estómago,**
etc.), **una alergia**.

Aquí escuchamos

En la farmacia

Alicia va a la farmacia.

FARMACÉUTICO: Buenos días, señorita. ¿En qué le puedo servir?
     ALICIA: Quisiera algo, pero no sé qué. No me siento muy bien.
              Estornudo sin parar y me duele la garganta un poco.
FARMACÉUTICO: Ah, y tiene los ojos muy rojos. Sufre de una alergia.
              ¿Cuánto tiempo hace que se siente así?
     ALICIA: Más o menos ocho horas.
FARMACÉUTICO: Mire, tiene **fiebre del heno**. Le voy a dar un antihis-
              tamínico. Si le duele la garganta, puede tomar estas
              pastillas. Debe volver a casa y descansar enseguida.
     ALICIA: De acuerdo, señor. Muchas gracias. Hasta luego.

How long have you felt like
  this?

hay fever

pills

COMENTARIOS CULTURALES

La farmacia en el mundo hispano

In the Spanish-speaking world, people often consult their local pharmacist when they are not feeling well. If the pharmacist considers the illness to be serious, he or she will advise the customer to see a doctor. In the case of a cold, flu, or minor accident, the pharmacist will recommend over-the-counter medicines and drugs that often require a prescription in the U.S. Many cities and towns in the Spanish-speaking world have at least one pharmacy that remains open all night. Many other pharmacies have signs on their doors indicating that the pharmacy remains open long hours each day.

Here is some useful vocabulary to use in pharmacies throughout the Hispanic world.

Quisiera algo para la garganta.
        los ojos.
        el estómago.

Quisiera algo para la tos.
        la alergia.
        la fiebre del heno.
        el dolor de cabeza.
        la gripe.

Quisiera unas aspirinas.
        un antihistamínico.
        unas pastillas para la garganta.
        unas gotas para los ojos.
        un jarabe para la tos.

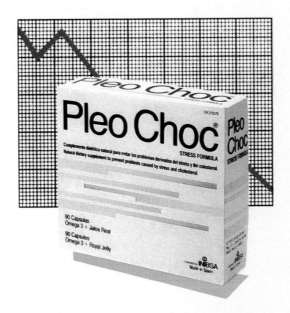

Presentation: Aquí escuchamos, *continued*

Possible questions: 1. How does Alicia feel? 2. What's wrong with her?   3. How does she look to the pharmacist?   4. How long has she been like this?   5. What does the pharmacist think she has?   6. What does he give her?
1. **¿Cómo se siente Alicia?**   2. **¿Qué le pasa a ella?**   3. **¿Cómo la ve el farmacéutico?**
4. **¿Cuánto tiempo hace que está así?**
5. **¿Qué le da a ella?**

 Critical Thinking

Before having students read the **Comentarios culturales**, ask them to indicate where they would go in the U.S. for each of the following medical problems—to a pharmacy, a doctor's office, or an emergency room. Then have them read the cultural information in the textbook and say where they would go in a Spanish-speaking country for each of these problems.
1. They have a stomach virus.
   (U.S.: doctor's office; Hispanic: pharmacy)
2. They cut their finger.
   (U.S. and Hispanic: doctor's office or emergency room)
3. They have a rash on their legs.
   (U.S.: doctor's office; Hispanic: pharmacy)
4. They need an allergy shot.
   (U.S.: doctor's office; Hispanic: doctor's office or pharmacy)

300

Ex. H: *pair work* *writing*

Ex. I: *pair work* *roleplay*

Suggestion, Ex. I: Have students alternate playing the customer and the pharmacist.

Cooperative Learning

Vocabulario: Send-A-Problem

- Have students form groups of four or more to review the vocabulary together.
- Tell the groups that they are to each figure out a medical problem that someone has, using the **Vocabulario** words and expressions.
- Have the groups agree on a problem. Distribute cards and tell the groups to write the problems on one side of the card and to mark that side *Q*. Remind the groups to proofread to catch any errors.
- Now instruct group members to talk about possible solutions to the problem. Tell them that they need to agree on the solution(s), and then write the solution(s) on the back of the card, which they will mark *A*. Remind them to proofread.
- Now have each group send its card, with the question on one side and the solution on the other, to the group to their left.
- The groups will now read the new problem, discuss its solution, and then compare their solution(s) with those on the back of the card.
- If time permits, have groups write additional problems and solutions.
- Call on students at random to relate the problem their group received and its solution.

¡Aquí te toca a ti!

H. **Quisiera...** You are traveling in Spain with a group of people who do not speak Spanish. Serve as their interpreter at the pharmacy and make an appropriate request in each situation.

MODELO: your friend / sore throat
Mi amigo quisiera algo para la garganta. Le duele la garganta. o:
A mi amigo le duele la garganta. Quisiera unas pastillas para la garganta.

1. your friend / headache
2. your sister / stomachache
3. your brother / cough
4. your father / cold symptoms
5. your mother / allergy
6. your friend / flu symptoms

¡Adelante!

I. **En la farmacia** Explain to the pharmacist that you have the symptoms that usually accompany the following medical problems. He or she will then recommend the medicines. Work with a partner.

1. catarro
2. la gripe
3. la fiebre del heno

◆ Vocabulario ◆

Para charlar

Para describir los síntomas

Estornudo.	Tengo escalofríos.
No puedo dormir.	fiebre.
Me duele(n)	fiebre del heno.
Tengo una alergia.	la gripe.
catarro.	una infección.
dolor de cabeza.	la tos.
espalda.	un virus.
estómago.	Toso.

Para preguntarle a alguien de su estado físico

¿Cuánto tiempo hace que te sientes así?

Para comprar medicina en la farmacia

Quisiera… (remedio)
Quisiera algo para…
Quisiera alguna cosa para… } (parte del cuerpo)

Temas y contextos

Los remedios

un antibiótico
un antihistamínico
una aspirina
unas gotas para los ojos
un jarabe
unas pastillas

Vocabulario general

Sustantivos

una epidemia
una frontera
un microbio
un punto

Verbos

alcanzar
cuidar
dar
mandar
sufrir

Adjetivos

anual

Adverbios

constantemente

Otras palabras y expresiones

de todos modos
sin parar
tomar la temperatura

CHAPTER OBJECTIVES

FUNCTIONS: Describing dietary and sleeping habits; advising others what to eat and what not to eat; asking for advice

CONTEXT: Diet; sleep routines

ACCURACY: The verb **pedir**; the time expressions **desde cuándo, desde (que), cuánto tiempo hace,** and **hace (que)**

Cultural Observation

Have students look at the picture and identify the different kinds of fruit in English. Have them name some fruits that come from Central and South America that are not grown here, e.g., **guavas**, **papayas**, etc.

Cultural Expansion

Many of the tropical fruits grown in the Hispanic world have a high nutritional value. Pineapple (**la piña, ananás**) is rich in fiber, iron, potassium, and vitamins A, B, and C. The mango contains vitamins A and K, calcium, iron, and as much vitamin C as an orange. The papaya has large quantities of vitamin A and more vitamin C than an orange. Because of this, many nutritionists predict an increase in popularity for these fruits here in the U.S.

Video / Laserdisc

Etapa 1: Video—Tape 2, Program 4, Part 4
Video Guide— p. 41
Laserdisc—Disc 2, Side 2, Prog. 4, Part 4

Search 32338, Play To 40718

CAPÍTULO DOCE

La salud: mejor que la riqueza

Para la buena salud tienes que comer frutas y vegetales y así obtener la fibra, la vitamina C y los minerales necesarios.

Primera etapa

Los cinco grupos alimenticios

La salud: mejor que la riqueza:
Health: better than riches

Los cinco grupos alimenticios:
The five food groups

1		**Leches y productos lácteos**	calcio, proteína, grasa, vitamina B, vitamina A
2		**Carne, pescado, huevos**	proteína, grasa, hierro, vitamina A, vitamina B
3		**Frutas y vegetales**	vitamina C, fibra, minerales
4		**Pan, cereales, papas, vegetales secos**	almidón, proteína, vitamina B
5		**Grasa**	lípidos, vitamina A en la mantequilla y la crema

Funciones de los cinco grupos alimenticios

Grupos 1 y 2   **Desarrollan**, mantienen y **renuevan** los **tejidos** del cuerpo. Forman los **huesos** y los dientes; mantienen **sanos** los nervios y los músculos; regulan el tono muscular y el ritmo cardíaco.

Develop / renew / tissues
bones / healthy

Grupo 3   Facilitan la digestión; mejoran la vista nocturna; ayudan al movimiento muscular.

Grupos 4 y 5   Le dan energía al cuerpo (calorías).

Etapa Support Materials

WORKBOOK: pp. 223–228
TRANSPARENCY: #42
TEACHER TAPE
QUIZ: Testing Program, p. 169
VIDEO: Tape 2, Program 4, Part 4
VIDEO GUIDE: p. 41

Support material, Los cinco grupos alimenticios: Transparency #42

Presentation: Los cinco grupos alimenticios

Using the transparency, have students identify the foods in each group. Then, as a class, read the outline of functions summarizing the roles of each food group. Ask students in English (or Spanish, of course) if they eat from the five food groups daily and what it is that they eat.

As homework, you could have students bring in pictures of food and have them identify which groups they come from. You also could use this activity as the basis for a small project where you divide the class in half and divide the alphabet in half, and have students find a food or drink that starts with every letter of the alphabet. The idea would be to find healthy foods, but this may not always be possible.

Suggestion, Ex. A: Use transparency #42 or have students write the five food groups on the board.

Possible answers, *Ex. A*

1. Debe comer alimentos de los grupos 1 y 2 y también alimentos de los grupos 3, 4 y 5.
2. Debe comer alimentos de los grupos 4 y 5.
3. Debe comer alimentos de los grupos 1 y 2.
4. Debe comer alimentos del grupo 3.　5. Debe comer alimentos de los grupos 1 y 2.　6. Debe comer alimentos de los grupos 1 y 2.

Ex. B: 🄐 *pair work*

Ex. C: 🄐 *pair work* 📝 *writing*

Answers, *Ex. C*

1. Debes tomar un antihistamínico.　2. Debes tomar dos aspirinas.　3. Debes tomar un jarabe.　4. Debes tomar unas pastillas.　5. Debes descansar.　6. Debes tomar aspirina.　7. Debes beber (tomar) el té.　8. Debes ir al médico.

¡Aquí te toca a ti!

A. **Debes comer los alimentos del grupo...** Diet has a strong influence on your physical condition. Based on the information at the beginning of the **etapa**, recommend what the following people should eat.

MODELO:　Paula Lerma tiene problemas cuando maneja *(drives)* el coche de noche; ella no puede ver muy bien.
Debe comer los alimentos del grupo 3, las frutas y los vegetales.

1. Mateo Torres se prepara para una competencia deportiva.
2. Virginia Estrada siempre está cansada.
3. Adela López empieza a echar los dientes *(to teethe)*.
4. Pablo Chávez tiene problemas después de comer; le molesta el estómago.
5. Juan José Cisneros se rompió el brazo tres veces.
6. A Genoveva Candelaria le late *(beats)* el corazón irregularmente.

B. **¿Comes bien?** Discuss the food that you ate yesterday in terms of the five basic food groups. Your classmate will then tell you whether you ate well or not.

Modelo:　—*Del primer grupo comí queso para el almuerzo y bebí leche para la cena. Del segundo grupo... etc.*
—*Comiste muy bien.*　o:
—*Comiste muy mal.*

Repaso

C. **Las quejas** *(complaints)* Play the role of a pharmacist. Using **deber** and an appropriate infinitive, recommend what your customers should do, based on the cues provided.

MODELO:　Tengo dolor de cabeza. (aspirina)
Debes tomar dos aspirinas.

1. Estornudo sin parar. (antihistamínico)
2. Tengo la gripe. (aspirina)
3. Tengo una tos terrible. (jarabe)
4. Me duele la garganta. (pastillas)
5. Siempre estoy cansado(a). (descansar)
6. Tengo fiebre. (aspirina)
7. Me duele el estómago. (té)
8. Me duele todo el cuerpo. (médico)

D. **¿Qué les dio la doctora?** Indicate what the doctor gave your friends the last time they were sick. Don't forget to use indirect object pronouns with the verb **dar**. Follow the model.

MODELO: a ella / un jarabe
La doctora le dio a ella un jarabe.

1. a ellos / dos aspirinas
2. a él / una pastilla para la garganta
3. a nosotros / una receta
4. a ti / un antihistamínico
5. a mí / unas gotas para los ojos
6. a Ud. / un jarabe para la tos

Ex. D: pair work writing

Suggestion, Ex. D: You may want to remind students that only the **a ellos, a él, a Ud.**, etc., are needed for the third-person clarification.

Answers, *Ex. D*
1. La doctora les dio a ellos dos aspirinas.   2. La doctora le dio a él una pastilla para la garganta.
3. La doctora nos dio a nosotros una receta.
4. La doctora te dio a ti un antihistamínico.
5. La doctora me dio a mí unas gotas para los ojos.
6. La doctora le dio a Ud. un jarabe para la tos.

Presentation: *The verb* pedir

After having presented **pedir** in the present, have students conjugate **servir, medir, reírse, repetir,** and **sonreír** quickly on the board. Then do the preterite of **pedir**, repeat with these verbs in the preterite.

ESTRUCTURA

The verb **pedir**

¿Le **pides** permiso a tu padre cuando quieres salir?

Do you ask your father for permission when you want to go out?

No, yo le **pido** permiso a mi mamá.

No, I *ask* my mother for permission.

¿Le **pediste** permiso al profesor para ir al concierto?

Did you ask the teacher for permission to go to the concert?

Sí, le **pedí** permiso.

Yes, I *asked* him for permission.

Pedir means *to ask for something* as opposed to **preguntar**, which means *to ask questions*. Here are the conjugations of **pedir**.

The present tense

yo	**pido**	nosotros(as)	pedimos
tú	**pides**	vosotros(as)	pedís
él ella Ud. }	**pide**	ellos ellas Uds. }	**piden**

Notice that the **e** in the stem of **pedir** changes to **i** in all forms of the present except **nosotros** and **vosotros**.

The preterite tense

yo	pedí	nosotros(as)	pedimos
tú	pediste	vosotros(as)	pedisteis
él ella Ud. }	**pidió**	ellos ellas Uds. }	**pidieron**

Notice that the **e** in the stem of **pedir** changes to **i** in the third person singular and plural preterite forms. Other verbs conjugated like this are:

servir

medir *(to measure)*

reírse

repetir *(to repeat)*

sonreír *(to smile)*

Aquí practicamos

E. Replace the words in italics with those in parentheses and make all necessary changes.

1. *Yo* le pido permiso al profesor. (tú / ella / nosotras / Uds. / Francisco / vosotros)
2. *Yo* le pedí permiso al profesor. (tú / ella / nosotros / Uds. / Francisco / vosotras)
3. ¿Cuánto mide *Francisco*? (tú / tu hermano / Uds. / ella / Ud. / vosotros)
4. *El profesor* repitió la respuesta. (yo / ellos / Ud. / nosotras / Uds. / vosotras)
5. *Yo* me río cuando me repiten un chiste *(a joke)*. (tú / ellos / nosotras / la profesora / Uds. / vosotros)
6. *Tú* sonríes cuando llega la profesora. (ella / nosotros / mis amigos / yo / Ud. / vosotras)
7. *Yo* no me reí del chiste de Juan. (ellos / nosotros / el profesor / Uds. / tú / él / vosotros)

F. **¿Qué le pidieron al camarero?** You and several friends are in a busy restaurant and the waiter makes several mistakes when he brings you your food. Follow the model.

MODELO: Marta / ensalada / sopa
Marta le pidió ensalada, pero el camarero le sirvió sopa.

1. Francisco / una hamburguesa / un sándwich de jamón con queso
2. Carolina / sopa / ensalada
3. Carlos / té / café
4. Berta / agua mineral / leche
5. Jorge / una pizza / una hamburguesa con queso
6. Laura / pastel / helado

G. **¿Qué pediste?** Think of the last time you were at a restaurant. What did you order? What did the people you were with ask for? Circulate around the room and ask your classmates what they ordered. Then record your responses as a class to find out what the most popular order was.

H. **¿Qué te sirvieron en casa de...?** Think of the last time you were at a friend's house and ate something. What did they serve you? Circulate around the room and ask your classmates what they were served. Again, record your responses as a class to determine the most common food.

Ex. E: pair work / writing

Answers, *Ex. E*

1. Tú le pides permiso al profesor, Ella le pide, Nosotras le pedimos, Uds. le piden, Francisco le pide, Vosotros le pedís 2. Tú le pediste permiso al profesor, Ella le pidió, Nosotros le pedimos, Uds. le pidieron, Francisco le pidió, Vosotras le pedisteis 3. ¿Cuánto mides tú?, mide tu hermano, miden Uds., mide ella, miden Uds., medís vosotros? 4. Yo repetí la respuesta, Ellos repitieron, Ud. repitió, Nosotras repetimos, Uds. repitieron, Vosotras repetisteis. 5. Tú te ríes cuando te repiten un chiste, Ellos se ríen cuando les..., Nosotras nos reímos cuando nos..., La profesora se ríe cuando le..., Uds. se ríen cuando les..., Vosotros os reís cuando os... . 6. Ella sonríe cuando llega la profesora, Nosotros sonreímos, Mis amigos sonríen, Yo sonrío, Ud. sonríe, Vosotras sonreís 7. Ellos no se rieron del chiste de Juan., Nosotros no nos reimos, El profesor no se rió, Uds. no se rieron, Tú no te reiste, Él no se rió, Vosotros no os reisteis.

Ex. F: pair work / writing

Answers, *Ex. F*

1. Francisco le pidió una hamburguesa, pero el camarero le sirvió un sándwich de jamón con queso. 2. Carolina le pidió sopa, pero el camarero le sirvió ensalada. 3. Carlos le pidió té, pero el camarero le sirvió café. 4. Berta le pidió agua mineral, pero el camarero le sirvió leche. 5. Jorge le pidió una pizza, pero el camarero le sirvió una hamburguesa con queso. 6. Laura le pidió pastel, pero el camarero le sirvió helado.

Suggestion, Ex. G: You may want to model this: **Pedí pescado, papas al horno y ensalada.** Then ask the first student what he/she ordered to start the chain.

Suggestion, Ex. H: Do the same thing with this: **Me sirvieron pollo con arroz,** etc. **¿Qué te sirvieron?**

◆ *Critical Thinking* ◆

For decades, scientists and other interested groups around the world have proposed that the general population of all countries adopt the metric system as the universal system of measurement. Ask students what advantages they can see to switching to the metric system in the U.S. (one standard of measurement, makes it easier to trade products with other countries, is based on a scale of 100, is easier to use mathematically, etc.). What disadvantages do they see? (difficulty getting people used to the new system, cost of changing over measuring equipment, etc.)

Before reading the **Comentarios culturales,** ask if anyone knows how to convert from our system of weights and measures to the metric system. This is a way to bring outside knowledge into the Spanish class.

Suggestion, Comentarios culturales: After you have read the **Comentarios culturales,** use yourself as an example, e.g., **Mido 5' 6" = 66 pulgadas x 2.5 =165. Mido un metro, sesenta y cinco.** Or: **Mi hijo pesa 140 libras; 140 dividido por 2.2 = 63.6. Él pesa sesenta y tres punto seis kilos o casi sesenta y cuatro kilos.** Talk about the metric system as used to express height and weight. Have students calculate a few. Then have them do their own. Use questions like **¿Cuánto mides y cuánto pesas?** Have them answer **Mido...** and **Peso...** . Then have them listen to the dialogue in the **Aquí escuchamos** section.

Support material, Aquí escuchamos:
🎧 Teacher Tape

Possible questions: 1. How tall is Felipe? 2. How much does he weigh? 3. How does he keep slim? 4. What does his mother serve him? 5. What does he ask her for sometimes? 1. **¿Cuánto mide Felipe?** 2. **¿Cuánto pesa?** 3. **¿Cómo guarda la línea?** 4. **¿Qué le sirve su mamá?** 5. **¿Qué le pide a ella a veces?**

do you weigh

do you keep slim

▼ COMENTARIOS CULTURALES

Metros y kilos
In Spanish-speaking countries, height and weight are expressed in **metros** and **kilos**.

One meter (**metro**) is equivalent to 3.281 feet (a little over 39 inches). Conversely, one foot equals 0.305 meters, and one inch equals 2.5 centimeters. To convert your height to meters and centimeters, multiply your height in inches by 2.5. For example, if you are 5'8" tall, you would be 170 centimeters tall (68" x 2.5). Since there are 100 centimeters in a meter you would say that you are 1 meter and 70 centimeters tall, or **"Mido un metro setenta."**

One kilogram (**kilo**) is the equivalent of 2.2 pounds, and one pound equals 454 grams. To convert pounds to kilograms, divide your weight in pounds by 2.2. For example, if you weigh 145 pounds, you would weigh 65.9 kilograms (145 ÷ 2.2) and you would say, **"Peso casi sesenta y seis kilos."**

Aquí escuchamos

¿Cuánto mides?

HÉCTOR: ¿Cuánto mides, Felipe?
FELIPE: Mido exactamente un metro setenta y ocho.
HÉCTOR: ¿Y cuánto **pesas**?
FELIPE: Peso setenta y dos kilos.
HÉCTOR: ¿Y cómo **guardas la línea**?
FELIPE: Pues hago gimnasia y como bien.
HÉCTOR: ¿Comes dulces y galletas?
FELIPE: A veces le pido dulces, galletas y papas fritas a mi mamá, pero ella me dice que es importante comer bien. Ella nos prepara unas comidas estupendas.
HÉCTOR: ¿Y qué les sirve a Uds.?
FELIPE: Nos sirve comidas balanceadas que incluyen alimentos de los cinco grupos.

¡Aquí te toca a ti!

I. ¿Qué le pides a tu mamá? Your friend asks if you ask your mother for certain foods that are normally not considered good for you. You respond by saying that you do, but that your mother serves you other food instead. Work with a partner and follow the model.

MODELO: dulces / fruta
—¿Le pides dulces a tu mamá?
—Sí, le pido dulces, pero me sirve fruta.

1. pasteles / yogur
2. papas fritas / zanahorias y apio *(celery)*
3. dulces / pasas *(raisins)*
4. helado / manzanas o peras
5. galletas / bananas
6. torta / fruta y queso

J. ¿Qué pides en la cafetería? Tell what kinds of exotic foods you ask for in the school cafeteria and what you actually get served. Use the phrases: **Pido... pero me sirven...**

¡Adelante!

K. Survey some of your classmates about the eating habits and physical conditions of their family members. Then, without naming names, report to the class your general conclusions about the physical condition of people in your town.

Ex. I: pair work / writing

Cooperative Learning
Ex. I: Family Secrets

- Have students form pairs (their choice) to talk about the eating habits of their family members.
- Read the model and give an additional example by talking about your own family.
- Direct the students to talk about their family members' eating habits. Time the interactions so that each student has equal time talking about his or her family.
- Ask for volunteers to tell about their partner's family (with their permission).

Answers, *Ex. I*
1. ¿Le pides pasteles a tu mamá? Sí, le pido pasteles, pero me sirve yogur. 2. ¿Le pides papas fritas a tu mamá? Sí, le pido papas fritas, pero me sirve zanahorias y apio. 3. ¿Le pides dulces a tu mamá? Sí, le pido dulces, pero me sirve pasas. 4. ¿Le pides helado a tu mamá? Sí, le pido helado, pero me sirve manzanas o peras. 5. ¿Le pides galletas a tu mamá? Sí, le pido galletas, pero me sirve bananas. 6. ¿Le pides torta a tu mamá? Sí, le pido torta, pero me sirve fruta y queso.

Ex. J: pair work / writing

Suggestion Ex. J: If you don't have this type of cafeteria, substitute **Quiero..., pero me sirven...**

Etapa Support Materials

WORKBOOK: pp. 229–233
LISTENING ACTIVITY MASTERS: p. 96
TAPESCRIPT: p. 137
TEACHER TAPE
QUIZ: Testing Program, p. 173
CHAPTER TEST: Testing Program, p. 176

Presentation: **Los jóvenes duermen mal**
Ask about students' sleeping habits—what time they go to bed and get up, how many hours they sleep, and if they dream. Model by telling your habits: **Me acuesto usualmente a las once y media, me levanto a las seis y media, duermo por siete horas, sueño en español.** Then have students read the article silently and do Ex. A.

Ex. A: 👥 *pair work* 📝 *writing*

Answers, *Ex. A*

1. falso; duermen siete horas. 2. falso; duermen nueve horas durante el fin de semana. 3. cierto
4. falso; 25% duermen la siesta durante las vacaciones. 5. falso; duermen mucho. 6. cierto
7. falso; roncan un poco. 8. falso; las muchachas tienen más pesadillas que los muchachos.

Segunda etapa

Los jóvenes duermen mal

survey
carried out / suggests

Dormir lo suficiente es muy importante para la salud. Una **encuesta** que **llevó a cabo** un grupo de médicos **sugiere** que los jóvenes de 15 a 19 años duermen muy mal. Más de 50% dicen que están cansados cuando se despiertan. En el artículo que sigue, presentamos los resultados de la encuesta.

try to

majority / the same

at least in part

nightmares

snore

Los jóvenes duermen mal

Aparentemente, los jóvenes de este grupo se acuestan muy tarde y no duermen lo suficiente. El 75% dice que no duermen más de siete horas cada noche durante la semana. La gran **mayoría** se acuesta a eso de las 22 ó 23 horas. La televisión es la causa, **en parte al menos**, por no dormir lo suficiente. Casi el 25% admiten estar muy cansados durante el día y otro 25% duermen la siesta cuando es posible.

Durante el fin de semana, los jóvenes **tratan de** recuperar las horas de dormir que perdieron durante la semana. La mayoría dice que duerme dos horas adicionales los sábados y domingos. Durante las vacaciones también hacen **lo mismo**.

El 25% de estos jóvenes tiene dificultades durmiéndose. Esto es una señal de ansiedad y sin duda una indicación de una vida no muy saludable. Las jóvenes tienen más **pesadillas** que los jóvenes pero los muchachos **roncan** más que las muchachas.

¡Aquí te toca a ti!

A. **¿Verdad o falso?** Based on the information in the reading, tell whether the following statements are true or false.

1. Los jóvenes típicos duermen ocho horas cada noche durante la semana.
2. Los jóvenes típicos duermen siete horas durante el fin de semana.
3. Los jóvenes típicos se acuestan generalmente a eso de las 10:00 de la noche.
4. El 50% de los jóvenes duermen una siesta durante las vacaciones.
5. Durante las vacaciones los jóvenes de 15 a 19 años duermen poco.

6. El 25% de los jóvenes tiene dificultades durmiéndose.
7. Las muchachas nunca roncan.
8. Los muchachos tienen más pesadillas que las muchachas.

B. **¿Y tú?** Answer the questions about your sleeping habits.

1. Generalmente, ¿a qué hora te acuestas?
2. ¿Miras la tele antes de acostarte?
3. Generalmente, ¿cuántas horas duermes cada noche?
4. ¿Duermes una siesta?
5. Cuando te despiertas, ¿estás cansado(a)?
6. ¿Cuándo te duermes tarde?
7. ¿Te acuestas más tarde durante el fin de semana?
8. ¿Sueñas *(Do you dream)* de vez en cuando?
9. ¿Tienes pesadillas de vez en cuando?
10. ¿Roncas tú?

A Cristina le gusta dormir tarde.

Repaso

C. **¿Cuánto mide...? ¿Y cuánto pesa?** You want to know how tall various people are and how much they weigh. Work with a partner, use the cues provided, and follow the model.

MODELO: José / 1.79 / 68
—¿*Cuánto mide José?*
—*Mide un metro setenta y nueve.*
—¿*Y cuánto pesa?*
—*Pesa sesenta y ocho kilos.*

1. Marisol / 1.66 / 51   3. Oscar / 1.96 / 82
2. Lidia / 1.45 / 48   4. Verónica / 1.89 / 76

D. **Les pedí..., pero me sirvieron...** You and some of your friends asked your parents for certain snack foods. Because your parents thought the foods you wanted weren't good for you, they served you something else that they thought was better. Work with a partner and follow the model.

MODELO: Bárbara / helado / yogur
—¿*Qué les pidió Bárbara a sus padres?*
—*Bárbara les pidió helado, pero le sirvieron yogur.*

1. Lorenzo / pastel / una manzana
2. Rebeca / papas fritas / zanahorias y apio *(celery)*
3. tu hermanito / dulces / pasas *(raisins)*
4. ellas / torta / fruta y queso
5. tus amigos / helado / ensalada de fruta
6. ellos / galletas / yogur

Ex. B: *pair work* *writing*

Variation, Ex. B: This can be done as a mini-survey. Have students interview each other and then report to the class.

Ex. C: *pair work*

Answers, *Ex. C*

1. ¿Cuánto mide Marisol? Mide un metro sesenta y seis. ¿Y cuánto pesa? Pesa cincuenta y un kilos.   2. ¿Cuánto mide Lidia? Mide un metro cuarenta y cinco. ¿Y cuánto pesa? Pesa cuarenta y ocho kilos.   3. ¿Cuánto mide Oscar? Mide un metro noventa y seis. ¿Y cuánto pesa? Pesa ochenta y dos kilos.   4. ¿Cuánto mide Verónica? Mide un metro ochenta y nueve. ¿Y cuánto pesa? Pesa setenta y seis kilos.

Ex. D: *pair work*

Answers, *Ex. D*

1. ¿Qué les pidió Lorenzo a sus padres? Lorenzo les pidió pastel, pero le sirvieron una manzana.
2. ¿Qué les pidió Rebeca a sus padres? Rebeca les pidió papas fritas, pero le sirvieron zanahorias y apio.   3. ¿Qué les pidió tu hermanito a tus padres? Él les pidió dulces, pero le sirvieron pasas.   4. ¿Qué les pidieron ellas a sus padres? Ellas les pidieron torta, pero les sirvieron fruta y queso.   5. ¿Qué les pidieron tus amigos a sus padres? Les pidieron helado, pero les sirvieron ensalada de fruta.   6. ¿Qué les pidieron ellos a sus padres? Ellos les pidieron galletas, pero les sirvieron yogur.

The expressions ***desde cuándo, desde (que), cuánto tiempo hace,*** *and* ***hace (que)***

—**¿Desde cuándo** estudias español?

—*How long (since when, since what point in time)* have you been studying Spanish?

—Estudio español **desde que** tenía 15 años.

—*I have been studying Spanish since I was 15.*

—Estudio español **desde** el año pasado.

—*I have been studying Spanish since last year.*

—**¿Cuánto tiempo hace que** estudias español?

—*For how long* have you been studying Spanish?

—**Hace** tres meses que estudio español.

—*I have been studying Spanish for three months.*

Desde cuándo, **cuánto tiempo hace**, **desde**, **desde que**, and **hace** can be used to ask and answer questions about something that started in the past and is *continuing in the present.*

Question	Answer
¿Desde cuándo + *present tense verb...?*	*present tense verb* + **desde** + *specific point in time*
	present tense verb + **desde que** + *subject* + *past-tense verb*
¿Cuánto tiempo hace que + *present tense verb...?*	**hace** + *length of time* + **que** + *present tense verb*

Remember that in Unit 5 of *¡Ya verás!, Primer nivel,* you learned to use a similar construction with the preterite tense to express *ago* in Spanish.

Hace cinco años que viví en Indiana.

I lived in Indiana *five years ago.*

or

Viví en Indiana **hace cinco años**.

I lived in Indiana *five years ago.*

Aquí practicamos

E. **La señora Cortina va al médico.** Your friend Cristina's mother, who has been ill for several days, goes to see the doctor. Before she is examined, the nurse asks her some questions. Use the cues in parentheses to give Sra. Cortina's answers.

MODELO: ¿Desde cuándo vives en Madrid? (1982)
Vivo en Madrid desde 1982.

1. Muy bien, entonces, ¿hace tres años que vive en Madrid? (no / ... años)
2. ¿Cuánto tiempo hace que trabaja en el Banco de Bilbao? (diez años)
3. ¿Desde cuándo consulta al Dr. Pérez? (1985)
4. ¿Cuánto tiempo hace que no va al médico? (seis meses)
5. ¿Cuánto tiempo hace que tiene catarro? (tres o cuatro días)
6. ¿Tiene fiebre? ¿Sí? ¿Desde cuándo? (ayer)
7. ¿Qué medicina toma Ud? ¿Aspirina? ¿Cuánto tiempo hace? (dos días)
8. ¿Durmió bien anoche? ¿No? ¿Cuánto tiempo hace que no duerme bien? (dos días)

F. **Un(a) amigo(a) enfermo(a)** When your classmate complains about his or her health, you try to find out some details. Work with a partner, who will use the answers provided to complain. Use the cues in parentheses to ask him or her questions.

MODELO: ¡Ay, ay, ay! No me siento bien. (cuánto tiempo hace / sentirse mal)
¿Cuánto tiempo hace que te sientes mal?

1. Hace muchos días. ¡Ay, ay, la cabeza! (desde cuándo / dolor de cabeza)
2. Desde el lunes. ¡Ay, la garganta! (desde cuándo / dolor de garganta)
3. Hace dos días. Estoy muy cansado(a). (cuánto tiempo hace / dormir mal)
4. Hace tres semanas. Yo me acuesto temprano. (cuánto tiempo hace / acostarse antes de las 10:00)
5. Desde ayer. Tengo dolor de cabeza y escalofríos. (desde cuándo / tener gripe)
6. Desde el domingo pasado. Tengo dolor de garganta y fiebre. (desde cuándo / tener catarro)

Ex. E: *pair work*   *writing*

Suggestion, Ex. E: Before doing Ex. E, you may want to model with a few students, e.g., **¿Tienes dolor de cabeza? ¿desde cuándo?** Or say **Yo tengo dolor de garganta** and have students ask you questions with **desde cuándo** or **cuánto tiempo hace.**

Answers, *Ex. E*

1. No, vivo en Madrid hace... años.   2. Hace diez años que trabajo en el Banco de Bilbao. 3. Consulto al Dr. Pérez desde 1985 (mil novecientos ochenta y cinco).   4. No voy al médico hace seis meses.   5. Tengo catarro hace tres o cuatro días.   6. Tengo fiebre desde ayer.   7. Hace dos días que tomo aspirina. (Tomo aspirina hace dos días.)   8. Hace dos días que no duermo bien. (No duermo bien hace dos días.)

Ex. F: *pair work*

Answers, *Ex. F*

1. ¿Desde cuándo tienes dolor de cabeza?   2. ¿Desde cuándo tienes dolor de garganta?   3. ¿Cuánto tiempo hace que duermes mal?   4. ¿Cuánto tiempo hace que te acuestas antes de las diez? 5. ¿Desde cuándo tienes gripe?   6. ¿Desde cuándo tienes catarro?

Ex. G: 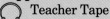 *writing*

Answers, *Ex. G*

1. Hace dos semanas que me siento mal. Tengo fiebre desde el lunes pasado.   2. Hace un mes que Mía tiene catarro. Hace cinco días que ella tose.   3. Mis padres tienen dolor de garganta desde el principio de la semana.   4. ¿Cuánto tiempo hace que te duele el estómago?   5. ¿Desde cuándo no duermes bien? *or* ¿Desde cuándo duermes mal?   6. Hace un mes que no duermo bien.

Follow-up, Ex. G: Have students write these sentences for **tarea** after you have done them orally. You could use them as a dictation to familiarize students with this sometimes difficult concept.

Support material, Aquí escuchamos:
Teacher Tape

Presentation: Aquí escuchamos

Ask students to brainstorm reasons for getting a bad night's sleep. Try to get them to include as a possible reason someone keeping them awake. Then play the dialogue or have them read it, and ask **¿Por qué no durmió Rebeca bien? ¿Hasta qué hora durmió Claudia?**

Possible questions: 1. How does Rebeca look to Claudia?   2. Why is Rebeca tired?   3. Who is visiting Rebeca's house?   4. How long are they going to be with Rebeca?   5. How did Claudia sleep?
1. **¿Cómo la ve a Rebeca Claudia?**   2. **¿Por qué está cansada Rebeca?**   3. **¿Quiénes están de visita en la casa de Rebeca?**   4. **¿Cuánto tiempo van a estar con Rebeca?**   5. **¿Cómo durmió Claudia?**

Ex. H: *pair work*

G. **¡Traducciones** *(Translations)*! Give the Spanish equivalents of the following sentences.

1. I have been feeling poorly for two weeks. I've had a fever since last Monday.
2. Mía has had a cold for a month. She has been coughing for five days.
3. My parents have had sore throats since the beginning (**el principio**) of the week.
4. How long has your stomach been hurting?
5. Since when have you been sleeping badly?
6. I haven't slept well for a month.

Aquí escuchamos

¿Dormiste bien?

Es viernes, un día de vacaciones para los estudiantes de las escuelas secundarias. Claudia habla con su amiga Rebeca, en el centro.

	CLAUDIA: ¡Hola, Rebeca! ¿Qué tal?
	REBECA: ¡Hola! Bastante bien.
Really? / You look	CLAUDIA: **¿De veras?** Te ves un poco cansada.
	REBECA: Estoy cansadísima. No dormí muy bien anoche.
worried	CLAUDIA: ¿Por qué? ¿Estás **preocupada** por algo?
	REBECA: No, no. Mi hermana y su esposo están de visita. Ellos tienen un bebé. Él es pequeñito y se despertó tres veces anoche.
	CLAUDIA: ¿Desde cuándo están en tu casa?
	REBECA: Desde el domingo. Y van a estar con nosotros hasta el sábado. Y tú, ¿dormiste bien?
	CLAUDIA: Sí, como siempre. Me acosté temprano y dormí tarde hoy — hasta las 10:00.
I'm envious!	REBECA: **¡Qué envidia!**

¡Aquí te toca a ti!

H. **¿Dormiste bien anoche?** Question a classmate about his or her sleeping habits and experiences.

Haga las preguntas para saber...

1. si él (ella) durmió bien anoche.
2. a qué hora se acostó.
3. cuántas horas durmió.
4. cuántas horas duerme generalmente durante la semana.
5. cuántas horas duerme generalmente durante el fin de semana.
6. cuándo durmió tarde y hasta qué hora.
7. si él (ella) tiene pesadillas.
8. si él (ella) ronca.

¡Adelante!

I.   **Una encuesta** Working with several other students, survey your classmates about their sleeping habits and those of their families. Find out information that will either confirm or dispute the following statements.

1.   High school students don't get enough sleep (that is, they go to bed too late and/or get up very early).
2.   High school students catch up on lost sleep on weekends and during vacations.
3.   Young people fall asleep more easily than older people.
4.   Females have nightmares more often than males.
5.   Males snore more often than females do.

◆ Vocabulario ◆

ara charlar

Para hablar del aspecto físico

Mido un metro…	Tengo que guardar la línea.
Peso… kilos.	subir de peso.
Te ves…	bajar de peso.

Para hablar de un período de tiempo

¿Desde cuándo?
¿Cuánto tiempo hace?
desde (que)
hace

Suggestion, Vocabulario: You could have students bring a healthful food from each food group for a review **fiesta**. Have students say what they are bringing and which group it is from. Have them write up their menu.

Temas y contextos

Los alimentos

el almidón	los minerales
el calcio	el pan
el cereal	las papas
la fibra	los productos lácteos
la fruta	la proteína
la grasa	el vegetal
el hierro	las vitaminas
la leche	
los lípidos	

El sueño

roncar

tener una pesadilla

Vocabulario general

Sustantivos

la ansiedad	una indicación
un artículo	la mayoría
un (una) bebé	un movimiento muscular
unas calorías	un músculo
una causa	un nervio
una dificultad	un resultado
la digestión	el ritmo cardíaco
una duda	la salud
la energía	una señal
una falta	el tono muscular
un hueso	la vista nocturna

Verbos

admitir	regular
desarrollar	renovar
facilitar	repetir (i, i)
formar	sonreír(se) (i, i)
mejorar	sugerir (ie, i)
presentar	tratar de
recuperar	

Adverbios

aparentemente

exactamente

Otras palabras y expresiones

¿De veras?

en parte al menos

estar de visita

lo mismo

llevar a cabo

¡Qué envidia!

Adjetivos

adicional

balanceado(a)

preocupado(a)

Aquí leemos

This text is taken from *El Regional*, a newspaper in Puerto Rico. Don't try to translate every word. Instead, work on capturing the general idea of each section.

Acerca de los dolores musculares

Por Robert P. Sheldon

MANTÉNGASE

Mientras innumerables cantidades de personas comienzan un régimen de ejercicios cada año, otro tanto "tira la toalla" antes de ver algún resultado positivo. Y la cesación de la actividad no está limitada a los principiantes: veteranos, también, frecuentemente abandonan su deporte. La falta de interés y de tiempo y las lesiones son algunas de las razones para renunciar. Los científicos especialistas en comportamiento humano, John Martín, Ph.D. y Patricia Dubbert, Ph.D., de la Administración de Veteranos y el Centro Médico de la Universidad de Mississippi tienen estos consejos para los deportistas novatos y los no tan novatos, lo mismo que para los profesionales y amigos alentadores:

1) Vaya paso a paso. Comience de una manera fácil, de baja intensidad y gradualmente aumente su ritmo de ejercicios.

2) Control del refuerzo. Siéntase orgulloso de usted mismo. Mantenga una lista que le recuerde sus logros. Cuéntele a sus amigos lo mucho que ha avanzado. Envuélvase en desafíos motivacionales de

premios ganados o separe cierta cantidad de dinero por cada milla que corra, nade o corra en bicicleta.

3) Control estimulante. Saque la ropa que va a utilizar en la corrida mañanera la noche anterior, o por la mañana si es que va a correr en la tarde después del trabajo. Evite las amistades que no aprecian el ejercicio. Lleve un historial de su millaje, tenga a la vista carteles y fotografías de personas ejercitándose, programe sus ejercicios semanalmente por adelantado y escriba notas sobre usted mismo.

4) Contratos de comportamiento humano. Escríbase un contrato a usted mismo, y sea realista acerca de sus metas. Guárdelo y cuando haya logrado su meta, celébrelo.

5) Estrategias congénitas. Establezca metas, visualícese logrando éstas, y sea positivo. La gente comienza a ejercitarse por que es bueno para su salud y quiere hacerlo bien. Con un poco de empuje mental y premeditación, usted puede mantenerse en un programa de ejercicios o ayudar a otros a continuar el suyo.

Support Materials

WORKBOOK: pp. 234–236
LISTENING ACTIVITY MASTERS: p. 104
TAPESCRIPT: p. 148
UNIT EXAM: Testing Program, p. 180
ATAJO, WRITING ASSISTANT SOFTWARE

Prereading

Have students scan the reading quickly and write down as many cognates as they can. You could make this a contest between pairs or two groups.

Exs. A and B:  *pair work* *writing*

Answers, *Ex. A*

1. beginners   2. new   3. goals, gains   4. avoid
5. goals, aims

Answers, *Ex. B*

1. scientists specializing in human behavior, advice on starting a sport or exercise program
2. step by step, in an easy way   3. keeping a list of your achievements, telling your friends, giving yourself rewards   4. putting out workout clothes in advance, avoiding friends who don't exercise, recording your progress in journals, photos, scheduling yourself in advance, taking notes   5. It's good for their health.

Cooperative Learning

Ex. B: Jigsaw Twins

- Have students form teams of four and then divide into pairs. Each pair is going to work together on figuring out what the reading says.
- Have the teams read the passage, taking turns.
- Now direct each pair to work together to understand it. Remind them to look at the questions in Ex. B for guidance.
- Have the pairs get together within their teams to discuss their conclusions. Each pair will share its insights. Then pairs should read the passage again to find the humor in it. Have them do Exs. A and B together.

Ex. C: 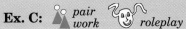 *pair work* *roleplay*

Answers, *Ex. C*

1. ¿Cuánto tiempo hace que vives en Madrid? / Llegué a Madrid en 1989. / Ah, hace… años que vives en Madrid.   2. ¿Desde cuándo hace ejercicios aeróbicos? / Comencé en 1987. / Ah, haces ejercicios aeróbicos hace… años.   3. ¿Cuánto tiempo hace que hablas francés? / Comencé a estudiar francés en 1985. / Ah, hace… años que hablas francés.

A. **Ejercicio de palabras**. Based on the content of the reading, what do you think the following words mean?

1. principiantes
2. novatos
3. logros
4. evite
5. meta

B. **Ejercicio de comprensión** Answer the following questions in English based on the reading.

1. Who are John Martin and Patricia Dubbert and what kind of advice do they give?
2. According to point number one, how should you begin?
3. How does point number two suggest that you reward yourself?
4. What are some suggestions to help maintain a routine?
5. Why do people exercise, according to point five?

Repaso

C. It's been several years since Lynda has seen the Spanish family with whom she spent a year. When she and her Spanish "sister" have a reunion, they discuss what is going on in her life and in the sister's life. Work with a partner. One of you should play the role of Lynda, asking questions with either **desde cuándo,** or **cuánto tiempo hace**, based on the sister's comments provided. The other should answer using **desde** or **hace.** Assume that their conversation takes place in the current year. (Males should play the roles of Larry and his Spanish "brother.")

MODELO: estar en la universidad / empezar los estudios en 1990
—¿Cuánto tiempo hace que estás en la universidad?
—Empecé los estudios en 1990.
—Ah, hace dos años que estás en la universidad.

1. vivir en Madrid / llegar a Madrid en 1989
2. hacer ejercicios aeróbicos / comenzar en 1987
3. hablar francés / comenzar a estudiar francés en 1985
4. tener dos gatos / comprar los gatos el año pasado
5. mi papá / trabajar en el Banco de Bilbao / comenzar en 1989
6. tener novio(a) ahora / conocer a mi novio(a) en abril de este año

Aquí repasamos

In this section, you will review:

- the imperfect tense;
- the preterite of reflexive verbs;
- indirect object pronouns;
- the verb **doler**;

- the verb **dar**;
- the verb **pedir**;
- the expressions **desde cuándo, desde que, cuánto tiempo hace, hace que**.

The body, health, and illnesses

A. **¿Cómo están tus compañeros?** You are in Spanish class and three of your classmates are absent. Your teacher wants to know why. Based on the information given below, one of you states the problem. Then other students imagine the details (as suggested).

1. Roger had an accident. (kind of accident? injuries? home or hospital? how long?)
2. Susan has a bad flu. (symptoms? treatment?)
3. Don has a cold. (symptoms? treatment? how long?)

The imperfect

Ella vivía en España. $\left\{ \begin{array}{l} \textit{She lived} \text{ in Spain.} \\ \textit{She used to live} \text{ in Spain.} \\ \textit{She was living} \text{ in Spain.} \end{array} \right.$

Regular verbs	hablar	comer	vivir
yo	hablaba	comía	vivía
tú	hablabas	comías	vivías
él, ella, Ud.	hablaba	comía	vivía
nosotros	hablábamos	comíamos	vivíamos
vosotros	hablabais	comíais	vivíais
ellos, ellas, Uds.	hablaban	comían	vivían

Answers, *Ex. C continued*

4. ¿Desde cuándo tienes dos gatos? / Compré los gatos el año pasado. / Ah, hace un año que tienes dos gatos.   5. ¿Cuánto tiempo hace que tu papá trabaja en el Banco de Bilbao? / Comenzó en 1989. / Ah, hace... años que él trabaja allí. 6. ¿Desde cuándo tienes novio(a) ahora? / Conocí a mi novio(a) en abril de este año. / Ah, tienes novio(a) hace... meses.

Ex. A: *groups of four or more*

Ex. B: 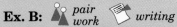 *pair work*   *writing*

Answers, *Ex. B*
1. trabajaba   2. se quedaba   3. éramos   4. tenía
5. estudiaba   6. asistíamos   7. pasábamos   8. alquilaban   9. gustaba   10. jugaba   11. íbamos
12. nos divertíamos

Ex. C: *writing*

Irregular verbs	ver	ser	ir
yo	veía	era	iba
tú	veías	eras	ibas
él, ella, Ud.	veía	era	iba
nosotros	veíamos	éramos	íbamos
vosotros	veíais	erais	ibais
ellos, ellas, Uds.	veían	eran	iban

B. **La juventud** *(youth)* **del padre de Diana** Diana's father remembers what things were like when he was a boy. In his description of his life, change the verbs from the present to the imperfect.

MODELO: Vivimos en Valencia.
          Vivíamos en Valencia.

1. Mi padre trabaja en un banco.
2. Mi mamá se queda en casa.
3. Somos tres niños.
4. Mi hermana tiene dieciocho años.
5. Ella estudia en la universidad.
6. Mi hermano y yo asistimos a la escuela secundaria.
7. Nosotros pasamos el verano en Málaga.
8. Mis padres alquilan una casa cerca del mar.
9. A mi hermana le gusta nadar.
10. Yo juego al vólibol en la playa.
11. Mi padre y yo vamos de pesca.
12. Nosotros nos divertimos mucho durante nuestras vacaciones en Málaga.

C. **La última vez que tenías catarro** Answer the following questions about the last time you had a cold.

1. ¿Qué mes era? ¿Qué año?
2. ¿Cómo te sentías? ¿Mal? ¿Muy mal? ¿Bastante mal?
3. ¿Tenías dolor de garganta?
4. ¿Tenías dolor de cabeza?
5. ¿Tenías fiebre?
6. ¿Querías quedarte en casa?

Now think of the last time you had the flu. Describe your physical condition, following a pattern similar to the one in the preceding questions.

The preterite of reflexive verbs

yo	**me levanté**	nosotros(as)	**nos levantamos**
tú	**te levantaste**	vosotros(as)	**os levantasteis**
él		ellos	
ella }	**se levantó**	ellas }	**se levantaron**
Ud.		Uds.	

D. **El sábado pasado** Using the suggested activities, tell what you did or did not do last Saturday.

MODELO: *Me desperté temprano. No me levanté enseguida,* etc.

Suggested activities: despertarse temprano / levantarse enseguida / desayunarse / lavarse los dientes / lavarse el pelo / ir al centro / divertirse con sus amigos / regresar a casa a las... / acostarse antes de la medianoche

Indirect object pronouns

me	*to (for) me*	**nos**	*to (for) us*
te	*to (for) you*	**os**	*to (for) you*
le	*to (for) him, her, you*	**les**	*to (for) them, you*

Indirect object pronouns are used to indicate what person or thing receives the direct object of the verb.

The verb *doler*

Me duelen los ojos.
¿Te duele la cabeza?
Sí, y **me duele la espalda** también.

The verb **doler** is just like the verb **gustar** in that it is used with the indirect object pronouns **me, te, le, nos, os,** and **les**. Furthermore, like **gustar**, only the third-person singular and plural forms are used, depending on whether what hurts is singular or plural.

Ex. E:  *pair work* ✎ *writing*

Answers, *Ex. E*

1. A Catarina le duele el estómago. 2. A Carlos le duelen las rodillas. 3. A Roberto le duele la cabeza. 4. A Julia le duele el tobillo. 5. A Alberto le duele la espalda. 6. A María le duele el brazo (el codo).

E. **¿Qué le duele a...?** Based on the drawings below, tell where each of the people hurt.

MODELO: *A Juan le duele el brazo.*

Juan

1. Catarina   2. Carlos   3. Roberto

4. Julia   5. Alberto   6. María

The present tense of the verb *dar*

yo	**doy**	nosotros	damos
tú	das	vosotros	dais
él		ellos	
ella	da	ellas	dan
Ud.		Uds.	

The preterite of the verb *dar*

yo	**di**	nosotros	**dimos**
tú	**diste**	vosotros	**disteis**
él		ellos	
ella	**dio**	ellas	**dieron**
Ud.		Uds.	

F. **¿Qué te da el médico cuando estás enfermo?** Go around the room asking various classmates what the doctor gives them when they are sick. Keep track and your teacher will ask some of you to tell what the doctor gives your classmates.

The present tense of the verb *pedir*

yo	**pido**	nosotros	pedimos
tú	**pides**	vosotros	pedís
él		ellos	
ella	**pide**	ellas	**piden**
Ud.		Uds.	

The preterite of the verb *pedir*

yo	pedí	nosotros	pedimos
tú	pediste	vosotros	pedisteis
él		ellos	
ella	**pidió**	ellas	**pidieron**
Ud.		Uds.	

Other verbs conjugated like this are **servir**, **medir** *(to measure)*, **reír(se)**, **repetir** *(to repeat)*, **sonreír(se)** *(to smile)*.

Ex. G:  *pair work*

Answers, *Ex. G*

1. ¿Qué les pidió Mario? Mario les pidió té, pero le sirvieron jugo de naranja.   2. ¿Qué les pidió Elena? Elena les pidió helado, pero le sirvieron yogur.   3. ¿Qué les pidió Diana? Diana les pidió dulces, pero le sirvieron pasas.   4. ¿Qué les pidió Alicia? Alicia les pidió torta, pero le sirvieron una manzana.   5. ¿Qué les pidió Marcos? Marcos les pidió pastel, pero le sirvieron una banana.   6. Qué les pidió Adolfo? Adolfo les pidió papas fritas, pero le sirvieron unas zanahorias.

Ex. H: *groups of four or more*

Answers, *Ex. H*

1. ¿Cuánto tiempo hace que tienes un walk-man? Hace 2 meses.   2. ¿Desde cuándo vivís (viven) aquí? Desde 1974.   3. ¿Cuánto tiempo hace que tu hermana mira la tele? Desde la 1:30.   4. ¿Desde cuándo tiene tu papá catarro? Hace cuatro días.   5. ¿Cuánto tiempo hace que tus primos tocan el piano? Desde 1986.   6. ¿Desde cuándo está de vuelta tu mamá? Hace ocho días.

G. ¿Qué pidieron? You and several friends recently visited a friend whose parents are very health conscious. When you asked for a certain food, they served you another one that they thought was more healthy. Work with a partner and follow the model.

MODELO: Juan / café / leche
    —*¿Qué les pidió Juan?*
    —*Juan les pidió café, pero le sirvieron leche.*

1. Mario / té / jugo de naranja
2. Elena / helado / yogur
3. Diana / dulces / pasas *(raisins)*
4. Alicia / torta / una manzana
5. Marcos / pastel / una banana
6. Adolfo / papas fritas / unas zanahorias

The expressions *desde cuándo, desde que, cuánto tiempo hace,* and *hace (que)*

The expressions **desde cuándo**, **cuánto tiempo hace**, **desde**, **desde que,** and **hace** are used to ask and answer questions about something that started in the past and is *continuing in the present.*

Question	Answer
¿Desde cuándo...?	**desde** + specific point in time
	desde que + subject and verb
¿Cuánto tiempo hace...?	**hace** + length of time

H. At a party, you are making small talk and trying to keep the conversation going. Ask follow-up questions to the statements provided, using **desde cuándo** or **cuánto tiempo hace.** Your classmates will answer on the basis of the information in parentheses.

MODELO: Mi hermana estudia francés. (5 años)
    —*¿De veras? ¿Cuánto tiempo hace que estudia francés?*
    —*Hace cinco años.*   o:
    Mi hermana estudia francés. (1986)
    —*¿De veras? ¿Desde cuándo estudia francés?*
    —*Desde 1986.*

1. Yo tengo un walk-man. (2 meses)
2. Nosotros vivimos aquí por mucho tiempo. (1974)
3. Mi hermana Gloria mira la tele. (1:30)
4. Mi papá tiene catarro. (4 días)
5. Mis primos tocan el piano. (1986)
6. Mi mamá está de vuelta *(back home)*. (8 días)

Aquí llegamos

A. **Un amigo te ayuda.** Feeling sick, you call a friend, describe your symptoms, and ask him or her to go to the pharmacy. Your friend goes to the pharmacy and describes your symptoms to the pharmacist, who makes a recommendation. Your friend returns and explains the medicine and the pharmacist's recommendation.

B. **¿Qué hacías cuando eras niño(a)?** You and your friends are comparing what you used to do during summer vacations when you were children. Make a list of at least five activities that reflect how you spent a typical summer day and compare it with those of several other classmates to see who had the most interesting time.

C. **Yo no estoy en forma.** All the members of your group compete to see who is in the worst physical condition. Group members gather their information in a series of one-to-one discussions — that is, two students meet to talk about their health, including their sleeping, eating, and exercise habits. When they have finished their conversation, each chats with another student, and so on.

D. **Voy al médico.** Prepare a skit based on a visit to a doctor's office. One student will play the doctor and the other will play the patient. Be sure to include symptoms, how long the patient has had them, and what medicine the doctor recommends.

Algunos tipos de cáncer pueden evitarse

Su salud mejorará si sigue las dos siguientes recomendaciones, que, además, reducen el riesgo de padecer ciertos tipos de cáncer

No fume
Fumador deje de fumar
lo antes posible y no fume
delante de otros

**Evite la exposición
al sol**

**Evite el exceso
de peso
y limite consumo
de grasas**

**Coma frecuentemente
frutas y verduras frescas
y cereales con alto
contenido en fibra**

Ex. A: groups of three · roleplay

Exs. B and C: groups of four or more

Suggestion Ex. C: Be aware of sensitivities of people who are really overweight or out of shape. This activity could be optional, or ask for volunteers.

Ex. D: pair work · roleplay · writing · Atajo

Writing Activities
Atajo, Writing Assistant Software

Functional vocabulary: Asking for an opinion; asking for help; asking for / giving advice; complaining; describing health; expressing an opinion; expressing time relationships; reassuring; sequencing events; thanking; warning; etc.

Topic vocabulary: Body; medicine; quantity, sickness and diseases; time expressions; etc.

Grammar: Verbs: imperfect; verbs: preterite; verbs: reflexives; verb summary; pronouns: indirect objects; **doler; dar; pedir;** adverbs of time; etc.

Variation, Ex. D: If you have videotaping capabilities, students may rehearse and tape their skits. Then you may show the finished product to other Spanish classes.

Cultural Context

La Pirámide del Sol is located in Teotihuacán, about 45 minutes from Mexico City. This huge pyramid, at 730 feet per side, is almost as large at its base as the Egyptian pyramid of Cheops in Cairo. At 210 feet high, it is about half as high. It has 248 steps to the top. The first structure of the pyramid was probably built in the first century B.C. Along with the smaller **Pirámide de la Luna**, it formed part of the ancient ceremonial center of the Olmecas that flourished between A.D. 300 and 600.

QUINTA UNIDAD

Un viaje a América Latina

Objectives

In this unit, you will learn:

- to understand short descriptions of various places in Mexico and other Latin American countries;
- to describe places and events in the past;
- to talk about the past.

Planning Strategy

If you do not assign the Planning Strategy (Workbook, p. 237) for homework, or if students have difficulty coming up with English expressions, you might try asking several students to roleplay the situation: you can ask someone to roleplay the Spanish speaker and someone to play the American friend; or you can also put students in groups to write a description of either their country, their state, or their town. Then, as a class, list words used in each type of description on the board.

CHAPTER OBJECTIVES

FUNCTIONS: Understanding the geography, cultural regions, and historical development of Mexico; talking about the recent past; describing places and events in the past

CONTEXT: Reading various selections; describing details of the geographical and political maps of Mexico; reading descriptions from Michelin's *Guía turística;* past vacations

ACCURACY: Preterite of high frequency irregular verbs: **conducir, traer, decir, poder, saber, poner, leer, caer(se), creer, ver, oír**; various meanings of the verb **ponerse**

Video / Laserdisc

Etapa 1: Video—Tape 3, Program 5, Parts 1–6
   Video Guide—p. 43
   Laserdisc   Disc 2, Side 2, Prog. 5, Part 1

Search 40718, Play To 50157
Disc 3, Side 1, Prog. 5, Part 2

Search 00001, Play To 12506
Disc 3, Side 1, Prog. 5, Part 3

Search 12506, Play To 18046
Disc 3, Side 1, Prog. 5, Part 4

Search 18046, Play To 25234
Disc 3, Side 1, Prog. 5, Part 5

Search 25234, Play To 28200
Disc 3, Side 1, Prog. 5, Part 6

Search 28200, Play To 36300

Un viaje a México

La hermosa Avenida de la Reforma, con sus antiguos árboles, es una de las calles más importantes de la ciudad de México. Su extensión es de 12 km (aproximadamente siete millas).

Primera etapa

El mapa de México

Cultural Context

La Avenida de la Reforma, pictured on p. 328, contains many of the most expensive hotels and restaurants in Mexico City. The avenue also borders on the city's famous **Zona Rosa**, where most of the fashionable shops and restaurants are found.

Etapa Support Materials

WORKBOOK: pp. 237–242
TRANSPARENCY: #43
QUIZ: Testing Program, p. 186
VIDEO: Tape 3, Program 5, Parts 1–6
VIDEO GUIDE: p. 43

Support material, El mapa de México: Transparency #43

Ex. A:  *pair work*   *writing*

Variation, Ex. A: Have students give the location of cities and states in relation to each other. For example, **Tijuana está al oeste de Mexicali.**

Answers, *Ex. A*

Los ríos

1. El Río Sonora está en el noroeste de México.
2. El Río Salado está en el noreste...   3. El Río San Pedro está en el oeste...   4. El Río Usumacinta está en el sur...   5. El Río Bravo del Norte está en el norte...

Las ciudades

1. Nogales está en el noroeste de México.   2. Acapulco está en el suroeste...   3. Tampico está en el este...   4. La ciudad de México está en el centro...   5. Oaxaca está en el sur...   6. Guadalajara está en el centro...   7. Mazatlán está en el noroeste...   8. Monterrey está en el norte...   9. Puerto Vallarta está en el oeste...   10. Mérida está en el este...

Los estados

1. Chihuahua está en el norte de México.   2. Oaxaca está en el sur...   3. Yucatán está en el este...   4. Coahuila está en el norte...   5. Sonora está en el noroeste...   6. Jalisco está en el oeste...   7. Sinaloa está en el noroeste...   8. Campeche está en el este...   9. Baja California del Norte está en el noroeste...   10. Veracruz está en el sureste...

Ejercicio de familiarización

A. **¿Dónde está...?** Look at the map of Mexico on p. 329 and indicate where each river, city, or state is located. Use the following compass points: **el norte, el noreste, el noroeste, el sur, el sureste, el suroeste, el este, el oeste, el centro.**

MODELO: Tijuana
          Tijuana está en el noroeste de México.

Los ríos *(rivers)*

1. el Río Sonora
2. el Río Salado
3. el Río San Pedro
4. el Río Usumacinta
5. el Río Bravo del Norte

Las ciudades

1. Nogales
2. Acapulco
3. Tampico
4. La ciudad de México
5. Oaxaca
6. Guadalajara
7. Mazatlán
8. Monterrey
9. Puerto Vallarta
10. Mérida

Los estados

1. Chihuahua
2. Oaxaca
3. Yucatán
4. Coahuila
5. Sonora
6. Jalisco
7. Sinaloa
8. Campeche
9. Baja California del Norte
10. Veracruz

Presentation: *Other verbs in the preterite*
You may wish to point out to students the other verbs that follow the same pattern as the verbs given here, e.g., verbs related to **conducir** are verbs like **reducir, producir, reproducir,** etc.

Other verbs in the preterite: *conducir, traer, decir*

Conduje el coche a 55 millas por hora.

I drove the car at 55 miles per hour.

¿Quién **trajo** las bebidas?

Who *brought* the drinks?

Tus amigos lo **dijeron.**

Your friends *said* it.

These verbs change their stems in the preterite, but actually have a clear pattern of their own. Note that they all have **j** in the stem. In addition, the **yo** form does not have an accent on the last syllable, nor does the **él / ella / Ud.** form ending in **-o.** Also note that the **ellos / ellas / Uds.** form uses **-eron** (and not **-ieron**) after the **j.**

conducir *(to drive)*

yo	**conduje**	nosotros	**condujimos**
tú	**condujiste**	vosotros	**condujisteis**
él ella Ud.	**condujo**	ellos ellas Uds.	**condujeron**

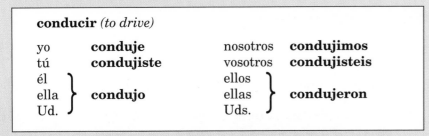

traer *(to bring)*

yo	**traje**	nosotros	**trajimos**
tú	**trajiste**	vosotros	**trajisteis**
él ella Ud.	**trajo**	ellos ellas Uds.	**trajeron**

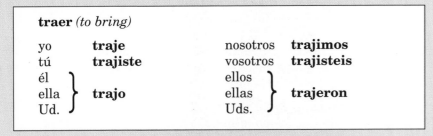

decir *(to say)*

yo	**dije**	nosotros	**dijimos**
tú	**dijiste**	vosotros	**dijisteis**
él ella Ud.	**dijo**	ellos ellas Uds.	**dijeron**

Ex. B: *pair work* / *writing*

Suggestion, Ex. B: This exercise is a pattern drill and should be done orally, at a steady pace.

Answers, *Ex. B*

1. Enrique trajo / Yo traje / Nosotros trajimos / Uds. trajeron / Ella trajo / Vosotros trajisteis
2. Tú no condujiste / Carlos y José no condujeron / Ud. no condujo / Ellas no condujeron / Yo no conduje / Nosotros no condujimos   3. Uds. dijeron / El profesor dijo / María y tú dijeron (dijisteis) / Ellos dijeron / Tú dijiste / Vosotras dijisteis

Ex. C: *pair work* / *writing*

Possible answers, *Ex. C*

1. Sí, conduje el coche de mis padres.   2. Dije que la fiesta terminó a las 11:30.   3. Mis amigos trajeron discos de música popular.   4. Mi amigo Beto dijo que la fiesta fue aburrida.   5. Ana María, Pablo y Esteban condujeron también.

Note that the stem of the verb **decir** has the same vowel change in the preterite, **e** becoming **i**, as in the present tense.

Also, these verbs all have different **yo** forms in the present tense. All the other persons follow the standard present tense endings:

conducir → yo conduzco, tú conduces, él / ella / Ud. conduce, nosotros conducimos, vosotros conducís, ellos / ellas / Uds. conducen

decir (i) → yo **digo**, tú dices, él / ella / Ud. dice, nosotros decimos, vosotros decís, ellos / ellas / Uds. dicen

traer → yo tra**igo**, tú traes, él / ella / Ud. trae, nosotros traemos, vosotros traéis, ellos / ellas / Uds. traen

Aquí practicamos

B. Replace the italicized words with those in parentheses and make the necessary changes.

1. *Francisco* trajo los discos. (Enrique / yo / nosotros / Uds. / ella / vosotros)
2. *Alicia* no condujo el coche de su papá. (tú / Carlos y José / Ud. / ellas / yo / nosotros)
3. Yo *dije* la verdad. (Uds. / el profesor / María y tú / ellos / tú / vosotras)

C. **¿Qué pasó anoche en la fiesta?** Answer the following questions about the party, using the appropriate forms of the preterite tense of the verbs.

1. ¿Tú condujiste el coche de tus padres a la fiesta de Julián y José?
2. ¿A qué hora dijiste que terminó la fiesta?
3. ¿Qué tipo de discos trajeron tus amigos?
4. ¿Quién dijo que fue aburrida la fiesta?
5. ¿Quiénes más condujeron anoche?

Popocatépetl, un volcán de México

Lectura: *La geografía de México*

El territorio de México tiene la forma de un triángulo invertido y ofrece una gran variedad de *paisajes* atractivos. Tiene altas montañas que miden 12.000 pies. Estas montañas forman tres largas *cordilleras* que dividen el país en diversas regiones, cada una con su propio clima. Del Pacífico al Caribe hay muchas playas bellas, increíbles volcanes nevados y extensos valles. También hay *bosques* y *selvas*, ríos y *cascadas* donde abundan muchos tipos de animales como el puma, el flamenco y la iguana. Además, hay numerosas plantas exóticas de todos los colores imaginables.

landscapes

mountain ranges

forests / jungles / waterfalls

En cuanto a *tamaño*, México ocupa el quinto lugar en América, después del Canadá, los Estados Unidos de Norteamérica, Brasil y Argentina. Al norte tiene una *frontera* de 2.000 millas con los EEUU. Al sur *limita con* Guatemala y Belice, al este con el Golfo de México y el Mar Caribe y al oeste con el Océano Pacífico.

size

border / borders on

Los grandes contrastes entre regiones geográficas y climas influyen mucho en cuanto a los problemas económicos y sociales del país. Sólo entre nueve a doce *por ciento* de la tierra es cultivable, por ejemplo. En realidad, por la naturaleza de su geografía tan variada, se puede decir que México no es un solo país, sino varios países. En todo caso, es verdad, como dicen los mexicanos, que "como México no hay dos."

percent

Prereading
Use the transparency of the map of Mexico (#43) to present the major facts from the reading.

Reading Strategies
The vocabulary used in the readings of this unit is mainly receptive. The purpose of the readings is to impart information rather than to present new vocabulary or grammar structures. The vocabulary included for production comes from the **Estructura** sections.

In order to develop reading skills, students should be reading first for comprehension and second for detail. Vocabulary and unknown structures should be treated receptively. As students work through the reading selections, they will become more and more comfortable with the idea of reading for meaning and for information. It might be helpful to point out to them that they should not be trying to decipher every word, but should look at the meaning of a whole sentence or paragraph.

Ask the students to read the selection as homework, telling them to write down two or three *principal* ideas in English for discussion. Or, ask them to write a series of questions based on the reading that they will then ask their classmates.

Ex. D: *pair work* *writing*

Possible answers, *Ex. D*

1. El Golfo de México está al este de México.
2. El Océano Pacífico está (Guatemala y Belice están) al sur de México.   3. Los Estados Unidos están al norte de México.   4. Guatemala y Belice están al sureste de México.   5. El Océano Pacífico está al oeste de México.

Ex. E: 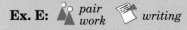 *pair work* *writing*

Answers, *Ex. E*

1. falso. El territorio de México tiene la forma de un triángulo.   2. falso. Tres largas cordilleras dividen el país en diversas regiones.   3. cierto   4. cierto   5. falso. Argentina es más grande que México.

Ex. F: *pair work* *writing*

Answers, *Ex. F*

1. el territorio, paisajes atractivos, diversas regiones geográficas, bosques, selvas, cordilleras, valles, ríos   2. limita con   3. una variedad de climas, playas bellas, volcanes nevados   4. altas montañas, cordilleras, volcanes, valles

Ex. G: *writing*

Suggestion, Ex. G: You might initially give this as a written assignment. Then have several students use either the transparency or a large map of Mexico to present their descriptions to the class.

Suggestion, Ex. H: Do this exercise with the whole class.

Ejercicios de comprensión

D. **Las fronteras de México** Look at the map on p. 329 and identify the countries that have a common border with Mexico, as well as the bodies of water that lie off its shores.

1. al este
2. al sur
3. al norte
4. al sureste
5. al oeste

E. **Cierto / falso** Decide if the following statements about the geography of Mexico are true or false. If a statement is false, correct it.

1. El territorio de México tiene la forma de un hexágono.
2. Una gran cordillera divide el país en dos regiones.
3. México es un país de muchos contrastes en cuanto a la geografía y el clima.
4. México está situado entre los Estados Unidos de Norteamérica y los países de Centroamérica.
5. En cuanto a territorio nacional, México es más grande que Argentina.

F. **El sentido de las palabras** When you read a text, there are always key words that help you understand the main ideas. Identify some of the key words used in the **Lectura** to discuss the following topics.

1. la geografía de México
2. la frontera
3. el clima
4. las montañas

G. **Descripción de México** Look at the map of Mexico on p. 329 and create your own description of the country. Talk about its shape, its rivers, its mountains, its cities, its neighbors, and anything else that you think is interesting.

¡Adelante!

H. **Los Estados Unidos** Look at a map of the United States and describe the country in terms of its size, rivers, mountains, neighbors, and the like. Use the information about Mexico in the **Lectura** as a model of the kinds of things you need to take into account in your description.

TORRE LATINOAMERICANA
Símbolo de la Ciudad de México

8000

MIRADOR
2.422 M.
Sobre el nivel del mar

ACUARIO
Piso 38

MURALTO
Restaurante Bar
Piso 41

TELESCOPIOS
Piso 44

Serie   Nº 34470 E

Segunda etapa

Los estados de México

El nombre oficial de México es Los Estados Unidos Mexicanos. Es una república democrática, representativa y federal. El territorio nacional está dividido en 31 estados y el Distrito Federal, que es la capital de la República Mexicana.

San Ángel, México, D.F.

Ejercicio de familiarización

A. **¿En qué estado está...?** Work with a partner to ask and answer questions about the location of the following capital cities. Consult the map on page 329. Remember to use the preposition **en** with the name of a state. Follow the model.

MODELO: Guadalajara
          —*¿En qué estado está Guadalajara?*
          —*Guadalajara está en Jalisco.*

1. Mazatlán	5. Nogales	9. Palenque
2. Mérida	6. Cuernavaca	10. Oaxaca
3. San Luis Potosí	7. León	11. Mexicali
4. Puebla	8. Monterrey	

Etapa Support Materials

WORKBOOK: pp. 243–248
TRANSPARENCIES: #43, #44
QUIZ: Testing Program, p. 188

Support material, Los estados de México: Transparency #43

Presentation: **Los estados de México**
Use the transparency of the map of Mexico (#43) to point out the major states and to do Ex. A.

Ex. A: *pair work*

Answers, *Ex. A*

1. —¿En qué estado está Mazatlán? —Mazatlán está en Sinaloa.   2. —¿En qué estado está Mérida? —Mérida está en Yucatán.   3. —¿En qué estado está San Luis Potosí? —San Luis Potosí está en el estado de San Luis Potosí.   4. —¿En qué estado está Puebla? —Puebla está en el estado de Puebla.   5. —¿En qué estado está Nogales? —Nogales está en Sonora.   6. —¿En qué estado está Cuernavaca? —Cuernavaca está en Morelos.   7. —¿En qué estado está León? —León está en Guanajuato.   8. —¿En qué estado está Monterrey? —Monterrey está en Nuevo León.   9. —¿En qué estado está Palenque? —Palenque está en Chiapas.   10. —¿En qué estado está Oaxaca? —Oaxaca está en el estado de Oaxaca.   11. —¿En qué estado está Mexicali? —Mexicali está en Baja California del Norte.

Ex. B: 🏔 *pair work* 📝 *writing*

Suggestion, Ex. B: Instead of having students turn pages in the book, continue to use the transparency for this exercise.

Ex. C: 🏔 *pair work* 📝 *writing*

Suggestion, Ex. C: Because this exercise has a single story line, you may wish to do it with the entire class.

Answers, *Ex. C*

1. Nosotros nos divertimos mucho.   2. Mis padres decidieron ir a Acapulco.   3. Mi padre reservó dos cuartos en el Hotel Presidente.   4. El 5 de julio (nosotros) llegamos al hotel.   5. La familia pasó dos semanas en Acapulco.   6. (Yo) Di un paseo todos los días.   7. Mis hermanos fueron a la playa mucho.   8. Una tarde mi papá dijo —¡Vamos a La Quebrada!   9. En La Quebrada (nosotros) vimos el espectáculo de los clavadistas.   10. Un experto valiente se clavó al mar desde una altura de 55 metros.   11. Esa noche, todos nosotros nos acostamos muy tarde por la emoción.   12. El último día (yo) me levanté temprano para ir a la playa.   13. (Nosotros) volvimos a los Estados Unidos el 29 de julio.   14. Mi familia y yo nos divertimos mucho durante nuestras vacaciones.

Cultural Extension

Cliff diving in Acapulco into the shallow channel below is a longstanding tradition in Mexico. In recent decades, regular international contests have been held at **La Quebrada**, drawing brave competitors and crowds of tourists. Some divers plunge from the amazing height at night, their shadow following behind on the lit wall of the cliff.

Repaso

B. **¿Dónde está...?** Look at the map on p. 329 and indicate where the following places and geographical features are located.

MODELO: Mérida
Mérida está en el sur de México, en el estado de Yucatán, cerca del Golfo de México.

1. la ciudad de México
2. Acapulco
3. Ciudad Juárez
4. Puerto Vallarta
5. Guadalajara
6. Oaxaca
7. el Río Bravo del Norte
8. Tampico
9. el Golfo de México
10. Tijuana
11. la isla de Cozumel

C. **Nuestras vacaciones** Use the cues to talk about what you did on your vacation.

MODELO: el año pasado / nosotros / ir de vacaciones a México
El año pasado nosotros fuimos de vacaciones a México.

1. nosotros / divertirse mucho
2. mis padres / decidir / ir a Acapulco
3. mi padre / reservar dos cuartos en el Hotel Presidente
4. el 5 de julio / nosotros / llegar al hotel
5. la familia / pasar dos semanas en Acapulco
6. yo / dar un paseo / todos los días
7. mis hermanos / ir a la playa / mucho
8. una tarde / mi papá / decir "¡Vamos a La Quebrada!"
9. en La Quebrada / nosotros / ver el espectáculo de los clavadistas *(cliff divers)*
10. un experto valiente / clavarse *(to dive)* al mar desde una altura *(height)* de 55 m
11. esa noche / todos nosotros / acostarse muy tarde por la emoción
12. el último día / yo / levantarse temprano / para ir a la playa
13. nosotros / volver a los Estados Unidos / el 29 de julio
14. mi familia y yo / divertirse mucho / durante nuestras vacaciones

Un clavadista en Acapulco, México

Other verbs in the preterite: ***poder, saber, poner***

Traté de hacerlo, pero no **pude.**	I tried to do it, but *I could* not.
Cuando llamó José, **supimos** lo que pasó.	When José called, *we found out* what happened.
Los niños **pusieron** los paquetes en la cocina.	The children *put* the packages in the kitchen.

These verbs are conjugated in a similar way. Note that the vowel in the stem of each verb changes to **u**. Here are the forms:

poder
pod- → **pud-**

yo	**pude**	nosotros	**pudimos**
tú	**pudiste**	vosotros	**pudisteis**
él ella Ud.	**pudo**	ellos ellas Uds.	**pudieron**

saber
sab- → **sup-**

yo	**supe**	nosotros	**supimos**
tú	**supiste**	vosotros	**supisteis**
él ella Ud.	**supo**	ellos ellas Uds.	**supieron**

poner
pon- → **pus-**

yo	**puse**	nosotros	**pusimos**
tú	**pusiste**	vosotros	**pusisteis**
él ella Ud.	**puso**	ellos ellas Uds.	**pusieron**

Presentation: *Other verbs in the preterite*
This would be a good time to review the preterite of the verb **tener.**

Ex. D: *pair work* *writing*

Answers, *Ex. D*

1. Nosotros pudimos / Ud. pudo / Tú pudiste / Mis amigas pudieron / Vosotros pudisteis   2. supo Maricarmen / supo él / supieron Uds. / supieron ellas / supiste tú   3. Nosotros no pusimos / Tú no pusiste / Yo no puse / Uds. no pusieron / Él no puso / Vosotros no pusisteis   4. supo Mariano / supieron Uds. / supo ella / supo Ud. / supieron ellas   5. Ellos no pudieron / Nosotros no pudimos / Tú no pudiste / Cecilia no pudo / Vosotras no pudisteis   6. Marta y Carmen pusieron / Tú pusiste / Ud. puso / Cristóbal puso / Ellas pusieron

Ex. E: *pair work* *writing*

Implementation, Ex. E: This exercise can be done as an oral or written exercise.

Possible answers, *Ex. E*

1. Sí, pude encontrarla.   2. Sí, supimos que México tiene 31 estados.   3. Maribel puso en el examen que México no tiene estados.   4. No, mi amigo no pudo escribir los nombres de cinco de los estados.   5. No pude terminar el examen porque fue muy difícil.   6. Pusimos la capital en el centro del mapa.   7. Supe que salí bien la semana próxima.   8. Sí, pude encontrarlas.

Cultural Extension

Built in Chapultepec Park in 1964, this world-class museum has attracted millions of visitors over the years. Its splendid rooms contain samples of artifacts from prehistoric days to the present, tracing the evolution of civilizations from pre-Columbian times to village life today. The models and dioramas are stunning visually and provide much cultural information about Mexico.

Aquí practicamos

D. Replace the italicized words with those in parentheses and make the necessary changes.

1. *Carlos* pudo comprar las bebidas. (nosotros / Ud. / tú / mis amigas / vosotros)
2. ¿Cuándo supieron *tus padres* la verdad? (Maricarmen / él / Uds. / ellas / tú)
3. *Ella* no puso la comida en el refrigerador. (nosotros / tú / yo / Uds. / él / vosotros)
4. ¿Cómo supiste *tú* que se canceló el concierto? (Mariano / Uds. / ella / Ud. / ellas)
5. *Yo* no pude llegar a la fiesta hasta las 10:00. (ellos / nosotros / tú / Cecilia / vosotras)
6. ¿*Uds.* pusieron la mesa? (Marta y Carmen / tú / Ud. / Cristóbal / ellas)

E. **Un examen sobre México** Imagine that your class has just had a quiz on the geography of Mexico. Tell how you and the class did by answering the questions below with complete sentences.

1. ¿Pudiste encontrar la capital de México en el mapa?
2. ¿Supieron ustedes que México tiene 31 estados?
3. ¿Quién puso en el examen que México no tiene estados?
4. ¿Tu amigo pudo escribir los nombres de cinco de los estados?
5. ¿Por qué no pudiste terminar el examen?
6. ¿Dónde pusieron ustedes la capital del país en el mapa?
7. ¿Cuándo supiste que saliste bien en el examen?
8. ¿Pudiste encontrar algunas de las ciudades más importantes?

Estudiantes delante del Museo de Antropología, México, D.F.

F. **Dime...** Create questions by combining the items in the left column with those in the right column, using the preterite of the verbs in the middle column. A classmate will give answers to your questions.

MODELO: dónde / poner / los discos
Estudiante A: *¿Dónde pusiste los discos?*
Estudiante B: *Los puse en el coche.*

por qué (no)	poder	la bicicleta
cuándo	conducir	los discos
quién	saber	salir de la casa
qué	dar	la propina *(tip)* a José
cuánto	poner	los precios del restaurante
dónde	decir	ir a la playa
	traer	el coche de su padre
		la verdad
		las bebidas
		el número de teléfono del hotel
		la silla
		lo que dijo el presidente

N O T A   G R A M A T I C A L

The verb **ponerse**

When the verb **poner** is used with *a reflexive pronoun*, it has two very different meanings:

1. to put on (an article of clothing)

   Me puse el abrigo.   *I put on* my coat.

2. to get or become (an emotion, a state)

   Jorge **se puso** furioso cuando perdió el partido de tenis.

   Jorge *became* furious when he lost the tennis match.

   Mis amigos siempre **se ponen** nerviosos cuando viajan por avión.

   My friends always *get* nervous when they travel by plane.

Ex. F: pair work

Suggestion, Ex. F: Have students prepare their questions as homework in anticipation of the paired activity.

Ex. G: *pair work*

Support material, Las regiones culturales de México: Transparency #44

Prereading

Have students discuss in English the administrative and political divisions of the United States. Introduce the word **estado.** Point out that Mexico is divided into 31 states.

Reading Strategies

Remember that students should be reading first for comprehension and second for detail. Vocabulary and unknown structures should be treated receptively.

It might be helpful to remind students that they should not be trying to decipher every word, but should look at the meaning of a whole sentence or paragraph.

Ask the students to read the selection as homework, telling them to write down two or three *principal* ideas in English for discussion. Or, ask them to write a series of questions based on the reading that they will then ask their classmates.

Cultural Expansion

As students examine the photo of an Aztec temple, explain to them that Mexico City is the oldest capital in North America and is built upon the remains of Tenochtitlán, the ancient Aztec capital. Because parts of Mexico City are constantly being demolished and rebuilt, many Aztec ruins have been unearthed. One of the city's subway stations is built around the ruins that were discovered during its construction.

G. **Preguntas** Using the cues, ask a classmate questions. Be careful of the tense you use. Work with a partner and follow the model.

MODELO: cuándo / ponerse nervioso
—*¿Cuándo te pones nervioso(a)?*
—*Me pongo nervioso(a) cuando tengo un examen.*

1. cuándo / ponerse el suéter
2. dónde / poner las bebidas para la fiesta mañana
3. por qué / ponerse nervioso(a) cuando jugar al golf
4. a qué hora / poner la mesa esta noche
5. cuándo / ponerse su ropa favorita
6. cuándo / ponerse furioso(a)
7. cómo / ponerse cuando su equipo favorito perder un partido de fútbol

Lectura: *Las regiones culturales de México*

Excavación de un templo maya, México, D. F.

Los treinta y un estados de México en realidad forman seis diversas regiones culturales. Cada región tiene sus *costumbres*[1], su folklore y su identidad bien definida. Por ejemplo, la antigua civilización maya ocupó los estados de Yucatán, Quintana Roo, Campeche, Tabasco y Chiapas. La gente de esta región sabía usar el número cero antes de la llegada de los españoles. Su precisión matemática y sus conocimientos de la astronomía eran tan avanzados que ya tenían un calendario más preciso que el europeo.

Otro ejemplo de una región importante es el Altiplano Central. Varias civilizaciones *construyeron*[2] aquí una de las ciudades más importantes del *mundo*[3] antiguo, Tenochtitlán, hoy la gran ciudad de México. Aquí fue donde vivieron los grupos de mayor *poder*[4] en la historia mexicana, como los toltecas y los aztecas. Eran arquitectos de gran imaginación que construyeron maravillosas pirámides y templos. También eran *guerreros feroces*[5] que dominaban a todos los pueblos de la región. Practicaban el sacrificio humano para mantener la continuidad del tiempo y el movimiento del sol. Los estados que ahora están en esta región son Querétaro, México, Morelos, Puebla, Hidalgo y Tlaxcala.

Todavía hay una fuerte identificación con las tradiciones de esas antiguas culturas, inclusive con las lenguas maya-quiché y náhuatl, entre otras lenguas, que mucha gente de las regiones todavía habla — en algunos lugares más que el español.

[1]customs   [2]constructed   [3]world   [4]power   [5]ferocious warriors

Cuando llegaron los españoles en 1516 empezó una larga época en que México era colonia de un vasto imperio europeo. Hubo muchos conflictos entre las *creencias*[6] de los pueblos *indígenas*[7] y las ideas de los representantes de la España imperial. *Sin embargo*[8], *se mezclaron las razas*[9] y las generaciones siguientes vieron una nueva combinación de elementos positivos y negativos. Esto resultó de la turbulenta interacción de grupos muy diferentes durante el comienzo de la colonización europea del "Nuevo Mundo".

En fin, México tiene una diversidad geográfica, lingüística y cultural. La identidad del mexicano tiene su base, en gran parte, en la suma de varias culturas que le da a la nación un carácter contrastante y creativo.

[6]beliefs   [7]indigenous   [8]Nevertheless   [9]the races were mixed

Ex. H: pair work   writing

Ejercicios de comprensión

H. **Comprensión del texto**: **¿cierto o falso?**
   Decide if the following statements about the cultural heritage of Mexico are true or false. If a statement is false, correct it.

   1. En total, los 31 estados de México ocupan ocho regiones culturales diferentes.
   2. Los mayas tienen fama porque eran grandes matemáticos.
   3. Los grupos de mayor poder en la historia mexicana son los toltecas y los aztecas.
   4. Hoy, muy poca gente habla lenguas indígenas en México.
   5. Las razas indígenas y europeas se mezclaron con el tiempo.
   6. La llegada de los españoles en el siglo XVI fue bastante pacífica (*peaceful*) y muy positiva.
   7. En general, es evidente que hay muchas diferencias culturales en México.

El dios Xipe Totec y la serpiente emplumada

Ex. I: 🔺 *pair work*

Suggestion, Ex. I: Use the transparency of the map of the states (#43) to do this exercise.

Possible answers, *Ex. I*

1. —¿Dónde está el estado de Durango? —El estado de Durango está en el norte de México, al sur del estado de Chihuahua.   2. —¿Dónde está el estado de Veracruz? —El estado de Veracruz está en el este de México, al oeste del estado de Tabasco.   3. —¿Dónde está el estado de Puebla? —El estado de Puebla está en el centro de México, al norte del estado de Oaxaca.   4. —¿Dónde está el estado de Michoacán? —El estado de Michoacán está en el oeste de México, al norte del estado de Guerrero.   5. —¿Dónde está el estado de Guerrero? —El estado de Guerrero está en el suroeste de México, al oeste del estado de Oaxaca. 6. —¿Dónde está el estado de Nuevo León? —El estado de Nuevo León está en el norte de México, al este del estado de Coahuila.   7. —¿Dónde está el estado de México? —El estado de México está en el centro de México, al suroeste del estado de Hidalgo.   8. —¿Dónde está el estado de Jalisco? —El estado de Jalisco está en el oeste de México, al suroeste del estado de Zacatecas.   9. —¿Dónde está el estado de Oaxaca? —El estado de Oaxaca está en el sur de México, al oeste del estado de Chiapas.   10. —¿Dónde está el estado de Baja California del Sur? —El estado de Baja California del Sur está en el noroeste de México, al sur de Baja California del Norte.   11. —¿Dónde está el estado de Querétaro? —El estado de Querétaro está en el centro de México, al este del estado de Guanajuato.   12. —¿Dónde está el estado de Tabasco? —El estado de Tabasco está en el sureste de México, al oeste del estado de Campeche.

Ex. J: 🔺 *pair work* ✏️ *writing*

Ex. K: 🔺 *pair work* 🎭 *roleplay*

342   *Quinta unidad*   **Un viaje a América Latina**

Jalapa, México

I. **¿Dónde está el estado...?** Look again at the map of the states of Mexico on p. 329. You and a classmate take turns pointing out where certain states are located in general on the map, as well as in relation to other states. Work with a partner and follow the model.

MODELO: Yucatán
       —¿Dónde está el estado de Yucatán?
       —El estado de Yucatán está en el sur de México, al noreste del estado de Campeche.

1. Durango	7. México
2. Veracruz	8. Jalisco
3. Puebla	9. Oaxaca
4. Michoacán	10. Baja California del Sur
5. Guerrero	11. Querétaro
6. Nuevo León	12. Tabasco

¡Adelante!

J. **¿Qué hiciste la semana pasada?** Use the cues as a starting point to describe at least five things you did last summer in each category. Report facts, or make up the information if you like, using a different verb for each activity you add after the cue. Make sure to relate the activities to the context of that particular cue. Follow the model.

MODELO: reunirse en la playa / mis amigos y yo
Mis amigos y yo nos reunimos en la playa. Nadamos, tomamos el sol, comimos mariscos, jugamos al vólibol y, por la noche, salimos a bailar.

1. ir al cine / mi familia y yo
2. viajar en coche / con mi papá
3. ir de campamento / con unos amigos
4. visitar a mis abuelos / mi familia
5. pasar una semana en la ciudad de México / yo

K. **El estado donde vivo** A foreign exchange student from Mexico has just arrived at your school, and it is your responsibility to tell him or her something about the state in which you live. Name some of its major cities and important geographical features, and talk about some of the places of interest that you've visited in your state. Work with a partner. The student will ask follow-up questions, based on the information you provide.

Tercera etapa

La herencia mexicana

The following brief summary of Mexico's overall growth in the twentieth century is adapted from Michelin's Guía turística: México. *Try to get as much information from it as you can without looking up the words that you do not know. It has a large number of cognates that should be of help to you, particularly in the context in which they are presented.*

Vida activa en México

Durante las primeras décadas del siglo *actual*, México era un país pre-dominantemente rural. Había algunas ciudades cerca de los centros *mineros*. Varias otras se convirtieron en centros de comercio, servicios y administración para las áreas rurales.

present

mining

Los años cuarenta vieron la transformación del país. La política económica hizo de la industrialización uno de sus objetivos principales. El *crecimiento* de industrias y ciudades pronto cambió la vida de muchos mexicanos. Ahora la industria, el comercio y los servicios son las actividades más importantes para la nación.

growth

Zona Rosa, México, D.F.

Etapa Support Materials

WORKBOOK: pp. 249–253
LISTENING ACTIVITY MASTERS: p. 107
TAPESCRIPT: p. 153
QUIZ: Testing Program, p. 191
CHAPTER TEST: Testing Program, p. 195

◆ *Critical Thinking* ◆

Ask students where they prefer to live in the United States: in the city (which?) or in the country (where?). Ask them where they think Mexicans prefer to live: in the large cities or in rural areas?

Reading Strategies

Have students first skim the text to get the main idea, then scan it to find the information required in Ex. A on page 344. Follow this up with the activities suggested in Ex. B for further analysis.

Cultural Context

The pink stone, or **tezontle** lava stone, visible in this building, is what gave the **Zona Rosa** its name.

Ex. A: 🏔 *pair work*   📝 *writing*

Answers, *Ex. A*

1. in rural areas   2. the forties   3. Industrialization took place and life changed for many people as cities and industries grew.   4. The majority is quite young (under 18 years of age).   5. in large cities in the central and northern parts of the country   6. in small villages throughout Mexico

Ex. B: 🏔 *pair work*   📝 *writing*

Answers, *Ex. B*

1. **se convirtieron (en)** = became; **vieron** = saw (witnessed); **hizo** = made; **cambió** = changed; **acompañó** = accompanied

Ex. C: 👥 *groups of three*   👥 *groups of four or more*

Follow-up, Ex. C: It would be interesting to have a contest to see which group comes up with the most interesting, creative, or original ending. You might have an impartial third party (another teacher, perhaps) choose the winner.

A este dinámico proceso de industrialización y urbanización lo acompañó un crecimiento demográfico rápido. El resultado es una población en que la mayoría es bastante joven (menor de 18 años). Los habitantes de México (98 millones en 1990) generalmente prefieren vivir en las ciudades del centro y del norte del país, como la ciudad de México, Monterrey y Guadalajara. Pero una gran parte de la población rural todavía vive en miles de pequeños pueblos en casi todas partes del territorio nacional.

Ejercicios de familiarización

A. **Comprensión del texto** Answer the questions in English according to what you learned from Michelin's *Guía turística*. You may be surprised at how much you have grasped without resorting to the dictionary! Answer in English.

1. Where did most of the people live in Mexico during the early part of this century?
2. In what decade did the country begin to undergo substantial change?
3. Why did this change come about and what was its result?
4. How does the guidebook characterize the age of the population today?
5. Where do the majority of Mexicans tend to live today?
6. Where does the substantial remainder of the population live today?

B. **Sobre las palabras** Now that you understand the information in the *Guía turística*, think about the form and meaning of some of the words themselves.

1. Read aloud all the verbs that appear in the preterite tense and give their meanings in English.
2. Make a list of all the cognates you can find in the passage.
3. Make a list of as many adjectives as you can find in the description and give their meanings in English.

Repaso

C. **La carta misteriosa** Read the following brief passage, changing the present tense into the **preterite** tense. Then work with a group of three or four classmates to decide what happened next, creating your own ending to report back to the entire class.

A las 11:00 de la noche más o menos, Carolina *llega* a su casa después de un día muy ocupado. Cansada, *se sienta* por unos momentos. *Abre* su cartera y *saca* una carta. La *pone* sobre la mesita, al lado del sofá, pero luego la *mira* varias veces y, por fin, *decide* abrirla. Al principio, no lo *puede* hacer. *Se pone* nerviosa pero, por fin, *rompe* el sobre y *mira* la carta. Poco después, confundida *(confused)*, *pone* la carta en el sobre y *se levanta* muy despacio del sofá. *Se da* cuenta del silencio total de la casa. Cuando *pone* el pie en el primer escalón *(step)* para subir a su cuarto, una voz *grita (shouts)* desde allí. No *puede* moverse. *Se queda* paralizada de terror, sin saber qué hacer.

Presentation: *Other verbs in the preterite*
To make the **i** to **y** change a little easier for students to remember, have them memorize this simple rule: Whenever there are three vowels in a row, if the middle one is **i**, change it to **y**. (This rule holds true in all instances, except when the **i** is accented.)

Other verbs in the preterite: *leer, caer(se), creer, ver, and oír*

Leíste la carta ayer.	*You read* the letter yesterday.
El niño llora porque **se cayó.**	The boy is crying because *he fell down.*
Creímos el cuento de Pablo.	*We believed* Paul's story.
Vi la película el sábado.	*I saw* the movie on Saturday.
Ellos **oyeron** las noticias.	They *heard* the news.

The verbs **leer, caer(se), creer,** and **oír** are conjugated similarly in the preterite. They have in common a **y**, instead of an **i**, in the **él / ella / Ud.** and **ellos / ellas / Uds.** forms.

The other forms follow the normal pattern of **-er / -ir** verbs in the preterite tense.

leer			
yo	**leí**	nosotros	**leímos**
tú	**leíste**	vosotros	**leísteis**
él ella Ud.	**leyó**	ellos ellas Uds.	**leyeron**

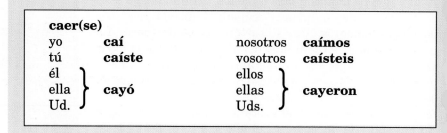

caer(se)

yo	**caí**	nosotros	**caímos**
tú	**caíste**	vosotros	**caísteis**
él		ellos	
ella	**cayó**	ellas	**cayeron**
Ud.		Uds.	

oír

yo	**oí**	nosotros	**oímos**
tú	**oíste**	vosotros	**oísteis**
él		ellos	
ella	**oyó**	ellas	**oyeron**
Ud.		Uds.	

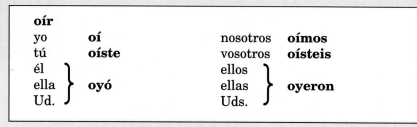

creer

yo	**creí**	nosotros	**creímos**
tú	**creíste**	vosotros	**creísteis**
él		ellos	
ella	**creyó**	ellas	**creyeron**
Ud.		Uds.	

The verb **ver** is conjugated similarly to the verb **dar** in the preterite. Its endings are exactly like those of **-er** and **-ir** verbs.

ver

yo	**vi**	nosotros	**vimos**
tú	**viste**	vosotros	**visteis**
él		ellos	
ella	**vio**	ellas	**vieron**
Ud.		Uds.	

Caer(se) and **oír** also have a special **yo** form in the present tense. **Oír** also changes its stem in the present tense.

caerse	→	me ca**igo**, te caes, se cae, nos caemos, os caéis, se caen
oír	→	o**igo**, oyes, oye, oímos, oís, oyen

Aquí practicamos

D. **Un espectáculo en Acapulco** Replace the words in italics with those in parentheses and make the necessary changes.

1. *Yo leí* sobre los clavadistas de Acapulco en la guía. (nosotros / ella / tú / mis amigos / vosotras)
2. *Mis padres* no creyeron lo que dije sobre La Quebrada. (Uds. / él / mis hermanos / tú)
3. *Nosotros vimos*, por fin, el espectáculo a la orilla del mar. (yo / ellos / tú / ella / vosotros)
4. *Un clavadista* se cayó de la roca. (Uds. / mi hermano / yo / tú / nosotros)
5. *Yo oí* que no se lastimó. (nosotros / ella / tú / Uds. / vosotros)
6. *Mi papá* les dio una propina (*tip*) a los clavadistas. (ellos / nosotros / yo / tú / Uds. / el Sr. Fuentes)

E. **México** Use the drawings to explain what different people saw, see, and will see during their stay in Mexico. Use **ver** in the appropriate tenses.

MODELO: ayer… nosotros
Ayer nosotros vimos las pirámides.
hoy… nosotros
Hoy vemos las pirámides.
mañana… nosotros
Mañana vamos a ver las pirámides.

las pirámides

los volcanes

1. *yo*

el monumento

2. *ella*

el clavadista

3. *ellos*

Ex. D: 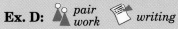 pair work   writing

Answers, *Ex. D*
1. Nosotros leímos / Ella leyó / Tú leíste / Mis amigos leyeron / Vosotras leísteis   2. Uds. no creyeron / Él no creyó / Mis hermanos no creyeron / Tú no creíste   3. Yo vi / Ellos vieron / Tú viste / Ella vio / Vosotros visteis   4. Uds. se cayeron / Mi hermano se cayó / Yo me caí / Tú te caíste / Nosotros nos caímos   5. Nosotros oímos / Ella oyó / Tú oíste / Uds. oyeron / Vosotros oísteis   6. Ellos les dieron / Nosotros les dimos / Yo les di / Tú les diste / Uds. les dieron / El Sr. Fuentes les dio

Ex. E: pair work   writing

Answers, *Ex. E*

1. Ayer, yo vi los volcanes. Hoy veo los volcanes. Mañana voy a ver los volcanes.   2. Ayer ella vio el monumento. Hoy ve el monumento. Mañana va a ver el monumento.   3. Ayer ellos vieron al clavadista. Hoy ven al clavadista. Mañana van a ver al clavadista.   4. Ayer nosotros vimos El Palacio de Bellas Artes. Hoy vemos El Palacio de Bellas Artes. Mañana vamos a ver El Palacio de Bellas Artes.   5. Ayer Uds. vieron La Catedral Nacional. Hoy ven La Catedral Nacional. Mañana van a ver La Catedral Nacional.   6. Ayer tú viste el centro. Hoy ves el centro. Mañana vas a ver el centro.   7. Ayer vimos El Museo Nacional de Antropología. Hoy vemos El Museo Nacional de Antropología. Mañana vamos a ver El Museo Nacional de Antropología.   8. Ayer vi el zoológico Bosque de Chapultepec. Hoy veo el zoológico Bosque de Chapultepec. Mañana voy a ver el zoológico Bosque de Chapultepec.

Ex. F: 🧍 *pair work* 📝 *writing*

Answers, *Ex. F*

1. vi   2. Pude   3. se cayó   4. dio   5. pudo, pasó
6. leí   7. dijo, tuvo   8. ¡Me reí, leí   9. creí, oí

El Palacio de Bellas Artes

4. *nosotros*

La Catedral Nacional

5. *ustedes*

el centro

6. *tú*

El Museo Nacional de Antropología

7. *nosotros*

el zoológico Bosque de Chapultepec

8. *yo*

el mercado

9. *ellos*

F. **El accidente** Restate the following sentences in the preterite tense by changing each Spanish verb in italics.

1. Hoy *veo* un accidente en el lago.
2. *Puedo* ver el velero *(sailboat)* claramente desde el balcón del hotel.
3. El hombre *se cae* del velero y *grita (shouts)* "¡Auxilio!" *("Help!")*
4. El velero *da* una vuelta *(turns)* sin el hombre.
5. El hombre *puede* subir al velero cuando *pasa* cerca de él.
6. Al día siguiente *leo* del accidente en el periódico.
7. El hombre *dice* en el artículo que nunca *tiene* miedo durante el accidente.
8. ¡Me *río* cuando *leo* eso!
9. No *creo* al hombre porque lo *oigo* gritar tanto en el agua.

Lectura: *La leyenda sobre la fundación de México*

Fue en el principio del principio cuando el cruel Huitzilopochtli, dios de la *guerra*, viajó lejos para *fundar un reino* para su gente. Con el paso del tiempo, una banda de fugitivos salieron *en busca de* Huitzilopochtli y un lugar en donde vivir. Se llamaban "aztecas" y decían que eran el pueblo especial del violento Huitzilopochtli. Creían que a su dios le gustaba el *corazón* y la *sangre* de los seres humanos y por eso le ofrecían sacrificios humanos. Sólo así, pensaban, podían continuar el tiempo y la salida del sol cada día.

war / to establish a kingdom
in search of

heart / blood

Después de caminar por muchas tierras, estos *guerreros* aztecas llegaron al fértil valle de Anáhuac donde vivían los mexicas cerca del gran *lago* de Texcoco. Cuando los aztecas se acercaron al lago, vieron *un islote* en el agua. En ese islote había un hermoso *nopal* de grandes hojas ovaladas y flores coloradas. Encima del nopal, ante los ojos *asombrados* de los aztecas, una *poderosa águila luchaba* con una enorme serpiente. Todos miraron *callados* y luego oyeron a sus *sacerdotes* proclamar que ése era el lugar preparado para ellos por Huitzilopochtli.

warriors
lake
small island
cactus
astonished
powerful eagle was fighting
silently / priests

Tal es la *leyenda*. El *hecho* es que en el siglo XIV, sobre ese mismo lago de Texcoco, los aztecas construyeron la gran ciudad de Tenochtitlán, que hoy en día es la ciudad de México, la capital de la república. El nopal con el águila y la serpiente, el símbolo azteca, ahora es el símbolo nacional de México. Aparece en la *moneda* nacional, en los *sellos* oficiales, — y en el centro de la *bandera* verde, blanca y colorada.

legend / fact

coin / stamps
flag

Reading Strategies

Have students first skim the text to get the main idea, then scan it to find the information required in Ex. G on page 350. Follow this up with the activities suggested in Ex. H for further analysis.

Ex. G: pair work   writing

Answers, *Ex. G*

1. the Aztec god of war   2. He founded a special kingdom for his people to live in.   3. the **mexicas**
4. a small island in the middle of a lake with a huge cactus plant, on which an eagle was struggling with a large snake   5. that this was the place set aside for them by their god Huitzilopochtli
6. the great city built by the Aztecs on the site of the lake   7. a cactus with an eagle and a serpent

Exs. H and I: pair work

Cooperative Learning

Ex. I: Group Itinerary

- Put students into heterogeneous groups of four and explain to them that they are going to plan a trip to Costa Rica together. They may divide the planning as they wish, provided that each student participates equally. Explain to the class that each team will share its itinerary with the class and that they may put it in any form they wish (an ad, a written report, a poster, an overhead transparency, a bulletin board display, etc.).
- Give students time to plan their itineraries.
- Direct the groups to share their itineraries with another group.
- Call on students at random to describe another group's itinerary.

Ejercicios de comprensión

G. **Comprensión del texto** Answer the questions in English according to what you learned from the **Lectura.**

1. Who is Huitzilopochtli?
2. What did the Aztecs believe about Huitzilopochtli?
3. Who lived in the valley of Anáhuac?
4. What did the Aztecs see when they got to Lake Texcoco?
5. What did their priests tell them?
6. What is Tenochtitlán?
7. What is the national symbol of Mexico today?

H. **Sobre las palabras** Work with a partner to complete the following tasks.

1. Make a list of all the cognates you recognize in the passage.
2. Read aloud as many adjectives as you can find.
3. Name any living creatures and plants that are mentioned.
4. Read aloud the names of the people and places in the reading. How do they sound to you? Similar to English? Different?
5. Draw a small representation of Mexico's national symbol and then describe it in Spanish.

¡Adelante!

I. **Un viaje interesante** Tell a classmate about the last trip you took. Where did you go, how did you get there, what did you see and do, what was the weather like, etc.? Try to use the preterite correctly throughout your narration.

Pintura típica, Limón, Costa Rica

El puerto de Guaymas, México

◆ Vocabulario ◆

Para charlar

Para hacer una narración en el pasado, usando el pretérito:

caer(se)	poder
conducir	poner(se)
creer	saber
decir	traer
leer	ver
oír	

Para hablar de la geografía

la cordillera	el oeste
el este	el paisaje
una frontera	un río
la geografía	el sur
la naturaleza	un volcán
el norte	

Temas y contextos

Los países

Argentina	los Estados Unidos	Panamá
Belice	Gran Bretaña	Paraguay
Brasil	Guatemala	Perú
Canadá	Honduras	El Salvador
Costa Rica	Japón	la Unión Soviética
China	México	Uruguay
Ecuador	Nicaragua	

Vocabulario general

Sustantivos

la capital	un estado	el precio
el clavadista	el gobierno	el pueblo
el espectáculo	el país	un(a) vecino(a)

Verbos

caer(se)
clavar(se)
conducir
creer
dar
dividir
leer
poder (ue, u)
poner(se)
traer

Adjetivos

contento(a)
costoso(a)
feroz
furioso(a)
nervioso(a)
triste

Adverbios

al principio
por fin

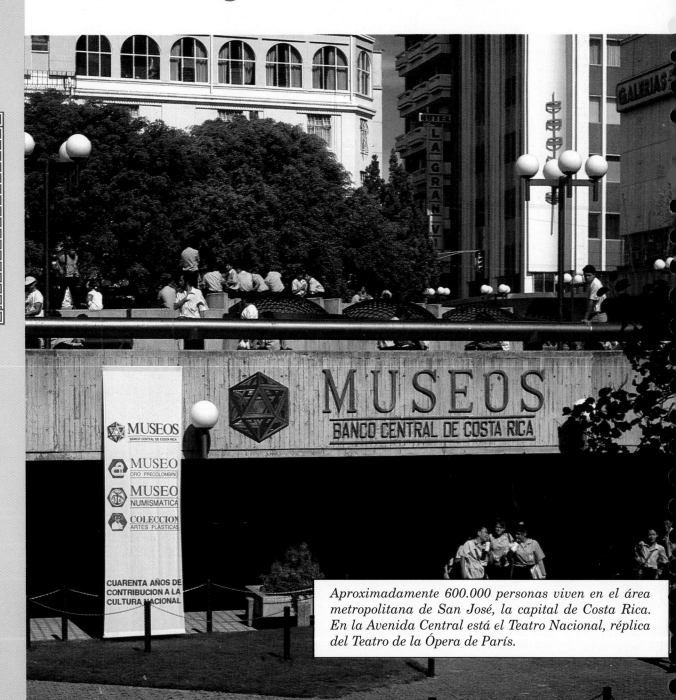

CHAPTER OBJECTIVES

FUNCTIONS: Understanding short descriptions of various places in Central America; describing places and events in the past

CONTEXT: Maps, travel, various parts of Central America; a fable

ACCURACY: Geographical names; the imperfect and the preterite to talk about past actions, descriptions, and interrupted actions

Cultural Context

San José is home to a number of interesting museums, including **el Museo Nacional**, which contains a good collection of pre-Columbian antiquities. Other noteworthy museums include **el Museo de Oro**, **el Museo de Arte Costarricense**, and **el Museo de Ciencias Naturales**.

CAPÍTULO CATORCE

Un viaje a Centroamérica

Aproximadamente 600.000 personas viven en el área metropolitana de San José, la capital de Costa Rica. En la Avenida Central está el Teatro Nacional, réplica del Teatro de la Ópera de París.

Primera etapa

▼

Costa Rica y sus vecinos

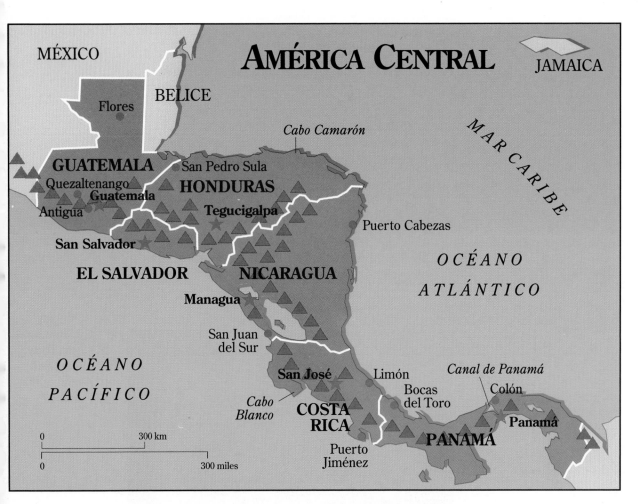

Los países de Centroamérica se extienden desde el sur de México hasta la *frontera* con Colombia. Después de su independencia en 1821, Guatemala, Honduras, El Salvador, Nicaragua y Costa Rica estuvieron unidos por unos años hasta que cada país decidió seguir su *propio camino*. Panamá se incluye tradicionalmente en el estudio histórico de Centroamérica, aunque nunca fue parte de la breve unificación de la región.

border

own way

Etapa Support Materials

WORKBOOK: pp. 254–259
TRANSPARENCY: #45
QUIZ: Testing Program, p. 200

Support material, Costa Rica y sus vecinos, **Exs. A and B:** Transparency #45

Prereading
Have students talk about their own state in English: Where does its name come from? Who settled it? Where is it located in relation to the other states? What are some of its geographical features?

Reading Strategies
Have students read through the text silently, if they haven't read it for homework. Then ask questions about the map and photos. You may, for example, simply ask students to find some of the towns on the map and explain what the photo captions say.

Ex. A: 👥 *pair work* ✏️ *writing*

Suggestion, Ex. A: You may wish at this point to briefly review the various masculine/feminine and singular/plural variations of the adjectives of nationality, especially those that do not end in **o** in the masculine singular form.

Answers, *Ex. A*

1. Angelina vive en Guatemala. Es guatemalteca.   2. Rafael vive en Honduras. Es hondureño.
3. Cristina vive en El Salvador. Es salvadoreña.
4. Ernesto vive en Nicaragua. Es nicaragüense.
5. Hilda vive en Costa Rica. Es costarricense.
6. Raúl vive en Panamá. Es panameño.

Ex. B: 👥 *pair work* ✏️ *writing*

Answers, *Ex. B*

1. Guatemala es la capital de Guatemala y está en el sur del país.   2. San José es la capital de Costa Rica y está en el norte del país.   3. Managua es la capital de Nicaragua y está en el oeste del país.   4. San Salvador es la capital de El Salvador y está en el sur del país.   5. Panamá es la capital de Panamá y está en el centro del país.

---

forests / deep

El paisaje de estos países es muy bello. Hay altas montañas volcánicas, *bosques* densos y muchos ríos que forman cañones *profundos*. El clima es muy variable por la altitud, aunque en general es muy húmedo. Centroamérica tiene una increíble variedad de plantas y animales que no existen en ninguna otra parte del mundo.

Ejercicios de familiarización

A. **Vive en... y es...** Based on the country listed next to each person's name below, identify him or her as an inhabitant of the corresponding country. Follow the model.

MODELO: Luis / Costa Rica / costarricense
Luis vive en Costa Rica. Es costarricense.

1. Angelina / Guatemala / guatemalteca
2. Rafael / Honduras / hondureño
3. Cristina / El Salvador / salvadoreña
4. Ernesto / Nicaragua / nicaragüense
5. Hilda / Costa Rica / costarricense
6. Raúl / Panamá / panameño

B. **Las capitales centroamericanas** Looking at the map on page 353, name the capital city of each Central American country listed below, indicating in which part of the country the city is located.

MODELO: Honduras
Tegucigalpa es la capital de Honduras y está en el sur del país.

1. Guatemala
2. Costa Rica
3. Nicaragua
4. El Salvador
5. Panamá

Iglesia de Suyapa, Tegucigalpa, Honduras

Repaso

C. Change the sentences to the past, using the preterite of the verbs in italics.

1. En la escuela mi hermano y yo *leemos* sobre los volcanes de Centroamérica.
2. Poco después, *oímos* en la televisión de un accidente en un parque nacional costarricense.
3. Según las noticias, un turista *se cae* en un cráter.
4. *Sabemos* que un hombre *puede* ayudar al turista.
5. Lo *pone* sobre los hombros para salvarlo.
6. Yo *creo* que ese hombre *es* muy valiente.

D. **Nuestras vacaciones en Costa Rica** Put the sentences into the past, changing the present tense of the underlined verbs to the preterite.

1. Nosotros <u>pasamos</u> una semana de vacaciones en Costa Rica. (Begin with **El año pasado…**)
2. Nuestro viaje <u>comienza</u> en San José, donde mi padre <u>hace</u> reservaciones en el famoso Hotel Cariari.
3. El primer día, <u>damos</u> un paseo por el mercado, donde <u>compramos</u> mucho café para llevar a nuestros amigos. También <u>visitamos</u> el Museo de Arte Costarricense, una fábrica de joyas *(jewel factory)* y el enorme Monumento a la Guerra de 1856.
4. El segundo día, <u>salimos</u> para Puntarenas. <u>Conducimos</u> a la costa en un coche que mi padre <u>alquila</u> para el viaje. En camino *(On the way)*, <u>conocemos</u> varios pueblos interesantes.
5. Por fin, <u>llegamos</u> a una hermosa playa de arenas *(sands)* blancas en el Pacífico. <u>Pedimos</u> ceviche *(marinated fish)* fresco y mariscos. Yo <u>como</u> un pescado grande.
6. Después de pasar unos días en la playa, toda la familia <u>va</u> a visitar el Parque Nacional Volcán Poás. A pesar de que *(Even though)* <u>empieza</u> a llover, <u>podemos</u> subir al enorme cráter de un volcán activo. Por suerte *(Luckily)*, <u>vemos</u> una pequeña erupción de vapores y gases.
7. Después, <u>volvemos</u> a San José, donde <u>vamos</u> a un concierto en el famoso Teatro Nacional en el centro de la ciudad.
8. Al día siguiente, <u>salimos</u> para los Estados Unidos. Todos <u>estamos</u> de acuerdo que el viaje a Costa Rica <u>es</u> muy interesante y que <u>aprendemos</u> mucho.

FUNDACION DE PARQUES NACIONALES

SERVICIO DE PARQUES NACIONALES

Ex. C: *pair work* / writing

Answers, *Ex. C*
1. leímos   2. oímos   3. se cayó   4. Supimos, pudo   5. puso   6. creí, fue

Ex. D: *pair work* / writing

Suggestion, Ex. D: Divide the class into pairs. When each pair has finished the exercise, check verb forms by having several students tell the whole story.

Answers, *Ex. D*
1. pasamos   2. comenzó, hizo   3. dimos, compramos, visitamos   4. salimos, Condujimos, alquiló, conocimos   5. llegamos, Pedimos, comí   6. fue, empezó, pudimos, vimos   7. volvimos, fuimos   8. salimos, estuvimos, fue, aprendimos

Presentation: *The imperfect and the preterite*

Because distinctions between the two tenses are often subtle, students are not expected to assimilate them the first time they are taught. This topic has many gray areas and only the most basic distinctions are presented at this point. (1) You may wish to begin your presentation with a review of the most common uses of the preterite: beginning of an action, completion of an action, definite time period. Follow this with a quick transformation drill using familiar verbs. (2) Continue by reminding students of the contexts in which the imperfect is commonly used: ongoing actions, habitual actions, unspecified number of repetitions, and indefinite time period.

The *imperfect* and the *preterite*: Past actions

Antes, yo **iba** a México cada año.

In the past, I *used to go* to Mexico every year.

Pero el año pasado, yo **fui** a Costa Rica.

But last year, I *went* to Costa Rica.

In previous units you learned two past tenses, the preterite and the imperfect. Each tense is used in different contexts, although both tenses are used to report past actions and conditions. The use of these two tenses has to do with the *concept* or *meaning* that the speaker wishes to communicate.

It helps to keep in mind that all actions have three different stages that can be focused on: a beginning, a middle, and an end. The preterite is used to report only the beginning and the ending of an action in the past. The middle stage or continued process of an action — and nothing more — is always described by the imperfect.

The main distinction between the use of the preterite and the imperfect has to do with certain *aspects* of actions in the past:

1. If an action is viewed as having been either begun or completed within any definite time period, occurs only once, or is repeated a specific number of times, the verb will be in the *preterite*.
   La semana pasada, yo **fui** a la casa de mis abuelos. *(single occurrence)*
   El sábado y el domingo pasado **fuimos** al cine juntos. *(specified number of repetitions)*
   Mi abuelo **jugó** al tenis tres veces en su vida. *(specified number of repetitions in a definite time period)*
2. If a past action is habitual, repeated an unspecified number of times, or performed in an indefinite time period, the verb will be in the *imperfect*.
   De joven, **iba** a la casa de mis abuelos todos los fines de semana. *(habitual occurrence)*
   Íbamos al cine juntos. *(unspecified number of repetitions)*
   Mi abuelo **jugaba** a menudo al tenis. *(indefinite time period)*
3. If an action is considered ongoing, or already in progress, the verb will be in the imperfect, whether or not the action takes place in *either* a definite or an indefinite period of time.
   Mi abuelo **jugaba** a las 5:00. *(in progress at definite time)*
4. As a general rule, the preterite moves a story's action forward in past time while the imperfect tends to be more descriptive.

Aquí practicamos

E. Replace the words in italics with those in parentheses and make all necessary changes.

1. ¿Qué hiciste *tú* ayer? (Uds. / ella / ellos / el profesor / él / vosotros)
2. Cuando *yo* era niño/a, esquiaba mucho. (ella / nosotras / Marilú / ellos / Ud. / tú)
3. *Ella* fue a Guatemala el año pasado. (Uds. / ellas / la familia / tú / yo / tus amigos)
4. *Nosotros* íbamos a los parques nacionales todos los fines de semana. (Ud. / yo / tú / ellos / Uds. / él / vosotras)
5. ¿Vieron *Uds.* el enorme monumento? (tú / ellas / Ud. / tus padres / vosotros)
6. ¿A qué hora salieron *ellos* de casa? (tú / ellas / él / Ud. / tus amigos)
7. Ayer hacía buen tiempo y *nosotros* estábamos muy contentos. (Carmen / ellos / yo / él / tú / vosotros)
8. En San José *ellos* fueron al Teatro Nacional tres veces. (yo / nosotras / ella / Uds. / tú / mis amigos)
9. *Ella* dijo que no quería ir al cine el sábado. (ellos / nosotros / mi hermano / Uds. / yo / vosotros)
10. ¿Dónde vivías *tú* en esa época? (Ud. / Uds. / él / ellas / Maricarmen)

F. **¿Tú lo hiciste?** Each time your parent asks you if you've done something you were supposed to do, you answer *Not yet* (**Todavía no**). Then you say what you *were doing* instead. Use both the preterite and the imperfect to give your excuses.

MODELO: ¿Lavaste la ropa? (hablar por teléfono)
Todavía no. No lavé la ropa porque hablaba por teléfono.

1. ¿Hiciste tu tarea? (jugar al tenis)
2. ¿Hablaste con tu padre? (estar en casa de mis amigos)
3. ¿Comiste? (escuchar cintas)
4. ¿Te duchaste? (mirar la televisión)
5. ¿Hiciste los mandados? (tocar la guitarra)
6. ¿Acompañaste a tu hermana al centro? (escribir una carta)
7. ¿Compraste el pan? (dar un paseo)
8. ¿Arreglaste tu cuarto? (echar una siesta)

Mercado, Chichicastenango, Guatemala

Ex. E: pair work / writing

Suggestion, Ex. E: Point out to students that, while the focus here is on form, the context serves to reinforce the proper use of the imperfect and preterite tenses.

Answers, *Ex. E*
1. hicieron Uds. / hizo ella / hicieron ellos / hizo el profesor / hizo él / hicisteis vosotros 2. ella era niña, esquiaba / nosotras éramos niñas, esquiábamos / Marilú era niña, esquiaba / ellos eran niños, esquiaban / Ud. era niño/a, esquiaba / tú eras niño/a, esquiabas 3. Uds. fueron / Ellas fueron / La familia fue / Tú fuiste / Yo fui / Tus amigos fueron 4. Ud. iba / Yo iba / Tú ibas / Ellos iban / Uds. iban / Él iba / Vosotras ibais 5. Viste tú / Vieron ellas / Vio Ud. / Vieron tus padres / Visteis vosotros 6. saliste tú / salieron ellas / salió él / salió Ud. / salieron tus amigos 7. Carmen estaba / ellos estaban / yo estaba / él estaba / tú estabas / vosotros estabais 8. yo fui / nosotras fuimos / ella fue / Uds. fueron / tú fuiste / mis amigos fueron 9. Ellos dijeron / Nosotros dijimos / Mi hermano dijo / Uds. dijeron / Yo dije / Vosotros dijisteis 10. vivía Ud. / vivían Uds. / vivía él / vivían ellas / vivía Maricarmen

Ex. F: pair work / writing

Answers, *Ex. F*
1. Todavía no. No hice la tarea porque jugaba al tenis. 2. No hablé con mi padre porque estaba en casa de mis amigos. 3. No comí porque escuchaba cintas. 4. No me duché porque miraba la televisión. 5. No hice los mandados porque tocaba la guitarra. 6. No acompañé a mi hermana al centro porque escribía una carta. 7. No compré el pan porque daba un paseo. 8. No arreglé mi cuarto porque echaba una siesta.

Prereading

Ask students about the origins of people in the United States, including native Americans.

Reading Strategies

Have students first skim the text to get the main idea, then scan it to find the information required in Ex. G on page 359. Follow this up with Ex. H for further reading comprehension activities.

Lectura: *Costa Rica*

Costa Rica es una nación de un poco más de dos millones y medio de habitantes. Los "ticos", como *cariñosamente*[1] se llama a los costarricenses, viven en un bello país que tiene una *superficie*[2] de 51.000 km cuadrados, o aproximadamente 31.600 millas. La mayoría de la gente vive en la *meseta*[3] central donde está San José, la capital. Esta ciudad combina el *estilo*[4] tradicional español con las tendencias modernas de la arquitectura.

Muy pocos indígenas vivían en la región cuando los españoles comenzaron a colonizarla en el año 1502. Es un país donde generalmente la vida del *campesino*[5] es bastante buena porque muchos son propietarios de *tierra*.[6] El *cafetalero*[7] típico tiene casi una hectárea (cerca de dos acres y medio) de terreno para cultivar su exquisito café.

El *nivel*[8] de vida es más alto en Costa Rica que en los otros países de Centroamérica. Además, su sistema de educación es moderno y eficaz. Es interesante notar que esta república decidió en 1948 no tener un *ejército*.[9] Gracias a los gobiernos progresivos de Costa Rica, hay numerosos parques nacionales para la gente que *ama*[10] la naturaleza.

Uno de los parques más famosos es el Parque Nacional de Cahuita, que está sobre la costa del Caribe. Allí hay una gran variedad de plantas exóticas, pájaros de muchos colores y animales raros que no existen en otras partes del mundo. Desde el punto de vista de la ecología, Cahuita, entre otros lugares *protegidos*[11] del país, es una *verdadera maravilla*.[12]

En fin, en cuanto a las bellezas de su naturaleza, el nombre del país *le queda bien*[13] a Costa Rica. Además, es una nación pacífica que quiere mantener su tradición democrática y su posición progresista en una región de muchas *presiones*[14] políticas.

[1]fondly   [2]area   [3]high plains
[4]style   [5]farmer   [6]land
[7]coffee grower   [8]standard
[9]army   [10]love   [11]protected
[12]true marvel   [13]fits well
[14]pressures

Ejercicios de comprensión

G. ¿Qué aprendiste? Answer the questions in English according to what you learned in the **Lectura.**

1. What is the nickname for people from Costa Rica?
2. Where does most of the population live?
3. Were there a lot of Indians living in the region when the Spanish arrived?
4. How much land does a typical coffee grower have?
5. What is the country's school system like?
6. Does Costa Rica have an army?
7. How has the government encouraged conservation?
8. Describe some of the animal and plant life in the country.
9. What does the name **Costa Rica** mean in English?

H. Cierto / falso Decide if the following statements about Costa Rica are true or false. If a statement is false, correct it.

1. La República de Costa Rica está situada en Centroamérica, entre el Golfo de México y el Océano Pacífico.
2. Hay doce millones de habitantes en Costa Rica.
3. Los mexicanos fueron colonizadores de Costa Rica.
4. Costa Rica tiene muchos parques nacionales protegidos por el gobierno.
5. El ejército de Costa Rica es grande porque tiene problemas con sus vecinos.
6. Los costarricenses tienen un nivel de vida bastante alto.
7. La tradición democrática es muy importante en Costa Rica.

¡Adelante!

I. **Nuestro viaje a Costa Rica**
Based on what you've learned about the country, tell about a trip to Costa Rica (whether real or imagined). Tell when it took place, how old you were, with whom you went, where you went, what you did, and what the weather was like. Use the preterite and imperfect tenses appropriately.

Ex. G: pair work / writing

Answers, Ex. G
1. **ticos**   2. in the central high plains of the country, in and around the capital   3. There were very few Indians.   4. about two and a half acres   5. modern and efficient   6. Costa Rica has no army.   7. It has established many national parks and conservation programs.   8. There are plants, birds, and animals there that are found nowhere else in the world.   9. rich coast

Ex. H: pair work / writing

Answers, Ex. H
1. cierto   2. falso. Hay dos millones y medio, más o menos.   3. falso. Los españoles fueron los colonizadores.   4. cierto   5. falso. No tiene ejército.   6. cierto   7. cierto

Ex. I: writing

Preparation, Ex. I: Before assigning this exercise to students, you may wish to model it for them.

Etapa Support Materials

WORKBOOK: pp. 260–264
LISTENING ACTIVITY MASTERS: p. 112
TAPESCRIPT: p. 161
QUIZ: Testing Program, p. 203
CHAPTER TEST: Testing Program, p. 206

Reading Strategies

Have students read through the text silently, if they haven't read it for homework. Then ask questions about the photos and how they relate to the reading.

Cooperative Learning

Nicaragua y El Salvador: *Team Jigsaw*

- Have students form teams of three. Assign each student a paragraph of the reading and tell them that they are going to be responsible for teaching their teammates about their paragraph.
- Have all of the students skim the reading on pages 360–361 to get the gist of the passages.
- Have the students leave their home teams to form "expert groups" with other students who are responsible for the same reading they are.
- In their expert groups, students will read their section together, looking for and agreeing upon the most important information. Remind students to concentrate on cognates and principal facts and not to be distracted by Spanish they don't know.
- Once the students in the expert groups have reached an agreement about the most important aspects of their place, have them discuss how to teach their teammates the information.
- The expert groups should agree upon and then practice teaching techniques before returning to their home teams.
- Have the students return to their teams and teach their teammates about their place.
- Ask questions on the main points of the readings.

Segunda etapa

Nicaragua y El Salvador

cotton
bunches

Nicaragua depende principalmente de sus productos agrícolas, especialmente el *algodón*, el café y los plátanos. Los trabajadores preparan los *racimos* de plátanos para la exportación. Muchas de las compañías bananeras están en la costa del país.

ash
flavor / harvest
beans
dry

El café es el principal producto de exportación de El Salvador. La tierra volcánica del país es ideal para el cultivo del café porque la *ceniza* en la tierra le da al café un *sabor* muy especial. Los cafetaleros *cosechan* los *granos* de las plantas del café a mano, casi uno por uno. Luego antes de lavarlos, tostarlos y empacarlos *secan* los granos bajo el sol.

El monumento a la Guerra de 1856, situado en San José, Costa Rica, representa la victoria de los cinco países centroamericanos sobre William

Monumento a la Guerra de 1856 en San José, Costa Rica

Cafetal, San Isidro, El Salvador

Walker. Conmemora la Guerra de 1856 en la que tropas centroamericanas, con la ayuda de los ingleses, combatieron contra un aventurero
norteamericano de Tennessee, agente de intereses económicos y políticos
muy *poderosos*. Durante una *guerra* civil en Nicaragua, Walker pudo *ha-
cerse* presidente de Nicaragua por unos meses. Tenía la idea de formar un
imperio en Centroamérica basado en la *esclavitud*. Los centroamericanos
fusilaron a Walker en el año 1860.

powerful / war / make himself

slavery
shot

Ejercicio de familiarización

A. **Hechos** *(Facts)* **sobre unos vecinos** *(neighbors)* **centroamericanos**
Use your knowledge of the information that accompanies the photographs on page 360 to answer the following questions.

1. ¿Cuál es una de las exportaciones más importantes de Nicaragua?
2. ¿Dónde están las compañías bananeras en Nicaragua?
3. ¿Por qué tiene el café de El Salvador un sabor excepcional?
4. ¿Cómo cosechan el café?
5. ¿En qué país está el Monumento a la Guerra de 1856?
6. ¿Quién era William Walker?
7. ¿Qué hizo este hombre?
8. ¿Cuál era una de las ideas de Walker sobre Centroamérica?
9. ¿Qué representa el Monumento a la Guerra de 1856?

Repaso

B. **El descubrimiento** *(discovery)* **de América** Put the following sentences into the past, changing the underlined verbs to the imperfect
or the preterite according to the context and intended meaning.

1. Cristóbal Colón <u>sale</u> del puerto español de Palos el 3 de agosto de
   1492.
2. En esa época, mucha gente <u>cree</u> que el mundo <u>es</u> plano *(flat)*.
3. Colón <u>quiere</u> probar *(to prove)* que <u>es</u> redondo y encontrar una
   ruta a las Indias.
4. Colón <u>cruza</u> el Atlántico en tres pequeñas carabelas *(sailing
   ships)*.
5. Muchos de sus hombres <u>tienen</u> miedo y <u>quieren</u> volver a España.
6. Pero Colón <u>insiste</u> en seguir adelante.
7. Por fin, después de diez semanas de viaje, <u>desembarcan</u> *(they step
   ashore)* en una isla del Caribe el 12 de octubre.
8. Colón ahora <u>está</u> en América, pero todavía <u>piensa</u> que el territorio <u>es</u> las Indias.
9. <u>Hace</u> otros tres viajes a América.
10. En su último viaje (1502–1504), Colón <u>explora</u> la costa de
    Centroamérica.

Ex. A: pair work / writing

Answers, *Ex. A*
1. el algodón (o el café, o los plátanos) 2. en la costa de Nicaragua 3. por la ceniza volcánica en la tierra 4. a mano 5. en Costa Rica 6. un aventurero norteamericano 7. Fue a Nicaragua donde se hizo presidente por unos meses. 8. Quería formar un imperio en Centroamérica. 9. la victoria de los cinco países centroamericanos sobre William Walker

Ex. B: pair work / writing

Suggestion, Ex. B: Because this exercise has a single story line, you may wish to do it with the entire class.

Answers, *Ex. B*
1. salió 2. creía, era 3. quería, era 4. cruzó 5. tenían, querían 6. insistió 7. desembarcaron 8. estuvo, pensaba, era 9. Hizo 10. exploró 11. Volvió, se enfermó, era

Presentation: *The imperfect and the preterite—Descriptions*

Give a short narrative that includes each of the four descriptive categories: **El fin de semana pasado fui a una fiesta. Allí me encontré con muchas personas interesantes. Había un hombre que era muy guapo. Tenía el pelo negro; tenía barba y bigote; era muy alto. Era muy simpático. Pero siempre creía que sólo él tenía razón en todo. Era imposible tener una conversación con él. Tenía yo un dolor de cabeza después de tratar de hablar con ese hombre.** Do a quick analysis of what you said and ask students what they noticed about the verb tenses. Finally, do the same thing with the model paragraph in the book.

Ex. C:  *pair work*   *writing*

11. <u>Vuelve</u> a España donde <u>se enferma</u>, muriendo *(dying)* dos años después sin saber que América <u>es</u> un nuevo continente.

◆◆◆ E S T R U C T U R A ◆◆◆

The *imperfect* and the *preterite*: *Descriptions*

Ayer **fui** al centro. Allí **me encontré** con Juan y **fuimos** al Café Topo en la Avenida Central. **Conversamos** por tres horas. **Estábamos** muy contentos de estar juntos. **Hacía** mucho sol y yo **llevaba** un vestido ligero *(light)* y unas sandalias. Juan **llevaba** un sombrero amarillo y una chaqueta marrón muy bonita. **Estábamos** muy a la moda *(fashionable)* los dos.

Note that the preceding paragraph contains verbs in both the preterite and the imperfect. The first four verbs are in the preterite because they indicate actions that occurred at a very specific time in the past (yesterday). The remaining verbs are in the imperfect because they describe a state or a condition in the past.

The imperfect is generally used in four types of descriptions in the past:

1. Physical   La casa **era** grande. Nuestra casa **era** blanca.

2. Feelings   Nosotros **estábamos** contentos. Él **estaba** triste.

3. Attitudes and beliefs   Yo **creía** que ustedes **tenían razón.**

4. State of health   Mi hermano **estaba** enfermo.

Aquí practicamos

C. **Los testigos** *(Witnesses)* You and your classmates were witnesses to a crime. You're now asked by the police to describe what you saw. Change the sentences into the imperfect tense.

MODELO: Dos hombres y una mujer están en el banco.
            Dos hombres y una mujer estaban en el banco.

1. Un hombre es muy alto, tiene el pelo negro, tiene barba, lleva una camisa verde, es delgado, habla en voz *(voice)* muy alta, parece contento y lleva una pistola grande.

2. El segundo hombre no es tan alto, es gordo, tiene bigote, lleva una camiseta sucia, no habla, tiene el pelo rojo, lleva una mochila y camina muy rápido.
3. La mujer es alta y es delgada, tiene el pelo rubio, tiene la cara redonda *(round)*, lleva pantalones y una camiseta, también lleva sandalias amarillas, tiene una bolsa y es la conductora *(driver)* del coche.
4. El coche es un Fiat, es gris y es bastante nuevo.
5. Nosotros estamos muy nerviosos y tenemos miedo.
6. Los empleados del banco son muy valientes. Están bastante tranquilos.

Unas ruinas, Panamá

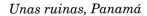

NOTA GRAMATICAL

The *imperfect* and the *preterite:* Interrupted actions

El Sr. Sosa trabajaba en Panamá cuando **nació** su hijo.

Estaba en su oficina cuando su esposa **llamó** por teléfono.

Hablaba con un amigo cuando **supo** la noticia.

Mr. Sosa was working in Panamá when his son *was born.*

He was in his office when his wife *called.*

He was talking with a friend when *he found out* the news.

Each model sentence contains a verb in the *imperfect* and another in the *preterite.* The imperfect describes what *was going on* when something else *happened.* The preterite is used to tell *what happened* to interrupt an action already going on. Note that in Spanish the imperfect often corresponds to the progressive forms *was doing* or *were doing* in English.

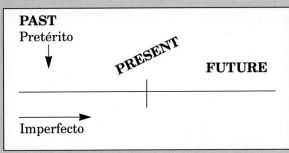

Answers, *Ex. C*

1. Un hombre era muy alto, tenía el pelo negro, tenía barba, llevaba una camisa verde, era delgado, hablaba en voz muy alta, parecía contento y llevaba una pistola grande.   2. El segundo hombre no era tan alto, era gordo, tenía bigote, llevaba una camiseta sucia, no hablaba, tenía el pelo rojo, llevaba una mochila y caminaba muy rápido.   3. La mujer era alta y era delgada, tenía el pelo rubio, tenía la cara redonda, llevaba pantalones y una camiseta, también llevaba sandalias amarillas, tenía una bolsa y era la conductora del coche.   4. El coche era un Fiat, era gris y era bastante nuevo.   5. Nosotros estábamos muy nerviosos y teníamos miedo. 6. Los empleados del banco eran muy valientes. Estaban bastante tranquilos.

Presentation: *The imperfect and the preterite—Interrupted actions*

Give some examples, saying that last night you couldn't get any work done because of all the interruptions. Whenever you were doing something, something else happened. **Preparaba la lección para la clase cuando sonó el teléfono. Lavaba los platos cuando llegó una amiga. Estaba en el baño cuando me llamaron los vecinos.** Use the time line diagram to demonstrate how one action interrupts another action already in progress.

Ex. D: 🧍 *pair work*   📝 *writing*

Suggestion, Ex. D: It might help students to recognize that **cuando** is often an indicator of the preterite tense in sentences of this type.

Follow-up, Ex. D: To reinforce the concept of interrupted actions, you might redo the exercise by having volunteers mime certain selections while someone reads the sentence aloud. For example, in number 3, a student could mime clearing the table and a few seconds later Jorge could arrive. At the same time, someone could orally describe the scene by stating, **Cuando Jorge llegó, yo quitaba la mesa.** You could do this with a number of other sentences in this activity.

Answers, *Ex. D*

1. Mi mamá se desayunaba cuando llegó la carta.   2. Nosotros dábamos una vuelta en el coche cuando ella tuvo el accidente.   3. Cuando Jorge llegó, quitaba la mesa.   4. Pablo y Marcos jugaban al vólibol cuando comenzó a llover. 5. Cuando Luis se puso mal, Sergio preparaba la comida.   6. Nosotros mirábamos la televisión cuando llegaron mis tíos.   7. Yo hacía los mandados cuando (yo) vi a mis amigos.   8. Cuando tu supiste la noticia tus padres estaban en el teatro.

Ex. E: 📝 *writing*

Ex. F: 🧍 *pair work*   📝 *writing*

D. **Las interrupciones** The following people didn't get anything done because something always happened to interrupt them. Describe what happened in each case by putting together the elements provided to create a sentence in the past. Remember that the action in progress must be in the imperfect and the interrupting action must be in the preterite.

MODELO: yo / hacer / mi tarea / cuando / oír el teléfono.
          Yo hacía mi tarea cuando oí el teléfono.

1. mi mamá / desayunarse / cuando / llegar la carta
2. nosotros / dar una vuelta en el coche / cuando / ella / tener el accidente
3. cuando / Jorge / llegar / yo / quitar la mesa
4. Pablo y Marcos / jugar al vólibol / cuando / comenzar a llover
5. cuando / Luis / ponerse mal / Sergio / preparar la comida
6. nosotros / mirar / la televisión / cuando / llegar mis tíos
7. yo / hacer / los mandados / cuando / yo / ver a mis amigos
8. cuando / tú / saber / la noticia / tus padres / estar en el teatro

E. **Una fiesta** The following is a drawing of a party. Use the imperfect to describe the guests.

MODELO: *El muchacho tenía el pelo castaño, era delgado y llevaba una camiseta.*

F. **¿Qué hacían ellos cuando...?** Use the preterite and the imperfect to describe what the people in the drawings were doing when something else happened.

MODELO: *María Luisa tocaba la guitarra cuando Pedro se cayó.*

María Luisa   Pedro

tocar / caerse

1. comer / llegar

2. jugar / empezar a llover

3. empezar a bailar / charlar

4. hablar / decir

5. jugar / llegar

Prereading

Discuss some of the characteristics of fables. A fable is a brief story or anecdote that aims to teach some kind of lesson about life or human nature. It often has animals as the main characters. Fables are part of an oral tradition common to cultures around the world. Ask students to pay special attention to the uses of the imperfect and the preterite tenses when reading this fable. You may wish to assign it for homework.

Elisa

Marlena

Fernando

6. *dar un paseo / encontrarse con*

The following "modern fable" is from a collection written by Augusto Monterroso. Originally from Guatemala, the author has lived in Mexico for most of his life. He writes humorous essays and short stories, but is probably best known for his amusing parodies of human hope and failure in the form of the fable. This fable from La oveja negra y demás fábulas *is based on the idea that animals are so much like human beings that it is sometimes impossible to tell one from the other!*

Like all fables, the one you are about to read has a moral. Read through it once for content, and try to decide what that main lesson is. Notice the informal story-telling style that Monterroso uses. Then go back over the text to pick out the uses of the preterite and imperfect, paying special attention to the way they work in this brief narrative.

Lectura: *El Zorro es más sabio*

to become / something to which / he hated

Un día que el Zorro estaba muy aburrido y hasta cierto punto melancólico y sin dinero, decidió *convertirse en* escritor, *cosa a la cual* se dedicó inmediatamente, pues *odiaba* ese tipo de personas que dicen: "voy a hacer esto o lo otro", y nunca lo hacen.

success
was translated

Su primer libro resultó muy bueno, un *éxito*; todo el mundo lo aplaudió, y pronto *fue traducido* (a veces no muy bien) a los más diversos idiomas.

the most acclaimed

El segundo fue todavía mejor que el primero, y varios profesores norteamericanos *de lo más engranado* del mundo académico de aquellos remotos días lo comentaron con entusiasmo y aún escribieron libros sobre los libros que hablaban de los libros del Zorro.

had reason to feel satisfied with himself

Desde ese momento el Zorro *se dio con razón por satisfecho*, y pasaron los años y no publicaba otra cosa.

Pero *los demás* empezaron a murmurar y a repetir, "¿Qué pasa con el Zorro?", y cuando lo encontraban en los cócteles puntualmente *se le acercaban* a decirle tiene usted que publicar más.

the others

they approached him

—Pero si ya he publicado dos libros — respondía él con *cansancio*.

fatigue

—Y muy buenos — le contestaban — *por eso mismo* tiene usted que publicar otro.

for that very reason

El Zorro no lo decía, pero pensaba, "En realidad lo que éstos quieren es que yo publique un libro malo; pero como soy el Zorro, no lo voy a hacer."

Y no lo hizo.

Ejercicios de comprensión

G. **Análisis de palabras** Answer the following questions about language in the reading.

1. What is the effect of the frequent use of the conjunction **y** in the fable?
2. What is humorous about the remark **y aún escribieron libros sobre los libros que hablaban de los libros del Zorro**? At whom is the author poking fun?
3. Note the instances in which the preterite and the imperfect tenses are used. Discuss why one tense, and not the other, is used in four of these cases.

H. **Análisis de texto** Answer the following questions about the reading.

1. What do you think the moral behind this fable is? Are there several possibilities?
2. What kind of person do you think el Zorro is intended to represent? Make a list of adjectives you would use to describe el Zorro in Spanish, based on what is suggested about him.
3. Now that you know something about his nature, what kind of books would you guess el Zorro would write? What would they be about?

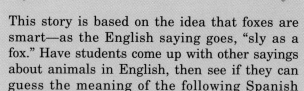

Exs. G and H: *pair work*    *writing*

◆ *Critical Thinking* ◆

This story is based on the idea that foxes are smart—as the English saying goes, "sly as a fox." Have students come up with other sayings about animals in English, then see if they can guess the meaning of the following Spanish **refranes** about animals.

Los zorros viejos no necesitan tutores.
(Old foxes don't need tutors.)
Caballo viejo no aprende trote nuevo.
(An old horse won't learn a new gait.)
Ir a matar lobos no es para bobos.
(Killing wolves isn't for fools.)
Gatos y mujeres siete vidas tienen.
(Cats and women have seven lives.)
Perro ladrador, nunca buen mordedor.
(A barking dog never bites.)
Pájaro en mano vale más que cien volando.
(A bird in the hand is worth 100 in flight.)
No cuentes los pollos antes de incubados.
(Don't count your chickens before they're hatched.)

Ex. I: ✏️ *writing*

¡Adelante!

▼

I. **Mis diapositivas** *(slides)* You've just returned from a trip to Central America and have lots of slides to show your friends. Imagine the scene on each slide, and tell your classmates what they're seeing and what you did in each place. Use the photographs, city names, and sites in this chapter as references for your descriptions.

MODELO: *Aquí me ven a mí con Mario en León, Nicaragua, delante del cráter de Cerro Negro. Es un volcán muy grande y caminamos hasta…*

Vocabulario

Para charlar

Para hablar más de la geografía

el bosque
el cañón
la meseta
la superficie
el territorio
la tierra

Vocabulario general

Verbos

acercarse
cosechar
cultivar
empacar
fusilar

Otros sustantivos

el algodón
el café
la ceniza
los granos
los plátanos
el sabor
el vecino

Otras expresiones

convertirse en
darse por satisfecho
por eso mismo

Suggestion, Vocabulario: Put students into groups of three and have them discuss what they have learned about geography in Roundrobin style, taking turns from left to right. Remind them to use the words and expressions in the **Vocabulario** lists.

CHAPTER OBJECTIVES

FUNCTIONS: Understanding short descriptions of various places in South America; describing places and events in the past; talking about the recent past

CONTEXT: Maps, travel; A various parts of South America

ACCURACY: Geographical names; imperfect and preterite: changes of meaning and translation, summary of uses

Cultural Context

The **Pampa** of Argentina constitutes more than 20% of the entire country. It extends like a giant fan from Buenos Aires for a distance of 550–600 km. The area is almost entirely plains, with few hills or rivers to break its vast expanse.

Video / Laserdisc

Etapa 1: Video—Tape 3, Program 5, Parts 7 and 8
Video Guide—p. 49
Laserdisc— Disc 3, Side 1, Prog. 5, Part 7

Search 36300, Play To 43106
Disc 3, Side 1, Prog. 5, Part 8

Search 43106, Play To 45525

Un viaje a Sudamérica

Un arroyo de la Pampa cerca de Buenos Aires. La Pampa es la región del famoso gaucho — vaquero argentino. En esta región se cría un ganado que produce una carne de alta calidad bien conocida en el mundo.

Primera etapa

Argentina, Chile, Uruguay y Paraguay

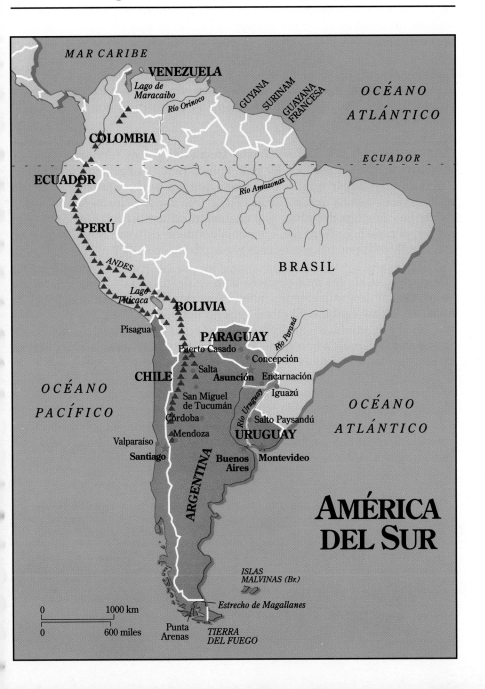

Etapa Support Materials

WORKBOOK: pp. 265–271
TRANSPARENCY: #46
QUIZ: Testing Program, p. 211
VIDEO: Tape 3, Program 5, Parts 7–8
VIDEO GUIDE: p. 49

Support material, Argentina, Chile, Uruguay
y Paraguay: Transparency #46

Presentation: **Argentina, Chile, Uruguay y Paraguay**

Use the transparency to review the names of the countries and their capital cities. You might also reinforce map-reading skill by calling for location of one country in relation to another, e.g., **Uruguay está al este de ____.**

Reading Strategies

Have students first skim the text to get the main idea, then scan it to find the information required in Ex. A on page 373. Follow this up with the activities suggested in Ex. B for further analysis.

---

are located

La Argentina, Chile, el Uruguay y el Paraguay *están situados* en la región al extremo sur del continente.

borders
while
plains
dry

La mayor parte de la Argentina está en la zona templada, pero el país es tan grande que hay una variedad de climas dentro de sus *fronteras*. El norte y noreste son regiones tropicales, *mientras que* en las montañas y en el sur hace mucho frío. Hay una vasta zona de *llanuras* fértiles, la Pampa, que está en el centro del país. El clima es más *seco*, pero con fuertes variaciones.

mountain range

La inmensa *cordillera* de los Andes separa a la Argentina de Chile. Los dos países tienen una larga frontera en común. Allí están algunos de los picos más elevados del continente, como el Aconcagua, que tiene 22.835 pies de altura.

surface
width
length
copper
saltpeter
countrysides

Chile se extiende hacia el sur hasta Tierra del Fuego, territorio que hoy comparte con la Argentina. El país entero tiene una *superficie* de unas 2.900 millas (mayor que la de Texas), con un *ancho* aproximadamente treinta veces menos que su *largo*. Tiene tres zonas principales: el norte, donde hay muchos desiertos que contienen minerales como el *cobre* y el *salitre*; el centro, la fértil zona agrícola donde se cultivan cereales y uvas; y el sur, famoso por sus numerosos lagos y bellos *paisajes*.

neighboring
livestock
wheat

El Uruguay es el país más pequeño de habla española de Sudamérica, sin la diversidad geográfica de sus países *vecinos*. No hay montañas altas, ni muchos ríos navegables. El clima general del país es favorable al *ganado* y al cultivo de productos agrícolas como el *trigo* y el arroz. Las magníficas playas del Uruguay, como la de Punta del Este, son una de sus grandes atracciones para turistas de todas partes del mundo.

cotton
lumber

El Paraguay, tiene menos habitantes que cualquier otro país de habla española del continente sudamericano. Aunque el país no tiene acceso al mar, tiene tres grandes ríos navegables, y Asunción, la capital, es un puerto importante. En la región más fértil del país, al este del Río Paraguay, los cultivos comerciales principales son el *algodón*, el trigo y las *maderas*.

Ejercicios de familiarización

A. **¿Dónde queda...?** Situate each of the following cities on the map on p. 371 and give a short explanation of its location.

MODELO: Valparaíso
Valparaíso *queda en la parte central de Chile, sobre la costa.*

1. Córdoba
2. Asunción
3. Concepción
4. Montevideo
5. Pisagua
6. Mendoza
7. Encarnación
8. San Miguel de Tucumán

B. **La tierra y sus productos** Answer the following questions about the land and export products of the area of South America described on p. 372 by providing the name(s) of the country or countries that best fit, according to the information you have learned.

1. Which country is smallest in terms of territory?
2. What are pampas and where are they located?
3. For which countries does the Andes mountain range serve as a border?
4. Where are copper and grapes produced for export?
5. Which country is known for its magnificent beaches?
6. In which country are there no high mountains?
7. Which country has the smallest population?
8. Which country does not have direct access to the sea?
9. Which country produces cotton and lumber as industries?

Punta del Este, Uruguay

Ex. A: pair work / writing

Suggestion, Ex. A: Use transparency #46 to do this exercise.

Possible answers, *Ex. A*

1. Córdoba queda en el norte de la Argentina, al sur de la ciudad de San Miguel de Tucumán. 2. Asunción queda en el sur de Paraguay, en la frontera con la Argentina. 3. Concepción queda en el centro de Paraguay, al norte de la capital, Asunción. 4. Montevideo queda en el sur de Uruguay, sobre la costa del Atlántico. 5. Pisagua queda en el norte de Chile, en la costa del Océano Pacífico. 6. Mendoza queda en el oeste de la Argentina, cerca de los Andes. 7. Encarnación queda en el sureste de Paraguay, en la frontera con el Brasil. 8. San Miguel de Tucumán queda en el norte de la Argentina, al norte de la ciudad de Córdoba.

Ex. B: pair work / writing

Answers, *Ex. B*

1. Uruguay 2. vast, grassy plains in Argentina 3. Argentina and Chile 4. Chile 5. Uruguay 6. Uruguay 7. Paraguay 8. Paraguay 9. Paraguay

Ex. C: *pair work*   *writing*

Preparation, Ex. C: Review briefly the **Estructura** on p. 362, if necessary.

Suggestion Ex. C: You might use Ex. C to ask for oral or written comments on what students think finally happened to the robbers. Ask them to add a paragraph of four or five sentences giving the final outcome and using the appropriate past tenses as they complete the narration.

Answers, *Ex. C*

Había dos hombres y una mujer en un banco. *Llegaron* a las 14:00. Yo *estaba* a la ventanilla. Uno de los hombres *era* muy alto, *tenía* el pelo negro, *tenía* barba y *era* muy delgado. *Hablaba* en una voz muy alta y *parecía* impaciente. *Llevaba* una pistola.

El otro hombre no *era* alto. *Era* gordo y *tenía* bigote. *Llevaba* una camiseta con "Malibú" escrito en la espalda. Les *pidió* a los clientes las carteras. *Tomó* también nuestros relojes.

La mujer *era* alta. *Tenía* el pelo rubio. *Llevaba* unos pantalones y una camiseta. *Tenía* una bolsa de mano. *Puso* nuestras cosas en una bolsa blanca. En seguida *salió* del banco. *Era* la conductora del coche.

El coche *era* un Fiat. *Era* gris y *era* bastante nuevo.

Había muchos clientes en el banco. Nosotros *estábamos* muy nerviosos. *Teníamos* miedo.

Los empleados del banco *eran* muy valientes. *Estaban* tranquilos. Un empleado *tocó* la alarma y los hombres *corrieron* del banco rápidamente. Afortunadamente, la policía *llegó* unos pocos minutos después, pero los ladrones ya no *estuvieron* allí.

Repaso

C. **La historia de un crimen** Read the following account of a bank holdup from Chapter 14. As you read, change the present tense to the imperfect or the preterite according to the context.

Hay dos hombres y una mujer en un banco. *Llegan* a las 14:00. Yo *estoy* a la ventanilla. Uno de los hombres *es* muy alto, *tiene* el pelo negro, *tiene* barba y *es* muy delgado. *Habla* en una voz (*voice*) muy alta y *parece* impaciente. *Lleva* una pistola.

El otro hombre no *es* alto. *Es* gordo y *tiene* bigote. *Lleva* una camiseta con "Malibu" escrito en la espalda. Les *pide* a los clientes las carteras. *Toma* también nuestros relojes.

La mujer *es* alta. *Tiene* el pelo rubio. *Lleva* unos pantalones y una camiseta. *Tiene* una bolsa de mano. *Pone* nuestras cosas en una bolsa blanca. En seguida *sale* del banco. *Es* la conductora del coche.

El coche *es* un Fiat. *Es* gris y *es* bastante nuevo.

Hay muchos clientes en el banco. Nosotros *estamos* muy nerviosos. *Tenemos* miedo.

Los empleados del banco *son* muy valientes. *Están* tranquilos. Un empleado *toca* la alarma y los hombres *corren* del banco rápidamente. Afortunadamente, la policía *llega* unos pocos minutos después, pero los ladrones (*robbers*) ya no *están* allí.

The **imperfect** and the **preterite**: *Changes of meaning and translation*

As you have already learned, the decision to use one of the two past tenses with certain verbs in Spanish sometimes has a distinct effect on the overall message conveyed.

Carlos **estuvo** enfermo ayer.	Carlos *was* sick yesterday. (*He got sick and has recovered by now.*)
Carlos **estaba** enfermo ayer.	Carlos *was* sick yesterday. (*That was his condition at the time with no indication of the outcome.*)

Some verbs have different meanings in the preterite and the imperfect.

querer

Mi papá **quería** ayudarnos.	My dad *wanted* to help us. *(mental state; intention)*
Mi papá **quiso** ayudarnos.	My dad *tried* to help us. *(He actually did something about it, even if he didn't succeed.)*

no querer

Alicia **no quería** ver la película.	Alicia *didn't want* to see the movie. *(mental state; lack of desire)*
Alicia **no quiso** ver la película.	Alicia *refused* to see the movie. *(She absolutely refused.)*

poder

Él **podía** arreglar el coche.	He was *capable* of fixing the car.
Él **pudo** arreglar el coche.	He *succeeded* in fixing the car.

tener (que)

El diplomático **tenía** que aceptar la invitación a la ceremonia.	The diplomat *had* to accept the invitation to the ceremony. *(He was under obligation to do so.)*
El diplomático **tuvo** que aceptar la invitación a la ceremonia.	The diplomat *was compelled* to accept the invitation to the ceremony. *(He accepted it.)*

saber

¿**Sabías** que el avión llegaba tarde?	*Were you aware* that the plane was arriving late? *(Did you already know this?)*
Supe esta mañana que llegaba tarde.	*I found out* this morning that it was arriving late. *(first knowledge of this fact)*

conocer

¿**Conocías** a Carolina cuando eras niño?	*Did you know* Carolina when you were a kid? *(Were you acquainted with her back then?)*
No, la **conocí** el año pasado.	No, *I met* her last year. (I became acquainted with her for the first time.)

Presentation: *The imperfect and the preterite—Changes of meaning and translation*

Point out to students that with certain verbs there is a real difference in meaning between the preterite and imperfect in Spanish, even though their immediate translations in English may not convey this. You may wish to go through the contrastive meanings with the students before proceeding to the exercises.

 Critical Thinking

To encourage students to focus on the ways the preterite and imperfect are used, ask them which tense they would expect to use most in the following situations.

describing their childhood (imperfect)
telling a funny story about something that happened last week (preterite)
telling how their current habits differ from their old ones (imperfect)
explaining to their teacher what happened yesterday that prevented them from doing their homework (preterite)
describing how they found out that Santa Claus doesn't exist (preterite)

Ex. D: 🔲 *pair work* ✏️ *writing*

Suggestion, Ex. D: This exercise would be good as a quick quiz.

Answers, *Ex. D*

1. supiste   2. decían   3. no quiso   4. conociste
5. Tuve que ir   6. supieron   7. podía   8. quiso
9. nos conocíamos   10. quería

Ex. E: 🔲 *pair work*

Answers, *Ex. E*

1. Sí, te vi en el centro.   2. Estabas en una librería.   3. No, no te buscaba.   4. Sí, quería invitarte al Café Topo.   5. No podía entrar porque estaba en el autobús.   6. Sí, te llamé a las 8:00.   7. Sí, lo supe ayer.   8. Sí, le compré un regalo esta mañana.   9. No, no se lo di todavía.   10. Pensaba dárselo esta noche en el Café Topo.   11. Sí, dijo que podía salir después de las 7:30.   12. Sí, pude reservar una mesa para las 8:00.   13. Invité a Silvia y Marisol también.   14. Conocí a Marisol en la fiesta de Eduardo el año pasado.   15. Le pedí el coche a mi papá.   16. Sí, tuve mucha suerte.

Aquí practicamos

D. **¿Qué pasó? ¿Qué pasaba?** Choose one of the verb forms in italics, in either the imperfect or the preterite tense, according to the meaning provided by the context in parentheses.

> MODELO: Ramón y yo *nos conocimos / nos conocíamos /* en Montevideo. (for the first time)
> *Ramón y yo nos conocimos en Montevideo.*

1. ¿Cómo *supiste/sabías* lo que pasó en el aeropuerto? (you found out right away)
2. Sus hermanas *decían/dijeron* que no les gustaban las películas de horror. (they would always say this)
3. El padre de Carlos *no quería/quiso* prestarle su coche. (that's why Carlos had to take a taxi)
4. ¿Cuándo *conociste/conocías* a Emilio Estévez? (for the first time)
5. *Tenía que ir /Tuve que ir* a la reunión porque soy presidente del grupo. (and that's why I finally went after all)
6. Ustedes no *supieron/sabían* cuánto dinero llevaron del banco los criminales. (you weren't able to get this information)
7. El profesor de matemáticas *pudo/podía* resolver el problema. (but he didn't do it because it was my homework assignment)
8. El perro *quería/quiso* salir de la casa mientras tú dormías. (he tried three times)
9. Roberto y yo *nos conocimos / conocíamos* en la escuela secundaria. (we were already friends back then)
10. La abuela *quiso/quería* besar al niño, pero él se fue corriendo. (so she didn't get to kiss him)

E. **Entre amigos** Using the cues in parentheses, answer your friend's questions with the appropriate use of the imperfect or the preterite. Use the verb(s) in each question in your response.

> MODELO: ¿Tú me llamaste por teléfono? (sí / hace media hora)
> *Sí, te llamé hace media hora.*

1. ¿Me viste esta mañana? (sí / en el centro)
2. ¿Dónde estaba yo cuando me viste? (en una librería)
3. ¿Me buscabas? (no)
4. ¿Querías hablar conmigo? (sí / para invitarte al Café Topo)
5. ¿Por qué no entraste en la librería? (estar en el autobús)
6. ¿Me llamaste anoche? (sí / a las 8:00)
7. ¿Sabías que hoy es el cumpleaños de Eduardo Bolaños? (sí / ayer)
8. ¿Le compraste un regalo? (sí / esta mañana)
9. ¿Ya se lo diste? (no)
10. ¿Cuándo pensabas dárselo? (esta noche / en el Café Topo)
11. ¿Dijo Eduardo que podía salir esta noche? (sí / después de las 7:30)

12. ¿Pudiste reservar una mesa en el Café Topo? (sí / para las 8:00)
13. ¿A quién más invitaste? (Silvia y Marisol)
14. ¿Ah sí? ¿Dónde conociste a Marisol? (en la fiesta de Eduardo / el año pasado)
15. ¿A quién le pediste el coche? (a mi papá)
16. ¿Tuviste suerte? (sí / mucha)

F. **Las noticias del día** Working with two classmates, take turns adding some information to the part of the sentence that is provided. Invent the necessary details. Follow the model.

MODELO: Ayer, a las 10:00 de la mañana, un criminal…
Ayer, a las 10:00 de la mañana, un criminal entró en el banco. Afortunadamente, la policía llegó inmediatamente…

1. El presidente dice que cuando era niño, siempre…
2. La semana pasada, el famoso actor Fernando Rey…
3. Hoy supimos por primera vez que…
4. El representante de Nueva York dijo que él no era responsable, que él no…
5. El embajador *(ambassador)* conoció a la reina *(queen)* de Gran Bretaña cuando…
6. El miércoles pasado la tenista argentina Gabriela Sabatini…
7. Ayer hizo tanto calor que todos nosotros…
8. Durante su visita a Chile, el senador *(senator)*…
9. Cuando oyeron las noticias, los pobres muchachos…
10. Nadie sabe por qué, pero el sábado pasado, dos hombres…

Ex. F: groups of three

Follow-up, Ex. F: After the group work is completed, have a representative from each group read their creation aloud to the class.

La Casa Rosada, sede del gobierno de Argentina

Reading Strategies

Ask students to read the selection as homework, telling them to write down two or three principal ideas in English for discussion. Or, ask them to write a series of questions based on the reading that they will then ask their classmates. Then proceed to Ex. G on page 379.

Ask the students to scan each paragraph, one at a time, for cognates, saying them out loud or writing them down as they do so.

Una viña chilena

Lectura: *Argentina, Chile, Uruguay y Paraguay*

Argentina

develop
help

century
half / power
nevertheless

Nowadays
hope

Argentina se declaró independiente de España en 1816. Pudo *desarrollar* su economía rápidamente con la *ayuda* de Gran Bretaña, que compartió su tecnología con los argentinos. Aumentaron la exportación de carne y productos agrícolas como cereales. Los millones de inmigrantes europeos que llegaron a Argentina a fines del *siglo* XIX y durante la primera *mitad* del siglo XX transformaron el país en una *potencia* comercial. En las últimas décadas, *sin embargo*, los desastres económicos internacionales afectaron mucho la situación socioeconómica y política de Argentina. *Hoy en día* el país todavía pasa por una época muy difícil pero con la *esperanza* de progresar en el futuro.

Uruguay

ended

change

Uruguay formó parte de la Argentina hasta 1828, cuando *puso fin* a las disputas territoriales con ella y el Brasil. Se formó la República de Uruguay dos años después. Durante muchas décadas fue una nación próspera con una serie de gobiernos progresistas, un sistema de educación excelente y muchos servicios para todos los uruguayos. En los años sesenta se intensificó una crisis económica en toda la región y la sociedad pasó por una época de desorden y violencia. Los uruguayos votaron en los últimos años por un presidente con ideas de *cambio* positivo.

Chile

Después de su independencia en 1818, Chile tuvo un largo período tranquilo de representación democrática durante el siglo XIX y buena parte del siglo XX. El *crecimiento* demográfico del país se basó en grandes números de inmigrantes europeos que contribuyeron mucho a su sólido desarrollo económico y a su admirable sistema de educación. En la década de los setenta, sin embargo, *llegó al poder* una *dictadura* militar, la única de su historia, que duró hasta fines de la década de los ochenta, cuando los chilenos volvieron a su tradición democrática de elecciones libres.

growth

came to power / dictatorship

Paraguay

Paraguay es el único país de América Latina que tiene dos lenguas oficiales. Se habla español para el comercio y en las escuelas, pero en muchas situaciones sociales se habla guaraní. Ésta es la lengua de los indígenas que vivían en la región antes de la llegada de los españoles. La historia de Paraguay es de varias guerras que llevaron a dictaduras militares. Muchos paraguayos viven en el exilio, en Argentina, por ejemplo. Otros vuelven ahora a su país con la esperanza de participar en un sistema de gobierno más representativo.

Ejercicio de comprensión

G. **¿Qué país es?** Your friends are helping you prepare for a television quiz show with the countries of Argentina, Chile, Uruguay, and Paraguay as a category. When your friends describe certain historical characteristics of a particular country, you name the country as quickly as you can. Ask for help if you need it during this review!

MODELO: For a few years after independence from Spain, it was part of Argentina.
Uruguay

1. Its turbulent history is mostly marked by wars and military dictatorships.
2. Great Britain had a lot to do with its international trade and contributed to its rapid economic development.
3. Both countries are known for establishing very successful school systems early on.
4. It is the only Latin American country that has two official national languages.
5. A large percentage of the population of these two countries is of European immigrant origin.
6. A large number of its citizens live in exile in Argentina.

Ex. H: groups of
four or more

Etapa Support Materials

WORKBOOK: pp. 272–275
LISTENING ACTIVITY MASTERS: p. 118
TAPESCRIPT: p. 171
QUIZ: Testing Program, p. 213
CHAPTER TEST: Testing Program, p. 216

Reading Strategies

Have students read through the text silently.
Then ask questions about the photos. You may,
for example, ask for one pertinent fact gleaned
from the reading that is related to each photo.
Then proceed to Ex. A on page 392.

Ask students to point out as many cognates as
they can recognize before reading the paragraphs for overall meaning.

¡Adelante!

H. **Nuestro itinerario sudamericano** You and your group have just
returned from a trip to Argentina, Chile, Uruguay, and Paraguay. As
you and your fellow travelers look at the map on p. 371 you remember
where you went, what you saw, how long you stayed in each place,
and what you learned about the region. Begin your conversation with
"Primero, fuimos a… donde vimos…" Each group member will
make suggestions, and the others may agree (**de acuerdo; sí, como
no; es verdad; tienes razón,** etc.) or disagree (**creo que no; no es
verdad; no vimos…; no, antes fuimos a…; después vimos…** etc.),
each adding some comment of his or her own about the trip.

Segunda etapa

El imperio inca: Bolivia, Ecuador y Perú

Lago Titicaca, Bolivia

Cuzco, la capital del antiguo imperio
inca, se fundó *alrededor¹ del* año
1100. En la lengua quechua significa
"ombligo² del mundo." Desde aquí, los
incas controlaron un vasto imperio.
Eran famosos por su admirable sistema de producción agrícola y una
fuerte organización social y política,
pero una larga guerra civil en el siglo
XVI ayudó a los españoles a inter-
venir e *imponer³* su control.

Según⁴ la leyenda, Manco Capac y
Mama Ocllo, hijos del Sol, salieron de
este lago y fundaron la ciudad de
Cuzco. Hoy millones de los habitantes
de los territorios del antiguo imperio
inca todavía hablan quechua o
aymará, las lenguas de sus *antepasa-
dos.⁵* Hoy en día construyen barcos de
caña⁶ exactamente como los indígenas los hacían hace siglos en este
mismo Lago Titicaca.

¹around ²navel ³to impose ⁴According to ⁵ancestors ⁶reeds

A pocos kilómetros de Cuzco, a unos 2.430 m de altura, está la gran ciudad fortificada de los incas. Construyeron aquí magníficos palacios y templos con inmensos bloques de *piedra*[7] que *cortaban*[8] con increíble precisión. Estas piedras están tan bien unidas una sobre otra, sin el uso de ningún material, que es imposible *meter*[9] un cuchillo entre ellas. Abandonada por muchos siglos, fue desconocida hasta 1911, cuando unos indios peruanos *ayudaron*[10] al arqueólogo norteamericano Hiram Bingham a encontrarla.

Machu Picchu, Perú

La Paz, la ciudad principal de Bolivia, *funciona*[11] como la más importante de sus dos capitales. (Sucre es la otra.) Está a 11.098 pies sobre el *nivel del mar*[12] y es la capital más alta del mundo. El país depende mucho de la minería, más que nada del *estaño*.[13] La mayor parte de la población se dedica a la producción agrícola, pero con métodos de cultivo que se usaban en la época colonial.

[7]stone   [8]they cut   [9]to insert   [10]helped   [11]serves   [12]sea level   [13]tin

La Paz, Bolivia

Cultural Expansion

Bolivia, Ecuador, and Peru all share a strong indigenous heritage. Because the Incan Empire expanded from Peru into Bolivia and Ecuador, the three countries have similar cultural pasts. However, in addition to Incan influences, Bolivia also reflects the traditions of the Aymará Indians. Their guttural language, **aymará**, is still spoken by thousands of modern-day Bolivians.

In Peru, the Nazca civilization pre-dated the Incas. They were a highly developed civilization best known for their ceramics, wood carvings, and gold adornments. The famous huge markings on land near the town of Nazca have puzzled many experts. These markings are cut into the stony desert and are often in geometrical patterns or the shapes of animals. Because these designs are best seen from the air, they became the basis for a wild theory about landing strips for extraterrestrials. But a new (and more believable) theory is that the Nazcas flew in hot-air balloons. This is supported by the fact that there are burn pits in many of the figures that could have been used for launching points and by tapestries and pieces of Nazca pottery that show balloonists. (For an example of a Nazca design in the earth, see *¡Ya verás!*, Level Three, p. 327)

Ex. A: 🔺 *pair work*   📝 *writing*

Answers, *Ex. A*

1. Cuzco, now in Peru   2. The children of the Sun came out of Lake Titicaca and founded Cuzco.   3. their agricultural system, and social and political organization   4. an ongoing civil war when the Spanish arrived   5. a North American archaeologist who helped find the fortress city of Machu Picchu in Peru   6. The huge stones were cut to fit so closely together that a knife blade won't fit between them.   7. La Paz, Bolivia   8. tin mining, agriculture   9. narrow, cobblestone streets, colonial architecture, tiled roofs, balconies, elaborately ornamented churches   10. on the coast of Ecuador; it is the country's main seaport

Ex. B: 🔺 *pair work*

---

picturesque
tiled roofs
narrow / luxuriously

Todavía se conserva el aspecto de la época colonial en Quito, la capital del Ecuador. Es una de las ciudades más hermosas y *pintorescas* de Sudamérica. Los edificios tienen *techos de tejas* y balcones. Las calles *angostas* están construidas de piedra. Sus iglesias, *lujosamente* ornamentadas, se consideran entre las más bellas del continente. Su rival es Guayaquil, el puerto principal del país y su centro urbano más grande.

Ejercicio de familiarización

A. **Los países de origen incaico** Answer the questions in English according to the photographs and the information provided in the captions.

1. What city was once the capital of the Incan empire? In what country is it today?
2. According to legend how was Cuzco founded?
3. What were some of the admirable accomplishments of the early Incas?
4. What made it relatively easy for the Spanish to successfully take over Incan territory in the 16th century?
5. Who was Hiram Bingham and what did he do?
6. What is so unusual about the stone buildings in Machu Picchu?
7. Which capital city is at the highest altitude in the world?
8. What are the two principal industries of Bolivia?
9. What are some of the attractions of Quito, Ecuador?
10. Where is Guayaquil and why is it important?

Repaso
▼

B. **Los turistas** Pair up with a classmate and comment on an imaginary trip you took last year to the former Incan empire. Discuss which parts you visited (Bolivia, Peru, or Ecuador), using some of what you learned from the photographs and captions to describe what you saw. Use the preterite and the imperfect as accurately as you can when you give the class your brief report.

MODELO: *El año pasado visitamos el Perú. Fuimos a Machu Picchu, donde vi los edificios de los incas. Los incas los construían de piedras enormes. No usaban ningún material para unir las piedras. Mucha gente no sabía que la ciudad existía. Un arqueólogo la descubrió este siglo. Se llamaba Hiram Bingham.*, etc.

*Una mujer y su bebé,
Colombe, Ecuador*

The **preterite** and the **imperfect**: Summary

The following table outlines the various uses of the preterite and the imperfect. As you study it, keep in mind the following basic principles:

1. Both the preterite and the imperfect are past tenses.
2. Most Spanish verbs can be put into either tense, depending upon the aspect of the activity that is reported and the meaning that is to be conveyed.
3. As a general rule, the preterite narrates and moves a story's action forward in past time:
   Me levanté, tomé un café y **salí** de la casa.
4. As a general rule, the imperfect tends to be more descriptive:
   Hacía buen tiempo, los niños **jugaban** en el parque mientras yo **descansaba** tranquilamente sobre un banco.

Presentation: *The imperfect and preterite tenses—Summary*

As a review, it may be useful to have students listen to a short narrative in English and indicate the tense of the verbs. This exercise helps students focus on the contexts in which the imperfect and preterite tenses are used, even though there are several ways to express the past in English. In the following example, the tenses in parentheses should be identified by the students as you tell the story. The man arrived (pret.) at the restaurant very early. He walked (pret.) in and slammed (pret.) the door. Everyone looked (pret.) at him. He was wearing (imp.) a fancy suit. The suit was (imp.) purple. He looked (pret.) around the room. People were sitting (imp.) at the bar and at the tables. The man walked (pret.) up to a table and started (pret.) yelling at the customer. He threatened (pret.) him. Someone called (pret.) the police. They came (pret.) and asked (pret.) the man to leave. When he refused (pret.), they placed (pret.) him under arrest. The customer at the table looked/was looking (imp.) very uncomfortable and left (pret.) quickly. Everyone wondered/was wondering (imp.) what this was (imp.) all about.

In lieu of the above story, you might choose a known fairy tale. You can retell the story in your own words and have the students identify the preterite or the imperfect, according to context.

Preterite	Imperfect
Actions that are begun or completed as single events:	*Actions repeated habitually:*
Ella **corrió** hacia el parque. Ellos **llegaron** a las 7:00.	Ella **desayunaba** conmigo todos los días. Siempre **salíamos** a bailar.
Actions that are repeated a specified number of times or that have a time limit:	*Actions that occur simultaneously over an indefinite period of time:*
Ayer **jugamos** al tenis tres veces. **Vivió** allí por diez años.	Todas las noches papá **leía** el periódico mientras mamá **preparaba** la cena.
Actions that describe a chain of events: **Compré** una limonada, **me senté** en un banco en el parque y **descansé** un poco.	*Ongoing activities, scenes, and conditions not regarding length of time involved or outcome:* **Corría** por el parque central de la ciudad. La noche de la fiesta, **llevaba** un traje elegante. **Hacía** buen tiempo. *Telling time and age:* **Eran** las 5:00 de la tarde. El actor **tenía** diez años.
Sudden changes in mental states or conditions seen as completed (moods, feelings, opinions, illnesses or other physical complaints): En ese momento, **tuve** miedo de subir al avión. Hasta ese día, **creí** que podía hacerlo. **Estuve** preparado para subir hasta que **me puse** tan nervioso que **fue** imposible seguir.	*General mental states:* En esos días, **tenía** miedo de subir al avión. **Creía** que podía hacerlo. **Estaba** tan preparado para subir que **me sentía** valiente. *Descriptions of characteristics of people, things or physical conditions:* **Era** un muchacho fuerte y sano. El jardín **estaba** lleno de flores. Las sillas **estaban** pintadas de amarillo.

Aquí practicamos

C. **Un mal día** Based on the drawings and the cues, tell the story of Catalina's day. Use the imperfect or the preterite according to the context.

MODELO: despertarse
Catalina se despertó a las 7:00.

1. *despertarse a las 7:00*
   quedarse en cama quince minutos

2. *levantarse*
   estar cansada
   vestirse
   no estar bien vestida

3. *salir de la casa*
   llover
   darse prisa para llegar a la escuela

Ex. C: 🚶 *pair work* 📝 *writing*

Possible answers, *Ex. C*

1. Catalina se despertó a las 7:00, pero se quedó en cama quince minutos. 2. Ella se levantó aunque todavía estaba cansada. Se vistió, pero no estaba bien vestida. 3. Llovía cuando salió de la casa. Por eso, se dio prisa para llegar a la escuela.

Possible answers, *Ex. C, continued*

4. Esperó el autobús 20 minutos. Cuando subió por fin, no podía sentarse.   5. Entró en la clase a las 9:00; llegó tarde. No sabía las respuestas de la lección y recibió una mala nota. Estaba descontenta. 6. Regresó a su casa muy tarde (a las 10:00) y se acostó inmediatamente.

Cooperative Learning

Ex. D, p. 387: Three-Step Interview

- Have students form groups of four and then divide into pairs. Within their pairs, one student begins as the interviewer and the other as the interviewee. They will reverse roles and then share what they learned with the other members of their group.
- Tell the students to ask each other about their days. Remind them to use the verbs mentioned in the exercise.
- Have them reverse roles.
- Tell the pairs to get together. Have one student from each pair tell the other pair what his or her partner said.
- Have the students ask you questions about your day yesterday.

4. *esperar*
   subir
   no poder sentarse

5. *entrar en*
   llegar tarde
   no saber las respuestas
   recibir una mala nota
   estar descontenta

6. *regresar a su casa*
   acostarse

D. **Ayer...** Now tell a partner the story of *your* day yesterday. Use appropriate verbs from the following list or any other verbs you've learned. Use the imperfect or the preterite according to the context. Then your partner will tell you about his or her day.

despertarse	estar contento(a)	estar cansado(a)
levantarse	estar de mal humor	tener mucho trabajo
tener hambre	salir	comer
preparar	reunirse	practicar deportes
llegar	tener sed	acostarse
ir	llegar a tiempo / tarde	hablar con
hacer buen tiempo, etc.		
vestirse		

E. **Otro descubridor** *(discoverer)* Read the following historical account, changing the present tense in italics into either the preterite or the imperfect according to the context.

En 1513, Vasco Núñez de Balboa *es* el primer europeo que *ve* el Océano Pacífico desde el este. Muchas personas creen que el escudo *(coat of arms)* de su familia representa el descubrimiento del Océano Pacífico, pero en realidad es mucho más antiguo. La historia dice que un señor de la familia de Balboa, que *está* perdido *(lost)* en las montañas de Francia, *ve* allí un león que *lucha* contra una serpiente muy grande. Después de que el hombre *ayuda* al león, éste *es* su amigo hasta la muerte. El hombre le *da* el león al rey de Francia, pero el noble animal *está* triste y no *puede* olvidar a su amigo. Un día, *sale* del palacio para buscarlo. *Va* al mar, al mismo punto donde había llegado con el hombre a la costa de Francia, y *entra* en el agua, donde *muere*. Después de esto, la familia Balboa *manda* hacer un escudo con el cuadro de un león entrando en el mar.

Lectura: *La leyenda de El Dorado*

Los primeros exploradores europeos de América tenían una visión del Nuevo Mundo basada en gran parte en la imaginación y en el *miedo de lo desconocido.* Colón, Ponce de León, De Soto, Balboa, Cortés y Pizarro, entre otros, tenían en la cabeza imágenes de las historias tradicionales que leían y oían en Europa. Estudiaban manuscritos y mapas de épocas remotas, del siglo primero, por ejemplo, que no tenían nada que ver con América.

Las lecturas antiguas preferidas por los exploradores europeos describían un mundo fantástico donde vivían *extraños seres* monstruosos a la vez. Por ejemplo, *había* hombres que tenían una sola pierna con la que *saltaban* grandes distancias, *gigantes* que veían por un solo ojo en la frente, *feroces* mujeres guerreras que usaban *el arco y la flecha* con gran habilidad,

La leyenda de El Dorado: The legend of the Golden Man

fear / the unknown

strange beings
there were / leaped
giants / ferocious
bow and arrow

Unidad 5 **Capítulo 15**   **387**

Ex. D: *pair work*

Ex. E: *pair work* *writing*

Answers, *Ex. E*

En 1513, Vasco Nuñez de Balboa *fue* el primer europeo que *vio* el Océano Pacífico desde el este. Muchas personas creen que el escudo de su familia representa el descubrimiento del Océano Pacífico, pero en realidad es mucho más antiguo. La historia dice que un señor de la familia de Balboa, que *estaba* perdido en las montañas de Francia, *vio* allí un león que *luchaba* contra una serpiente muy grande. Después de que el hombre *ayudó* al león, éste *fue* su amigo hasta la muerte. El hombre le *dio* el león al rey de Francia, pero el noble animal *estaba* triste y no *podía* olvidar a su amigo. Un día, *salió* del palacio para buscarlo. *Fue* al mar, al mismo punto donde había llegado con el hombre a la costa de Francia, y *entró* en el agua, donde *murió*. Después de esto, la familia Balboa *mandó* hacer un escudo con el cuadro de un león entrando en el mar.

Prereading

Discuss the nature of legends in English, pointing out that they circulated orally before being written, are popular versions of important historical or mythical events, are collective beliefs told in a simple story form, and that they reflect cultural values of a given people. Ask students to think of some of the legends associated with certain cultures, such as Greece and Rome, and be sure to include the United States. (Paul Bunyan, Johnny Appleseed, George Washington and the cherry tree, etc.) You may wish to have students take turns reading the legend of **El Dorado** out loud before discussing it.

Cultural Expansion

A legend similar to the **Leyenda de El Dorado** grew up around the **Siete Ciudades de Cíbola.** These seven cities, supposedly located in the north of Mexico, were said to be wondrous metropolises where gold and riches were abundant. The cities were avidly sought by the conquistadors, just as they searched for **El Dorado.** The legend of the **Siete Ciudades de Cíbola** is attributed to the Italian Franciscan missionary Marcos de Niza who explored New Mexico in the sixteenth century.

---

horses' hooves / snout / earthly paradise

fountains / youth

hombres con *patas de caballo*, o con *hocico* de perro, etc. En este *paraíso terrenal* la naturaleza era rica en oro, plata y piedras preciosas. Había ríos y *fuentes* con agua que mantenía la *juventud* de la persona que la bebía. Muchos exploradores creían que se ofrecía esto y mucho más en el oeste.

together

Estas visiones, *junto* con las creencias y tradiciones transmitidas por los indígenas, contribuyeron a las interpretaciones que muchos europeos le dieron a la realidad americana. El caso de El Dorado es un buen ejemplo de cómo algunos exploradores se obsesionaron con las leyendas de los indígenas. Sólo la mención del nombre "El Dorado" *animaba* a los españoles a salir *en busca de* él. Cuando querían saber por dónde ir, los indios decían "¡*Más allá*! ¡Más allá!". Y allá iban los aventureros sin *darse cuenta de que* los indios sabían que así podían *engañar* a los europeos.

inspired

in search of

Further along! / realizing that

to deceive

dazzling

on fire

painted

covered him / gold dust

homage

La leyenda de El Dorado comunicaba la visión de una fabulosa ciudad de oro a orillas de un lago, una ciudad tan *resplandeciente* que parecía estar *incendiada*. Se decía que los habitantes de la región observaban de vez en cuando una ceremonia en que *pintaban* a uno de sus jefes con un bálsamo y luego *lo cubrían* con *oro en polvo*. Después, El Dorado se bañaba en el lago en un acto ritual de *homenaje* a los dioses.

rites

Aunque se cree que la leyenda está basada en la realidad, es decir, que sí se practicaban estos *ritos* en alguna región de Sudamérica, los españoles nunca encontraron a El Dorado. De todas maneras, leyendas como ésta tuvieron mucho impacto en la mentalidad impresionable de la época del descubrimiento.

El Lago de Guatavita en Colombia inspiró la leyenda de El Dorado. Los españoles trataron de secar (dry up) *el lago para ver si contenía oro, pero no encontraron ni un grano. En el siglo veinte el gobierno colombiano decidió convertir el lago en una enorme represa* (reservoir) *para la ciudad de Bogotá. La gente de Guatavita se mudó a una réplica exacta del pueblo original que el gobierno construyó cerca de allí. La inundación del antiguo pueblo tuvo lugar a fines de los sesenta y la gente todavía habla del extraordinario proyecto.*

Ejercicio de comprensión

F. **Cierto / falso** Decide if the following statements are true or false according to what you have learned in the **Lectura.** If a statement is false, correct it.

1. Por lo general, los primeros exploradores de América eran hombres que tenían una idea poco realista del Nuevo Mundo.
2. Muchos de los libros que leían los europeos contenían descripciones de un paraíso aquí en la tierra *(earth).*
3. En realidad había un pueblo de hombres que tenían una sola pierna con que saltaban leguas *(jumped leagues).*
4. Los indígenas a veces usaban sus leyendas para engañar a los españoles.
5. Cuando oían la leyenda de El Dorado, los españoles siempre se cubrían *(covered themselves)* de oro.
6. El Dorado era una gran ciudad construida totalmente de oro.
7. Se cree que la leyenda de El Dorado tiene su base en una ceremonia que realmente se practicaba en una época.
8. Los españoles, bajo el mando *(under the command)* de Pizarro, por fin encontraron a El Dorado y se hicieron muy ricos.

¡Adelante!

G. **Una leyenda** Work with a classmate and look back at the information provided in the **Lectura.** Take a few notes or make a list of the vocabulary you will need to retell the legend of "El Dorado" to the classmate. Then, using your outline, he or she will help you as you go along. Remember to use the preterite and the imperfect correctly.

◆ Vocabulario ◆

Para charlar ─────────────────

Para hablar de acciones recientes en el pretérito y el imperfecto

(no) conocer   querer   tener (que)
     poder   saber

Vocabulario general ─────────────────

Otras palabras y expresiones

tener miedo

Ex. F: *pair work* *writing*

Support Materials

WORKBOOK: **pp. 276–281**
LISTENING ACTIVITY MASTERS: **p. 127**
TAPESCRIPT: **p. 179**
UNIT EXAM: **Testing Program, p. 221**
ATAJO, WRITING ASSISTANT SOFTWARE

Aquí leemos

The following description of the huge condors of Peru is adapted from
Comentarios reales, *the literary masterpiece of El Inca Garcilaso de la Vega (1539–1616). The son of a Spanish captain and an Incan princess, El Inca Garcilaso was born in Cuzco, Peru, a few years after the Spanish conquest of the Inca empire. He is known for writing with first-hand knowledge about life in Peru, the history of his people, and the native Inca and Quechua traditions. He also had a clear understanding of his Spanish heritage. He was proud to be a* **mestizo**, *a representative of two great cultures. Read through the text once for general meaning. Don't expect to understand each and every word. Then read it again, paying attention to the words you aren't certain about, before answering the questions provided on page 391.*

*Plaza de Armas,
Cuzco, Perú*

El cóndor

Hay otras *aves de rapiña* que son muy grandes. Los indios del Perú las llamaban **cuntur** en quechua y los españoles **cóndor** en castellano. Los españoles *mataron* muchas de estas aves, por eso hay pocas ahora. Después las *midieron* para poder hablar con precisión del *tamaño* de ellas. Descubrieron que medían dieciséis pies de una punta de *las alas* a otra, que en *varas de medir* son cinco varas y *tercia*.

birds of prey

killed
measured / size
the wings
measuring rods / one-third

Los cóndores no tienen *garras* como las *águilas*; no se las dio la naturaleza porque ya tenían demasiada ferocidad. Tienen pies como las *gallinas*, pero *les basta el pico*, que es tan fuerte que *rompe el pellejo* de una *vaca*. Dos cóndores pueden atacar una vaca y un *toro* y después se los comen. A veces uno solo ataca a muchachos de diez, doce años y se los come.

claws / eagles
chickens
the beak is enough / breaks the hide / cow / bull

Estas aves son de inmensa grandeza, y de mucha *fuerza*. Son blancos y negros. En la frente tienen una cresta parecida a una *navaja*, no con punta como la del *gallo*. Cuando *bajan*, los cóndores caen de lo alto y hacen un gran *zumbido* que *asombra* a la gente.

strength
knifeblade
rooster / descend
zooming sound / amazes

Ejercicios de comprensión

Análisis de las palabras Answer the questions about specific word use in the text.

1. Which two words does the author use to indicate knowledge of two languages? What languages do they represent?
2. Find the four verbs that are used in the preterite tense and give their meanings.
3. Read out loud at least four cognates that you recognize with no difficulty.
4. Mention four adjectives that are used to describe some characteristics of the condor.

B. Now that you understand most of the words in the passage, answer the following questions about it.

1. According to measurements taken, how big does a condor get?
2. What explanation does the author give for the fact that there were already only a few condors left back in the sixteenth century?
3. How do condors differ from eagles?
4. Why were condors considered dangerous by the author?
5. What is distinctive about the condor's head?
6. What does the author say about a condor coming in for a landing?

Ex. A: *pair work* *writing*

Answers, *Ex. A*

1. **cuntur** = quechua; **cóndor** = castellano (español) 2. **mataron** = they killed; **midieron** = they measured; **descubrieron** = they discovered; **no se las dio** = it didn't give them

Ex. B: *pair work* *writing*

Answers, *Ex. B*

1. 16-foot (5 1/3 measuring rods) wing span
2. The Spaniards killed off many of them.
3. The condor has no claws, as does the eagle; it has an extremely powerful beak, which suits its purpose. 4. The condor can attack a human of 10–12 years of age and eat him. 5. It has a crest in the shape of a knife blade. 6. The condor zooms down with a loud, startling sound.

Ex. C:  pair work   writing

Suggestions, Ex. C: Because this exercise has a single story line, you may wish to do it with the entire class. This could also be used as a dictation to check for listening comprehension after students have changed the verbs from the present to the preterite or imperfect. You may want to shorten some of the sentences to focus more on past tense verb forms.

Answers, *Ex. C*

En el siglo XVI, un barco español *salió* de Darién, hoy parte de Venezuela, con destino a la isla Española, o Santo Domingo. Pero, por una tempestad, nunca *llegó*. *Tuvo* que entrar en la bahía de Campeche, hoy el Yucatán. Los indios mayas que *vivían* en aquella región siempre *tomaban* prisioneros a los españoles. Generalmente los *maltrataban* tanto que casi siempre *murieron*. Pero en una ocasión, dos españoles *pudieron* salvarse. *Se llamaban* Gonzalo Guerrero y Jerónimo de Aguilar. Ocho años después, Cortés y sus hombres *volvieron* a esa región para buscarlos, pero Gonzalo Guerrero no *quería* volver a España. Su esposa *era* una bella mujer maya, y Guerrero *tuvo* tres hijos con ella. El hombre ya no *hablaba* español, sino maya, y *tenía* la cara pintada y las orejas y el labio inferior perforados. Su compañero de Aguilar *regresó* a España con Cortés. Pero Guerrero *estaba* tan contento con su vida que *decidió* quedarse en Yucatán. *Vivió* allí hasta su muerte años después.

Ex. D: writing

Answers, *Ex. D*

1. La Revolución comenzó...   2. El dictador Porfirio Díaz no escuchaba...   3. La gente quería...   4. Pancho Villa, Emiliano Zapata y Pascual Orozco atacaron...   5. ...los revolucionarios declararon...   6. Madero tomó el poder...   7. Los problemas nacionales eran... 8. Madero creía...   9. Era muy difícil...   10. Los enemigos de Madero lo mataron.   11. La época violenta... continuó...   12. Por fin, los varios grupos aceptaron...

Repaso

C. Una anécdota histórica Read the following historical anecdote about a Spanish soldier who did not want to be rescued from the Mayans. After you have a sense of the narration, change the verbs in italics into either the preterite or the imperfect according to the context.

En el siglo XVI, un barco español *sale* de Darién, hoy parte de Venezuela, con destino a la isla Española, o Santo Domingo. Pero, por una tempestad, nunca *llega*. *Tiene* que entrar en la bahía de Campeche, hoy el Yucatán. Los indios mayas que *viven* en aquella región siempre *toman* prisioneros a los españoles. Generalmente los *maltratan (mistreat)* tanto que casi siempre *mueren (they die)*. Pero en una ocasión, dos españoles *pueden* salvarse. *Se llaman* Gonzalo Guerrero y Jerónimo de Aguilar. Ocho años después, Cortés y sus hombres *vuelven* a esa región para buscarlos, pero Gonzalo Guerrero no *quiere* volver a España. Su esposa *es* una bella mujer maya, y Guerrero *tiene* tres hijos con ella. El hombre ya no *habla* español, sino maya, y *tiene* la cara pintada *(painted)* y las orejas y el labio inferior perforados. Su compañero De Aguilar *regresa* a España con Cortés. Pero Guerrero *está* tan contento con su vida que *decide* quedarse en Yucatán. *Vive* allí hasta su muerte *(death)* años después.

D. La Revolución Mexicana Put the sentences into the past, using either the imperfect or the preterite, according to the context.

1. La Revolución comienza el 20 de noviembre de 1910.
2. El dictador Porfirio Díaz no escucha a los mexicanos.
3. La gente quiere a Francisco Madero como su nuevo presidente.
4. Pancho Villa, Emiliano Zapata y Pascual Orozco atacan a las tropas *(troops)* de Díaz.
5. Después de seis meses de lucha los revolucionarios declaran su victoria.
6. Madero toma el poder *(power)* como presidente después de las elecciones de 1911.
7. Los problemas nacionales son muy graves.
8. Madero cree en la importancia de la ley *(law)*.
9. Es muy difícil mantener la paz *(peace)* y la seguridad *(safety)* en el país.
10. Los enemigos de Madero lo matan *(kill)*.
11. La época violenta de la Revolución continúa por unos años más.
12. Por fin, los varios grupos aceptan la Constitución de 1917 con sus ideales para la formación de una nueva nación.

Aquí repasamos

n this section, you will review:

- the verbs **conducir**, **traer**, **decir**, **poder**, **saber**, and **poner** in the preterite; other verbs in the preterite: **leer**, **caer(se)**, **oír**, **creer**, and **ver**;

- the imperfect and the preterite.

Vendedores, Perú

Cultural Expansion

Travelers to Peru encounter a wide variety of handicrafts for sale. Silver and gold jewelry of all kinds, Indian hand-spun and hand-woven textiles, alpaca cloth, wood products, fine leather goods, and more are all sold by street vendors, as in the photo, as well as in shops. A carved gourd called a **mate burilado** is another handicraft typical of the folk art for sale throughout Peru.

Ex. A: pair work ✎ *writing*

Answers, *Ex. A*

1. Mis padres trajeron muchos refrescos a la fiesta.   2. Yo pude ir al cine anoche.   3. El ladrón condujo un coche gris para escaparse del policía.   4. El profesor sabía que no entendía la situación política. (El profesor supo que no entendía la situación política.)   5. El presidente supo del accidente por la radio.   6. Nosotros supimos las noticias el sábado pasado.   7. Uds. pusieron los discos encima de la mesa.   8. Mi amigo trajo su traje de baño pero no (quiere) quería nadar.

The verbs *conducir, traer, decir, poder, saber,* and *poner* in the preterite

conducir (*to drive*)

yo **conduje**	nosotros **condujimos**
tú **condujiste**	vosotros **condujisteis**
él, ella, Ud. **condujo**	ellos(as), Uds. **condujeron**

traer (*to bring*)

yo **traje**	nosotros **trajimos**
tú **trajiste**	vosotros **trajisteis**
él, ella, Ud. **trajo**	ellos(as), Uds. **trajeron**

decir (*to say*)

yo **dije**	nosotros **dijimos**
tú **dijiste**	vosotros **dijisteis**
él, ella, Ud. **dijo**	ellos(as), Uds. **dijeron**

poder (*to be able to*)

yo **pude**	nosotros **pudimos**
tú **pudiste**	vosotros **pudisteis**
él, ella, Ud. **pudo**	ellos(as), Uds. **pudieron**

saber (*to know*)

yo **supe**	nosotros **supimos**
tú **supiste**	vosotros **supisteis**
él, ella, Ud. **supo**	ellos(as), Uds. **supieron**

poner (*to put*)

yo **puse**	nosotros **pusimos**
tú **pusiste**	vosotros **pusisteis**
él, ella, Ud. **puso**	ellos(as), Uds. **pusieron**

A. **¿Qué pasó?** Decide what happened in the following situation. Us the verbs **conducir, traer, decir, poder, saber,** or **poner** as appr priate to each context.

MODELO: tú y tu hermano / el coche de su papá anoche
           Tú y tu hermano condujeron el coche de su papá anoche.

1. mis padres / muchos refrescos a la fiesta
2. yo / ir al cine anoche
3. el ladrón *(the robber)* / un coche gris para escaparse del policía
4. el profesor / que no entiende la situación política
5. el presidente / del accidente por la radio

6. nosotros / las noticias el sábado pasado
7. ustedes / los discos encima de la mesa
8. mi amigo / su traje de baño pero no quiere nadar

Other verbs in the preterite: *leer, caer(se), oír, creer, ver*

leer (*to read*)
yo **leí**	nosotros **leímos**
tú **leíste**	vosotros **leísteis**
él, ella, Ud. **leyó**	ellos(as), Uds. **leyeron**

caer(se) (*to fall, to fall down*)
yo (me) **caí**	nosotros (nos) **caímos**
tú (te) **caíste**	vosotros (os) **caísteis**
él, ella, Ud. (se) **cayó**	ellos(as), Uds. (se) **cayeron**

oír (*to hear*)
yo **oí**	nosotros **oímos**
tú **oíste**	vosotros **oísteis**
él, ella, Ud. **oyó**	ellos(as), Uds. **oyeron**

creer (*to believe*)
yo **creí**	nosotros **creímos**
tú **creíste**	vosotros **creísteis**
él, ella, Ud. **creyó**	ellos(as), Uds. **creyeron**

ver (*to see*)
yo **vi**	nosotros **vimos**
tú **viste**	vosotros **visteis**
él, ella, Ud. **vio**	ellos(as), Uds. **vieron**

B. **Lo que hice** Explain to a classmate what you did in the following circumstances. Use the verbs **leer**, **caer(se)**, **oír**, **creer**, or **ver** as appropriate to each context.

MODELO: Explain how many hours it took you to read a certain novel.
Leí la novela Doña Bárbara *en diez horas.*

1. Explain that you suddenly fell down while you were running through the park.
2. Explain what you believed when you heard a shout (**un grito**).
3. Explain what you heard on the evening news last night.
4. Explain what you saw from your room yesterday.
5. Explain that you read an interesting book about Latin America for homework last week.

Ex. B: pair work

Cultural Expansion

If students ask, *Doña Bárbara* is a novel by Rómulo Gallegos (1884–1969), a Venezuelan writer and politician. Gallegos was president of Venezuela from 1948–1949. In *Doña Bárbara* (1929) Gallegos depicts the struggle between those who strive to carve out a living in the country's desolate plains and those who wish to civilize and develop this wilderness.

Ex. C: groups of four or more

Ex. D: pair work   writing

The imperfect and the preterite: Past actions

Imperfect	**Preterite**
De joven, **iba** a la casa de mis abuelos todos los fines de semana. *(habitual occurrence)*	La semana pasada, yo **fui** a la casa de mi abuelo. *(single occurrence at definite time)*
Íbamos al cine juntos. *(unspecified number of repetitions)*	El sábado y el domingo pasado **fuimos** al cine juntos. *(specified number of repetitions)*
Mi abuelo **jugaba** a menudo al tenis. *(indefinite time period)*	Mi abuelo **jugó** al tenis tres veces en su vida. *(specified number of repetitions in a definite time period)*

C. **¿Qué hacías cuando eras niño(a)?** Tell your group what you used to do when you were very young (between the ages of 6 and 10). Where did you spend your vacation? What did you do with your friends? How did you spend your free time?, etc. Use the preterite or the imperfect as necessary in your summary.

D. **Intercambio** Find out the following information in Spanish about a classmate. He or she will then ask you for the same information. Use either the imperfect or the preterite, according to the context. Ask…

1. how he or she spent winter vacations in the past.
2. if he or she had a cold this past spring.
3. what he or she did regularly on weekends last summer.
4. if he or she liked the first year of Spanish.
5. if he or she had a lot of homework in elementary school.
6. if he or she had a birthday last fall.
7. what courses he or she took last year.
8. what sports he or she used to enjoy when he or she was younger.
9. if he or she ever visited a country in Latin America at some point.
10. if he or she saw a movie last weekend with friends.

Ex. E: ○○ *pair work*

The imperfect and the preterite: Descriptions

The imperfect is generally used in four types of descriptions in the past:

1. Physical	La casa **era** grande. Nuestra casa **era** blanca.
2. Feelings	Nosotros **estábamos** contentos. Él **estaba** triste.
3. Attitudes and beliefs	Yo **creía** que ustedes **tenían** razón.
4. State of health	Mi hermano **estaba** mal del estómago.

E. **Un día** Tell a classmate about your activities on a particular day in the past. Be very detailed in your description, starting with when you woke up. Explain how you felt, your state of health, the people you met or saw, what they looked like, etc. Use the imperfect or the preterite according to the context.

The imperfect and the preterite: Interrupted actions

El Sr. González **trabajaba** en Panamá cuando **nació** su hijo.	Mr. González *was working* in Panama when his son *was born.*
Estaba en su oficina cuando su esposa **llamó** por teléfono.	*He was* in his office when his wife *called.*
Hablaba con sus colegas cuando **supo** las noticias.	*He was talking* with his colleagues when *he found out* the news.

The imperfect describes what *was going on* when something else *happened.* The preterite is used to tell what happened to interrupt the action already in progress. Note that in Spanish the imperfect often corresponds to the progressive forms *was doing* or *were doing* in English.

Ex. F: *groups of four or more*

F. **¿Dónde estabas tú cuando...? ¿Qué hacías tú cuando...?** Use the cues to ask your classmates questions. Be sure to use the imperfect in the first part and the preterite in the second part.

MODELO: tú / el transbordador "Challenger" / explotar
          —*¿Dónde estabas tú cuando el transbordador*
            "Challenger" explotó?
          — *Estaba en mi clase de inglés.*
          —*¿Qué hacías?*
          —*Hablábamos de Shakespeare.*

1. tú / tu madre / llamarte a cenar ayer
2. ustedes / el transbordador "Challenger" / explotar
3. tú / ponerte enfermo(a) la última vez
4. tú / tu amigo llamarte por teléfono la última vez
5. tú / oír del gran terremoto *(earthquake)* de San Francisco

---

The preterite and the imperfect: Summary

1. Both the preterite and the imperfect are past tenses.
2. Most Spanish verbs can be put into either tense, depending upon the aspect of the activity that is reported and the meaning that is to be conveyed.
3. As a general rule, the preterite narrates and moves a story's action forward in past time:
    Me levanté, tomé un café y **salí** de la casa.
4. As a general rule, the imperfect tends to be more descriptive:
    Hacía buen tiempo, y los niños **jugaban** en el parque mientras yo **descansaba** tranquilamente sobre un banco.

Preterite	Imperfect
Actions that are begun or completed as single events:	*Actions repeated habitually:*
Ella **corrió** hacia el parque.	Ella **desayunaba** conmigo todos los días.
Ellos **llegaron** a las 7:00.	Siempre **salíamos** a bailar.
Actions that are repeated a specified number of times or that have a time limit:	*Actions that occur simultaneously over an indefinite period of time:*
Ayer **jugamos** al tenis tres veces.	Todas las noches papá **leía** el periódico mientras mamá **preparaba** la cena.
Vivió allí por diez años.	

Preterite

Actions that describe a chain of events:

Compré una limonada, **me senté** en un banco en el parque y **descansé** un poco.

Sudden changes in mental states or conditions seen as completed (moods, feelings, opinions, illnesses or other physical complaints):

En ese momento, **tuve** miedo de subir al avión.

Hasta ese día, **creí** que podía hacerlo.

Estuve preparado para subir hasta que **me puse** tan nervioso que **fue** imposible seguir.

Imperfect

Ongoing activities, scenes, and conditions (such as the weather) without consideration of length of time involved or outcome:

Corría por el parque central de la ciudad.

La noche de la fiesta, **llevaba** un traje elegante.

Hacía buen tiempo, aunque un poco fresco.

General mental states:

En esos días, **tenía** miedo de subir al avión.

Creía que podía hacerlo.

Estaba tan preparado para subir que **me sentía** valiente.

Descriptions of characteristics of people, things or physical conditions:

Era un muchacho fuerte y sano.

El jardín **estaba** lleno de flores.

Las sillas **estaban** pintadas de amarillo.

Telling time and age:

Eran las 5:00 de la tarde.

El actor **tenía** diez años.

Ex. G: *groups of four or more*   *writing*

Ex. H: *pair work*

G. **Una historia** Work in a small group to create a story in the past. One of you will start, and each of you will add a sentence. Go around the group several times until you have a number of sentences that develop a story line. One of you should write the story down so that you can read it to the class. Use the imperfect and the preterite.

H. **Un viaje** Tell a classmate about a trip you took. Where did you go? With whom did you go? How long did you stay? What did you see? What did you do? What did you buy?, etc. Then reverse roles, and your classmate will tell you about his or her trip.

Aquí llegamos

A. **Ahora conocemos el país.** Choose a country described in this unit. Then, referring to a map in this unit that shows that country, say as much as you can about the country. For example, talk about its geography, rivers, mountains, cities, states, etc. Work with a partner, who will try to guess what country you are describing. Then, your partner will choose a country and describe it to you.

B. **Hablamos de nuestra niñez** *(childhood)*. Tell the others in your group what you used to do when you were a child. Then find the experiences that you all have in common and report them to the rest of the class.

C. **Una aventura** Tell the others in your group about an interesting, strange, funny, or terrible experience you had in the past.

D. **Un país centroamericano** Go to the library and find out some more details about one of the Central American countries presented in this unit. Then tell your group what you found out. You may do this in English. Be sure to give some details that add to the information already in this unit, or report some interesting information that you discovered on your own about the country.

E. **Un viaje sudamericano** With your group, plan a trip to the countries of Argentina, Chile, Uruguay, and Paraguay. Decide what your itinerary will be (look at the map on p. 371), how long you are going to stay in each country, what you want to see, etc. When you're finished, share your itinerary with another group or with the rest of the class.

Ex. A: *pair work*

Ex. B and C: *groups of four or more* 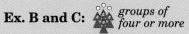 *writing*

 Atajo

Writing Activities
Atajo, Writing Assistant Software

Functional vocabulary: Expressing time relationships; making transitions; planning a vacation; sequencing events; talking about daily routines; etc.

Topic vocabulary: Continents; countries; geography; leisure; etc.

Grammar: Verbs: preterite and imperfect; etc.

Exs. D and E: *groups of four or more*

Glossary of functions

The numbers in parentheses refer to the chapter in which the word or phrase may be found.

Describing weather / climate
¿Qué tiempo hace?   (1)
Hace buen tiempo.   (1)
    mal tiempo.   (1)
    sol.   (1)
    calor.   (1)
    frío.   (1)
    viento.   (1)
    fresco.   (1)
Está despejado.   (1)
    nublado.   (1)
    resbaloso.   (1)
Llueve.   (1)
Llovizna.   (1)
Nieva.   (1)
Truena.   (1)
Hay nubes.   (1)
    niebla.   (1)
    neblina.   (1)
    hielo.   (1)
    tormenta.   (1)
La temperatura está
  en cinco grados.   (1)

Talking about the date
¿Cuál es la fecha de hoy?   (1)
¿Cuál es la fecha de...?   (1)
¿Qué fecha es hoy?   (1)
¿A cuántos estamos?   (1)
Hoy es el 5 de octubre.   (1)
Yo nací el 5 de febrero.   (1)

Describing people
Él / Ella tiene el pelo moreno.   (3)
    los ojos azules.   (3)
    la nariz pequeña.   (3)

Él tiene bigote y barba.   (3)
Él / Ella es fuerte.   (3)
    alto(a).   (3)
    alegre.   (3)
    simpático(a).   (3)
    impaciente.   (3)
    serio(a).   (3)
    generoso(a).   (3)
    independiente.   (3)
    optimista.   (3)
    perezoso(a).   (3)
    trabajador(a).   (3)
¿Cuánto mides?   (12)
Mido un metro.   (12)
¿Cuánto pesas?   (12)
Peso... kilos.   (12)
Él / Ella se guarda la línea.   (12)

Getting / Paying for a hotel room
Yo quisiera...   (4)
Buscamos...   (4)
Necesitamos una habitación...
    para dos personas.   (4)
    por tres noches.   (4)
    con una cama matrimonial.   (4)
    con dos camas sencillas.   (4)
    con (sin) baño.   (4)
    en el primer piso.   (4)
    con televisor.   (4)
    con teléfono.   (4)
Tenemos una reservación.   (4)
¿Puede usted arreglar la cuenta?   (4)
¿Tiene usted la cuenta
  para la habitación...?   (4)
Voy a pagar en efectivo.   (4)
    con cheques de viajero.   (4)
    con una tarjeta de crédito.   (4)

Expressing time relationships
Yo llego a tiempo.   (5)
       tarde.   (5)
       temprano.   (5)
En (veinte minutos, etc.).   (5)
Por (una hora, etc.).   (5)
Hace (un año, dos días, etc.).   (5)

To talk about missing someone
Te extraño.   (5)
Me extrañas.   (5)
Los extrañan.   (5)

Thanking someone
Les agradezco con todo el corazón
  su hospitalidad.   (5)
Mil gracias por...   (5)
Muchas gracias por...   (5)

Asking for and making clarifications
¿Cómo se dice...?   (6)
¿Qué quiere decir...   (6)
¿Qué dijiste?   (6)
No sé como se dice...   (6)

Finding an apartment
Yo prefiero un apartamento...
  pequeño.   (6)
  amueblado.   (6)
  cerca de la universidad.   (6)
  con dos dormitorios.   (6)

Talking about daily routines
Yo me despierto a...   (7)
  me levanto a...   (7)
  me baño a...   (7)
  me cepillo los dientes.   (7)
  me lavo (el pelo, las manos, etc.).   (7)
  me maquillo.   (7)
  me peino.   (7)
  me afeito.   (7)
  me ducho.   (7)
  me acuesto a...   (7)
  me duermo.   (7)
  me visto.   (7)

Inviting someone
Nos daría mucho gusto...   (8)
Tenga la bondad de...   (8)
Nos vemos a / en...   (8)
¿Te parece bien?   (8)
Contéstame cuanto antes.   (8)

Talking about films
Es una comedia.   (8)
  un drama psicológico.   (8)
  un documental.   (8)
  una película policíaca.   (8)
      de terror.   (8)
      de ciencia-ficción.   (8)
      de aventura.   (8)
¿A qué hora dan la película?
Dan la película a...   (8)

Preparing for a party
Yo compro las bebidas.   (7)
Yo lavo los platos.   (7)
Yo pongo la mesa.   (7)
Yo traigo los discos.   (8)
Yo me encargo de la comida.   (8)
        los refrescos.   (8)
        las invitaciones.   (8)
Yo invito a los amigos.   (8)
La fiesta comienza a...   (8)
Vamos a echar la casa por la ventana.   (9)

Making plans for vacation
¿Qué vamos a hacer para las vacaciones?   (9)
Vamos a visitar...   (9)
    acampar.   (9)
    esquiar.   (9)
Vamos de viaje a...   (9)
¿Por qué no acampamos?   (9)
      dormimos en una tienda
        de campaña?   (9)
      pasamos las vacaciones en...?   (9)
      tomamos el sol?   (9)
      vamos a la costa?   (9)
        a la orilla del mar?   (9)
        a las montañas?   (9)
      visitamos un centro ecuestre?   (9)

Talking about health and fitness

Quiero bajar (subir) de peso.   (10)

Ella se cayó.   (10)

    se lastimó.   (10)

    se cortó.   (10)

Él se rompió (el brazo, la pierna, etc.).   (10)

    se torció (la muñeca, el tobillo, etc.).   (10)

    se lastimó (la mano, el dedo, etc.).   (10)

    se cortó (la frente, el pie, etc.).   (10)

¿Estás en forma?   (10)

Yo me pongo en forma.   (10)

Nosotros (no) nos sentimos bien (mal).   (10)

Tengo dolor de cabeza.   (10)

           garganta.   (10)

           estómago.   (10)

Él tuvo un accidente.   (10)

¿Cómo te sientes?   (10)

¿Te sientes bien (mal)?   (10)

No te ves muy bien.   (10)

¿Qué te pasa?   (10)

¿Qué te pasó?   (10)

¿Te lastimaste?   (10)

¿Tuviste un accidente?   (10)

Él tiene fiebre.   (10)

      escalofríos.   (10)

      catarro.   (10)

Ella tiene la gripe.   (10)

      una alergia.   (10)

      un virus.   (10)

      la tos.   (10)

      una infección.   (10)

Él tose.   (11)

Ella estornuda.   (11)

Me duele la cabeza.   (11)

      la garganta.   (11)

      el brazo.   (11)

      el estómago.   (11)

Estoy mareado(a).   (11)

¿Cuánto tiempo hace que te sientes así?   (11)

Identifying medicines

Quisiera algo para la garganta.   (11)

          los ojos.   (11)

          la tos.   (11)

          la alergia.   (11)

          la fiebre.   (11)

          la gripe.   (11)

Quisiera unas aspirinas.   (11)

      un antihistamínico.   (11)

      un antibiótico.   (11)

      unas pastillas para la garganta.   (11)

      unas gotas para los ojos.   (11)

      un jarabe para la tos.   (11)

El médico me dio la receta.   (11)

Tengo la medicina.   (11)

Talking about the past

¿Desde cuándo?   (12)

¿Cuánto tiempo hace?   (12)

Desde (que)...   (12)

Hace...   (12)

Glossary

Spanish-English

The numbers in parentheses refer to the chapter in which the word or phrase may be found. Entries without chapter numbers were presented in Book 1.

A

a to, at (A)
abogado(a) *m.(f.)* lawyer
abrazo *m.* hug (5)
abrigo *m.* coat
abril April (1)
¡No, en absoluto! Absolutely not! (9)
abuela *f.* grandmother (A)
abuelo *m.* grandfather (A)
aburrido(a) bored, boring (2)
acabar de... to have just...
acampar to camp (9)
accidente *m.* accident (10)
acción *f.* action
aceite *m.* oil
aceituna *f.* olive (C)
acercarse to approach (14)
acostarse (ue) to go to bed (7)
activo(a) active (3)
de acuerdo okay (C)
además besides
adicional additional (12)
adiós good-bye (A)
admitir to admit (12)
¿adónde? where?
adorar to adore (3)
aeropuerto *m.* airport (B)
afeitarse to shave (7)
afortunadamente fortunately (7)
agosto August (1)
agradable pleasant (10)
Les agradezco. I thank you. (5)
el agua *f.* water
  agua mineral (sin gas) mineral water (without carbonation) (C)
ahora now
  ahora mismo right now
ahorrar to save (2)
aire acondicionado air-conditioned (6)
al to the
alcanzar to reach, achieve (11)
alegre happy (2)

alemán(ana) German (A)
Alemania Germany
alergia *f.* allergy (11)
alfombra *f.* rug, carpet (A)
algo something
algodón *m.* cotton (14)
algún día someday
alimento *m.* food
almidón *m.* starch (12)
alquilar to rent (8)
alquiler *m.* rent (6)
alto(a) tall
alumno(a) *m.(f.)* student
allá over there
allí there
amable friendly (5)
amarillo(a) yellow (2)
ambicioso(a) ambitious (3)
americano(a) American (A)
amigo(a) *m.(f.)* friend (A)
(completamente) amueblado (fully) furnished (6)
anaranjado(a) orange (color) (2)
andar to go along, walk
animal *m.* animal (A)
anoche last night (C)
ansiedad *f.* anxiety (12)
anterior previous (9)
antibiótico *m.* antibiotic (11)
antihistamínico *m.* antihistamine (11)
antipático(a) disagreeable
anual annual (11)
anunciar to announce
año *m.* year (C)
aparentemente apparently (12)
apartamento *m.* apartment (A)
apellido *m.* last name (A)
aprender to learn (A)
aprovechar to take advantage of (8)
aquel(la) that
aquél(la) *m.(f.)* that one
aquí here
  Aquí tiene... Here you have... (C)

área de acampar *f.* campground (9)
Argentina Argentina (13)
argentino(a) Argentine (A)
arquitecto(a) *m.(f.)* architect
arreglar to arrange, fix (6)
arroz *m.* rice
arte *m.* or *f.* art (A)
artículo *m.* article (12)
ascensor *m.* elevator (4)
asegurar to assure (10)
¿Así es? Is that it? (8)
asistir a to attend (A)
aspirina *f.* aspirin (11)
un atado de a bunch of (C)
atlético(a) athletic (3)
atún *m.* tuna
ausencia *f.* absence (8)
autobús *m.* bus (B)
  estación de autobuses *f.* bus terminal
¡Ave María! Good heavens! (7)
avenida *f.* avenue (B)
avión *m.* airplane
ayer yesterday (C)
azúcar *m.* sugar
azul blue (2)

B

bailar to dance (A)
baile *m.* dance
  baile folklórico folk dance
  baile popular popular dance
bajar to go down, lower
  bajar de peso to lose weight (10)
bajo(a) short (height)
balanceado(a) balanced (12)
banana *f.* banana (C)
banco *m.* bank (B)
bañarse to bathe oneself (7)
baño *m.* bath (4)
bar de tapas *m.* tapas restaurant (C)
barato(a) cheap

barba *f.* beard (3)
barrio *m.* neighborhood
básquetbol *m.* basketball
bastante rather, enough (B)
bebé *m. or f.* baby (12)
bebida *f.* drink
béisbol *m.* baseball
Belice Belize (13)
beneficiarse to benefit (5)
beso *m.* kiss
biblioteca *f.* library (B)
bicicleta *f.* bicycle (A)
bidé *m.* bidet (4)
bien well, fine, very (A)
bigote *m.* mustache (3)
billete *m.* ticket
   billete de diez viajes ten-trip ticket
   billete de ida y vuelta roundtrip ticket
   billete sencillo one-way ticket
biología *f.* biology
blanco(a) white (2)
blusa *f.* blouse
boca *f.* mouth (10)
bocadillo *m.* sandwich (French bread) (C)
boda *f.* wedding (8)
bolígrafo *m.* ball-point pen (A)
Bolivia Bolivia
boliviano(a) Bolivian
bolsa *f.* purse
bonito(a) pretty (2)
borrador *m.* eraser (A)
bosque *m.* forest (14)
bota *f.* boot
una botella de a bottle of (C)
boutique *f.* boutique
Brasil Brazil (13)
brazo *m.* arm (10)
brindis *m.* toast (salutation) (8)
bronceado(a) tan (3)
bueno(a) good (2)
   ¡Bueno! Hello! (telephone)
   Buenos días. Good morning. (A)
   Buenas noches. Good evening., Good night.
   Buenas tardes. Good afternoon.
buscar to look for (4)

C

cabeza *f.* head (10)
cabina de teléfono *f.* telephone booth (4)

cacahuete *m.* peanut
cada every, each (10)
caerse to fall (10)
café *m.* café, coffee
   café *adj.* dark brown (2)
   café (con leche) coffee (with milk) (C)
cajón *m.* drawer (5)
calamares *m.* squid (C)
calcetín *m.* sock
calcio *m.* calcium (12)
calculadora *f.* calculator (A)
calidad *f.* quality (4)
caliente warm, hot (7)
¡Cálmate! Calm down! (9)
calor *m.* heat (1)
caloría *f.* calorie (12)
calle *f.* street (B)
cama *f.* bed (A)
   cama (matrimonial / sencilla) (double / single) bed (4)
cámara *f.* camera
camarero(a) *m.(f.)* waiter (waitress)
cambiar to change
cambio *m.* change, alteration
caminar to walk
camisa *f.* shirt
camiseta *f.* T-shirt
Canadá Canada (13)
canadiense Canadian
cansado(a) tired
cantar to sing (A)
cantidad *f.* quantity
cañón *m.* canyon (14)
capacidad *f.* capacity (10)
capital *f.* capital city (13)
cara *f.* face (10)
carne *f.* meat, beef (C)
carnicería *f.* butcher shop
caro(a) expensive (2)
carrito *m.* shopping cart
cartera *f.* wallet (A)
casa *f.* house (A)
casado(a) married (A)
casi almost (7)
castaño(a) hazel (eyes), medium-brown (hair) (3)
catarro *m.* a cold (11)
catedral *f.* cathedral (B)
categoría *f.* category (4)
causa *f.* cause (12)
cebolla *f.* onion (C)
celebrar to celebrate
cenar to have supper

ceniza *f.* ash (14)
centro *m.* downtown, the center (A)
   centro comercial shopping center
cepillarse (el pelo / los dientes) to brush (one's hair / teeth) (7)
cerca de near (B)
cereal *m.* cereal (12)
cien(to) one hundred
ciencia *f.* science (A)
cincuenta fifty
cine *m.* movie theater (C)
cinta *f.* tape (recording) (A)
cinturón *m.* belt
cita *f.* date, appointment
ciudad *f.* city (A)
¡Claro! Of course!
   ¡Claro que no! Of course not! (4)
   ¡Claro que sí! Of course!! (reaffirmed)
clásico(a) classic(al) (2)
clasificar to classify (4)
clavadista *m. or f.* diver (13)
clavarse to dive (Mexico) (13)
clóset *m.* closet (5)
club *m.* club
cocina *f.* kitchen (6)
cocinar to cook (6)
coche *m.* car (A)
coche-caravana *m.* camper (9)
codo *m.* elbow (10)
colegio *m.* school
Colombia Colombia
colombiano(a) Colombian
color *m.* color
   ¿De qué color es...? What color is ...? (2)
comedor *m.* dining room (6)
comentar to comment
comenzar (ie) to begin (7)
comer to eat (C)
cómico(a) comical, funny (3)
comida *f.* meal, food
   comida mexicana Mexican food
como how, as, like
   como a around, about (7)
   como de costumbre as usual
¿cómo? how?, what? (A)
   ¿Cómo se dice...? How do you say ...? (6)
   ¿Cómo es / son? How is it / are they?
   ¿Cómo está(s)? How are you?

¿Cómo te llamas? What's your name? (A)

¿Cómo te sientes? How do you feel? (10)

cómoda *f.* dresser (A)

cómodo(a) comfortable (4)

compañía *f.* company

comparación *f.* comparison

compartir to share

completo(a) complete (2)

comprar to buy (A)

comprender to understand

computadora *f.* computer (A)

con with (A)

  con frecuencia frequently (10)

  con regularidad regularly (10)

  con todo el corazón with all my heart (5)

concierto *m.* concert (A)

concurso de poesía *m.* poetry contest

conducir to drive (13)

confort *m.* comfort (4)

confortable comfortable (4)

congelado(a) frozen

conmigo with me

conocer to know (person, place) (3), met (15)

consecutivo(a) consecutive (10)

conserva *f.* preserve

constantemente constantly (11)

contador(a) *m.(f.)* accountant

contento(a) content (13)

contestar to answer, respond

  Contéstame cuanto antes. Answer me as soon as possible. (8)

continuar to continue

continuo(a) continuous (10)

contra la pared against the wall (6)

conveniente convenient (7)

conversación telefónica *f.* telephone conversation

convertirse en to become (14)

corazón *m.* heart (5)

cordillera *f.* mountain range (13)

corredor *m.* corridor, hallway (4)

correo *m.* post office

correr to run (A)

cortar(se) to cut (oneself) (10)

cortina *f.* curtain (6)

corto(a) short (length) (3)

cosa *f.* thing

cosechar to harvest (14)

costa *f.* coast (9)

Costa Rica Costa Rica (13)

costar (ue) to cost (9)

costarricense Costa Rican

costoso(a) costly (13)

de costumbre customarily (C)

coyuntura *f.* joint (10)

creer to believe (13)

crema *f.* cream

croissant *m.* croissant

cruzar to cross (B)

cuaderno *m.* notebook (A)

cuadro *m.* painting (2)

¿cuál? which?

  ¿Cuál es la fecha de hoy? What is the date today? (1)

cualquier any, whichever

cuando when (A)

¿cuánto(a)? how much / many?

  ¿Cuánto cuesta? How much does it cost? (C)

  ¿Cuánto tiempo hace? How long ago? (12)

  ¿Cuánto tiempo hace que te sientes así? How long have you felt this way? (11)

  ¿Cuántos años tienes? How old are you? (A)

  ¿A cuántos estamos? What is the date? (1)

  ¿Cuántos hay? How many are there?

cuarenta forty

cuarto *m.* room (A), quarter (B)

  ... cuarto(s) de hora ... quarter(s) of an hour (5)

cuarto(a) fourth (4)

cuatrocientos(as) four hundred

Cuba Cuba

cubano(a) Cuban

cuchara *f.* spoon (6)

cuchillo *m.* knife (6)

cuello *m.* neck (10)

cuenta *f.* bill (4)

cuento contigo I'm counting on you (8)

cuero *m.* leather

cuesta it costs (C)

¡Cuidado! Careful! Watch out! (3)

cuidar to care for (11)

  Cuídese. (Cuídate.) Take care of yourself. (A)

culpa *f.* fault (7)

cultivar to cultivate (14)

cumpleaños *m.* birthday (C)

CH

Chao. Good-bye. (A)

chaqueta *f.* jacket

charlar to chat (7)

cheque de viajero *m.* traveler's check (4)

chile *m.* hot pepper

Chile Chile

chileno(a) Chilean

China China (13)

chino(a) Chinese (A)

chocolate *m.* chocolate (C)

chorizo *m.* Spanish sausage (C)

D

dar to give (11)

  dar una caminata to take a hike (9)

  dar un paseo to take a walk (A)

  dar una película to show a movie (8)

  dar una vuelta to turn over (2)

  darles la despedida to say good-bye, give a going-away party (8)

  darse prisa to hurry (7)

  darse por satisfecho to have reason to feel satisfied with oneself (14)

  Nos daría mucho gusto... It would give us great pleasure... (8)

de of (B)

  de la / del of the

  de nada you're welcome

  ¿De qué color es...? What color is ...? (2)

  ¿De veras? Really? (12)

deber to owe, must, should

débil weak (3)

décimo(a) tenth (4)

decir to say, tell (6)

  decir que sí (no) to say yes (no) (6)

  es decir that is to say (7)

  para decir la verdad to tell the truth (6)

querer decir to mean (6)
¿Cómo se dice...? How do you say ...? (6)
lo que dice... what ... says (4)
dedicarse to devote oneself to (9)
dedo (de la mano) *m.* finger (10)
    dedo del pie toe (10)
delante de in front of (B)
delgado(a) thin
delicioso(a) delicious (2)
demandar to demand (10)
demasiado too (much) (1)
¡Dense prisa! Hurry up! (7)
dentista *m.* or *f.* dentist
dentro de within (8)
depender de to depend on (1)
deporte *m.* sport (A)
derecha right (B)
    a la derecha to the right (B)
desarrollar to develop (12)
desayunarse to eat breakfast (7)
desayuno *m.* breakfast (4)
descansar to rest (A)
describir to describe
    le describe describes to him, her, you (3)
Descríbeme... Describe ... for me. (2)
desde (que) since (12)
    ¿Desde cuándo? Since when? (12)
desear to want, wish for
desearles to wish them (8)
desfile *m.* parade
deshonesto(a) dishonest (3)
despacio slowly, slow
despedirse (i, i) de to say good-bye to (5)
despejado clear, not cloudy (1)
despertarse (ie) to wake up (7)
después after
detrás de behind, in back of (B)
día *m.* day (B)
    el Día de la Independencia Independence Day
    el Día de las Madres Mother's Day (C)
    el Día de los Padres Father's Day (C)
diciembre December (1)
diente *m.* tooth (10)
dificultad *f.* difficulty (12)

¡Diga / Dígame! Hello! (answering the phone)
¡No me digas! You don't say! (10)
digestión *f.* digestion (12)
Dime. Tell me. (9)
dinero *m.* money
¿en qué dirección? in which direction?
directamente directly (7)
disco *m.* record (A)
    disco compacto compact disk
discoteca *f.* discotheque (B)
discreto(a) discreet (3)
disculparse to apologize
discutir to argue
disfrutar de to enjoy (8)
divertido(a) enjoyable (2)
divertirse (ie,i) to have a good time (7)
dividir to divide (13)
divorciado(a) divorced (A)
doblar to turn (B)
una docena de a dozen (C)
doctor(a) *m.(f.)* doctor
doler (ue) to hurt (11)
dolor de (cabeza / espalda / estó-mago) *m.* (head / back / stomach)ache (11)
domingo *m.* Sunday (B)
dominicano(a) Dominican
¿dónde? where?
    ¿De dónde es / eres? Where are you from?
    ¿Dónde está...? Where is ...?
    ¿Dónde hay...? Where is / are there ...?
dormilón(ona) *m.(f.)* sleepyhead (7)
dormir (ue,u) (la siesta) to sleep (take a nap) (4)
    dormirse to fall asleep (7)
dormitorio *m.* bedroom (6)
dos two (C)
    los(las) dos the two, both (7)
doscientos(as) two hundred
dosis *f.* dose (10)
ducha *f.* shower (4)
ducharse to take a shower (7)
duda *f.* doubt (12)
Me duele(n)... My ... hurt(s). (11)
dulce *m.* sweet, candy (5)
durante during (5)
durar to last (7)

E

económico(a) economical (2)
Ecuador Ecuador (13)
ecuatoriano(a) Ecuadorian
echar una siesta to take a nap (1)
edad *f.* age (5)
edificio *m.* building
en efectivo in cash (4)
eficiente efficient (10)
ejemplo *m.* example (7)
el *m.* the (A)
él he
El Salvador El Salvador (13)
elegante elegant (2)
ella she
ellos(as) *m.(f.)* they
empacar to pack (14)
empleado(a) *m.(f.)* employee (4
en in, on (A)
    En (el mes de)... In (the month of)... (1)
    en... minutos in ... minutes (5)
Encantado(a). Delighted. (A)
encargarse de to take charge of (7)
encerrarse (ie) to lock oneself in (7)
encontrar (ue) to find
encuesta *f.* survey
enchilada *f.* enchilada (C)
energía *f.* energy (12)
enero January (1)
enfermero(a) *m.(f.)* nurse
enfermo(a) sick
enojado(a) angry, mad
ensalada *f.* salad (C)
    ensalada de frutas fruit salad
    ensalada de guacamole guacamole (C)
    ensalada de vegetales (ver-duras) vegetable salad
entero(a) whole
entonces then
entrada *f.* entrance ticket
entre... y... between ... and ... (B
epidemia *f.* epidemic (11)
equitación *f.* horseback riding (9)
es is
    Es de... Is from..., It belongs to...
    Es la una. It's one o'clock. (B)

escalofríos *m.* chills (11)

escaparate *m.* shop window

escribir to write

    escribir a máquina to type (C)

escritorio *m.* desk (A)

escuchar to listen (to)

escuela *f.* school (A)

    escuela secundaria high school

escultura *f.* sculpture (A)

ese(a) that

ése(a) *m.(f.)* that one

a eso de at about, around (7)

espacio *m.* space (6)

espalda *f.* back (10)

España Spain

español(a) Spanish (A)

especial special

espectáculo *m.* spectacle, show (13)

espejo *m.* mirror (4)

esperar to wait, hope (5)

    los espera waits for them (7)

    espero que Uds. puedan visitar I hope that you can visit (5)

    Espero que no sea... I hope it's not... (8)

esposa *f.* wife

esposo *m.* husband

esquí *m.* ski

    esquí acuático *m.* water-skiing (9)

esquiar to ski (A)

    esquiar en agua to waterski (9)

en la esquina de... y... on the corner of ... and ... (B)

establecer to establish

estación *f.* station

    estación de autobuses bus terminal

    estación de metro subway station

    estación de trenes railroad station

estacionamiento parking (6)

estadio *m.* stadium (B)

estado *m.* state (5)

los Estados Unidos United States (B)

estadounidense American, from the United States

estante *m.* bookshelf (5)

estar to be (A)

    estar de mal humor to be in a bad mood (1)

    estar de visita to be visiting (12)

    Está bien. Okay. (8)

    Está (despejado / nublado / resbaloso). It's a (clear / cloudy / slippery) day. (1)

    ¿Estás en forma? Are you in shape? (10)

    ¿Cómo está(s)? How are you? (A)

este *m.* east (B)

este(a) (mes / tarde) this (month / afternoon) (C)

éste(a) *m.(f.)* this one

estéreo *m.* stereo (A)

estilo *m.* style (2)

estómago *m.* stomach (10)

estornudar to sneeze (11)

estrella *f.* star (1)

estudiante *m.* or *f.* student

estudiar to study (A)

estufa *f.* stove (6)

evento social *m.* social event (10)

exactamente exactly (12)

Exacto. Exactly. (8)

exagerar to exaggerate (7)

¡No te excites! Don't get excited! (9)

experto(a) expert (10)

expresar to express

expresión *f.* expression

extrañar to miss (5)

    Te (Los) extraño. I miss you (plural). (5)

extraño(a) strange (2)

F

facilitar to facilitate (12)

falda *f.* skirt

falta *f.* lack (12)

familia *f.* family (A)

famoso(a) famous

farmacia *f.* pharmacy, drugstore (B)

favorito(a) favorite

febrero February (1)

fecha *f.* date

    ¿Cuál es la fecha de hoy? What is the date today? (1)

feo(a) ugly (2)

feria *f.* fair

feroz ferocious (13)

fibra *f.* fiber (12)

fiebre *f.* fever (11)

    fiebre del heno hay fever (11)

fiesta *f.* party

    Fiesta del pueblo religious festival honoring a town's patron saint

fin de semana *m.* weekend

al final de at the end of (B)

finalmente finally

flan *m.* caramel custard

flauta *f.* flute (A)

florería *f.* flower shop

flotar to float (10)

al fondo de at the end of (4)

formal formal (2)

formar to form (12)

formidable wonderful (2)

francés(esa) French (A)

Francia France

con frecuencia frequently (10)

frecuentemente frequently (B)

frente *f.* forehead (10)

frente a across from, facing

en frente de across from, facing (B)

fresa *f.* strawberry (C)

fresco(a) cool (1)

frijoles *m.* beans (C)

frío(a) cold (1)

frontera *f.* border (11)

fruta *f.* fruit (12)

fuegos artificiales *m.* fireworks

fuerte strong (3)

funcionar to function, work (2)

furioso(a) furious (13)

fusilar to shoot (14)

fútbol *m.* soccer

    fútbol americano football

futuro *m.* future

G

galleta *f.* biscuit, cookie

ganar to earn

garaje (para dos coches) *m.* (two-car) garage (6)

garganta *f.* throat (10)

gato *m.* cat

por lo general in general (C)

generoso(a) generous (3)

geografía *f.* geography (13)

gimnasio *m.* gym(nasium) (10)

globo *m.* globe, sphere, balloon
gobierno *m.* government (13)
gordo(a) fat
gotas para los ojos *f.* eyedrops (11)
grabadora *f.* tape recorder (A)
gracias thank you (A)
   mil gracias por... thanks a million for... (5)
   muchas gracias por... thank you very much (many thanks) for... (5)
grado *m.* degree (1)
(50) gramos de (50) grams of (C)
Gran Bretaña Great Britain (13)
granadina *f.* grenadine
grande big, large (A)
grano *m.* bean (14)
grasa *f.* fat (12)
grave grievous, grave (10)
gripe *f.* flu (11)
gris gray (2)
grupo *m.* group
guapo(a) handsome
guardar la línea to watch one's weight (12)
Guatemala Guatemala (13)
guatemalteco(a) Guatemalan
guisante *m.* pea (C)
guitarra *f.* guitar (A)
gustar to like (A)
   (No) (Me) gusta(n) (mucho)... (I) (don't) like ... (very much). (A)
gusto *m.* taste
   con mucho gusto with pleasure
   Mucho gusto. Nice to meet you. (A)

H

habitación *f.* room (4)
hablar to talk
hacer to do, make
   hacer alpinismo to go mountain climbing (9)
   hacer la cama to make the bed
   hacer ejercicios aeróbicos to do aerobics (10)
   hacer la equitación to go horseback riding (9)
   hacer gimnasia to do exercises, gymnastics (10)
   hacer las maletas to pack suitcases

hacer un mandado to do an errand (C)
hacer un viaje to take a trip
hace... ... ago, it has been... (C)
Hace (buen tiempo / calor / sol / viento). It's (nice / hot / sunny / windy) out. (1)
¿Cuánto tiempo hace? How long ago? (12)
¿Cuánto tiempo hace que te sientes así? How long have you felt this way? (11)
hamburguesa (con queso) *f.* hamburger (cheeseburger) (C)
harina *f.* flour
hasta until
   Hasta luego. See you later. (A)
hay there is / are (B)
   Hay (hielo / niebla / tormenta). It's (icy / foggy / stormy). (1)
   hay que pasar por... one must go through... (4)
   Hay que ser razonables. Let's be reasonable. (1)
helado *m.* ice cream
hermana *f.* sister (A)
hermano *m.* brother (A)
hermoso(a) beautiful
hielo *m.* ice (1)
hierro *m.* iron (12)
hija *f.* daughter (A)
hijo *m.* son (A)
hijo(a) único(a) *m.(f.)* only child (A)
hispano(a) Hispanic
historia *f.* history (A)
histórico(a) historical (2)
hoja (de papel) *f.* sheet (of paper) (C)
Hola. Hello. (A)
hombre *m.* man
hombro *m.* shoulder (10)
Honduras Honduras (13)
hondureño(a) Honduran
honesto(a) honest (3)
hora *f.* hour (B)
horario *m.* schedule
horno (de microondas) *m.* (microwave) oven (6)
horóscopo *m.* horoscope (2)
horrible horrible
hospital *m.* hospital (B)
hospitalidad *f.* hospitality (5)
hotel *m.* hotel (B)

hoy today (B)
   Hoy es el (día) de (mes). Today is the (day) of (month). (1)
hueso *m.* bone (12)

I

idealista idealist(ic) (3)
iglesia *f.* church (B)
igualdad *f.* equality
Igualmente. Same here. (A)
impaciente impatient (3)
impermeable *m.* raincoat
incluido(a) included (4)
increíble incredible (6)
independiente independent (3)
indicación *f.* indication (12)
indiscreto(a) indiscreet (3)
infantil infantile, childish (2)
infección *f.* infection (11)
ingeniero(a) *m.(f.)* engineer
Inglaterra England
inglés(esa) English (A)
intelectual intellectual (3)
inteligente intelligent
interesante interesting (2)
invierno *m.* winter (1)
invitación *f.* invitation
ir to go (A)
   ir a... to be going to...
   ir de compras to go shopping
   irse to leave, go away (7)
Italia Italy
italiano(a) Italian (A)
izquierda left (B)
   a la izquierda to the left (B)

J

jabón *m.* soap (5)
jamón *m.* ham (C)
Japón Japan (13)
japonés(esa) Japanese (A)
jarabe *m.* cough syrup (11)
jardín *m.* garden (6)
jazz *m.* jazz (A)
joven young
jueves *m.* Thursday (B)
jugar (ue) to play (1)
   jugar al (tenis / vólibol) to play (tennis / volleyball) (9)
jugo *m.* juice
julio July (1)
junio June (1)
junto(a) together

K

un kilo de   a kilo(gram) of   (C)
  medio kilo de   half a kilo(gram) of   (C)
kilómetro   *m.*   kilometer

L

la   *f.*   the   (A)
lácteo   dairy   (12)
  producto lácteo   *m.*   dairy product   (12)
lado   *m.*   side
  al lado de   beside   (B)
  del lado de mi padre (madre)   on my father's (mother's) side   (A)
lámpara   *f.*   lamp   (4)
lápiz   *m.*   pencil   (A)
largo(a)   long   (2)
las   *f. pl.*   the   (A)
lastimarse   to hurt oneself   (10)
  ¿Te lastimaste?   Did you hurt yourself?   (10)
una lata de   a can of   (C)
latín   *m.*   Latin   (7)
lavabo   *m.*   sink   (4)
lavadora   *f.*   washing machine   (9)
lavar   to wash   (5)
  lavar los platos   to wash dishes   (7)
  lavar la ropa   to wash clothes   (7)
  lavarse (las manos, el pelo, los dientes)   to wash (one's hands, hair, brush one's teeth)   (7)
leche   *f.*   milk   (C)
lechuga   *f.*   lettuce   (C)
leer   to read   (A)
lejos de   far from   (B)
lengua   *f.*   language, tongue   (A)
levantarse   to get up   (7)
  levantar pesas   to lift weights   (10)
una libra de   a pound of   (C)
librería   *f.*   bookstore   (B)
libro   *m.*   book   (A)
licuado (de mango)   *m.*   (mango) milkshake   (C)
ligero(a)   light   (2)
limón   *m.*   lemon   (C)
limonada   *f.*   lemonade   (C)
línea   *f.*   line
lípidos   *m.*   lipids   (12)

listo(a)   ready
literatura   *f.*   literature   (A)
un litro de   a liter of   (C)
los   *m. pl.*   the   (A)
luego   later, afterwards
lugar   *m.*   place, location
  en primer lugar   in the first place   (7)
lujo   *m.*   luxury   (4)
lunes   *m.*   Monday   (B)

LL

llamarse   to be named   (A)
  (Yo) me llamo...   My name is...
llave   *f.*   key   (A)
llegar (a / de)   to arrive (at / from)   (4)
lleno(a)   full
llevar   to carry, take   (A)
  llevar a cabo   to carry out   (12)
  lo lleva   takes him   (5)
llover (ue) a cántaros   to rain cats and dogs   (1)
Llovizna.   It's drizzling.   (1)
Llueve.   It's raining.   (1)

M

m² (metros cuadrados)   square meters   (6)
madrastra   *f.*   stepmother   (A)
madre   *f.*   mother   (A)
¡Magnífico!   Magnificent!   (9)
maíz   *m.*   corn   (C)
mal   poorly
malo(a)   bad   (2)
mandado   *m.*   errand   (C)
mandar   to give an order   (11)
manera   *f.*   way, manner   (10)
  de esa manera   in that way   (8)
mano   *f.*   hand   (10)
mantenerse en condiciones óptimas   to stay in top condition   (10)
mantequilla   *f.*   butter
manzana   *f.*   apple   (C)
mañana   tomorrow   (C)
  mañana (por la mañana / noche)   tomorrow (morning / night)   (C)
mañana   *f.*   morning   (B)
  de la mañana   in the morning
  por la mañana   in the morning   (C)

maquillarse   to put on makeup   (7)
máquina   *f.*   machine
  máquina de escribir   typewriter   (A)
mar   *m.*   sea   (1)
marisco   *m.*   shellfish   (9)
martes   *m.*   Tuesday   (B)
marzo   March   (1)
más   more
  más o menos   so-so
  más... que   more ... than
matemáticas   *f.*   mathematics   (A)
máximo(a)   maximum   (10)
mayo   May   (1)
mayonesa   *f.*   mayonnaise
mayor   older
mayoría   *f.*   majority   (12)
mecánico(a)   *m.(f.)*   mechanic
media   *f.*   stocking
medianoche   *f.*   midnight
médico   *m.* or *f.*   doctor
medio   *m.*   middle, means
  medio de transporte   means of transportation
medio(a)   half
  media hora   half hour   (5)
  medio kilo de   half a kilo of   (C)
mediodía   *m.*   noon
medir (i, i)   to measure   (12)
mejor   better
mejorar   to improve   (12)
melocotón   *m.*   peach
melón   *m.*   melon   (C)
menor   younger
menos   less
  al menos   at least   (4)
  menos... que...   less ... than
  por lo menos   at least   (1)
a menudo   often   (10)
mercado   *m.*   market   (C)
  mercado al aire libre   open-air market
merienda   *f.*   snack
mermelada   *f.*   jam, jelly
mes   *m.*   month   (C)
meseta   *f.*   high plain   (14)
mesita de noche   *f.*   night table   (4)
metro   *m.*   subway   (B)
mexicano(a)   Mexican   (A)
México   Mexico   (13)
mi   my   (A)
mí   me
microbio   *m.*   microbe   (11)
Mido...   I am ... tall.   (12)

miedo *m.* fear (15)
miércoles *m.* Wednesday (B)
mil thousand
milla *f.* mile
millón million
mineral *m.* mineral (12)
minuto *m.* minute (B)
mirar to look at, watch
   mirar la televisión to watch
   television (A)
   mirarse to look at oneself (7)
   ¡Mira! Look!
misa de Acción de Gracias *f.*
   Thanksgiving mass
mismo(a) same (7)
   lo mismo the same (12)
mochila *f.* backpack (A)
moda *f.* style
moderno(a) modern (2)
de todos modos at any rate (11)
en este momento at this moment
montaña *f.* mountain (1)
montar a caballo to ride a horse (9)
morado(a) purple (2)
moreno(a) dark-haired, brunet(te)
motocicleta *f.* motorcycle, moped
   (A)
moverse (ue) to move (7)
movimiento *m.* movement (10)
   movimiento muscular muscle
   movement (12)
muchísimo very much
mucho(a) a lot
   muchas veces a lot of, many
   times (10)
muerto(a) dead (A)
lo muestra shows it (5)
mujer *f.* woman
muñeca *f.* wrist (10)
músculo *m.* muscle (12)
museo *m.* museum (B)
música *f.* music
   música clásica classical music
   (A)
muslo *m.* thigh (10)
muy very (A)
   Muy bien, gracias. Very well,
   thank you.

N

(Él / Ella) nació... (He / She) was
   born... (1)
nacionalidad *f.* nationality
nada nothing
nadar to swim (A)

naranja *f.* orange (C)
nariz *f.* nose (10)
naturaleza *f.* nature (A)
navegación a vela *f.* sailing
   (9)
navegar en velero (una tabla
   vela) to sail (to sailboard) (9)
neblina *f.* fog (1)
necesitar to need (4)
negocio *m.* business
   hombre (mujer) de negocios
   m.(f.) businessman(woman)
negro(a) black (2)
nervio *m.* nerve (12)
nervioso(a) nervous (13)
Nicaragua Nicaragua (13)
nicaragüense Nicaraguan
niebla *f.* fog (1)
nieto(a) *m.(f.)* grandson
   (daughter) (3)
Nieva. It's snowing. (1)
nieve *f.* snow (1)
no no
noche *f.* night (B)
   de la noche at night (B)
   por la noche at night (C)
nombre *m.* name (A)
normalmente normally (C)
norte *m.* north (B)
norteamericano(a) North
   American
nosotros(as) *m.(f.)* we
novecientos(as) nine hundred
noveno(a) ninth (4)
noventa ninety
noviembre November (1)
novio(a) *m.(f.)* boy(girl)friend,
   fiance(é) (3)
nube *f.* cloud (1)
nublado cloudy (1)
nuestro(a) our
nuevo(a) new
   de nuevo again (7)
número *m.* number
nunca never (B)

O

o or
octavo(a) eighth (4)
octubre October (1)
ocuparse de to take care of (7)
ochenta eighty
ochocientos(as) eight hundred
odiar to hate (8)
oeste *m.* west (B)

oferta *f.* sale
   ¿No está en oferta? It's not on
   sale?
ofrecer to offer
oír to hear (13)
ojo *m.* eye (3)
optimista optimist(ic) (2)
orden *m.* order
   a sus órdenes at your service
oreja *f.* ear (10)
orilla del mar *f.* seashore (9)
otoño *m.* autumn, fall (1)
otro(a) other
   otra cosa another thing
   en otra oportunidad at some
   other time
oxígeno *m.* oxygen (10)

P

paciente patient (3)
padrastro *m.* stepfather (A)
padre *m.* father (A)
   padres *m. pl.* parents
pagar to pay (4)
país *m.* country (A)
paisaje *m.* countryside, landscape
   (13)
pájaro *m.* bird
pálido(a) pale (3)
pan *m.* bread (C)
   pan dulce any sweet roll
   pan tostado toast
panadería *f.* bakery
Panamá Panama (13)
panameño(a) Panamanian
pantalones *m.* pants, slacks
papa *f.* potato (C)
papel *m.* paper (C)
   papel de avión air mail
   stationery (C)
   papel para escribir a máquina
   typing paper
papelería *f.* stationery store
   (C)
un paquete de a package of (C)
para for, in order to (B)
Paraguay Paraguay (13)
paraguayo(a) Paraguayan
sin parar without stopping (11)
pardo(a) brown (2)
parece it appears (3)
   ¿Te parece bien? Is that okay
   with you? (8)
parque *m.* park (B)
parte *f.* part

en parte al menos at least in part (12)

parte del cuerpo body part (11)

(el lunes / la semana) pasado(a) last (Monday / week) (C)

pasar to pass (9)

pasar tiempo to spend time (A)

Lo pasamos bien. We have a good time. (9)

paseo *m.* walk (A)

dar un paseo to take a walk (A)

pasta *f.* pasta

pastel *m.* pastry, pie

pastilla *f.* pill (11)

patata *f.* potato (Spain) (C)

patatas bravas potatoes in a spicy sauce (C)

pecho *m.* chest (10)

un pedazo de a piece of (C)

pedir (i) to ask for, request (C)

peinarse to comb (7)

película *f.* movie (A)

película de aventura adventure movie

película de ciencia ficción science fiction movie

película cómica comedy movie

película de horror horror movie

pelirrojo(a) redheaded

pelo *m.* hair (3)

pelota *f.* ball

pelota de tenis tennis ball

pensar (ie) to think

peor worse, worst

pepino *m.* cucumber (C)

pequeño(a) small (A)

pera *f.* pear (C)

perder (ie) to lose

Perdón. Excuse me. (C)

perezoso(a) lazy (3)

perfeccionar to perfect (5)

perfecto(a) perfect (3)

periódico *m.* newspaper (6)

periodista *m.* or *f.* journalist

período *m.* period (of time) (2)

no permiten do not permit, do not allow (4)

pero but

perro *m.* dog

persona *f.* person (4)

Perú Peru (13)

peruano(a) Peruvian

pesadilla *f.* nightmare (12)

pesado(a) heavy (2)

pesar to weigh (12)

Peso... kilos. I weigh ... kilos.

pescado *m.* fish

pesimista pessimist(ic) (2)

piano *m.* piano (A)

picante spicy (C)

pie *m.* foot (B)

a pie on foot (B)

pierna *f.* leg (10)

pimienta *f.* pepper (spice)

pintor(a) *m.(f.)* painter (2)

pintura *f.* painting (A)

piscina *f.* swimming pool

piso *m.* floor (4)

(en el primer) piso (on the first) floor (4)

pizza *f.* pizza (C)

plan *m.* floor plan (6)

planear to plan

plano del metro *m.* subway map

planta *f.* floor, plant (A)

planta baja ground floor (4)

plátano *m.* banana (14)

plato *m.* dish, plate (6)

playa *f.* beach

playa de estacionamiento *f.* parking lot

plaza *f.* square (B)

pluma *f.* fountain pen

poco(a) few, a little

poder to be able (to) (13), made an attempt (15)

policía *f.* police, *m.* police officer

estación de policía *f.* police station

política *f.* politics (A)

pollo *m.* chicken (C)

poner to put (6)

poner la mesa to set the table (7)

ponerse to put on (7)

ponerse en forma to get in shape (10)

por for, during (4)

por eso that is why

por eso mismo for that very reason (14)

por favor please (C)

por fin finally (13)

por ... horas for ... hours (5)

por lo general in general (C)

por lo menos at least (1)

por supuesto of course

¿por qué? why? (C)

¿por qué no? why not? (C)

porque because

portafolio *m.* briefcase (A)

posesión *f.* possession

póster *m.* poster (A)

practicar to practice (9)

práctico(a) practical (2)

precio *m.* price (4)

preferencia *f.* preference

preferir (ie, i) to prefer

preguntar to ask (a question)

premio *m.* prize

preocupado(a) worried, preoccupied (12)

No se preocupen. Don't worry. (8)

preparar to prepare

les voy a preparar... I'm going to prepare, make ... for you. (7)

prepararse to get ready, prepare oneself (7)

presentación *f.* presentation, introduction

presentar to present, introduce (12)

Le (Te) presento a... This is... (introduction) (A)

presión *f.* pressure (10)

prestar atención to pay attention (5)

primavera *f.* spring (1)

primer(o/a) first (4)

primo(a) *m.(f.)* cousin (A)

al principio in, at the beginning (13)

producto lácteo *m.* dairy product (12)

profesión *f.* profession

profesor(a) *m.(f.)* professor, teacher

programa de intercambio *m.* exchange program (5)

pronóstico *m.* forecast (1)

propina *f.* tip

proteína *f.* protein (12)

(el año / la semana) próximo(a) next (year / week) (C)

pudo he / she / it could (2)

pueblo *m.* town (9)

¿Puede Ud. arreglar la cuenta? Can you make up the bill? (4)

No puedo dormir. I can't sleep. (11)

puerco *m.* pork (C)
Puerto Rico Puerto Rico
puertorriqueño(a) Puerto Rican
pues then, well then
pulmón *m.* lung (10)
punto *m.* point (11)

Q

que that
¡Qué...! How...!
 ¡Qué bueno(a)! Great!
 ¡Qué comida más rica! What delicious food!
 ¡Qué cosa! Good grief! (7)
 ¡Qué envidia! I'm envious! (12)
 ¡Qué horrible! How awful!
 ¡Qué pena! What a pity!
 ¡Qué va! No way! (10)
¿qué? what? (B)
 ¿Qué día es hoy? What day is today?
 ¿Qué dijiste? What did you say? (6)
 ¿Qué fecha es hoy? What is the date today? (1)
 ¿Qué hora es? What time is it? (B)
 ¿A qué hora...? What time...? (B)
 ¿Qué te pasa? What's the matter with you? (10)
 ¿Qué te pasó? What happened to you? (10)
 ¿Qué tal? How are you? (A)
 ¿Qué tiempo hace? What's the weather like? (1)
quedarse en cama to stay in bed (7)
querer (ie) to want (C), tried (15)
 no querer refused (15)
 querer decir to mean (6)
querido(a) *f.* dear (5)
quesadilla *f.* quesadilla, Mexican cheese turnover (C)
queso *m.* cheese (C)
¿quién? who?
 ¿De quién es? Whose is it?
Quiero presentarle(te) a... I want to introduce you to... (A)
química *f.* chemistry
quinceañera *f.* fifteenth birthday party (8)
quinientos(as) five hundred

quinto(a) fifth (4)
quiosco de periódicos *m.* newspaper kiosk
... quisiera... ... would like... (C)
 Quisiera algo (alguna cosa) para... I would like something for... (11)
 Quisiera presentarle(te) a... I would like to introduce you to... (A)
 (nosotros) quisiéramos... we would like... (C)
quitar la mesa to clear the table (7)

R

radio despertador *m.* clock radio (A)
raqueta *f.* racquet
rara vez rarely (B)
un buen rato a good while (7)
reacción *f.* reaction (2)
realista realist(ic) (3)
rebanada de pan *f.* slice of bread
recepción *f.* reception desk (4)
recibir to receive
lo recoge pick him / it up (5)
recuperar to recuperate (12)
refresco *m.* soft drink
refrigerador *m.* refrigerator (6)
regatear to bargain
regresar to return (7)
regular okay, regular, average (2), to regulate (12)
con regularidad regularly (10)
reírse (i,i) to laugh (10)
remedio *m.* remedy (11)
renovar (ue) to renew (12)
de repente suddenly (10)
repetir (i,i) to repeat (12)
la República Dominicana the Dominican Republic
res *m.* beef (C)
resbaloso(a) slippery (1)
reservación *f.* reservation (4)
respuesta *f.* answer, response (8)
restaurante *m.* restaurant (B)
resultado *m.* result (12)
reunirse to meet, get together (7)
revisar to review, check, look over (6)
río *m.* river (13)
riquísimo very delicious
ritmo cardíaco *m.* heart rate (12)

rock *m.* rock music (A)
rodilla *f.* knee (10)
rojo(a) red (2)
romántico(a) romantic (2)
romper(se) to break (a body part) (10)
roncar to snore (12)
ropa *f.* clothing (5)
rosado(a) pink (2)
rubio(a) blond(e) (3)
Rusia Russia
ruso(a) Russian (A)

S

sábado *m.* Saturday (B)
saber to know (a fact) (1), found out (15)
sabor *m.* flavor, taste (14)
sacapuntas *m.* pencil sharpener (A)
sacar to get out something, obtain
sal *f.* salt
sala *f.* room
 sala de baño bathroom (4)
 sala de estar living room (6)
salida *f.* exit (5)
salir (con / de / para) to leave (with / from / for) (4)
salsa *f.* type of music
 salsa picante hot, spicy sauce (C)
salud *f.* health (12)
saludar to greet
saludo *m.* greeting
salvadoreño(a) Salvadorian
sandalia *f.* sandal
sandía *f.* watermelon (C)
sándwich (de jamón con queso) *m.* (ham and cheese) sandwich (C)
seco(a) dry (12)
secretario(a) *m.(f.)* secretary
en seguida right away, at once (9)
seguir (i, i) to continue, follow (B)
segundo(a) second (4)
seguro(a) sure
seiscientos(as) six hundred
semana *f.* week (C)
sencillo(a) simple (10)
sensacional sensational (2)
sentarse (ie) to sit down (7)
sentirse (ie,i) bien (mal) to feel good (bad) (10)

señal *f.* signal, sign (12)
señor *m.* Mr., sir (A)
señora *f.* Mrs., ma'am (A)
señorita *f.* Miss (A)
septiembre September (1)
séptimo(a) seventh (4)
ser to be (A)
   Será una sorpresa; no les digas nada. It will be a surprise; don't say anything to them. (8)
serie *f.* series, sequence
serio(a) serious (2)
servicios sanitarios *m.* rest rooms (9)
servilleta *f.* napkin (6)
servirse (i,i) to prepare for oneself, to serve oneself (7)
   ¿En qué puedo servirle(s)? How can I help you?
sesenta sixty
setecientos(as) seven hundred
setenta seventy
sexto(a) sixth (4)
si if
sí yes
siempre always (C)
   ¡Siempre lo hacemos! We always do it! (8)
   ¿Cómo te sientes? How do you feel? (10)
   ¿Te sientes bien (mal)? Do you feel well (bad)? (10)
   Lo siento. I'm sorry.
lo siguiente the following (4)
silla *f.* chair (A)
sillón *m.* armchair (5)
simpático(a) nice
simple simple (4)
sin without (4)
   sin límite unlimited
   sin parar without stopping (11)
sistema *m.* system
   sistema cardiovascular cardiovascular system (10)
   sistema de clasificación classification system (4)
situado(a) situated, located (B)
sobre *m.* envelope (C)
soda *f.* soda
sofá *m.* sofa, couch (6)
sol *m.* sun (1)
sólo only (7)
soltero(a) single (3)
solución *f.* solution (10)

Son de... They are from..., They belong to...
Son las... It's ... o'clock. (B)
sonreírse (i,i) to smile (12)
(Yo) (no) soy de... I am (not) from... (A)
(Yo) soy de origen... I am of ... origin. (A)
su his, her, your, their (5)
subir to go up, climb, rise (4)
   subir de peso to gain weight (12)
sucio(a) dirty (5)
sudar to sweat (10)
suéter *m.* sweater
suficiente sufficient, enough
sufrir to suffer (11)
sugerir (ie,i) to suggest (12)
¡Super! Super!
superficie *f.* area (14)
sur *m.* south (B)

T

taco (de carne) *m.* (beef) taco (C)
tal vez perhaps (8)
también also, too (A)
tampoco neither
tan so
   tan(to)... como... as much ... as...
tapa *f.* Spanish snack (C)
taquería *f.* taco stand (C)
taquilla *f.* booth
tardarse to take a long time (7)
   tarda... minutos it takes ... minutes (B)
tarde late (5)
tarde *f.* afternoon
   por la tarde in the afternoon (C)
tarea *f.* homework (7)
tarjeta *f.* card (C)
   tarjeta de abono transportes commuter pass
   tarjeta de crédito credit card (4)
   tarjeta de cumpleaños birthday card (C)
   tarjeta del Día de las Madres Mothers' Day card (C)
taxi *m.* taxi
taza *f.* cup (6)
té (helado) *m.* (iced) tea (C)

teatral theatrical (2)
teatro *m.* theater (A)
teléfono *m.* telephone (4)
televisor *m.* television set (A)
   televisor a colores color television set
temperatura *f.* temperature (1)
   La temperatura está en... grados (bajo cero). It's ... degrees (below zero). (1)
temprano early (5)
tenedor *m.* fork (6)
tener to have (A)
   tener... años to be ... years old (A)
   tener dolor de... to have a ...ache (10)
   tener ganas de... to feel like...
   tener hambre to be hungry
   tener miedo to be afraid (15)
   tener que to be obligated, was compelled to (15)
   tener razón to be right (10)
   tener sed to be thirsty
   tener suerte to be lucky (10)
Tenga la bondad de responder tan pronto como sea posible. Please be kind enough to respond as soon as possible. (8)
tenis *m.* tennis
tercer(o/a) third (4)
terraza *f.* terrace, porch (6)
territorio *m.* territory (14)
tía *f.* aunt (A)
tiempo *m.* time, weather
   a tiempo on time (5)
   buen (mal) tiempo good (bad) weather (1)
   ¿Cuánto tiempo hace? How long ago? (12)
   ¿Cuánto tiempo hace que te sientes así? How long have you felt this way? (11)
tienda *f.* store
   tienda de campaña tent (9)
   tienda de deportes sporting goods store
   tienda de discos record shop
   tienda de ropa clothing store
tiene he / she / it has
   ¿Tiene Ud...? Do you have...? (C)
   ¿Tiene Ud. cambio de... pesetas? Do you have change for ... pesetas? (C)

¿Tiene Ud. la cuenta para...? Do you have the bill for...? (4)

¿Cuántos años tienes? How old are you? (A)

tierra *f.* land (14)

tímido(a) timid (3)

tío *m.* uncle (A)

tirarse to dive, throw oneself (10)

toalla *f.* towel (5)

tobillo *m.* ankle (10)

tocar to touch, play (instrument) (A)

todo(a) all
  en todo caso in any event (5)
  Es todo. That's all. (C)
  todos los días every day (C)
  de todos modos at any rate (11)

tomar to take (B)
  tomar el sol to sunbathe (9)
  tomar la temperatura to take a temperature (11)

tomate *m.* tomato (C)

tonificar to tone up (10)

tono muscular *m.* muscle tone (12)

tonto(a) silly, stupid, foolish

torcerse to twist (a body part) (10)

tormenta *f.* storm (1)

torpe clumsy (10)

tortilla *f.* cornmeal pancake (Mexico)
  tortilla de patatas Spanish omelette (C)

tos *f.* cough (11)

toser to cough (11)

pan tostado *m.* toast

tostador *m.* toaster (6)

trabajador(a) *m.(f.)* worker, hard-working (3)

trabajar to work (A)

tradicional traditional (A)

traer to bring (8)

traígame... bring me... (C)

tratar de to try to (12)

tren *m.* train (B)

tres three (C)

trescientos(as) three hundred

triste sad (2)

trompeta *f.* trumpet (A)

trotar to jog (10)

Truena. There's thunder. (1)

tu your (1)

tú you (familiar) (A)

turista *m.* or *f.* tourist

¿Tuviste algún accidente? Did you have an accident? (10)

U

un(a) *m.(f.)* a, an (A)
  Un(a)..., por favor. One ..., please. (C)

La Unión Soviética the Soviet Union (13)

universidad *f.* university (B)

uno one (C)

unos(as) some (C)

Uruguay Uruguay (13)

uruguayo(a) Uruguayan

usted/Ud. you (formal) (A)

usualmente usually

útil useful (4)

uva *f.* grape (C)

V

va a haber there is going to be (8)

vacaciones *f.* vacation (9)

vacío(a) vacant, empty (6)

valiente brave (3)

¡Vamos! Let's go! (C)
  Vamos a... Let's go ...
  Vamos a ver. Let's see. (4)
  nos vamos we're leaving (7)

variado(a) varied (2)

varios(as) various, several

vaso *m.* glass (6)

a veces sometimes (B)

vecino(a) *m.(f.)* neighbor (3)

vegetal *m.* vegetable (12)

veinte twenty

nos vemos we'll see each other (7)

vendedor(a) *m.(f.)* salesman (woman)

vender to sell

venezolano(a) Venezuelan

Venezuela Venezuela

venir to come (B)

ventaja *f.* advantage (10)

ventana *f.* window (6)

ver to see (C)
  A ver. Let's see.

verano *m.* summer (1)

¿De veras? Really? (12)

¿verdad? right?

verdaderamente truly (10)

verde green (2)

No te ves muy bien. You don't look very well. (10)

vestido *m.* dress

vestirse (i,i) to get dressed (7)

vez *f.* time, instance
  una vez once
  una vez al año once a year
  de vez en cuando from time to time (B)

viajar to travel (A)

viaje *m.* trip
  agencia de viajes *f.* travel agency

vida *f.* life

vídeo *m.* videocassette, VCR (A)

viejo(a) old (2)

viento *m.* wind (1)

viernes *m.* Friday (B)

violeta violet (2)

violín *m.* violin (A)

virus *m.* virus (11)

visitar to visit (5)

vista nocturna *f.* night vision (12)

vitamina *f.* vitamin (12)

vivir to live
  (Yo) vivo en... I live in... (A)

volcán *m.* volcano (13)

vólibol *m.* volleyball

volver (ue) to return (1)

vosotros(as) *m.(f.)* you (familiar plural)

voy I go (A)
  yo voy a hacerlo I'm going to do it (7)

W

WC *m.* toilet (4)

Y

y and (A)

ya already (7)
  ya en casa once home (7)
  ¡Ya es hora! It's about time! (7)

yo I (A)

yogur *m.* yogurt

Z

zanahoria *f.* carrot (C)

zapatería *f.* shoe store

zapato *m.* shoe
  zapato de tacón high-heeled shoe
  zapato de tenis tennis shoe

Glossary

English-Spanish

The numbers in parentheses refer to the chapter in which the word or phrase may be found. Entries without chapter numbers were presented in Book 1.

A

a / an **un(a)** *m.(f.)* (A)
(to) be able to **poder** (13, 15)
about **como a** (7)
   at about **a eso de** (7)
absence **ausencia** *f.* (8)
Absolutely not! **¡No, en absoluto!**
   (9)
accident **accidente** *m.* (10)
   Did you have an accident?
   ¿Tuviste algún accidente?
   (10)
accountant **contador(a)** *m.(f.)*
(head / back / stomach)ache **dolor**
   de (cabeza / espalda / estóma-
   go) *m.* (11)
(to) achieve **alcanzar** (11)
across from **frente a, en frente de**
   (B)
action **acción** *f.*
active **activo(a)** (3)
additional **adicional** (12)
(to) admit **admitir** (12)
(to) adore **adorar** (3)
advantage **ventaja** *f.* (10)
(to) take advantage of **aprovechar**
   (8)
adventure movie **película de aven-**
   tura *f.*
(to) do aerobics **hacer ejercicios**
   aeróbicos (10)
(to) be afraid **tener miedo** (15)
after **después**
afternoon **tarde** *f.*
   in the afternoon **por la tarde**
   (C)
afterwards **luego**
again **de nuevo** (7)
against the wall **contra la pared**
   (6)
age **edad** *f.* (5)
...ago **hace...** (C)
air-conditioned **aire acondiciona-**
   do (6)

airplane **avión** *m.*
airport **aeropuerto** *m.* (B)
all **todo(a)**
allergy **alergia** *f.* (11)
do not allow **no permiten** (4)
almost **casi** (7)
already **ya** (7)
also **también** (A)
alteration **cambio** *m.*
always **siempre** (C)
ambitious **ambicioso(a)** (3)
American **americano(a)** (A)
   American, from the United States
   estadounidense
and **y** (A)
angry **enojado(a)**
animal **animal** *m.* (A)
ankle **tobillo** *m.* (10)
(to) announce **anunciar**
annual **anual** (11)
another thing **otra cosa**
(to) answer **contestar**
answer **respuesta** *f.* (8)
Answer me as soon as possible.
   Contéstame cuanto antes. (8)
antibiotic **antibiótico** *m.* (11)
antihistamine **antihistamínico**
   m. (11)
anxiety **ansiedad** *f.* (12)
any **cualquier**
apartment **apartamento** *m.*
   (A)
(to) apologize **disculparse**
apparently **aparentemente** (12)
it appears **parece** (3)
apple **manzana** *f.* (C)
appointment **cita** *f.*
(to) approach **acercarse** (14)
April **abril** (1)
architect **arquitecto(a)** *m.(f.)*
area **superficie** *f.* (14)
Argentina **Argentina** (13)
Argentine **argentino(a)** (A)
(to) argue **discutir**
arm **brazo** *m.* (10)

armchair **sillón** *m.* (5)
around **como a, a eso de** (7)
(to) arrange **arreglar** (6)
(to) arrive (at / from) **llegar (a / de)**
   (4)
art **arte** *m.* or *f.* (A)
article **artículo** *m.* (12)
as **como**
ash **ceniza** *f.* (14)
(to) ask (a question) **preguntar**
(to) ask for **pedir (i)** (C)
(to) fall asleep **dormirse (ue)**
   (7)
aspirin **aspirina** *f.* (11)
(to) assure **asegurar** (10)
at **a** (A)
athletic **atlético(a)** (3)
(to) attend **asistir a** (A)
August **agosto** (1)
aunt **tía** *f.* (A)
autumn **otoño** *m.* (1)
avenue **avenida** *f.* (B)
average **regular** (2)

B

baby **bebé** *m.* or *f.* (12)
back **espalda** *f.* (10)
   in back of **detrás de** (B)
backpack **mochila** *f.* (A)
bad **malo(a)** (2)
bakery **panadería** *f.*
balanced **balanceado(a)** (12)
ball **pelota** *f.*
balloon **globo** *m.*
ball-point pen **bolígrafo** *m.* (A)
banana **banana** *f.* (C), **plá-**
   tano *m.* (14)
bank **banco** *m.* (B)
(to) bargain **regatear**
baseball **béisbol** *m.*
basketball **básquetbol** *m.*
bath **baño** *m.* (4)
(to) bathe oneself **bañarse** (7)
bathroom **sala de baño** *f.* (4)

(to) be **estar** (A), **ser** (A)
  (to) be in a bad mood **estar de mal humor** (1)
  (to) be … years old **tener… años** (A)
beach **playa** *f.*
bean **grano** *m.* (14)
  beans **frijoles** *m.* (C)
beard **barba** *f.* (3)
beautiful **hermoso(a)**
because **porque**
(to) become **convertirse en** (14)
bed **cama** *f.* (A)
  (double / single) bed **cama (matrimonial / sencilla)** (4)
bedroom **dormitorio** *m.* (6)
beef **carne de res, carne** *f.* (C)
(to) begin **comenzar (ie)** (7)
in / at the beginning **al principio** (13)
behind **detrás de** (B)
(to) believe **creer** (13)
Belize **Belice** (13)
It belongs to… **Es de…**
  They belong to… **Son de…**
belt **cinturón** *m.*
(to) benefit **beneficiarse** (5)
beside **al lado de** (B)
besides **además**
better **mejor**
between … and … **entre… y…** (B)
bicycle **bicicleta** *f.* (A)
bidet **bidé** *m.* (4)
big **grande** (A)
bill **cuenta** *f.* (4)
  Can you make up the bill?
  ¿Puede Ud. arreglar la cuenta? (4)
  Do you have the bill for…?
  ¿Tiene Ud. la cuenta para…? (4)
biology **biología** *f.*
bird **pájaro** *m.*
birthday **cumpleaños** *m.* (C)
  birthday card **tarjeta de cumpleaños** *f.* (C)
biscuit **galleta** *f.*
black **negro(a)** (2)
blond(e) **rubio(a)** (3)
blouse **blusa** *f.*
blue **azul** (2)
body part **parte del cuerpo** *f.* (11)
Bolivia **Bolivia**
Bolivian **boliviano(a)**
bone **hueso** *m.* (12)

book **libro** *m.* (A)
bookshelf **estante** *m.* (5)
bookstore **librería** *f.* (B)
boot **bota** *f.*
booth **taquilla** *f.*
border **frontera** *f.* (11)
bored, boring **aburrido(a)** (2)
(He / She) was born… **(Él / Ella) nació…** (1)
both **los(las) dos** (7)
a bottle of **una botella de** (C)
boutique **boutique** *f.*
boyfriend **novio** *m.* (3)
brave **valiente** (3)
Brazil **Brasil** (13)
bread **pan** *m.* (C)
(to) break (a body part) **romper(se)** (10)
breakfast **desayuno** *m.* (4)
briefcase **portafolio** *m.* (A)
(to) bring **traer** (8)
bring me… **traígame…** (C)
brother **hermano** *m.* (A)
brown **pardo(a)** (2)
  brown, dark **café** (2)
  medium-brown hair **castaño(a)** (3)
brunet(te) **moreno(a)**
(to) brush (one's hair / teeth) **cepillarse (el pelo / los dientes)** (7)
building **edificio** *m.*
a bunch of **un atado de** (C)
bus **autobús** *m.* (B)
  bus terminal **estación de autobuses** *f.*
business **negocio** *m.*
businessman(woman) **hombre (mujer) de negocios** *m.(f.)*
but **pero**
butcher shop **carnicería** *f.*
butter **mantequilla** *f.*
(to) buy **comprar** (A)

C

café **café** *m.* (2)
calcium **calcio** *m.* (12)
calculator **calculadora** *f.* (A)
Calm down! **¡Cálmate!** (9)
calorie **caloría** *f.* (12)
camera **cámara** *f.*
(to) camp **acampar** (9)
camper **coche-caravana** *m.* (9)
campground **área de acampar** *f.* (9)

a can of **una lata de** (C)
Canada **Canadá** (13)
Canadian **canadiense**
candy **dulce** *m.* (5)
canyon **cañón** *m.* (14)
capacity **capacidad** *f.* (10)
capital city **capital** *f.* (13)
car **coche** *m.* (A)
card **tarjeta** *f.* (C)
cardiovascular system **sistema cardiovascular** (10)
(to) care for **cuidar** (11)
  (to) take care of **ocuparse de** (7)
  Take care of yourself. **Cuídese. (Cuídate.)** (A)
Careful! **¡Cuidado!** (3)
carpet **alfombra** *f.* (A)
carrot **zanahoria** *f.* (C)
(to) carry **llevar** (A)
  (to) carry out **llevar a cabo** (12)
in cash **en efectivo** (4)
cat **gato** *m.*
category **categoría** *f.* (4)
cathedral **catedral** *f.* (B)
cause **causa** *f.* (12)
(to) celebrate **celebrar**
center **centro** *m.* (A)
cereal **cereal** *m.* (12)
chair **silla** *f.* (A)
  armchair **sillón** *m.* (5)
(to) change **cambiar**
change **cambio** *m.*
  Do you have change for … pesetas? **¿Tiene Ud. cambio de… pesetas?** (C)
(to) take charge of **encargarse de** (7)
(to) chat **charlar** (7)
cheap **barato(a)**
(to) check **revisar** (6)
cheese **queso** *m.* (C)
cheeseburger **hamburguesa con queso** *f.* (C)
chemistry **química** *f.*
chest **pecho** *m.* (10)
chicken **pollo** *m.* (C)
childish **infantil** (2)
Chile **Chile**
Chilean **chileno(a)**
chills **escalofríos** *m.* (11)
China **China** (13)
Chinese **chino(a)** (A)
chocolate **chocolate** *m.* (C)

church **iglesia** *f.* (B)
city **ciudad** *f.* (A)
classic(al) **clásico(a)** (2)
classification system **sistema de clasificación** (4)
(to) classify **clasificar** (4)
(to) clear the table **quitar la mesa** (7)
It's a clear day. **Está despejado.** (1)
(to) climb **subir**
clock radio **radio despertador** *m.* (A)
closet **clóset** *m.* (5)
clothing **ropa** *f.* (5)
   clothing store **tienda de ropa** *f.*
cloud **nube** *f.* (1)
cloudy **despejado, nublado** (1)
   It's a cloudy day. **Está nublado.** (1)
club **club** *m.*
clumsy **torpe** (10)
coast **costa** *f.* (9)
coat **abrigo** *m.*
coffee (with milk) **café (con leche)** *m.* (C)
a cold **catarro** *m.* (11)
cold **frío(a)** (1)
Colombia **Colombia**
Colombian **colombiano(a)**
color **color** *m.*
   What color is ...? **¿De qué color es...?** (2)
(to) comb **peinarse** (7)
(to) come **venir** (B)
comedy movie **película cómica** *f.*
comfort **confort** *m.* (4)
comfortable **cómodo(a), confortable** (4)
comical **cómico(a)** (3)
(to) comment **comentar**
commuter pass **tarjeta de abono transportes** *m.*
compact disk **disco compacto** *m.*
company **compañía** *f.*
comparison **comparación** *f.*
complete **completo(a)** (2)
computer **computadora** *f.* (A)
concert **concierto** *m.* (A)
consecutive **consecutivo(a)** (10)
constantly **constantemente** (11)

content **contento(a)** (13)
contest **concurso** *m.*
(to) continue **continuar, seguir (i, i)** (B)
continuous **continuo(a)** (10)
convenient **conveniente** (7)
(to) cook **cocinar** (6)
cookie **galleta** *f.*
cool **fresco(a)** (1)
corn **maíz** *m.* (C)
on the corner of ... and ... **en la esquina de... y...** (B)
cornmeal pancake (Mexico) **tortilla** *f.*
corridor **corredor** *m.* (4)
(to) cost **costar (ue)** (9)
Costa Rica **Costa Rica** (13)
Costa Rican **costarricense**
costly **costoso(a)** (13)
(it) costs **cuesta** (C)
cotton **algodón** *m.* (14)
couch **sofá** *m.* (6)
cough **tos** *f.* (11)
   cough syrup **jarabe** *m.* (11)
(to) cough **toser** (11)
(he / she / it) could **pudo** (2)
I'm counting on you **cuento contigo** (8)
country **país** *m.* (A)
countryside **paisaje** *m.* (13)
cousin **primo(a)** *m.(f.)* (A)
cream **crema** *f.*
credit card **tarjeta de crédito** *f.* (4)
croissant **croissant** *m.*
(to) cross **cruzar** (B)
Cuba **Cuba**
Cuban **cubano(a)**
cucumber **pepino** *m.* (C)
(to) cultivate **cultivar** (14)
cup **taza** *f.* (6)
curtain **cortina** *f.* (6)
caramel custard **flan** *m.*
customarily **de costumbre** (C)
(to) cut (oneself) **cortar(se)** (10)

D

dairy **lácteo** (12)
   dairy product **producto lácteo** *m.* (12)
dance **baile** *m.*
   popular dance **baile popular**
(to) dance **bailar** (A)
dark-haired **moreno(a)**

date **fecha** *f.*, (appointment) **cita** *f.*
   What is the date? **¿A cuántos estamos?** (1)
   What is the date today? **¿Qué fecha es hoy?, ¿Cuál es la fecha de hoy?** (1)
daughter **hija** *f.* (A)
day **día** *m.* (B)
   What day is today? **¿Qué día es hoy?**
dead **muerto(a)** (A)
dear **querido(a)** (5)
December **diciembre** (1)
degree **grado** *m.* (1)
   It's ... degrees (below zero). **La temperatura está en... grados (bajo cero).** (1)
delicious **delicioso(a)** (2)
   very delicious **riquísimo**
   What delicious food! **¡Qué comida más rica!**
Delighted. **Encantado(a).** (A)
(to) demand **demandar** (10)
dentist **dentista** *m. or f.*
(to) depend on **depender de** (1)
(to) describe **describir**
   Describe ... for me. **Descríbeme...**
   describes to him, her, you **le describe** (3)
desk **escritorio** *m.* (A)
(to) develop **desarrollar** (12)
(to) devote oneself to **dedicarse** (9)
difficulty **dificultad** *f.* (12)
digestion **digestión** *f.* (12)
dining room **comedor** *m.* (6)
in which direction? **¿en qué dirección?**
directly **directamente** (7)
dirty **sucio(a)** (5)
disagreeable **antipático(a)**
discotheque **discoteca** *f.* (B)
discreet **discreto(a)** (3)
dish **plato** *m.* (6)
dishonest **deshonesto(a)** (3)
(to) dive **tirarse** (10), **clavarse** (Mexico) (13)
diver **clavadista** *m. or f.* (13)
(to) divide **dividir** (13)
divorced **divorciado(a)** (A)
(to) do **hacer**
   I'm going to do it **yo voy a hacerlo** (7)
   We always do it! **¡Siempre lo hacemos!** (8)

doctor **doctor(a)** *m.(f.)*, **médico(a)** *m.(f.)*
dog **perro** *m.*
Dominican **dominicano(a)**
the Dominican Republic **la República Dominicana**
dose **dosis** *f.* (10)
doubt **duda** *f.* (12)
(to) go down **bajar**
downtown **centro** *m.* (A)
a dozen **una docena de** (C)
drawer **cajón** *m.* (5)
dress **vestido** *m.*
(to) get dressed **vestirse (i,i)** (7)
dresser **cómoda** *f.* (A)
drink **bebida** *f.*
(to) drive **conducir** (13)
It's drizzling. **Llovizna.** (1)
drugstore **farmacia** *f.* (B)
dry **seco(a)** (12)
during **durante** (5), **por** (4)

E

each **cada** (10)
ear **oreja** *f.* (10)
early **temprano** (5)
(to) earn **ganar**
east **este** *m.* (B)
(to) eat **comer** (C)
   (to) eat breakfast **desayunarse** (7)
   (to) eat supper **cenar**
economical **económico(a)** (2)
Ecuador **Ecuador** (13)
Ecuadorian **ecuatoriano(a)**
efficient **eficiente** (10)
eight hundred **ochocientos(as)**
eighth **octavo(a)** (4)
eighty **ochenta**
El Salvador **El Salvador** (13)
elbow **codo** *m.* (10)
elegant **elegante** (2)
elevator **ascensor** *m.* (4)
employee **empleado(a)** *m.(f.)* (4)
empty **vacío(a)** (6)
enchilada **enchilada** *f.* (C)
at the end of **al final de** (B), **al fondo de** (4)
energy **energía** *f.* (12)
engineer **ingeniero(a)** *m.(f.)*
England **Inglaterra**
English **inglés(esa)** (A)
(to) enjoy **disfrutar de** (8)

enjoyable **divertido(a)** (2)
enough **bastante, suficiente** (B)
entrance ticket **entrada** *f.*
envelope **sobre** *m.* (C)
I'm envious! **¡Qué envidia!** (12)
epidemic **epidemia** *f.* (11)
equality **igualdad** *f.*
eraser **borrador** *m.* (A)
errand **mandado** *m.* (C)
   (to) do an errand **hacer un mandado** (C)
(to) establish **establecer**
in any event **en todo caso** (5)
every **cada** (10)
   every day **todos los días** (C)
exactly **exactamente** (12), **exacto** (8)
(to) exaggerate **exagerar** (7)
example **ejemplo** *m.* (7)
exchange program **programa de intercambio** *m.* (5)
Don't get excited! **¡No te excites!** (9)
Excuse me. **Perdón.** (C)
(to) do exercises **hacer gimnasia** (10)
exit **salida** *f.* (5)
expensive **caro(a)** (2)
expert **experto(a)** (10)
(to) express **expresar**
expression **expresión** *f.*
eye **ojo** *m.* (3)
eyedrops **gotas para los ojos** *f.* (11)

F

face **cara** *f.* (10)
(to) facilitate **facilitar** (12)
facing **frente a, en frente de** (B)
fair **feria** *f.*
fall **otoño** *m.* (1)
(to) fall **caerse** (10)
family **familia** *f.* (A)
famous **famoso(a)**
far from **lejos de** (B)
fat **gordo(a)** *adj.*
fat **grasa** *f.* (12)
father **padre** *m.* (A)
Father's Day **el Día de los Padres** (C)
fault **culpa** *f.* (7)
favorite **favorito(a)**
fear **miedo** *m.* (15)
February **febrero** (1)

(to) feel good (bad) **sentirse (ie,i) bien (mal)** (10)
   Do you feel well (bad)? **¿Te sientes bien (mal)?** (10)
(to) feel like... **tener ganas de...**
ferocious **feroz** (13)
festival (religious) honoring a town's patron saint **Fiesta del pueblo**
fever **fiebre** *f.* (11)
few **poco(a)**
fiance(é) **novio(a)** *m.(f.)* (3)
fiber **fibra** *f.* (12)
fifteenth birthday party **quinceañera** *f.* (8)
fifth **quinto(a)** (4)
fifty **cincuenta**
finally **finalmente, por fin** (13)
(to) find **encontrar (ue)**
fine **bien** (A)
finger **dedo (de la mano)** *m.* (10)
fireworks **fuegos artificiales** *m.*
first **primer(o/a)** (4)
   in the first place **en primer lugar** (7)
fish **pescado** *m.*
five hundred **quinientos(as)**
(to) fix **arreglar** (6)
flavor **sabor** *m.* (14)
(to) float **flotar** (10)
floor **planta** *f.* (A), **piso** *m.* (4)
   (on the first) floor **(en el primer) piso** (4)
   floor plan **plan** *m.* (6)
   ground floor **planta baja** (4)
flour **harina** *f.*
flower shop **florería** *f.*
flu **gripe** *f.* (11)
flute **flauta** *f.* (A)
fog **neblina** *f.*, **niebla** *f.* (1)
It's foggy. **Hay niebla.** (1)
folk dance **baile folklórico** *m.*
(to) follow **seguir (i, i)** (B)
the following **lo siguiente** (4)
food **alimento** *m.*, **comida** *f.*
foolish **tonto(a)**
foot **pie** *m.* (B)
   on foot **a pie** (B)
football **fútbol americano** *m.*
for **por** (4), **para** (B)
   for ... hours **por... horas** (5)
forecast **pronóstico** *m.* (1)
forehead **frente** *f.* (10)
forest **bosque** *m.* (14)
fork **tenedor** *m.* (6)

(to) form **formar** (12)

formal **formal** (2)

fortunately **afortunadamente** (7)

forty **cuarenta**

found out **saber** (preterite) (15)

fountain pen **pluma** *f.*

four hundred **cuatrocientos(as)**

fourth **cuarto(a)** (4)

France **Francia**

French **francés(esa)** (A)

frequently **con frecuencia** (10), **frecuentemente** (B)

Friday **viernes** *m.* (B)

friend **amigo(a)** *m.(f.)* (A)

friendly **amable** (5)

is from… **Es de…**

in front of **delante de** (B)

frozen **congelado(a)**

fruit **fruta** *f.* (12)

fruit salad **ensalada de frutas** *f.*

full **lleno(a)**

(to) function **funcionar** (2)

funny **cómico(a)** (3)

furious **furioso(a)** (13)

(fully) furnished **(completamente) amueblado** (6)

future **futuro** *m.*

G

(to) gain weight **subir de peso** (12)

(two-car) garage **garaje (para dos coches)** *m.* (6)

garden **jardín** *m.* (6)

in general **por lo general** (C)

generous **generoso(a)** (3)

geography **geografía** *f.* (13)

German **alemán(ana)** (A)

Germany **Alemania**

(to) get out something **sacar**

(to) get together **reunirse** (7)

(to) get up **levantarse** (7)

girlfriend **novia** *f.* (3)

(to) give **dar** (11)

(drinking) glass **vaso** *m.* (6)

globe **globo** *m.*

(to) go **ir** (A)

I go **voy** (A)

(to) go along **andar**

(to) go away **irse** (7)

(to) go to bed **acostarse (ue)** (7)

(to) go down **bajar**

(to) go up **subir** (4)

(to) give a going-away party **darles la despedida** (8)

(to) be going to… **ir a…**

golf **golf** *m.* (9)

good **bueno(a)** (2)

Good afternoon. **Buenas tardes.**

Good evening. **Buenas noches.**

Good grief! **¡Qué cosa!** (7)

Good heavens! **¡Ave María!** (7)

Good morning. **Buenos días.** (A)

Good night. **Buenas noches.**

good-bye **adiós, chao** (A)

(to) say good-bye **darles la despedida** (8)

(to) say good-bye to **despedirse (i, i) de** (5)

government **gobierno** *m.* (13)

(50) grams of **(50) gramos de** (C)

grandaughter **nieta** *f.* (3)

grandfather **abuelo** *m.* (A)

grandmother **abuela** *f.* (A)

grandson **nieto** *m.* (3)

grape **uva** *f.* (C)

grave **grave** *adj.* (10)

gray **gris** (2)

Great! **¡Qué bueno(a)!**

Great Britain **Gran Bretaña** (13)

green **verde** (2)

(to) greet **saludar**

greeting **saludo** *m.*

grenadine **granadina** *f.*

grievous **grave** (10)

ground floor **planta baja** (4)

group **grupo** *m.*

guacamole **ensalada de guacamole** *f.* (C)

Guatemala **Guatemala** (13)

Guatemalan **guatemalteco(a)**

guitar **guitarra** *f.* (A)

gym(nasium) **gimnasio** *m.* (10)

H

hair **pelo** *m.* (3)

half **medio(a)**

hallway **corredor** *m.* (4)

ham **jamón** *m.* (C)

hamburger **hamburguesa** *f.* (C)

hand **mano** *f.* (10)

handsome **guapo(a)**

What happened to you? **¿Qué te pasó?** (10)

happy **alegre** (2)

hard-working **trabajador(a)** (3)

(to) harvest **cosechar** (14)

(he / she / it) has **tiene**

it has been… **hace…** (C)

(to) hate **odiar** (8)

(to) have **tener** (A)

(to) have a …ache **tener dolor de…** (10)

(to) have a good time **divertirse (ie,i)** (7)

(to) have just… **acabar de…**

Do you have…? **¿Tiene Ud…?** (C)

We have a good time. **Lo pasamos bien.** (9)

hay fever **fiebre del heno** (11)

hazel (eyes) **castaño(a)** (3)

he **él**

head **cabeza** *f.* (10)

health **salud** *f.* (12)

(to) hear **oír** (13)

heart **corazón** *m.* (5)

heart rate **ritmo cardíaco** *m.* (12)

with all my heart **con todo el corazón** (5)

heat **calor** *m.* (1)

heavy **pesado(a)** (2)

Hello. **Hola.** (A)

Hello! (answering the phone) **¡Bueno!, ¡Diga / Dígame!**

her **su** (5)

here **aquí**

Here you have… **Aquí tiene…** (C)

high school **escuela secundaria**

high-heeled shoe **zapato de tacón**

(to) take a hike **dar una caminata** (9)

his **su** (5)

Hispanic **hispano(a)**

historical **histórico(a)** (2)

history **historia** *f.* (A)

homework **tarea** *f.* (7)

Honduran **hondureño(a)**

Honduras **Honduras** (13)

honest **honesto(a)** (3)

(to) hope **esperar** (5)

I hope it's not… **Espero que no sea…** (8)

I hope that you can visit **espero que Uds. puedan visitar** (5)

horoscope **horóscopo** *m.* (2)

horrible **horrible**

horror movie **película de horror**

horseback riding **equitación** *f.* (9)

(to) go horseback riding **hacer la equitación** (9)

hospital **hospital** *m.* (B)

hospitality **hospitalidad** *f.* (5)

hot **caliente** (7)

It's hot out. **Hace calor.** (1)

hot, spicy sauce **salsa picante** *f.* (C)

hotel **hotel** *m.* (B)

hour **hora** *f.* (B)

half hour **media hora** (5)

house **casa** *f.* (A)

how **como**

how? **¿cómo?**

How…! **¡Qué…!**

How are you? **¿Cómo está(s)?, ¿Qué tal?** (A)

How awful! **¡Qué horrible!**

How can I help you? **¿En qué puedo servirle(s)?**

How do you feel? **¿Cómo te sientes?** (10)

How do you say …? **¿Cómo se dice…?** (6)

How is it / are they? **¿Cómo es / son?**

How long ago? **¿Cuánto tiempo hace?** (12)

How long have you felt this way? **¿Cuánto tiempo hace que te sientes así?** (11)

how much / many? **¿cuánto(a)?**

How many are there? **¿Cuántos hay?**

How much does it cost? **¿Cuánto cuesta?** (C)

How old are you? **¿Cuántos años tienes?** (A)

hug **abrazo** *m.* (5)

(to) be hungry **tener hambre**

(to) hurry **darse prisa** (7)

Hurry up! **¡Dense prisa!** (7)

(to) hurt **doler (ue)** (11)

(to) hurt oneself **lastimarse** (10)

Did you hurt yourself? **¿Te lastimaste?** (10)

My … hurt(s). **Me duele(n)…** (11)

husband **esposo** *m.*

I

I **yo** (A)

I am (not) from… **(Yo) (no) soy de…** (A)

I am of … origin. **(Yo) soy de origen…** (A)

I am … tall. **Mido…** (12)

ice **hielo** *m.* (1)

ice cream **helado** *m.*

It's icy. **Hay.** (1)

idealist(ic) **idealista** (3)

if **si**

impatient **impaciente** (3)

impossible **imposible**

(to) improve **mejorar** (12)

in **en** (A)

In (the month of)… **En (el mes de)…** (1)

included **incluido(a)** (4)

incredible **increíble** (6)

Independence Day **el Día de la Independencia**

independent **independiente** (3)

indication **indicación** *f.* (12)

indiscreet **indiscreto(a)** (3)

infantile **infantil** (2)

infection **infección** *f.* (11)

instance **vez** *f.*

intellectual **intelectual** (3)

intelligent **inteligente**

interesting **interesante** (2)

(to) introduce **presentar** (12)

I want to introduce you to… **Quiero presentarle(te) a…** (A)

I would like to introduce you to… **Quisiera presentarle(te) a…** (A)

introduction **presentación** *f.*

invitation **invitación** *f.*

iron **hierro** *m.* (12)

is **es**

Italian **italiano(a)** (A)

Italy **Italia**

J

jacket **chaqueta** *f.*

jam **mermelada** *f.*

January **enero** (1)

Japan **Japón** (13)

Japanese **japonés(esa)** (A)

jazz **jazz** *m.* (A)

jelly **mermelada** *f.*

(to) jog **trotar** (10)

joint **coyuntura** *f.* (10)

journalist **periodista** *m.* or *f.*

juice **jugo** *m.*

July **julio** (1)

June **junio** (1)

(to) have just … **acabar de…**

K

key **llave** *f.* (A)

a kilo(gram) of **un kilo de** (C)

half a kilo(gram) of **medio kilo de** (C)

kilometer **kilómetro** *m.*

kiss **beso** *m.*

kitchen **cocina** *f.* (6)

knee **rodilla** *f.* (10)

knife **cuchillo** *m.* (6)

(to) know (a fact) **saber** (1), (a person, place) **conocer** (3)

L

lack **falta** *f.* (12)

lamp **lámpara** *f.* (4)

land **tierra** *f.* (14)

landscape **paisaje** *m.* (13)

language **lengua** *f.* (A)

large **grande** (A)

(to) last **durar** (7)

last (Monday / week) **(el lunes / la semana) pasado(a)** (C)

last night **anoche** (C)

late **tarde** (5)

later **luego**

Latin **latín** *m.* (7)

(to) laugh **reírse (i,i)** (10)

lawyer **abogado(a)** *m.(f.)*

lazy **perezoso(a)** (3)

(to) learn **aprender** (A)

at least **al menos** (4), **por lo menos** (1)

at least in part **en parte al menos** (12)

leather **cuero** *m.*

(to) leave **irse** (7)

(to) leave (with / from / for) **salir (con / de / para)** (4)

we're leaving **nos vamos** (7)

left **izquierda** (B)

to the left **a la izquierda** (B)

leg **pierna** *f.* (10)

lemon **limón** *m.* (C)

lemonade **limonada** *f.* (C)

less **menos**

less … than **menos… que…**

Let's be reasonable. **Hay que ser razonables.** (1)

Let's go! **¡Vamos!** (C)
  Let's go … **Vamos a…**
Let's see. **Vamos a ver.** (4), **A ver.**
lettuce **lechuga** *f.* (C)
library **biblioteca** *f.* (B)
life **vida** *f.*
(to) lift weights **levantar pesas** (10)
light **ligero(a)** (2)
like **como**
(to) like **gustar** (A)
  (I) (don't) like … (very much).
  (No) (Me) gusta(n) (mucho)…
  (A)
line **línea** *f.*
lipids **lípidos** *m.* (12)
(to) listen (to) **escuchar**
a liter of **un litro de** (C)
literature **literatura** *f.* (A)
a little **poco(a)**
(to) live **vivir**
  live in… **(Yo) vivo en…** (A)
living room **sala de estar** *f.* (6)
located **situado(a)** (B)
location **lugar** *m.*
(to) lock oneself in **encerrarse (ie)**
  (7)
long **largo(a)** (2)
(to) look at **mirar**
  (to) look at oneself **mirarse** (7)
  Look! **¡Mira!**
  You don't look very well. **No te**
  ves muy bien. (10)
(to) look for **buscar** (4)
(to) look over **revisar** (6)
(to) lose **perder (ie)**
(to) lose weight **bajar de peso**
  (10)
a lot **mucho(a)**
  a lot of times **muchas veces** (10)
(to) lower **bajar**
(to) be lucky **tener suerte** (10)
lung **pulmón** *m.* (10)
luxury **lujo** *m.* (4)

M

ma'am **señora** *f.* (A)
machine **máquina** *f.*
mad **enojado(a)**
Magnificent! **¡Magnífico!** (9)
majority **mayoría** *f.* (12)
(to) make **hacer**
  I'm going to make… for you. **les**
  voy a preparar… (7)
  (to) make the bed **hacer la**
  cama

man **hombre** *m.*
manner **manera** *f.* (10)
subway map **plano del metro** *m.*
March **marzo** (1)
market **mercado** *m.* (C)
married **casado(a)** (A)
mathematics **matemáticas** *f.*
  (A)
What's the matter with you? **¿Qué**
  te pasa? (10)
maximum **máximo(a)** (10)
May **mayo** (1)
mayonnaise **mayonesa** *f.*
me **mí**
meal **comida** *f.*
(to) mean **querer decir** (6)
means **medio** *m.*
  means of transportation **medio**
  de transporte
(to) measure **medir (i, i)** (12)
meat **carne** *f.* (C)
mechanic **mecánico(a)** *m.(f.)*
(to) meet **reunirse** (7)
melon **melón** *m.* (C)
square meters **m² (metros cuadra-**
  dos) (6)
Mexican **mexicano(a)** (A)
  Mexican food **comida mexi-**
  cana *f.*
Mexico **México** (13)
microbe **microbio** *m.* (11)
microwave oven **horno de**
  microondas *m.* (6)
middle **medio** *m.*
midnight **medianoche** *f.*
mile **milla** *f.*
milk **leche** *f.* (C)
(mango) milkshake **licuado (de**
  mango) *m.* (C)
million **millón** *m.*
mineral **mineral** *m.* (12)
  mineral water (without carbonation) **agua mineral (sin gas)**
  f. (C)
minute **minuto** *m.* (B)
  in … minutes **en… minutos**
  (5)
mirror **espejo** *m.* (4)
Miss **señorita** *f.* (A)
(to) miss **extrañar** (5)
  I miss you (plural). **Te (Los)**
  extraño. (5)
modern **moderno(a)** (2)
at this moment **en este momento**
Monday **lunes** *m.* (B)
money **dinero** *m.*

month **mes** *m.* (C)
moped **motocicleta** *f.* (A)
more **más**
  more … than **más… que**
morning **mañana** *f.* (B)
  in the morning **de la mañana**
  (B)
  in the morning **por la mañana**
  (C)
mother **madre** *f.* (A)
  Mother's Day **el Día de las**
  Madres *m.* (C)
  Mothers' Day card **tarjeta del**
  Día de las Madres *f.* (C)
motorcycle **motocicleta** *f.* (A)
mountain **montaña** *f.* (1)
  mountain range **cordillera** *f.*
  (13)
  (to) go mountain climbing **hacer**
  alpinismo (9)
mouth **boca** *f.* (10)
(to) move **moverse (ue)** (7)
movement **movimiento** *m.* (10)
movie **película** *f.* (A)
  movie theater **cine** *m.* (C)
Mr. **señor** *m.* (A)
Mrs. **señora** *f.* (A)
much **mucho(a)**
  as much … as… **tan(to)…**
  como…
  very much **muchísimo**
muscle **músculo** *m.* (12)
  muscle movement **movimiento**
  muscular *m.* (12)
  muscle tone **tono muscular**
  m. (12)
museum **museo** *m.* (B)
music **música** *f.*
  classical music **música clásica**
  (A)
must **deber**
mustache **bigote** *m.* (3)
my **mi** (A)

N

name **nombre** *m.* (A)
  last name **apellido** *m.* (A)
  My name is… **(Yo) me llamo…**
  (A)
  What's your name? **¿Cómo te**
  llamas? (A)
(to) be named **llamarse** (A)
(to) take a nap **dormir la siesta**
  (4)
napkin **servilleta** *f.* (6)

nationality **nacionalidad** *f.*
nature **naturaleza** *f.* (A)
near **cerca de** (B)
neck **cuello** *m.* (10)
(to) need **necesitar** (4)
neighbor **vecino(a)** *m.(f.)* (3)
neighborhood **barrio** *m.*
neither **tampoco**
nerve **nervio** *m.* (12)
nervous **nervioso(a)** (13)
never **nunca** (B)
new **nuevo(a)**
newspaper **periódico** *m.* (6)
  newspaper kiosk... **quiosco de periódicos** *m.*
next (year / week) **(el año / la semana) próximo(a)** (C)
Nicaragua **Nicaragua** (13)
Nicaraguan **nicaragüense**
nice **simpático(a)**
  Nice to meet you. **Mucho gusto.** (A)
  It's nice out. **Hace buen tiempo.** (1)
night **noche** *f.* (B)
  at night **de la noche** (B), **por la noche** (C)
  last night **anoche** (C)
  night table **mesita de noche** *f.* (4)
  night vision **vista nocturna** *f.* (12)
nightmare **pesadilla** *f.* (12)
nine hundred **novecientos(as)**
ninety **noventa**
ninth **noveno(a)** (4)
no **no**
  No way! **¡Qué va!** (10)
noon **mediodía** *m.*
normally **normalmente** (C)
north **norte** *m.* (B)
North American **norteamericano(a)**
nose **nariz** *f.* (10)
notebook **cuaderno** *m.* (A)
nothing **nada**
November **noviembre** (1)
now **ahora**
  right now **ahora mismo**
number **número** *m.*
nurse **enfermero(a)** *m.(f.)*

O

(to) be obligated **tener que** (15)

(to) obtain **sacar**
It's ... o'clock. **Son las...** (B)
  It's one o'clock. **Es la una.** (B)
October **octubre** (1)
of **de** (B)
  of course **por supuesto**
  Of course! **¡Claro!**
  Of course!! (reaffirmed) **¡Claro que sí!**
  Of course not! **¡Claro que no!** (4)
  of the **de la / del**
(to) offer **ofrecer**
often **a menudo** (10)
oil **aceite** *m.*
okay **de acuerdo** (C), **regular** (2)
  Okay. **Está bien.** (8)
  Is that okay with you? **¿Te parece bien?** (8)
old **viejo(a)** (2)
older **mayor**
olive **aceituna** *f.* (C)
Spanish omelette **tortilla de patatas** (C)
on **en** (A)
  on foot **a pie** (B)
  on time **a tiempo** (5)
once **una vez**
  at once **en seguida** (9)
  once home **ya en casa** (7)
  once a year **una vez al año**
one **uno** (C)
  One ..., please. **Un(a)..., por favor.** (C)
one hundred **cien(to)**
one-way ticket **billete sencillo**
onion **cebolla** *f.* (C)
only **sólo** (7)
only child **hijo(a) único(a)** *m.(f.)* (A)
open-air market **mercado al aire libre**
optimist(ic) **optimista** (2)
or **o**
orange (color) **anaranjado(a)** (2)
orange (fruit) **naranja** *f.* (C)
order **orden** *m.*
  (to) give an order **mandar** (11)
  in order to **para** (B)
other **otro(a)**
our **nuestro(a)**
(microwave) oven **horno (de microondas)** *m.* (6)
(to) owe **deber**
oxygen **oxígeno** *m.* (10)

P

(to) pack **empacar** (14)
  (to) pack suitcases **hacer las maletas**
a package of **un paquete de** (C)
painter **pintor(a)** *m.(f.)* (2)
painting **cuadro** *m.* (2), **pintura** *f.* (A)
pale **pálido(a)** (3)
Panama **Panamá** (13)
Panamanian **panameño(a)**
pants **pantalones** *m.*
paper **papel** *m.* (C)
  air mail stationery paper **papel de avión** (C)
  typing paper **papel para escribir a máquina** *m.*
parade **desfile** *m.*
Paraguay **Paraguay** (13)
Paraguayan **paraguayo(a)**
parents **padres** *m. (pl.)*
park **parque** *m.* (B)
parking **estacionamiento** *m.* (6)
  parking lot **playa de estacionamiento** *f.*
part **parte** *f.*
party **fiesta** *f.*
(to) pass **pasar** (9)
pasta **pasta** *f.*
pastry **pastel** *m.*
patient **paciente** (3)
(to) pay **pagar** (4)
  (to) pay attention **prestar atención** (5)
pea **guisante** *m.* (C)
peach **melocotón** *m.*
peanut **cacahuete** *m.*
pear **pera** *f.* (C)
pen, ball-point **bolígrafo** *m.*, fountain **pluma** *f.*
pencil **lápiz** *m.* (A)
  pencil sharpener **sacapuntas** *m.* (A)
pepper (spice) **pimienta** *f.*
  hot pepper **chile** *m.*
perfect **perfecto(a)** (3)
(to) perfect **perfeccionar** (5)
perhaps **tal vez** (8)
period (of time) **período** *m.* (2)
do not permit **no permiten** (4)
person **persona** *f.* (4)
Peru **Perú** (13)
Peruvian **peruano(a)**

essimist(ic) **pesimista** (2)

harmacy **farmacia** *f.* (B)

iano **piano** *m.* (A)

ick him / it up **lo recoge** (5)

ie **pastel** *m.*

piece of **un pedazo de** (C)

ill **pastilla** *f.* (11)

ink **rosado(a)** (2)

izza **pizza** *f.* (C)

lace **lugar** *m.*

igh plain **meseta** *f.* (14)

to) plan **planear**

lant **planta** *f.* (A)

late **plato** *m.* (6)

to) play **jugar (ue)** (1)

  (to) play (golf / tennis / volleyball) **jugar al (golf / tenis / vólibol)** (9)

  (to) play (instrument) **tocar** (A)

leasant **agradable** (10)

lease **por favor** (C)

  Please be kind enough to respond as soon as possible. **Tenga la bondad de responder tan pronto como sea posible.** (8)

vith pleasure **con mucho gusto**

  It would give us great pleasure... **Nos daría mucho gusto...** (8)

oetry contest **concurso de poesía** *m.*

oint **punto** *m.* (11)

olice **policía** *f.*

  police officer **policía** *m.*

  police station **estación de policía** *f.*

olitics **política** *f.* (A)

oorly **mal**

orch **terraza** *f.* (6)

ork **carne de puerco** *m.* (C)

ossession **posesión** *f.*

ost office **correo** *m.*

oster **póster** *m.* (A)

otato **papa** *f.*, **patata** (Spain) *f.* (C)

  potatoes in a spicy sauce **patatas bravas** (C)

a pound of **una libra de** (C)

ractical **práctico(a)** (2)

to) practice **practicar** (9)

to) prefer **preferir (ie, i)**

reference **preferencia** *f.*

reoccupied **preocupado(a)** (12)

(to) prepare **preparar**

  (to) prepare oneself **prepararse** (7)

  (to) prepare for oneself **servirse (i,i)** (7)

  I'm going to prepare... **les voy a preparar...** (7)

(to) present **presentar** (12)

presentation **presentación** *f.*

preserve **conserva** *f.*

pressure **presión** *f.* (10)

pretty **bonito(a)** (2)

previous **anterior** (9)

price **precio** *m.* (4)

prize **premio** *m.*

profession **profesión** *f.*

professor **profesor(a)** *m.(f.)*

protein **proteína** *f.* (12)

Puerto Rican **puertorriqueño(a)**

Puerto Rico **Puerto Rico**

purple **morado(a)** (2)

purse **bolsa** *f.*

(to) put **poner** (6)

(to) put on **ponerse** (7)

(to) put on makeup **maquillarse** (7)

Q

quality **calidad** *f.* (4)

quantity **cantidad** *f.*

quarter **cuarto** *m.* (B)

  ...quarter(s) of an hour **... cuarto(s) de hora** (5)

quesadilla **quesadilla** *f.* (C)

R

racquet **raqueta** *f.*

railroad station **estación de trenes**

(to) rain cats and dogs **llover (ue) a cántaros** (1)

raincoat **impermeable** *m.*

It's raining. **Llueve.** (1)

rarely **rara vez** (B)

at any rate **de todos modos** (11)

rather **bastante** (B)

(to) reach **alcanzar** (11)

reaction **reacción** *f.* (2)

(to) read **leer** (A)

ready **listo(a)**

  (to) get ready **prepararse** (7)

realist(ic) **realista** (3)

Really? **¿De veras?** (12)

for that very reason **por eso mismo** (14)

Let's be reasonable **Hay que ser razonables.** (1)

(to) receive **recibir**

reception desk **recepción** *f.* (4)

record **disco** *m.* (A)

  record shop **tienda de discos** *f.*

(to) recuperate **recuperar** (12)

red **rojo(a)** (2)

redheaded **pelirrojo(a)**

refrigerator **refrigerador** *m.* (6)

(to) refuse **no querer** (preterite) (15)

regular **regular** (2)

regularly **con regularidad** (10)

(to) regulate **regular** (12)

remedy **remedio** *m.* (11)

(to) renew **renovar (ue)** (12)

rent **alquiler** *m.* (6)

(to) rent **alquilar** (8)

(to) repeat **repetir (i,i)** (12)

(to) request **pedir (i)** (C)

reservation **reservación** *f.* (4)

(to) respond **contestar**

response **respuesta** *f.* (8)

(to) rest **descansar** (A)

rest rooms **servicios sanitarios** *m.* (9)

restaurant **restaurante** *m.* (B)

result **resultado** *m.* (12)

(to) return **regresar** (7), **volver (ue)** (1)

(to) review **revisar** (6)

rice **arroz** *m.*

(to) ride a horse **montar a caballo** (9)

right **derecha** (B)

  right? **¿verdad?**

  (to) be right **tener razón** (10)

  to the right **a la derecha** (B)

  right away **en seguida** (9)

  right now **ahora mismo**

(to) rise **subir**

river **río** *m.* (13)

rock music **rock** *m.* (A)

romantic **romántico(a)** (2)

room **cuarto** *m.* (A), **habitación** *f.* (4), **sala** *f.*

roundtrip ticket **billete de ida y vuelta**

rug **alfombra** *f.* (A)

(to) run **correr** (A)

Russia **Rusia**

Russian **ruso(a)** (A)

S

sad **triste** (2)
(to) sail (to sailboard) **navegar en velero (una tabla vela)** (9)
sailing **navegación a vela** *f.* (9)
salad **ensalada** *f.* (C)
  vegetable salad **ensalada de vegetales (verduras)** *f.*
sale **oferta** *f.*
  It's not on sale? **¿No está en oferta?**
salesman(woman) **vendedor(a)** *m.(f.)*
salsa (type of music) **salsa** *f.*
salt **sal** *f.*
Salvadorian **salvadoreño(a)**
same **mismo(a)** (7)
  Same here. **Igualmente.** (A)
  the same **lo mismo** (12)
sandal **sandalia** *f.*
sandwich (French bread) **bocadillo** *m.* (C)
  (ham and cheese) sandwich **sándwich (de jamón con queso)** *m.* (C)
(to) have reason to feel satisfied with oneself **darse por satisfecho** (14)
Saturday **sábado** *m.* (B)
sauce **salsa** *f.* (C)
Spanish sausage **chorizo** *m.* (C)
(to) save **ahorrar** (2)
(to) say **decir** (6)
  (to) say yes (no) **decir que sí (no)** (6)
  what ... says **lo que dice...** (4)
  What did you say? **¿Qué dijiste?** (6)
  You don't say! **¡No me digas!** (10)
schedule **horario** *m.*
school **colegio** *m.*, **escuela** *f.* (A)
science **ciencia** *f.* (A)
  science fiction movie **película de ciencia-ficción** *f.*
sculpture **escultura** *f.* (A)
sea **mar** *m.* (1)
seashore **orilla del mar** *f.* (9)
second **segundo(a)** (4)
secretary **secretario(a)** *m.(f.)*
(to) see **ver** (C)
  See you later. **Hasta luego.** (A)
  we'll see each other **nos vemos** (7)

(to) sell **vender**
sensational **sensacional** (2)
September **septiembre** (1)
sequence, series **serie** *f.*
serious **serio(a)** (2)
(to) serve oneself **servirse (i,i)** (7)
at your service **a sus órdenes**
(to) set the table **poner la mesa** (7)
seven hundred **setecientos(as)**
seventh **séptimo(a)** (4)
seventy **setenta**
several **varios(as)**
(to) get in shape **ponerse en forma** (10)
  Are you in shape? **¿Estás en forma?** (10)
(to) share **compartir**
(to) shave **afeitarse** (7)
she **ella**
sheet (of paper) **hoja (de papel)** *f.* (C)
shellfish **marisco** *m.* (9)
shirt **camisa** *f.*
shoe **zapato** *m.*
  shoe store **zapatería** *f.*
(to) shoot **fusilar** (14)
(to) go shopping **ir de compras** (A)
  shopping cart **carrito** *m.*
  shopping center **centro comercial**
short (height) **bajo(a)**
short (length) **corto(a)** (3)
should **deber**
shoulder **hombro** *m.* (10)
show **espectáculo** *m.* (13)
(to) show a movie **dar una película** (8)
shower **ducha** *f.* (4)
  (to) take a shower **ducharse** (7)
shows it **lo muestra** (5)
sick **enfermo(a)**
side **lado** *m.*
  on my father's (mother's) side **del lado de mi padre (madre)** (A)
sign, signal **señal** *f.* (12)
silly **tonto(a)**
simple **sencillo(a)** (10), **simple** (4)
since **desde (que)** (12)
  Since when? **¿Desde cuándo?** (12)
(to) sing **cantar** (A)

single **soltero(a)** (3)
sink **lavabo** *m.* (4)
sir **señor** *m.* (A)
sister **hermana** *f.* (A)
(to) sit down **sentarse (ie)** (7)
situated **situado(a)** (B)
six hundred **seiscientos(as)**
sixth **sexto(a)** (4)
sixty **sesenta**
ski **esquí** *m.*
(to) ski **esquiar** (A)
skirt **falda** *f.*
slacks **pantalones** *m.*
(to) sleep **dormir (ue,u)** (4)}
  I can't sleep. **No puedo dormir** (11)
sleepyhead **dormilón(ona)** *m.(f.* (7)
slice of bread **rebanada de pan**
slippery **resbaloso(a)** (1)
  It's a slippery day. **Está resbaloso.** (1)
slow, slowly **despacio**
small **pequeño(a)** (A)
(to) smile **sonreírse (i,i)** (12)
snack **merienda** *f.*
  Spanish snack **tapa** *f.* (C)
(to) sneeze **estornudar** (11)
(to) snore **roncar** (12)
snow **nieve** *f.* (1)
  It's snowing. **Nieva.** (1)
so **tan**
  so-so **más o menos**
soap **jabón** *m.* (5)
soccer **fútbol** *m.*
social event **evento social** *m.* (10)
sock **calcetín** *m.*
soda **soda** *f.*
sofa **sofá** *m.* (6)
soft drink **refresco** *m.*
solution **solución** *f.* (10)
some **unos(as)** (C)
someday **algún día**
something **algo**
sometimes **a veces** (B)
son **hijo** *m.* (A)
I'm sorry. **Lo siento.**
south **sur** *m.* (B)
the Soviet Union **La Unión Soviética** (13)
space **espacio** *m.* (6)
Spain **España**
Spanish **español(a)** (A)
special **especial**

spectacle **espectáculo** *m.* (13)
(to) spend time **pasar tiempo** (A)
sphere **globo** *m.*
spicy **picante** (C)
  spicy sauce **salsa picante** *f.* (C)
spoon **cuchara** *f.* (6)
sport **deporte** *m.* (A)
sporting goods store **tienda de deportes**
spring **primavera** *f.* (1)
square **plaza** *f.* (B)
  square meters **m² (metros cuadrados)** (6)
squid **calamares** *m.* (C)
stadium **estadio** *m.* (B)
star **estrella** *f.* (1)
starch **almidón** *m.* (12)
state **estado** *m.* (5)
station **estación** *f.*
stationery store **papelería** *f.*
(to) stay in bed **quedarse en cama** (C)
(to) stay in top condition **mantenerse en condiciones óptimas** (10)
stepfather **padrastro** *m.* (A)
stepmother **madrastra** *f.* (A)
stereo **estéreo** *m.* (A)
stocking **media** *f.*
stomach **estómago** *m.* (10)
without stopping **sin parar** (11)
store **tienda** *f.*
storm **tormenta** *f.* (1)
It's stormy. **Hay tormenta.** (1)
stove **estufa** *f.* (6)
strange **extraño(a)** (2)
strawberry **fresa** *f.* (C)
street **calle** *f.* (B)
strong **fuerte** (3)
student **alumno(a)** *m.(f.),* **estudiante** *m.* or *f.*
(to) study **estudiar** (A)
stupid **tonto(a)**
style **estilo** *m.* (2), **moda** *f.*
subway **metro** *m.* (B)
  subway station **estación de metro**
suddenly **de repente** (10)
(to) suffer **sufrir** (11)
sufficient **suficiente**
sugar **azúcar** *m.*
(to) suggest **sugerir (ie,i)** (12)

summer **verano** *m.* (1)
sun **sol** *m.* (1)
(to) sunbathe **tomar el sol** (9)
Sunday **domingo** *m.* (B)
It's sunny out. **Hace sol.** (1)
Super! **¡Super!**
sure **seguro(a)**
  It will be a surprise; don't say anything to them. **Será una sorpresa; no les digas nada.** (8)
survey **encuesta** *f.*
(to) sweat **sudar** (10)
sweater **suéter** *m.*
sweet **dulce** *m.* (5)
  sweet roll, any **pan dulce**
(to) swim **nadar** (A)
swimming pool **piscina** *f.*
system **sistema** *m.*

T

T-shirt **camiseta** *f.*
(beef) taco **taco (de carne)** *m.* (C)
  taco stand **taquería** *f.* (C)
(to) take **tomar** (B)
  (to) take a long time **tardarse** (7)
  takes him **lo lleva** (5)
  (it) takes … minutes **tarda… minutos** (B)
(to) talk **hablar**
tall **alto(a)**
tan **bronceado(a)** (3)
tapas restaurant **bar de tapas** *m.* (C)
tape (recording) **cinta** *f.* (A)
  tape recorder **grabadora** *f.* (A)
taste **gusto** *m.*
taxi **taxi** *m.*
(iced) tea **té (helado)** *m.* (C)
teacher **profesor(a)** *m.(f.)*
telephone **teléfono** *m.* (4)
  telephone booth **cabina de teléfono** *f.* (4)
  telephone conversation **conversación telefónica** *f.*
television set **televisor** *m.* (A)
  color television set **televisor a colores** *m.*
(to) tell **decir** (6)
  (to) tell the truth **para decir la verdad** (6)
  Tell me. **Dime.** (9)

temperature **temperatura** *f.* (1)
  (to) take a temperature **tomar la temperatura** (11)
ten-trip ticket **billete de diez viajes**
tennis **tenis** *m.*
  tennis ball **pelota de tenis**
  tennis shoe **zapato de tenis**
tent **tienda de campaña** (9)
tenth **décimo(a)** (4)
terrace **terraza** *f.* (6)
territory **territorio** *m.* (14)
thank you **gracias** (A)
  thank you very much (many thanks) for… **muchas gracias por…** (5)
  I thank you. **Les agradezco.** (5)
  thanks a million for… **mil gracias por…** (5)
Thanksgiving mass **misa de Acción de Gracias** *f.*
that **aquel(la), ese(a), que**
  Is that it? **¿Así es?** (8)
  that is to say **es decir** (7)
  that is why **por eso**
  that one **aquél(la)** *m.(f.),* **ése(a)** *m.(f.)*
  That's all. **Es todo.** (C)
the **el** *m.,* **la** *f.,* **las** *f. pl.,* **los** *m. pl.* (A)
theater **teatro** *m.* (A)
theatrical **teatral** (2)
their **su** (5)
then **entonces, pues**
there **allí**
  there is / are **hay** (B)
  there is going to be **va a haber** (8)
  over there **allá**
they **ellos(as)** *m.(f.)*
  They are from… **Son de…**
thigh **muslo** *m.* (10)
thin **delgado(a)**
thing **cosa** *f.*
(to) think **pensar (ie)**
third **tercer(o/a)** (4)
(to) be thirsty **tener sed**
this (month / afternoon) **este(a) (mes / tarde)** (C)
  This is… (introduction) **Le (Te) presento a…** (A)
  this one **éste(a)** *m.(f.)*
thousand **mil**
three **tres** (C)

three hundred **trescientos(as)**
throat **garganta** *f.* (10)
one must go through... **hay que pasar por...** (4)
(to) throw oneself **tirarse** (10)
There's thunder. **Truena.** (1)
Thursday **jueves** *m.* (B)
ticket **billete** *m.*
time **tiempo** *m.*, **vez** *f.*
   at some other time **en otra oportunidad**
   on time **a tiempo** (5)
   from time to time **de vez en cuando** (B)
   It's about time! **¡Ya es hora!** (7)
   What time...? **¿A qué hora...?** (B)
   What time is it? **¿Qué hora es?** (B)
   many times **muchas veces** (10)
timid **tímido(a)** (3)
tip **propina** *f.*
tired **cansado(a)**
to **a** (A)
   to the **al**
toast (salutation) **brindis** *m.* (8)
toast (food) **pan tostado** *m.*
toaster **tostador** *m.* (6)
today **hoy** (B)
   Today is the (day) of (month). **Hoy es el (día) de (mes).** (1)
toe **dedo del pie** *m.* (10)
together **junto(a)**
toilet **WC** *m.* (4)
tomato **tomate** *m.* (C)
tomorrow **mañana** (C)
tomorrow (morning / night) **mañana (por la mañana / noche)** (C)
(to) tone up **tonificar** (10)
tongue **lengua** *f.* (A)
too **también** (A)
   too (much) **demasiado** (1)
tooth **diente** *m.* (10)
(to) touch **tocar** (A)
tourist **turista** *m.* or *f.*
towel **toalla** *f.* (5)
town **pueblo** *m.* (9)
traditional **tradicional** (A)
train **tren** *m.* (B)
(to) travel **viajar** (A)
   travel agency **agencia de viajes** *f.*
traveler's check **cheque de viajero** *m.* (4)

trip **viaje** *m.*
   (to) take a trip **hacer un viaje**
truly **verdaderamente** (10)
trumpet **trompeta** *f.* (A)
(to) try to **tratar de** (12)
Tuesday **martes** *m.* (B)
tuna **atún** *m.*
(to) turn **doblar** (B)
(to) turn over **dar una vuelta** (2)
twenty **veinte**
(to) twist (a body part) **torcerse** (10)
two **dos** (C)
   the two **los(las) dos** (7)
two hundred **doscientos(as)**
(to) type **escribir a máquina** (C)
typewriter **máquina de escribir** *f.* (A)

U

ugly **feo(a)** (2)
uncle **tío** *m.* (A)
(to) understand **comprender**
United States **los Estados Unidos** (B)
university **universidad** *f.* (B)
unlimited **sin límite**
until **hasta**
(to) go up **subir**
Uruguay **Uruguay** (13)
Uruguayan **uruguayo(a)**
useful **útil** (4)
as usual **como de costumbre**
usually **usualmente**

V

VCR **vídeo** *m.* (A)
vacant **vacío(a)** (6)
vacation **vacaciones** *f.* (9)
varied **variado(a)** (2)
various **varios(as)**
vegetable **vegetal** *m.* (12)
Venezuela **Venezuela**
Venezuelan **venezolano(a)**
very **muy, bien** (A)
   Very well, thank you. **Muy bien, gracias.**
videocassette **vídeo** *m.* (A)
violet **violeta** (2)
violin **violín** *m.* (A)
virus **virus** *m.* (11)
(to) visit **visitar** (5)

(to) be visiting **estar de visita** (12)
vitamin **vitamina** *f.* (12)
volcano **volcán** *m.* (13)
volleyball **vólibol** *m.*

W

(to) wait **esperar** (5)
   waits for them **los espera** (7)
waiter (waitress) **camarero(a)** *m.(f.)*
(to) wake up **despertarse (ie)** (7)
walk **paseo** *m.* (A)
   (to) take a walk **dar un paseo** (A)
(to) walk **caminar**
wallet **cartera** *f.* (A)
(to) want **desear, querer(ie)** (C, 15)
warm **caliente** (7)
(to) wash **lavar** (5)
   (to) wash (one's hands, hair, brush one's teeth) **lavarse (las manos, el pelo, los dientes)** (7)
   (to) wash clothes **lavar la ropa** (7)
   (to) wash dishes **lavar los platos** (7)
washing machine **lavadora** *f.* (9)
(to) watch **mirar**
   (to) watch one's weight **guardar la línea** (12)
   Watch out! **¡Ciudado!** (3)
   (to) watch television **mirar la televisión** (A)
water **el agua** *f.*
watermelon **sandía** *f.* (C)
(to) waterski **esquiar en agua** (9)
waterskiing **esquí acuático** *m.* (9)
way **manera** *f.* (10)
in that way **de esa manera** (8)
we **nosotros(as)** *m.(f.)*
weak **débil** (3)
weather **tiempo** (1)
   What's the weather like? **¿Qué tiempo hace?** (1)
wedding **boda** *f.* (8)
Wednesday **miércoles** *m.* (B)
week **semana** *f.* (C)
weekend **fin de semana** *m.*
(to) weigh **pesar** (12)
   I weigh ... kilos. **Peso... kilos.** (12)

you're welcome   **de nada**

well   **bien**   (A)

   well then   **pues**

west   **oeste**   *m.*   (B)

what?   **¿qué?, ¿cómo?**   (B)

   What a pity!   **¡Qué pena!**

when   **cuando**   (A)

where?   **¿adónde?, ¿dónde?**

   Where are you from?   **¿De dónde es / eres?**

   Where is …?   **¿Dónde está…?**

   Where is / are there …?   **¿Dónde hay…?**

which?   **¿cuál?**

whichever   **cualquier**

a good while   **un buen rato**   (7)

white   **blanco(a)**   (2)

who?   **¿quién?**

whole   **entero(a)**

Whose is it?   **¿De quién es?**

why?   **¿por qué?**   (C)

   why not?   **¿por qué no?**   (C)

wife   **esposa**   *f.*

wind   **viento**   *m.*   (1)

window   **ventana**   *f.*   (6)

   shop window   **escaparate**   *m.*

It's windy out.   **Hace viento.**   (1)

winter   **invierno**   *m.*   (1)

(to) wish for   **desear**

   (to) wish them   **desearles**   (8)

with   **con**   (A)

   with all my heart   **con todo el corazón**   (5)

   with me   **conmigo**

   with pleasure   **con mucho gusto**

within   **dentro de**   (8)

without   **sin**   (4)

   without stopping   **sin parar**   (11)

woman   **mujer**   *f.*

wonderful   **formidable**   (2)

(to) work   **trabajar, funcionar**   (A)

worker   **trabajador(a)**   *m.(f.)*   (3)

worried   **preocupado(a)**   (12)

Don't worry.   **No se preocupen.**   (8)

worse, worst   **peor**

… would like…   **quisiera…**   (C)

   I would like something for…   **Quisiera algo (alguna cosa) para…**   (11)

   we would like…   **(nosotros) quisiéramos…**   (C)

wrist   **muñeca**   *f.*   (10)

(to) write   **escribir**

Y

year   **año**   *m.*   (C)

yellow   **amarillo(a)**   (2)

yes   **sí**

yesterday   **ayer**   (C)

yogurt   **yogur**   *m.*

you (familiar)   **tú**   (A),   (familiar plural)   **vosotros(as)**   *m.(f.)*,   (formal)   **usted/Ud.**,   (formal plural)   **ustedes/Uds.**   (A)

young   **joven**

younger   **menor**

your   **tu, su**   (5)

Index

Guide to Evaluation
¡Ya verás! Spanish Levels 1-3

Textbook selection is difficult. Sorting through so many materials can be an enormous task. This Guide to Evaluation is designed to help you see why *¡Ya verás!* is different from other programs you may be examining. Why do teachers who use the program say that *¡Ya verás!* is the most exciting series to be published in years? Here's what they tell us:

1 ¡Ya verás! has a functional, task-oriented organization emphasizing what students can ultimately do with the language.

Turn to page 197, for example.

♦ Each unit has clearly defined objectives for both students and teachers.

Turn to page 263

♦ The *Aquí llegamos* shows what students will be able to do with the language by the end of the unit. When the authors started writing, they began here and worked backwards to systematically build up to the point where students could accomplish the targeted tasks.

2 ¡Ya verás! guides students through a systematic progression of activities to reach the point where they can communicate in real-life situations.

Turn to page 241

♦ Each chapter is broken up into **etapas**, the building blocks of the program which are built-in lesson plans for the teacher.

♦ Manageable amounts of vocabulary , culture, grammar and listening are introduced and practiced through a progression of activities that range from mechanical to meaningful to open-ended.

♦ Each **etapa** ends with the open-ended *¡Adelante!* activity (p. 247), which brings together and reviews the functions, vocabulary, grammar and culture of the **etapa**.

♦ The organization of these lessons resulted from an extensive survey of teachers in which they indicated that the "ideal" sequencing of material would include 5 basic components every 3-4 days: introduction of new material (for example, a short dialogue or reading), explanations (grammatical, cultural) followed by practice in drills and exercises, and finally, use of the material in real-life, communicative situations. Recycling of material occurs regularly. Teachers who use *¡Ya verás!* say it is precisely this lesson plan organization that is the key difference between *¡Ya verás!* and other programs and the basis of its remarkable success.

3 ¡Ya verás! recycles vocabulary, grammar and functions throughout the three levels of the series.

Turn to page 225

♦ In addition to the natural recycling that occurs in a truly proficiency-oriented program, the *Repaso* section of each **etapa** systematically recycles the material covered in the previous **etapa**. New material is thus introduced and reused in related situations to provide ongoing practice and review to enhance student retention.

Turn to page 259

♦ The *Aquí repasamos* at the end of each unit is a built-in review of the unit so you don't have to stop your teaching to create review materials on your own.

4 ¡Ya verás! provides an abundance of activities, both oral and written.

♦ In addition to the many activities in the textbook (which can be done in writing or orally) the Workbook provides numerous additional activities for writing practice.

♦ Annotations for the teacher provide suggestions on which activities might work best as oral pair/group work.

5 **¡*Ya verás!* provides authentic reading material for students from the start.**

Turn to pages 135, 233, 310 for example

- ◆ Students are exposed to all types of readings: menus, advertisements, maps, articles, poetry and more. The development of reading skills is emphasized.

- ◆ Unit 5 is devoted exclusively to reading.

- ◆ In addition to the *Aquí leemos* sections in the textbook, there are seven additional readings per unit in the Workbook.

6 **We know that testing is an important issue for teachers. We have provided a complete proficiency-oriented achievement testing program designed specifically for ¡*Ya verás!***

- ◆ Proficiency-oriented achievement testing is provided in the form of **etapa** quizzes, (25 points), chapter tests and unit exams, (100 points each), testing tapes and an answer key.

- ◆ Students are tested not only on grammar, but on listening, reading, writing and culture as well. Suggestions are provided to the teacher for various methods of optional oral testing.

Components of the ¡*Ya verás!* program

For the student:
Student Textbook
Student Workbook

For the teacher:
Teacher's Extended Edition
Teaching with ¡*Ya verás!* Teacher-Training Video
Proficiency-Oriented Testing Program with Tapes, Teacher's Guide and Answer Key
Teacher Tape
Workbook Answer Key

For the classroom:
Color Overhead Transparencies
¡*Ya verás!* Video Program
¡*Ya verás!* Software Program
Laboratory Tape Program (for Classroom or Lab use)
- • Listening Activity Masters
- • Tapescript
- • Answer Key